全国普通高等教育信用管理专业系列教材

信用法概论

秦宝燕　江　雄　主编

上海财经大学出版社

图书在版编目(CIP)数据

信用法概论/秦宝燕,江雄主编．-上海:上海财经大学出版社,2015.2
(全国普通高等教育信用管理专业系列教材)
ISBN 978-7-5642-2058-7/F.2058

Ⅰ.①信… Ⅱ.①秦… ②江… Ⅲ.①信用制度-法律-中国-高等学校-教材 Ⅳ.①D922.282

中国版本图书馆 CIP 数据核字(2014)第 286864 号

□ 责任编辑 李嘉毅
□ 封面设计 张克瑶
□ 责编校对 赵 伟 卓 妍

XINYONGFA GAILUN
信 用 法 概 论
秦宝燕 江 雄 主编

上海财经大学出版社出版发行
(上海市武东路 321 号乙 邮编 200434)
网 址:http://www.sufep.com
电子邮箱:webmaster @ sufep.com
全国新华书店经销
启东市人民印刷有限公司印刷装订
2015 年 2 月第 1 版 2015 年 2 月第 1 次印刷

787mm×1092mm 1/16 15.5 印张 396 千字
印数:0 001—3 000 定价:45.00 元

前　言

市场经济是建立在信用和法律基础上的高度发达的商品交换经济形态。综观世界各国，凡是市场经济发达的国家，必定同时也是法律健全和信用完善的国家。市场经济的两大支柱就是信用与法治，两者相辅相成，不可或缺。我国目前的社会信用体系正在建立和完善的过程中。社会信用体系涉及政府信用、企业信用和个人信用三个基本层面，其中最关键、最活跃和最具影响力的是企业信用。在市场经济不断完善的过程中，将各种信用主体和信用行为置于法律的规范和制约之下，是维护市场经济秩序、促进社会和谐稳定、保持经济可持续快速发展的必然选择。我国《征信业管理条例》已于 2012 年 12 月 26 日由国务院第 228 次常务会议通过，自 2013 年 3 月 15 日起施行。该条例的实施解决了我国征信行业的立法空白，也为我国建设成为征信国家提供了制度保障。

笔者在多年的"信用法律与法规"教学中深感有编写信用法教材的必要，该想法得到了上海第二工业大学经济管理学院魏文静院长的大力支持，在此深表谢意。

全书由信用法概述、政府信用法、企业信用法、银行信用法、非银行金融机构信用法、市场中介组织信用法、消费者信用法和信用信息法律制度八章构成，体系完整，主要介绍中国的信用法律体系，从政府信用法律制度、企业信用法律制度、银行信用法律制度和消费者信用法律制度等角度加以剖析和探讨，借鉴英美法系和大陆法系的相关信用法律制度并加以比较。

本书贴近高等教育的实际，既有信用法的理论知识讲解，又注重实务能力的培养；强调法律理论与实务相结合，知识讲解与案例分析相结合。本书的适用对象较广，既包括高校经济管理类本专科师生，也包括与信用管理相关的国家机关及企事业单位的工作人员。

全书由上海第二工业大学秦宝燕副教授和江雄老师任主编。秦宝燕负责第一章、第三章、第四章、第六章、第七章的编写，江雄负责第二章、第五章、第八章的编写。秦宝燕负责大纲的拟定和全书的统稿。

在本书的编写过程中，笔者吸收了诸多学者的最新研究成果，在此对这些学者表示深深的谢意！由于笔者的水平有限，加之工作繁忙，书中难免有疏漏或不当之处，恳请读者批评赐教。

编者

2015 年 2 月

目　录

第一章 导 论

引 言

我国目前正处于市场经济高速发展的阶段，建立完善的信用法律制度对市场经济的持续发展具有极其重要的作用。市场经济的两大支柱就是法治和信用，随着我国经济的发展，信用制度将发挥举足轻重的作用。本章主要介绍信用的概念、种类，信用法的概念、性质和法律渊源，并介绍了主要发达国家的信用法律制度，以期对我国信用法律体系的建立健全有所启示。

第一节 信用概述

一、信用的定义

一般认为，信用有两种含义：一是以诚信任用人，信任使用。《左传·宣公十二年》记载："其君能下人，必能信用其民矣。"二是遵守诺言，实践成约，从而取得别人对自己的信任。"信用"最初使用在道德意义上，解释为"信任"的同义语。随着经济和社会的发展，在信任的基础上出现了实物的借贷和货币的借贷。此后，信用就越来越多地被理解为借贷之意。例如，《牛津法律大辞典》对"信用"一词的解释是：信用（Credit），指在得到或提供货物或服务后并不立即而是允诺在将来付给报酬的做法。由此，信用主要包括两层含义：道德意义上的人与人之间的相互信任即道德信用和经济意义上的借贷即经济信用。信用的道德范畴和经济范畴是相辅相成、密切联系、不可分割的。信用的经济范畴是信用的道德范畴在经济领域的渗透并形成借贷关系的结果。在借贷活动中，信用的主观形式表现为人的信任，而客观形式则表现为一种经济资源。如果仅从道德范畴规制信用，就会使信用成为模糊的、不可预知的而忽视对信用的约束和信用制度的设计。因此，在现代社会，我们迫切需要一种外部力量来代替道德的规制作用，这就是法律。

在法学上，"信用"一词的词源可追溯到罗马法，其含义为信任、信义、诚实，表示相信他人会给自己以保护或某种保障，其既可以涉及从属关系，也可以涉及平等主体之间的关系。在法律上，信用有广义和狭义之分。广义的信用，是指民事主体建立的以诚实信用为基础的一种履约能力；而狭义的信用，是指以偿还为条件的特殊的价值运动形式，即债权人对债务人偿债能力的信任。

二、信用的经济特征和法律特征

就经济学理论而言，信用是以偿还为条件的价值的暂时让渡，即价值的一种特殊运动形式。在市场经济条件下，信用无处不在，市场经济就是建立在发达的信用制度基础上的经济。信用促成了资源的再分配和利润率的平均化，加速了资本的积累和集中。信用关系和信用秩序对市场经济的正常运行起着基础性、决定性的作用。

（一）信用的经济特征

1. 交易性

经济学上所说的信用，是一种以偿还为条件的商品和货币让渡形式，是价值的特殊运动，而这种商品或货币的价值运动，具体表现为形形色色的商品交易。没有交易，就无所谓价值的运动，更谈不上商品的让渡；反之，交易也只能是商品或货币的交易。

2. 非即时性

所谓非即时性，是指商品或货币的交易在发生时间和空间上的分离，通俗地说就是脱离了“一手交钱，一手交货”的简单的、受限制的交易模式。应该说，这是商品交易进步的表现。由于受到生产商品的周期性、交货距离的限制和债务人资金周转困难等客观因素的影响，使得延时交货或延时付款成为合同履行的主要方式之一。

3. 判断标准的物质性

各类市场主体特别是金融和银行业在判断社会市场主体的信用状况从而决定是否放贷的时候，往往将当事人的资产状况作为第一位的参照标准，而非该人的道德水平。可见，经济学上的信用，特指以经济实力为基础的经济偿还能力。经济实力强大、偿还能力强的被认为信用好；反之，则被认为信用差。

4. 动态表现性

经济学认为，信用必须在商品交易的动态过程中才能得到体现。市场主体的信用状况如何，不能仅从静态中寻求答案，而应着重从他们的市场交易中去探求。从事市场商品交易越多，特别是从事时空分离的交易越多的人，其信用情况才越容易被人们所了解；而那些从事交易少，特别是几乎不从事非即时性交易的人，其信用情况则难以被人们所了解。

（二）信用的法律特征

法律上的信用是指民事主体所具有的偿付债务的能力，从而在社会上获得的相应的信赖和评价。信用的法律特征可从以下三个方面来认识：

1. 信用为一般民事主体所享有

在经济学理论中，信用主体有商业信用、银行信用、政府信用、个人信用之分。而依法学理论来看，凡民事主体皆有信用，包括自然人、法人、个体工商户、承包户、合伙人和国家等。

2. 信用源于民事主体自身的偿债能力和偿债意愿

在信用关系中，授信人采取信用形式贷出货币或赊销商品，受信人则遵守信用诺言按期偿还款项并支付利息。当事人的资金实力、兑付能力、结算信誉等特殊经济能力即产生信用的主观要件。

3. 信用表现为对民事主体经济信赖的社会评价

信用的客观表现是一种评价，这种评价是社会公众的评价，而不是当事人的自我经济评价；这种评价是对特定主体经济信赖的客观评价，它可能是但不一定是肯定性的社会评价。换言之，信用既包含褒义的信誉（良好信用），也包含一般意义的信用。对上述特殊经济能力的社会评价是信用产生的客观因素。

三、信用的基本分类

从不同的角度，以不同的标准，可以对信用进行不同的分类。从管理的角度，以信用主体为标准，信用可分为政府(国家)信用、企业(组织)信用和个人(消费者)信用；以授信和受信的主体为标准，信用可分为国家信用、银行信用、企业信用和消费者个人信用。从市场的角度，以信用的内容为标准，信用可分为投资信用和消费信用，或者商品信用和服务信用；以信用的期限为标准，信用可分为长期信用、中期信用、短期信用和不定期信用；以信用的载体为标准，信用可分为实物信用、货币信用和信息信用，而信息信用又可分为口头信用、书面信用和挂账信用等。

基于对社会信用体系的宏观把握和实际操作，信用的基本分类应当以信用主体为标准，根据授信和受信主体的不同，我们可将信用分为政府信用、企业信用、银行信用和消费者信用。

(一)政府信用

1. 政府信用的定义

政府信用是国家以债务人的身份通过举债来筹措资金的一种信用形式。我国自改革开放以来，政府信用经历了从无到有、不断发展扩大的过程，人们对政府信用的认识也在不断地深化。我国政府信用的发展经历了政府信用的初始阶段(1981～1986年)、偿债高峰期(1986～1991年)、走向市场化(1991～1996年)三个发展阶段。政府信用是公众给予国家或地方政府的信用，是指以国家为主体，按照信用原则筹集和运用财政资金的一种再分配形式。其主要的信用工具为国债，这种信用工具是代表政府在将来偿还债权人债权的一种承诺，由于偿还债务的承诺来自于政府机构，因此，又被称为公共信用。

从信用角度看，政府在市场经济中具有双重身份：一方面，政府是社会的经济管理者，是市场经济规范的制定者，充当裁判的角色，担负着宏观干预并调节经济运行的任务；另一方面，当政府实施采购行为或发放国债时，其与企业、个人一样是市场的一般主体，直接参与经济运行过程，对市场的供给和需求产生重大影响。这就决定了政府信用行为的特殊性。我国从1981年开始发行国债，经历了从行政分配认购到市场自愿认购的过程。1992年，国务院制定《国库券条例》，规范了国债发行程序。在现代市场经济中，通过发行国债来筹措资金具有重要意义，既可使社会闲置资金得到充分有效的利用，又能在不影响社会总供给和总需求平衡的前提下，减轻市场压力和通货膨胀风险。

2. 政府信用的重要作用

社会信用体系由政府信用、企业信用、银行信用和个人信用等组成，其中，政府信用是整个信用体系的重心。建立公众对政府的信任是建立企业信用和个人信用的基础，是建立完善的社会信用体系的重要前提。不仅如此，企业信用和个人信用也来源于政府信用的保障。我国加入世界贸易组织(WTO)后，对社会信用特别是政府信用提出了更高的要求。在当前国际、国内新形势下，妥善处理WTO与政府信用的关系，加快构造信用政府，对加强我国市场竞争力、提高我国在国际竞争中的优势地位有重大意义。在打造信用经济的过程中，政府应发挥主导作用，政府信用应成为示范性的信用模式。

政府信用的积极作用主要体现在以下三个方面：

(1)示范作用。从信用结构来看，政府信用始终是主导性的信用，整个社会信用都是基于政府信用来推动和发展的。因此，加强信用体系建设，必须充分发挥政府信用在社会信用建设中无可替代的示范激励作用。政府职能必须转换，从“权力”政府转变为“信用”政府、“责任”政府、“服务”政府。

(2)导向作用。作为信用管理的监管部门，政府要通过行政立法、科学执法和积极守法来打造信用政府。在社会信用体系建立之初，政府要充分调动经济主体的积极性，从制度层面构建完善的社会信用制度。政府宣传部门应通过新闻媒体，弘扬社会诚信意识，惩恶扬善，从思想上提高经济主体的自我约束意识。各级教育机构要加强诚信教育，使这一理念深入人心。

(3)约束作用。政府作为市场经济的调控者和监管主体，有责任规范经济秩序和信用秩序，创造一个宽松、公平的市场竞争环境，使各市场主体自觉按照市场的规则公平竞争，优胜劣汰。加入 WTO 后，政府主管部门要转变角色，从管理者向服务者转换，在建立社会信用体系的过程中，为信用主体打造良好的法治环境。中国人民银行作为信用征信业的主管部门，应通过科学的制度构建，为专业化的信用从业机构提供信用评估基础数据和便利，降低信用评估成本。我国目前的征信主管部门为中国人民银行征信管理局。中国人民银行征信管理局是中国人民银行的内设职能部门，成立于 2003 年 11 月，负责我国征信业的管理工作。

3. 政府信用的特点

政府信用可分为国内信用和国外信用。国内信用是政府以债务人身份向国内各民事主体筹措资金或进行交易的行为，形成一定的内债；国外信用是一国政府以债务人身份向国外各民事主体筹措资金或进行交易的行为，形成一定的外债。

政府信用的特点体现在以下三个方面：

(1)政府信用的主体是国家或地方政府。由于债务人是国家或地方政府，因此，信用工具的风险较小、收益较低、政策性强、目标单一、旨在借款。

(2)政府信用是调剂政府收支不平衡和弥补财政赤字的重要手段。在政府财政入不敷出的情况下，政府通常以发行债券的方式筹集资金，弥补财政赤字。在所有债券中，政府债券的信用度最高，又被称为金边债券。

(3)信用度高，信用风险小，较稳定。在所有信用主体中，政府信用的信用度是最高的，因为它以国家财政为后盾，抗风险能力超过企业信用和个人信用。

(二)企业信用

经济学意义上的企业是追求利益最大化的理性经济人，是典型的微观市场经济主体。企业信用是微观经济活动中，企业以诚实守信的态度开展经营活动的资格和能力。企业信用规制即企业信用法律制度，是市场经济发展过程中企业信用供给源源不断的制度性保障。所以，发展市场经济、完善社会主义市场经济体制，最根本的任务就是要不断完善信用制度和信用法规，最大限度地补充和扩大企业的信用规模。

1. 企业信用的定义[①]

企业是市场经济中最为活跃的主体。企业信用是一种主要的信用种类，是指企业之间用赊账或预付的方式买卖商品或提供服务时所产生的信用。由于各家企业产品生产周期的差异和距离市场远近的不同，为交易对方企业提供信用销售方式(如赊销赊购、分期付款)几乎是不可避免的，关键在于授信企业如何通过事前、事中和事后的信用管理来防范信用风险。

2. 企业信用的特点

---

① 本书所指的企业信用是狭义的概念，从广义上讲，银行信用也是企业信用的一种，但为了区别，本书的企业信用仅指工商企业作为信用主体相互之间给予的信用，而不包括银行等金融机构的信用。

企业信用是信用制度的基础，也是一种古老的信用形式，在简单经济条件下就已经出现，其产生的基本条件就是商品交换发生延期交付，由于各厂商的商品生产周期和流通时间长短不一、资本周转时间不一致以及距离市场的远近不同等因素，使得各生产企业和商业企业之间有相互提供信用的必要性。

企业信用具有以下几个方面的特点：

(1)授信和受信主体均为企业，一般为贸易伙伴之间相互提供信用，而且授信有严格的方向性，严格遵循市场销售程序。一般而言，为了扩大销售规模，推销滞销商品，往往卖方会向买方提供延期付款的优惠条件；而为了获得紧俏商品，买方会向卖方提供延期交货的优惠条件。

(2)信用客体是商品资本，而且对规模有所限制，它是经营者之间对现有商品和资本进行再分配，信用行为较为分散。

(3)通过商品的赊购、赊销和预付货款等来完成交易的全过程。

企业信用虽然是企业之间灵活调剂资本的一种形式，但受其自身特点的影响而存在一定的局限性：首先，商业资本的规模受到厂商资本量的影响，企业可用资金数额是企业所能提供商业信用规模的上限；其次，企业信用受到商品流转方向的限制，通常由需要该商品的企业提供；最后，企业信用受到资金周转时间的制约，通常期限较短。

(三)银行信用

1. 银行信用的定义

银行信用是指银行等金融机构以货币形式给予借款人的信用。银行信用是在企业信用的基础上发展起来的，是企业信用发展到一定水平时产生的。它的产生标志着一个国家信用制度的发展与完善。在社会信用体系中，银行信用是支柱和主体信用，是连接国家信用与企业信用、个人信用的桥梁，在整个社会信用体系的建设中具有先导和推动作用。可以说，银行信用正常化是整体社会信用健全和完善的重要标志，也是构筑强健金融体系的基石。作为信用中介，银行在信用链条中发挥的重要作用还在于：银行是负债经营的企业，银行吸收存款实际上是将存款人的信用借来作为自己的信用使用，而融出资金则是将自己的信用赊给借款人使用。如果银行信用出现问题，就如“多米诺骨牌”一样会产生严重的信用危机，甚至会导致金融危机。

2. 银行信用的特点

在我国社会信用活动中，银行居于主导地位，银行信用的规模在社会整体信用规模中的比例超过85%。也就是说，在非金融部门的全部信用交易中，有85%是与银行进行的交易。

银行信用具有下列特点：

(1)授信或受信主体为银行等金融机构，在信用规模和期限上能更大限度地满足商品经济发展的需要。银行信用具有广泛的接受性，信用度高。一般而言，银行的信用度高于企业。世界各国政府通过制度和法规防范银行信用风险，以避免银行破产。银行内部建立严格的风险防范机制，再加上政府的监管机制，可以较好地防范金融风险的发生。

(2)银行信用的客体是货币资本。社会资金以银行为中心集散，易于统计、控制和管理。银行作为货币经营的主体，能有效地吸收社会闲散资金、发放贷款，为企业和居民提供各种金融服务。

(3)银行信用是一种间接信用，发挥着融通和调节资金的作用。银行作为金融中介，在存款人与贷款人之间起着桥梁和纽带作用。银行信用能充分调动社会闲散资金，无方向限制，范围广，规模大。

正是由于银行信用具有上述特点，使其能很好地克服企业信用在数量和期限上的局限性，能有效地筹集社会中的各种资金，使其受到世界各国的重视，成为当今世界上最重要的信用形式之一。银行信用和企业信用是现代信用的两种基本形式，银行信用是在企业信用的基础上产生的。企业信用直接服务于产业资本的周转，即厂商调节资本余缺首先利用的是企业信用，只有在企业信用不能满足时，才会利用银行信用。

（四）消费者信用

1. 消费者信用的定义

消费者信用又称个人信用，是指企业、银行和其他金融机构向消费者个人提供的信用。自20世纪60年代以来，消费者信用在国外得到了迅猛的发展，首先应归因于消费对于国民经济的拉动作用得到各国政府的普遍认可，各国纷纷采用鼓励消费的措施；其次是随着人们收入水平的提高，高收入拉动了高消费；最后是因为国家福利制度的完善，使人们举债消费成为可能。消费者信用的主要表现形式有赊销、分期付款、信用卡消费和消费贷款等。

2. 消费者信用的特点

(1)授信主体为企业、银行和其他金融机构，受信主体为消费者。在不同的消费信用种类中，授信主体可以是单一的，也可以是复合的。消费信用可以缓解消费者有限的购买力与不断提高的生活需求之间的矛盾。

(2)信用客体是商品资本和货币资本。例如，在分期付款消费中，授信主体为商家，则信用客体是商品资本；但在消费者信贷活动中，授信主体是银行，则信用客体是货币资本。

(3)通过支票、本票、信用卡等信用工具来完成交易的全过程。

消费者信用可以刺激消费需求，满足消费者先消费、后付款的愿望，还可以扩大商品的销量、减少商品积压，从而达到调节市场供求关系的目的。对银行而言，消费贷款可以提高银行资金的使用效率，达到贷款结构的平衡。但有信用就有风险，由于消费者信用是对未来购买力的透支，因此会造成虚假需求，影响企业对市场的合理判断。对银行而言，过量的消费信贷会影响银行资产的质量，造成不良贷款率的上升。对消费者而言，举债消费会造成一定的心理压力，过度消费会导致不能清偿到期债务，造成消费者信用缺失的后果。

四、信用是市场经济的重要基础

信用体现的是最根本的法律关系和社会关系，体现的是市场经济必备的道德理念和法律意识，反映的是社会交往赖以维系和发展的理性基础。没有信用就没有交换，没有信用就没有秩序，没有信用市场经济就不能正常运行。随着中国社会主义市场经济体制的建立和完善，市场规模越来越大，信用的作用也越来越明显。

（一）市场经济是法治经济

中国社会从计划经济向市场经济转轨，首先是从对商品的配置由计划走向市场的探索中完成的。我国目前正处于市场经济的初级阶段，建立完善的经济法律制度对市场经济的形成和发展具有极其重要的作用。“市场经济就是法治经济”也随着实践的证明而日益成为人们的共识。作为商品经济的高级阶段，市场经济具有自主性、契约性、竞争性、统一性和开放性等特点。只有完备的法律、法规和市场规则，才能引导人们沿着正确的轨道从事经济活动，才能保证从事经济活动的自然人和法人成为互相独立、完全平等的市场主体，才能确保有完全行为能力和责任能力的市场主体对自己的行为结果负责，才能做到保护合法、制裁违法、打击犯罪，才能避免经济活动中的不平等、不公正现象；相反，没有与市场经济相适应的法律和制度，就不能形成正常的市场秩序，就不会有正常的市场关系。完备的立法是市场经济主体参与公平竞争的必要前提，也是市场经济主体进行有序竞争的保障。文明的竞争要求公平，要公平就必须有法治。当独立、平等的主体进行经济活动时，首先需要的是科学、合理的规则。没有一套公认的规则，正当、公正的经济活动就不能进行，没有法治的竞争也会使得市场主体没有安全感。为了保护市场主体参与市场经济活动的安全和利益，我们需要一个事先明确、共同确认的规则。根据这些规则，市场主体进行自愿、平等、互利、公平的交易，这些规则就是制度和法律。与此同时，市场经济必然极大地推动人们对权利和法律的需要。世界经济的实践证明，一个比较成熟的市场经济国家，必然要求并具有比较完备的法治环境。

（二）市场经济是信用经济

德国经济学家布鲁诺·希尔德布兰德以交易方式来划分经济发展阶段，即实物经济时期、货币经济时期和信用经济时期。他认为，前两个时期的交易活动中，交易双方是以已实现的劳动价值为交换依据的，权利义务的实现和履行是同步的。而信用作为经济发展阶段的一种标志，即“信用经济”阶段是以信用为媒介的交换，“信用经济”是比最初的实物经济和后来的货币经济更高的一种经济形态。而现代市场经济的本质就是交易经济，其运行效率取决于人与人之间的信任程度和信用环节。综观世界各国，我们可以发现，信用管理的水平越高，社会信用体系越完善，交易费用越低，市场经济越发达。

首先，信用是市场经济运行的前提。市场经济的首要特征是通过市场机制的作用来实现资源配置。市场机制的核心内容是商品交换，随着交换关系的复杂化，日益扩展的市场关系便逐步构建起相互联系、相互制约的信用关系，整个经济被信用关系所连接。从商品经济中的交换到市场经济扩大了的交换，乃至市场机制下的市场关系，都是以信用为基本准则的。

其次，信用是市场经济中微观经济主体经济活动的源动力。经济社会发展到现代市场经济时，由于受到自有资金的限制，市场微观主体的社会经济活动往往是以信用筹措资金开始的，充当了受信人的角色。而从支持国家经济建设和稳定发展的角度考虑，当个人存有闲置资金时，又会充当授信方的角色。受信人和授信方之间不断进行着角色转换，构成了整个经济的信用活动，促进了信用经济的健康运行。

再次，信用是市场经济的基础。随着市场经济的发展和各要素市场的蓬勃壮大，金融活动已成为市场经济的核心，而信用正是金融活动形成和发展的基础。以信用为基础，银行的信贷活动大力发展，对市场中各经济主体乃至整个市场的资源配置起到了重要的调节作用；以信用为前提，金融工具和金融资产被广泛交易并不断重组，金融市场因此而日益发展壮大，逐渐成为现代市场经济的关键部分。

最后，信用为市场经济活动创造了工具和基本条件。信用创造了信用流通工具和转账结算制度，节约了社会流通费用；信用改变了资本的存在形式，促进了社会产业资本再分配和社会利润率的平均化，使社会生产稳步发展；同时，信用广泛集中了社会各种资本和收入，推动了社会生产的扩大和发展，为国民经济的宏观调控创造了条件。

总之，市场经济是商品经济中信用空前扩张的阶段，信用在市场中发挥着巨大的作用，成为社会再生产诸环节的润滑剂和市场主体乃至宏观调控不可或缺的重要手段，制约着市场经济的发展。从这一层面讲，市场经济就是信用经济。

信用制度可以提高国民经济的整体素质和竞争力，使我国加快全球化趋势。经历了长达15年的谈判，2001年12月11日，我国终于加入WTO，我国的改革开放进入了一个新的阶段。WTO是建立在市场经济基础上的，也是建立在信用基础上的，它的原则都体现了信用的要求。“条约必须信守”是国际法的基本原则。加入WTO后,我国要全面履行WTO的相关协定和《中国入世议定书》。在注重信用的国际环境中,一个国家的信用状况是其国际竞争力的重要组成部分。如果一个国家信用缺失,不能信守承诺,不仅会逐渐失去在国际市场中的竞争力和在国内市场中的吸引力,而且会在国际经济组织的规则制定和多边谈判中逐渐失去发言权和影响力。这就要求我国在加入WTO后必须遵守信用,在享受WTO成员所拥有的权利的同时,一定要履行相应的义务,遵守WTO规则,积极培育和强化国民的信用意识,实际上也是提高和强化我国的竞争力。WTO前总干事穆尔在热情欢迎中国成为WTO新成员的同时,尖锐地指出,中国加入WTO后,从长远看,最缺乏的不是资金、技术和人才,而是信用,以及建立和完善信用体系的机制。

第二节 信用法律制度概述

一、信用法的定义

信用法,是指国家在信用活动中制定的与政府信用、企业信用和消费者信用有关的监督和管理的法律规范的总称。目前,我国已有的信用法律制度在银行信用方面较为完备,而在其他信用方面尚未形成完善的法律体系。信用法规范信用主体的信用行为,形成信用法律关系。我国在建立和完善社会信用体系的过程中,对信用的法律规制应当遵守民法、商法、经济法、刑法、诉讼法的规定,并遵守我国政府已经参加或认可的国际经济条约和国际惯例。

信用法律关系,是指国家在运用信用法律规范调整信用主体的信用活动的过程中所形成的权利义务关系。其主要由两部分组成:一是国家作为信用的监管主体与银行、企业和个人之间以及企业内部所形成的信用监管关系;二是信用主体相互之间授信与受信的协作关系。这些信用关系由于受到信用法律规范的调整,具有信用法律关系的性质,形成受国家保护的信用权利和义务关系。

二、信用法本质上属于经济法下的部门法

社会法在广义上是调整在各种社会问题发生和解决的过程中所产生的各种社会关系的法律规范的总称。它是伴随着国家力图通过干预私人经济以解决市场化和工业化所带来的社会问题,应对经济、社会和生态可持续发展的需求而在私法公法化和公法私法化的进程中逐渐产生和发展起来的第二法域。自古罗马法学家提出公法与私法的划分以来,“公法—私法”二元结构逐渐成为大陆法系法学家确立法律性质的“范式”。历史上这种划分在维护市民权利和限制国家权力中起到了重要作用,对各国法律体系的形成有着深远的影响。但正如尤尔根·哈贝马斯[①]所说:随着资本集中和国家干预,从国家社会化和社会国家化这一互动过程中,产生了一个新的领域。从这个意义上说,公共利益的公共因素与契约的私法因素糅合在了一起。这个领域之所以意义重大,是因为它既不是一个纯粹的私人领域,也不是一个真正的公共领域。这个领域既不能完全归于私法领域,也不能完全算作公法领域。信用法律制度这一新兴法律部门就是兼具公法因素与私法因素,在法域归属上宜属于“第三法域”的法律部门即经

① 尤尔根·哈贝马斯是德国当代最重要的哲学家、社会理论家。

济法。

经济法是产生于19世纪末20世纪初的新兴法律部门。其基本理论是:单一的市场调节机制不能保障经济运行的持续、公平、快速发展,而国家调节与市场调节可以同时作为经济发展的内在互补机制。在授信主体与受信主体信息不对称的情况下,单靠市场主体自发的道德伦理约束难以满足交易安全需要的时候,国家管理机关应综合采用法律手段和经济手段来适度干预经济,建立维护各方主体利益的信用体制,并建立对失信者的惩罚机制和对守信者的奖励机制。

经济法作为社会法的部门之一,调整手段以国家干预与市场调节相结合,追求的目标是公平与效率。信用法律本质上属于经济法下的部门法,无论从法律关系还是调控手段上,都体现了经济法的属性。在信用法制的建立健全过程中,应以政府为主导,并充分调动市场主体的积极性,按照信用规则来调节经济。

社会信用体系是一种保证经济良性运行的社会机制,其中的信用法律制度是经济法的重要组成部分。综观世界各国,凡是市场经济发达的国家,经济法律制度也很健全,信用程度很高。法治和信用是市场经济的两个重要支柱,而经济法是国家协调本国经济运行过程中发生的经济关系的法律规范的总和,经济法当仁不让地回应市场的法治需求:(1)在竞争力分配格局上设置公平规则,防止不自由结果的产生;(2)在竞争机制上设置信用规则,防止恶意竞争的发生。经济法发挥修补竞争机制的功效,使竞争自由机制继续发挥作用,以实现竞争与自由的统一。

三、信用法与其他法律部门的关系

(一)信用法与民法之间的关系

虽然信用法在本质上属于经济法,但其与民事法律也有着密切的联系。民法是调整民事主体人身关系和财产关系的法律规范的总称。民法的基本原则是信用法律的基石,信用主体所享有的信用权是民法中的一种人格权,信用主体之间的合同关系需要由民事法律加以调整。

1. 民法的诚信原则奠定了信用法的基础

我国《民法通则》《合同法》和《反不正当竞争法》都规定了诚实信用的基本原则,而信用和诚信是有着必然联系的。信用就其道德上的含义而言,就是诚信的意思。而法律是道德的底线,将诚信从道德层面上升到法律高度,就是信用法所要调整的内容。在市场交易活动中,市场经济主体从事买卖、借贷、融资租赁等经济行为都要建立在诚信的基础上。

2. 信用主体的信用权是一种人格权

信用权本质上是一种人格权,其理由如下:

第一,信用的权利主体是特定的自然人和法人。信用基于特定的自然人和法人的经济能力和偿债能力而产生,离开了特定的主体就失去了信用的基础。信用权是民事主体就其所具有的经济能力在社会中获得相应的信赖与评价的权利。其特点为:(1)信用权的客体具有单一性,即信用,不包括其他的评价内容。(2)信用权包括信赖因素和社会评价两个方面。信用一方面是对经济能力的社会评价,另一方面还包括基于对一个主体的经济能力而产生的信赖。(3)信用权虽然是人格权,但却关系到对主体经济能力评价的权利,因而信用利益既包括精神利益,又包括财产利益,即由精神转化而成为财产方面的利益,给人们带来财富。(4)信用权作为一种专属权利,是不可以转让或继承的。可见,信用权是一种人格权。

第二,信用权本身无法用金钱来计算与衡量,而人们之所以能直接以信用作为债务发生的依据，绝非是将信用作为等价交换的价值，而是基于信用而产生的对信用主体的信任心使然。这也符合人格权的特征，其不具有直接的财产内容，是一种非财产权，不像有形财产那样具有价值或使用价值。

第三，信用权的行使可以给权利主体带来一定的财产利益。个人信用权的主体可凭借自己的信用向银行或其他金融机构申请信用贷款，这恰恰也符合人格权的另一特征，即人格权虽无直接的财产内容，但其与财产权有密切的联系。可见，信用权符合上述关于人格权的内涵。信用是民事主体所固有的人格利益，而维护民事主体的信用的权利就是信用权。

信用权脱胎于名誉权。自从进入近代社会，商品经济的确立使得一些国家开始规定信用权。信用权主要规定于大陆法系之中，英美法系国家将信用权列入侵权行为法中予以保护。德国民法典规定了信用权，其第 824 条规定：违背事实真相，对事实进行主张或者传播，危害他人信用或对他人生计或前途引起其他不利的人，即使不知其为不真实，但系可得而知者，也应赔偿他人因此而产生的损害。通知人不知其非真实而通知者，如通知人或受通知人就其通知有正当之利益时，通知人不负赔偿责任。此条中的"信用损害"包括两个方面的内容：一方面是因传播虚假信用信息而给信息主体造成的损害；另一方面是因传播虚假信用信息而给接受该信息的人造成的损害。关于信用权的保护方面，主要是金钱赔偿，当然还有停止侵害、消除影响等常用方式。台湾地区的民法典也规定了信用权，其第 195 条规定：不法侵害他人之身体、健康、名誉、自由、信用、隐私、贞操，或不法侵害其他人格法益而情节重大者，被害人虽非财产上之损害，亦得请求赔偿相当之金额，其名誉被侵害者，并得请求恢复名誉之适当处分。前项请求权不得让与或继承，但以金额赔偿之请求权已依契约承诺或已起诉者，不在此限。在台湾民法典中，把信用与健康、名誉等并列起来作为人格权来规定，足见信用权的重要地位。例如，王泽鉴先生在《民法学说与判例研究》中曾列举过银行征信科员评估信用不实致银行因超额贷款受损的民事责任案。此案例实际上属于侵权行为，侵害了合法的信用权，属于信用权的滥用。

在我国目前的民法典草案中也规定了信用权。王立明教授编写的《中国民法典建议稿及其说明》第 350 条规定：自然人、法人和其他组织享有信用权。禁止捏造、散布虚假事实，危害自然人、法人或其他组织的经济上的信用，或对他人营业或职业造成损害。其在第 351 条中规定了征信制度，征信机构应当客观、公正地收集、记录、制作、储存自然人、法人和其他组织的信用资料。征信机构应当合理使用并依法公开信用资料。

通过对各国关于信用权规定的比较观察，可以看到很多国家都规定了信用权，或者对信用权的客体即信用进行保护，这为在我国民法典中制定关于信用权的条款提供了有益的借鉴。

3. 信用主体的合同关系或侵权关系需要民事法律的调整

信用主体之间会产生大量的横向经济联系，这种权利义务关系建立在平等自愿、等价有偿和诚实信用的基础之上，并通过民商事合同来确定主体之间的权利和义务，如授信方和受信方签订的买卖合同、贷款合同、融资租赁合同等均需要合同法的调整。

（二）信用法与行政法之间的关系

在信用法律关系中，主体之间除了有信用协作关系，还有信用管理关系，而后者属于行政管理关系的调控范围。行政法保护的是国家的利益，或称之为公共利益，实质意义的行政法是伴随着国家权力而产生的。最初，行政法被认为是维护国家公权力的法；但如今，行政法的任务已具有双重性，即维权和限权。信用法在调整方式、调整对象和社会功能方面均有别于行政法，但两者又有着密切联系。

1. 信用法的实施大部分属于行政权实施的过程

信用法中的社会信用管理机关行使行政职权时，须遵守行政法中关于行政权力设定和行政权力行使程序的一般规定。离开行政法，行政机关的经济管理行为会缺乏基本的法律依据。行政组织法对行政机关行政权力的一般规定，既是经济管理机关管理职权的依据，也是信用管理机关行使管理权力、直接管理经济以维护良好市场竞争秩序和宏观经济秩序的法律依据。

2. 行政法依法行政目标的实现离不开信用法

行政法依法行政原则中所依据的法除行政法外，大量是经济法；尤其是在建设社会信用体系方面，主要是依据信用法。其原因之一是信用法中的相关规定较之行政法更富操作性；行政机关在行使经济管理职能时，必须遵循信用法的规定，行政相对人也可依信用法的相应内容在其权利受到侵犯时获得救济，以监督行政机关的行为，保障行政机关不滥用行政权力。

3. 行政机关依法行政是打造诚信社会的关键

社会信用体系是由政府信用、企业信用和个人信用共同构建的，其中，政府信用起着举足轻重的作用。我国尚处于市场经济的初级阶段，信用经济不够发达，信用体制也不够完善，完全依靠市场自发性地形成社会信用体系和征信系统较为困难，应由政府主导、市场驱动，共同构建全社会的信用管理体系。

(三)信用法与刑法之间的关系

刑法是规定犯罪、刑事责任和刑罚的法律，是掌握政权的统治阶级为了维护本阶级政治上的统治和经济上的利益，根据自己的意志，规定哪些行为是犯罪行为并应当负何种刑事责任、给予犯罪人何种刑事处罚的法律规范的总称。

信用主体违背诚信原则的行为一般情况下不构成犯罪，但如果实施了刑法中具有严重社会危害的行为，则会构成犯罪，将依照刑法进行处罚。例如，我国刑法中有经济诈骗罪和商业贿赂罪等罪名，就是严重违反信用法律规范并构成犯罪的行为。

四、我国信用法律规范的渊源

法律渊源，是指法律的表现形式，是不同国家机关依法制定的具有不同法律效力的规范性文件。目前，我国信用法律规范的渊源包括以下两大类：

(一)国内法渊源

1. 法律

法律，是指由拥有立法权的国家机构(在我国为全国人民代表大会及其常务委员会)按照立法程序制定和颁布的规范性文件。在我国信用法律规范中，应遵循的法律有《民法通则》《民事诉讼法》《刑法》《合同法》《担保法》《票据法》《企业破产法》《中小企业促进法》和《商业银行法》等。

2. 行政法规

行政法规，是指由国家最高行政机关即国务院制定的基本行政管理规范性文件的总称。目前，我国已经颁布的与信用相关的行政法规主要是《征信业管理条例》，正在制定的与信用相关的行政法规有《存款保险条例》等。

3. 地方性法规

地方性法规，是指我国省、自治区、直辖市及计划单列市的国家权力机关(即地方人民代表大会及其常务委员会)根据本地区具体情况和实际需要依法制定的一种法律规范性文件。其法律效力低于行政法规，只在地方政府管辖的范围内有效。

4. 规章

规章，包括部门规章和地方政府规章两种。部门规章是国务院各部委颁布的法律文件，是由国务院各部委及其直属机构为实施法律、行政法规而在自己的权限范围内依法制定的规范性行政管理文件，如国家税务总局在2003年颁布的《纳税信用等级评定管理试行办法》、国家建设部在2003年颁布的《关于进一步推动和完善房地产信用档案系统建设的通知》等。地方政府规章是指我国省、自治区、省会所在城市、直辖市以及计划单列市人民政府所制定的法律规范性文件，如2001年12月18日深圳市人民政府发布的《深圳市个人信用征信及信用评级管理办法》、2003年12月22日上海市政府发布的《上海市个人信用征信管理试行办法》等。

（二）国际法渊源

1. 国际经济条约

国际经济条约，是指国际法主体之间缔结的关于经济方面的权利和义务的规范性法律文件，是国际法的重要形式。“条约必须遵守”是国际法的一项基本原则。一个国家一旦缔结或加入某个条约，就意味着该条约对该国的国内法产生约束力。我国政府签署批准或加入的有关信用方面的国际经济条约，对我国具有法律约束力，如中国加入的《国际货币基金组织协定》《国际复兴开发银行协定》《服务贸易总协定》和《联合国国际货物买卖合同公约》等。

2. 国际惯例

国际惯例，是指在国际上因对某一性质的问题所采取的类似行为，经过长期反复实践而逐渐形成的、为大多数国家所接受的、具有法律约束力的不成文的行为规则。其虽然不具有规范的性质，但在实践中客观存在，并发挥着重要作用。例如，国际结算组织巴塞尔委员会制定的若干具有代表性的国际银行风险监管文件，统称为《巴塞尔协议》。我国虽不是《巴塞尔协议》的成员，但由于受该协议的深远影响，在我国金融法律中已经承认了该协议的部分内容。

五、我国信用法律规范的概念及其特点

（一）信用法律规范的概念

信用法律规范，是指调整与信用活动有关的经济关系的法律规范的总称。我国目前还没有形成统一的信用法律体系，但在我国现有的法律法规中已有关于信用活动的相关法律规定，主要包括：

1. 政府信用法律制度

例如，1992年国务院制定了《国库券条例》，规范了我国国债发行的程序。

2. 企业信用法律制度

企业信用的规制即企业信用制度，是企业发展、市场繁荣过程中企业信用供给源源不断的制度性保障。发展市场经济，完善社会主义市场经济体制，最根本的就是要在风险防范的基础上不断推进信用制度创新，在可持续发展的前提下适度扩大企业的信用规模。

企业信用法律制度体现为规范企业信用的法律、法规、规章和其他规范性法律文件，一般由内外两部分构成：一是企业内部信用管理制度，包括客户资信调查和评级机制、债权保障机制、应收账款管理和回收机制；二是企业外部信用制度，也称企业信用的法律规制，包括企业信用征信评估制度、企业信用信息监管制度和信用中介服务机构管理制度等。

信用规制的主体可分为国家、政府和管理社会公共事务的其他组织。规制的方式依据主体的职能而各有侧重。规制的内容主要包括主体信用行为调查、收集与登记（征信）、信用等级的评估与公示、信用风险预警管理、信用风险转让等。企业信用的规制主要包括：

（1）企业信用信息公示和使用制度。这主要是对政府部门信用信息的公布与管理等做出

制度性的安排，规定政府有关部门适时向公众公布企业的信用记录。税务部门公布企业按章纳税或偷漏税情况；工商行政管理部门公布企业登记、年度报告、被行政处罚或获得荣誉的记载；金融部门公布借款企业的信用等级、坏账和呆账等记录；卫生监督部门公布其所检查的企业产品的卫生许可、标签标识、说明书等；质量技术检查部门公布其所检查的合格与不合格产品等。这些信息的公布和使用必须遵循一定的规则，这些规则应有法律依据。

(2)企业信用征信制度。这主要是通过制定有关规则，由国务院征信业监督管理部门设立的征信机构将分散在工商、质监、财政、税务、审计、司法等部门，以及银行等金融部门拥有的企业信用信息汇集起来，进行加工和储存，建立相对独立的企业信用信息数据库，形成区域性、行业性乃至全国性的征信系统，为需求者提供信息服务。

(3)企业信用评估制度。这主要是通过制定评价标准、方法、模型和等级，运用科学的手段，从资本能力和信用行为等方面对企业主体的信用水准进行等级评价并得出结论，作为其参与经济活动的资格和条件，并成为其他行为主体决定是否与之开展经济活动的重要依据。资信评估主要由以企业信用为经营对象的资信公司来完成。资信公司通过查询全国统一的信用信息基础数据库，获得企业信用信息，对客户进行准确的信用风险评级，并制作评级报告供需要者查询。信用评估制度需要对信用档案的记录与移交、管理与评级、披露与使用以及评级机构和被评者的责任与权益做出制度安排，以保证有关资信信息的权威性与公正性。

(4)企业信用担保制度。企业信用担保是企业信用制度中的一个重要环节，其宗旨是为企业提供中介服务，涉及多方经济主体包括行业外其他经济主体的利益，法律关系也相当复杂。企业信用担保法律是调整企业信用担保机构与协作银行、被担保企业及政府之间权利义务关系的法律规范，也是国家对企业信用担保机构及信用担保市场实施监督与管理的法律，主要规定担保体系、资金来源、担保机构的形式和职能、担保对象和种类、协作银行的选择和担保资金管理、风险控制与责任分担等。

(5)企业信用监管制度。企业信用监管是一种充分借助市场制约作用的新的管理方式。它是通过加大对企业进行信用监管的力度和增加企业信用的透明度，促使企业重视自身的历史记录和信誉，共同营造诚信经营、公平竞争的市场环境。其主要通过建立完备的法律体系来监督企业的信用活动。

(6)企业失信惩戒制度。这主要是通过制定相应的规则并利用市场手段对失信者进行惩戒，着眼于加大企业失信成本，使失信企业失去赖以生存和发展的空间。

3. 银行信用法律制度

我国的银行信用法律制度有《商业银行法》《银行业监督管理法》《贷款通则》《合同法》和《反不正当竞争法》等。我国的银行信用法律制度较为齐备，有利于降低信贷风险。

4. 消费者信用法律制度

《消费者权益保护法》从广泛的意义上规定了在市场经济体制中如何保护消费者的合法权益，但对于信用消费者并无针对性的规定。

(二)信用法律规范的特点

1. 广泛性和复杂性

由于信用法律关系包括信用管理关系和信用协作关系，相应的信用法律规范就要调整这两方面的法律关系，在调控手段上具有多样性，在调控对象上有政府、企业和个人，要兼顾市场经济各方主体的利益均衡。

2. 国际性和前瞻性

我国已经加入了众多的国际经济条约，我国经济日益融入国际大格局，我国的信用法律制度建设也应充分吸取各国所长，结合自身特色，不断完善法制建设，与世界各国通行的规则保持一致。

3. 稳定性和适应性

法律的价值在于运用，但由于法律固有的稳定性，使其会滞后于现行的经济运行实践。信用法在规范信用活动方面，应做到既有稳定性，同时又尽可能适应时代的发展需求。

第三节 构建中国特色社会信用法律体系

信用是市场经济的基石。党的十六届三中全会通过的《中共中央关于完善社会主义市场经济体制若干问题的决定》明确提出：建立以道德为支撑、产权为基础、法律为保障的社会信用制度是建设现代市场体系的必要条件，也是规范市场经济秩序的治本之策。社会信用法律体系是市场经济法律体系的重要组成部分。在建立全国统一的社会信用体系的过程中，我国不但要选择符合中国国情的信用体系的基本模式，更要建立和完善信用法律制度，以法律手段确认、规范和保障信用体系的建立和运行。市场经济发展到社会大生产阶段，需要国家履行经济管理职能，干预和协调经济运行，进行宏观调控，以社会协调的方式解决社会经济发展中出现的各种矛盾和冲突。现代市场经济的本质是交易经济，其运行效率取决于人与人之间的信任度和信用环节。信用在市场经济中非常重要，在我国社会主义市场经济中更是如此。

现代市场经济是一种以信用交易为主的信用经济，而我国市场经济的高速发展预示着信用经济的到来。拥有一个完善的信用法律体系是市场经济持续、健康、有序发展必不可少的保障。

总之，市场经济是信用经济，在以市场为基础对社会资源进行配置的过程中所形成的物质流、货币流、人才流、信息流都要以信用为存在的基础。一个高效率的市场，必定是一个信用良好的市场；一个缺少信用的市场，肯定是一个低效率的市场。在市场经济条件下，信用是市场关系的最高准则，只有在信用良好的条件下，市场竞争才能发挥出其配置资源的效率性，并使市场竞争充满活力和动力。

一、我国社会信用法律体系的现状

(一)社会信用法律体系不够完善

对于一个国家而言，只有当其社会信用体系比较健全时，才能够保证以信用交易为主要交易手段的市场经济的健康发展。对经济主体而言，在社会信用体系健全的国家进行信用交易时，只要自身具备信用管理功能，便有可能在一定程度上消除与交易对方的信息不对称障碍。一个国家若具备适应信用交易的软环境，信用行业发达，相关法律完善、有效，信用交易的成功率高，信用体系比较健全，则这样的国家便被称为“征信国家”。作为一个征信国家，一般具备如下基本特征：经济形态以市场经济为主体；信用交易占市场交易的绝大部分；普遍建立了比较完善的信用管理法律体系；各类征信数据开放，并与其他征信国家对等开放，信用管理服务门类齐全而且普及；企业的平均信用管理水平高，在国际贸易中享有良好的信誉。我国作为发展中国家，经济体制刚从有计划的商品经济转型为社会主义市场经济，与市场经济相匹配的经济和法律制度尚未完善，社会信用法律体系尚未健全，与国际公认的征信国家还有差距。

（二）经济活动中主体信用缺失现象较为严重

我国目前还处于社会主义市场经济的初级阶段，尚未建立完善的社会信用体系，经济活动中主体的信用缺失现象较为严重。市场经济由物质资本驱动，由人力资本控制，由信用资本维系。缺乏信用基础，市场经济难以持久有序地发展。正如诺贝尔经济学奖得主阿罗所说：没有任何东西比诚信更具有重大的实用价值。诚信是社会系统的重要润滑剂。因此，有人将信用比作企业的无形资本和个人的社会身份证明。综观世界各国，我们可以发现，凡是市场经济比较发达的国家，法治环境和信用环境也比较良好。

从社会运行机理分析，我国企业信用缺失的根源主要有以下三个方面：

1. 经济体制转换中的缺陷和漏洞

改革开放 30 多年，我国的计划经济体制已经被打破，社会主义市场经济体制基本确立，但仍处于计划经济向市场经济的转型过程中。新体制尚未发育成熟，体制缺陷是信用缺失的根源。例如，政府职能转变还不到位，行政行为与 WTO 规则和市场经济准则还有差距；行政管理体制不完善，政府不合理干预经济的现象仍然存在；计划经济体制下形成的企业产权不清、职责不明的弊端未能彻底消除。其中，道德文化与产权制度缺陷是深层次根源。

2. 信用道德和信用文化欠缺

诚实守信是我国传统文化的主流，也是备受国人推崇的美德。我国长期实行计划经济体制，市场经济发育较晚，信用交易不发达，未接受社会信用关系的洗礼和考验。许多企业对于信用关系的重要性认识不足，不重视市场经济条件下信用意识和信用道德观念的培养，没有形成以讲信用为荣、以不讲信用为耻的道德约束。加之社会失信惩戒机制乏力，失信企业照样可以生存和发展，逆向选择对社会信用道德体系形成冲击，造成信用缺失的恶性循环。

传统信用文化也是制约企业信用制度建设的重要因素。不同的社会经济形态有不同的信用文化。小农经济、计划经济、市场经济，其运行建立在不同的信用文化之上；反之，不同的信用文化又会反作用于不同的经济形态。西方发达国家与现代市场经济相适应的信用文化十分发达，信用已作为商品渗透到社会生活的方方面面。我国历史上虽有"童叟无欺，诚实信用"的商业文化传统，并在小农经济、计划经济条件下得到了维持；但现阶段向市场经济转轨，传统的信用文化和信用制度严重不适应，而新的适应市场经济的信用文化和信用制度尚未建立，这是导致信用缺失现象比较严重的思想文化根源。

3. 产权制度改革没有到位，信用缺乏基础

市场交易的对象不仅是资源或物，更是附着在资源或物上的权利。市场价格不仅体现资源或物本身的价值，更体现附着在资源或物上的权利的价值。所以，市场交易的实质是产权交易。拥有独立的财产意味着拥有完全的责任能力，才能对自己决策和行为的后果负完全责任，才能够真正成为市场主体履行契约。产权界定不清、产权关系不明、产权保护不力，以及经济主体缺乏独立的产权地位被称为产权缺失，产权缺失是导致信用缺失的体制性根源。

二、建立健全社会信用法律制度

鉴于社会普遍存在的信用缺失现象，中央决策层已充分意识到了建立健全信用体系的迫切性。《国民经济和社会发展"十五"计划纲要》从战略高度明确提出要"大力倡导诚实守信的职业道德，加快建立健全社会信用制度"。在随之而来的全国范围内大规模进行整顿和规范市场秩序的工作中，建立健全符合市场体制要求的社会信用制度、逐步建立企业和个人征信系统被列为重点内容之一。

(一)建立征信评估体系法律制度

1. 联合征信制度

所谓联合征信，是指由第三方中介机构把分散在各商业银行和社会各个方面的信用主体的信用信息汇集起来进行加工和存储，形成信用档案信息数据库，为银行和社会有关方面提供信用信息咨询服务。在现代社会，个人信用是整个社会信用体系的基础。没有个人信用制度，市场经济便失去了基石。在市场经济发达的国家，几乎每个成年公民都拥有一份由资信公司出具并保留的信用报告即“征信报告”。实践证明，联合征信制度的出台是市场发展的必然结果。它不仅是发展信用消费和防范金融风险的重要手段，更是建立信用制度的重要基础。1999 年中国第一家个人信用机构——上海资信有限公司的正式对外经营，标志着我国社会信用体系建设的启动。但由于缺乏最基本的与信用管理相关的法律法规，我国个人信用制度的建设和试点工作开展得并不顺利。

借鉴国外的先进经验，加快我国联合征信的法律调整势在必行。当务之急是加快我国联合征信数据开放的立法步伐，奠定良好的法律基础。首先，应当尽快出台关于征信数据开放的新法律，提高立法层次，这样才能真正树立其应有的权威。征信数据的开放涉及行政部门所拥有的公共数据以及个人非公共数据的开放，只有出台征信管理法才能妥善协调与各方的关系，使得征信数据真正开放化。其次，应该通过法律来规制征信数据、征信机构及征信监管部门。征信机构能够合法、公开地取得用于制作个人信用信息调查报告的数据是最基础的一步。所以，法律应当赋予征信机构征集信用数据、制作征信报告的权利并允许其合法提供信用报告，从法律的角度对征信数据的商业化加以明确规定。再者，修改与信用信息开放相冲突的部分现行法律。

2. 信用评级法律制度

信用评级制度是信用制度建设的重要内容。美国联邦储备委员会前主席格林斯潘曾说：一家交易商信用评级的下调可能迫使该交易商从市场中抽身而出。场外衍生品市场中的对手方非常关心这些合约中的潜在风险，一般都不愿意与这类交易商交易，除非他们的信用评级不低于 A 级。我国的信用评级机构及其行为关系到金融秩序的稳定和投资者的利益，如果是公开评级行为，则具有一定的公信力，应当慎重，否则就可能误导投资者。我国信用评级系统中还有许多问题，以证券投资基金信用评级为例，不仅基金、保险等专业机构拥有自己的评估系统，而且包括科研机构、券商、咨询机构在内的一大批机构也纷纷涉足基金评级领域，它们经常在专业媒体上发表自己的基金评级结果。但目前进行公开基金评级的一些机构，大多与基金公司有某种利益关系，仅有少数科研机构可视为独立的第三方。另外，一些评级机构所采取的方法比较片面，如忽视风险因素、将净值增长率作为判断基金绩效的唯一标准、没有考虑风险性和流动性因素，有些方法是搬用外国的数理分析，没有根据我国证券市场的特点有针对性地加以调整。此外，基金信息披露不完整，与全球投资绩效标准有一定的差距，导致最后的评级结果出现误差。

除外部信用评级制度外，还应当建立和完善金融机构内部信用评级制度。与发达的国际性银行相比，我国大多数商业银行的内部评级不论在评级方法、评级结果和检验，还是在评级工作的组织等方面，都存在着相当大的差距。我国金融机构在建立内部信用评级制度时，应研究国际的通行规则，在符合我国国情的前提下，力争使用国际规则标准。

3.信用管理法律制度

作为信用信息归集、管理和服务的系统工程，信用管理是一个综合运行体系，其不仅是指信用信息的数据库建设和管理，而且是一种具有社会化、市场化机制（即面向社会的、非政府主导的自律组织和企业），建立在信息数据基础上，信息来源和服务对象覆盖面更加广泛，信息加工和服务功能更加综合化和多样化，配合相应的信用制度安排和管理的综合管理体系。它的主要任务是满足监管部门和行业自律组织的监管需要，但又不是部门或行业内部的封闭系统，而是具有社会性和开放性的全方位系统，因而可称之为社会信用管理系统。

信用管理系统主要由以下三部分构成：

第一，信用信息管理系统。这主要是信用信息的征集、记录、分类、整理、披露和查询，并配合相应的信息库软件和硬件建设。

第二，信用信息服务系统。这包括信用服务机构承担信用信息管理的各项任务；信用服务机构对信用信息进行深度加工和利用，提高信用信息的质量和使用效率；为政府、企业和社会提供信息、评估和培训等方面的服务。

第三，信息管理和信息服务的规范系统，即信用管理和服务的制度建设。这主要是一些涉及信用管理和服务的规章制度或规程安排，用以规范信用信息的归集和服务行为，强化监管工作与信用信息管理之间的联系，促进信用制度功效的发挥。

（二）建立信用监管法律制度

信用监管不同于前述信用管理制度。信用管理制度属于信用市场的运行制度，而信用监管属于外部调控、约束和管理制度，通常是政府和自律组织为了防止失信行为泛滥、信用市场的无序竞争和不正当竞争而实施的调控、监督和管理制度。

政府在信用监管体系中处于调控者和监管者的地位。各级政府要承担起优化当地信用环境的组织和领导职责，需要各级政府将整治、规范信用环境作为本级政府的重要职责，将其纳入对各级政府的考核内容，并做到对管理范围内的地区和单位的信用状况进行定期分析、检查，切实加大对失信行为的处罚力度。政府要打破各部门对信用信息的垄断，建立公开的社会信用信息网络系统，把分散于政府各有关部门的信用记录进行收集、分析和发布，尽快实现工商登记咨询系统、税务、质检、公安、司法、海关、人事、统计、金融监管等部门的信用系统的互联互通、信用信息资源的共享，依法披露政府部门掌握的各类可以公开的信息资源，增强信用的透明度，对涉及公共利益或市场经济秩序的，政府应承担对不良信用信息的公布责任，以便于发挥社会监督的作用。

人民银行要将构筑优良的银行信用环境作为创建金融安全区的重要指标之一，加快建立对失信者的惩戒机制。首先，建立起对从事信用服务的企业的惩戒机制，要明确行业规则，提高行业自律能力，对那些不遵守行业操守、不守信用的企业，要求其承担法律责任。其次，明确对失信进行惩戒的主管部门，建议参照美国的做法。对失信进行惩戒的主管部门分为两类：一类是金融系统的主管部门，包括中国人民银行、证监会、银监会与保监会；另一类是非金融系统的主管部门，包括商务部、国家工商总局、国家质检总局等。同时，成立由政府部门和民间组织组成的信用管理服务行业协会，其任务是开展信用管理和应用研究，提出立法建议或接受委托研究立法，提出有关信用法律草案，制定征信行业规划和从业标准及行业的各种规章制度，协调行业与政府及各方面的关系，促进行业自律发展等，鼓励中外合资、合作开办信用管理服务机构，用法律和经济手段规范从业行为，在市场竞争中树立公开、公正的形象，建立政府与行业协会之间的互动机制。在信用监管方面，政府与自律组织进行互动，往往能发挥更好的效果。

（三）建立信用信息保护制度

发达国家均建立了符合本国国情的社会信用体系，主要有以欧洲为代表的政府和央行主导模式、以美国为代表的市场驱动模式和以日本为代表的行业协会主导模式。不管哪种模式，均注重对信息主体的保护。我国在《征信业管理条例》中也建立了对国家秘密、商业秘密和个人隐私的信息保护制度。

我国《征信业管理条例》第 3 条规定，从事征信业务及相关活动，应当遵守法律法规，诚实守信，不得危害国家秘密，不得侵犯商业秘密和个人隐私；第 14 条规定，禁止征信机构采集个人的宗教信仰、基因、指纹、血型、疾病和病史信息以及法律、行政法规规定禁止采集的其他个人信息。征信机构不得采集个人的收入、存款、有价证券、商业保险、不动产的信息和纳税数额信息。但是，征信机构明确告知信息主体提供该信息可能产生的不利后果并取得其书面同意的除外。

第四节　国外信用法律制度简介

完善的社会信用法律体系对减少商业欺诈、防范金融风险、保障经济主体的合法权益、维护市场经济秩序、提高社会经济效率等方面发挥着极其重要的作用，西方成熟市场经济国家一般都建立了与其高度发达的市场经济发展水平相适应的比较完善的社会信用法律体系，一些新兴的发展中国家也正在积极着手建立本国的社会信用法律体系。研究发达国家信用制度建设的成功经验和信用管理体系的特点，分析发展中国家社会信用管理体系的建设实践，对我国社会信用体系的建设有着重要的借鉴和启迪作用。

在所有征信国家中，美国有关信用的法律是较为健全的，其法律体系也很有特色，许多国家的相关立法工作都曾借鉴美国的经验。美国有关信用的法律有近 20 部，许多重要的法律被国会归在《消费者保护法》大类别之下。

一、美国的信用法律制度

美国是世界上信用交易额最高的国家，也是信用管理行业最发达的国家。美国市场的信用交易和信用管理行业得以健康发展的根本保障是其完整的与信用管理相关的法律体系和良好的国民素质。建立这些法律法规的目的在于保护消费者的隐私权，并间接地规范了信用管理行业的服务范围和方式。

关于美国的信用管理服务，最早可以追溯到 1830 年。在第二次世界大战结束后的 20 年中，北美市场的信用交易额猛增，各种信用工具被广泛地使用。由于市场的需要，帮助信用交易中的授信方做出正确决策的信用管理行业步入现代信用管理阶段，并取得了快速发展。但伴随着信用交易的增长和信用管理行业的发展，征信数据和服务方式方面不可避免地产生了一些问题，诸如公平授信、正确报告消费者信用状况、诚实放贷等问题，其中，特别敏感的是保护消费者隐私权的问题。鉴于市场的发展情况，社会各有关方面都对国会适时出台信用管理相关法律提出了强烈要求。于是，在 20 世纪 60 年代末至 80 年代，美国开始制定与信用管理相关的法律，并逐步趋于完善，形成了一个完整的框架体系。

一般来说，美国与基本信用管理相关的法律共有 17 部，几乎每一部法律都进行了若干次修改。其中一部《信用控制法》在 20 世纪 80 年代被终止使用。其他 16 部法律分别是《公平信用报告法》《公平债务催收作业法》《平等信用机会法》《公平信用结账法》《诚实租借法》《信用卡发行法》《公平信用和贷记卡公开法》《电子资金转账法》《储蓄机构解除管制和货币控制法》《甘恩—圣哲曼储蓄机构法》《银行平等竞争法》《房屋抵押公开法》《房屋贷款人保护法》《金融机构改革—恢复—执行法》《社区再投资法》和《信用修复机构法》。上述法律构成了美国国家信用管理体系正常运转的法律制度环境。

（一）信用法律体系的组成

1.《公平信用报告法》

《公平信用报告法》于1991年4月开始实施。该法所规范的主体是“消费者报告机构”和“消费者信用报告的使用者”。其中，定义的消费者信用报告是指用书面、口头或其他资料形式形成的报告，其内容包括关于消费者的信用评价、信用状况、信用能力以及个人消费特点、性格、生活方式等。该法保证消费者能够从信用局自由取得自己的基本数据，并且相当比例的授信机构是以信用局对消费者的信用评价为授信依据的，其主要规定了消费者个人有了解资信报告的权利，规范了消费者资信调查机构对于资信调查报告的传播范围。后者实际上明确了消费者资信调查机构的经营方式。《公平信用报告法》规定，消费者有权充分了解任何一家信用局对自己信用状况的评价及依据，消费者具有对不实信息的申诉权。对于消费者资信调查机构，最重要的规范是限制了消费者资信调查报告使用和传播的范围。法律规定，当事人有权取得自身的资信调查报告和复本，其他合法使用消费者资信调查报告的机构或个人必须符合下列条件，否则即使当事人同意也属违法：(1)与信用交易有关；(2)为雇用目的；(3)承做保险；(4)与合法业务需要有关；(5)奉法院的命令或有联邦大陪审团的传票。

对于消费者资信调查报告中的负面信息，《公平信用报告法》规定，在指定的年限后，可以在资信调查机构的调查报告上删除负面信用信息。例如，破产记录的保存年限为10年，偷漏税和刑事诉讼记录的保存年限为9年。

法律规定，凡以欺骗手段取得他人个人资信调查报告的，将被处以1年以下徒刑，同时处以5 000美元罚款。该项法律条款的细节内容由联邦贸易委员会做出解释。

1996年，国会又有两个法案出台，分别修改和补充了《公平信用报告法》，它们是《情报授权法》和《债务催收改进法》。前者在原法律规定的合法取得消费者信用报告的5种情况中，授权联邦调查局可以侦察目的为理由取得所需的消费者个人信用调查报告；后者修改了《公平信用报告法》第4款，授权联邦政府可以在债务催收活动中，根据需要取得消费者信用调查报告。

2.《平等信用机会法》

《平等信用机会法》于1975年10月生效。该法适用于一切向消费者授信或安排消费者申请信用销售的政府机构、商家和个人。该法并不要求授信机构不顾事实地放贷，而是在对信用申请人进行调查和数据分析的基础上做出合理的授信，但不得因申请人的性别、婚姻状态、种族、宗教信仰、年龄等因素而做出歧视性的授信决定。其主要内容如下：

(1)信用申请人不得因其性别、婚姻状态、种族、宗教信仰、年龄而受到授信人的歧视，尽管消费者必须达到合法的年龄才能签署合同。

(2)在信用申请人处于领救济状态或根据《消费者信用保护条例》申诉自己权利的期间，授信人不得歧视信用申请人。

(3)授信人不得暗示处于上述条件的潜在申请人，阻止他们的信用或贷款申请。

(4)授信人不得基于上述情况而拒绝考虑申请人的申请，将信用或贷款给条件更好但排在后面的申请人。

(5)在申请人申请不保密的独立账户时，授信人不得询问申请人的婚姻状态。

(6)除特定情况外，授信人不得询问配偶一方的情况。

(7)不允许将性别和婚姻状态用于信用评级打分系统，信用评级打分系统不得对年老的申请人因年龄因素而给予低分。

(8)任何授信人不得向申请人提问关于生育打算、生育能力和节育的问题。授信人不得假设申请人在育龄期内会因为生育而失去工作，继而中断收入。

(9)授信人不得因申请人的配偶或前配偶有不良信用记录而歧视申请人。

(10)授信人不得因申请人处于非全时工作状态而降低对其的信用评价，但可以核查申请人持续工作的时间。

(11)授信人可以了解和考虑申请人获得的赡养费和定期生活费是否有保证。

(12)授信人可以询问申请人支付多少比例的赡养费和定期取得的生活费。如果申请人不依靠赡养费和定期取得的生活费来支付，申请人可以拒绝回答。

(13)授信人如果拒绝一份申请，须在 30 天内通知申请人。授信人必须向申请人解释拒绝的理由，申请人有权就此向授信人提问。

(14)授信人必须向用户声明他们有权报告信用记录，双方的名字都写在报告上。

(15)授信人在授信时要向申请人书面声明:《平等信用机会法》禁止授信人对于申请人在性别和婚姻状态方面进行歧视；另外，针对授信人所在的行业，政府监督部门的举报地址和电话必须写在声明的下方。

(16)在没有证据证明是用户自愿的情况下，授信人不得因用户的婚姻状态变化而中断用户的信用。

3.《公平债务催收作业法》

《公平债务催收作业法》于 1978 年 3 月 20 日生效。该法律适用于替债权方进行追账活动的第三方。但是，法律规范的是受托从事追账活动的追账机构向自然人类型的债务人进行追账的情况。该法的中心内容如下：

(1)追账机构不得在债务人不方便的时间打催账电话，特别是在晚间 9 时至次日早晨 8 时。

(2)如果债务人将案件委托给律师，追账机构只能与该律师探讨该案。

(3)如果债务人所服务的单位的雇主不允许在工作时间打此类电话，追账机构不得在债务人的正常工作时间内打电话催账。

(4)如果追账机构以书面形式对债务人进行催收，当付账要求被债务人拒绝后，追账机构不得再给债务人寄相同内容的信或打电话，除非通知债务人追账机构将采取新的合法措施。

(5)追账机构在催账时，必须给予债务人书面通知。

4.《诚实租借法》

《诚实租借法》于 1969 年 7 月 1 日生效。该法共分 4 个章节，各章节的内容分别是消费者保护、不合理信用交易、被扣发工资的解决方法和成立消费信贷国家委员会。所谓“不合理信用交易”，是指收费过高的信用交易。该法第 3 章指出，被扣发工资的情况出现时，首先被法律解释为借贷关系，然后提供与雇主解决纠纷的法律程序。该法的执法机构为联邦贸易委员会。

该法的核心内容是要求一切信用交易条款必须向消费者公开，让消费者充分了解各信用条款的内容和效果，并且可以与其他信用条款进行比较，避免消费者在知识不够的情况下使用信用条款。在信用销售的情况下，卖方或贷方必须向买方或借方明确收费额或者利率以表明使用消费者信用或信贷的成本，但不限制贷方收取利息的最高利率限额。

根据该法，消费者有机会改变使用房屋信贷的意见，拥有单方面撤销信贷合同的权利，即反悔权。消费者行使这项权利的条件主要有两个：(1)必须购买其最常居住的房子；(2)单方面取消贷款合同的期限是签署合同后的 72 小时内，并以书面形式通知贷方。在一般情况下，银行或其他房屋信贷发放者在借方签署合同后的可反悔期间内，并不实际发放贷款。

根据该法，信用销售是需要分 4 期以上付款的分期付款式销售。在销售广告中，必须注明消费者为此商品或服务付款的全部绝对数额。法律还规定：使用被盗或者假信用卡取得现金或购物超过1 000美元者，构成犯罪。

5.《公平信用结账法》

《公平信用结账法》于 1975 年 10 月生效，它是对于《诚实租借法》修改的结果。该法的核心内容还是保护消费者，反对信用卡公司和其他任何全程信用，即交易的授信方在事前提供给消费者不精确的收费解释和不公平的信用条款。该法的主要条款如下：

(1)如果消费者认为信用卡或其他信用销售的收费账单不正确或者需要有关信息，消费者可以自收到账单之日起 60 天内以书面形式向授信人提出申诉，并以邮局邮戳为准计时。申诉信中必须包括消费者姓名、账号及所对应的账目细则的疑问和申辩。授信人必须给予书面答复。如果消费者的申诉有理，授信人必须停止对不正确部分的收费。

(2)消费者在等待授信人答复期间，不必支付授信人有争议部分的账单，包括不支付信用卡最低月收费和其他收费。但是，消费者有义务按时付清没有争议部分的账单。

(3)授信人必须在 30 天内答复消费者，除非在此之前授信人已经将账单修改。授信人必须在 90 天内更改账单或者向消费者说明其账单是正确的。

(4)如果授信人账单上有争议的部分存在错误，消费者则不必支付账单上的这一部分，也不必支付对应的最低付款额。授信人必须对账单进行相应的改正。如果授信人没有错误，则其必须给提出申诉的消费者以书面解释和新账单。在这种情况下，授信人可以合理地累计收取消费者在申诉期间暂停收取的费用或最低付款额。

(5)如果消费者对授信人的解释不满意，那么，消费者必须在新账单规定的合理付款期限内通知授信人。

(6)在消费者再次提出书面申诉后，授信人不得将消费者的任何信息传播给其他信用销售公司或信用卡公司，也不得通知信用局①，更不得以破坏消费者的信用来威胁消费者。在再次用书面形式对账单争议部分进行解释以前，授信人不得采取任何收账措施。

(7)消费者还可以对与争议部分相对应的购物或付费服务采取退货的方法，但必须满足下列条件：所购买的物品价值超过 50 美元；购物场所在消费者居住的州或者在消费者居所的方圆 100 英里以内。

此外，授信机构在向消费者发放信用卡或者购物卡时必须以书面形式向消费者声明其公平结账的权利，并且至少每年向消费者书面提示两次以上。如果授信人没有按照上述程序办理，并违反法律的任意条款，尽管其收费是合理的，但消费者仍然有权对授信人提起诉讼。授信人将被要求双倍赔偿对消费者造成的伤害，但额度必须大于 100 美元小于1 000美元。

6.《信用卡发行法》

《信用卡发行法》于 1970 年 10 月生效。该法适用于所有信用卡用户，包括银行、石油公

---

① 信用局是专门对消费者的个人信用进行评估的机构，在美国也被称为消费信用报告机构，这是专业化的个人信用服务公司。信用局的基本工作是收集消费者个人的信用记录，合法地制作消费者个人信用调查报告，并向法律规定的合格使用者有偿传播信用报告。美国全国性的信用局主要有 3 家：Experian、Equifax 和 Transunion。

司、娱乐性公司。根据该法，信用卡发行机构不得向没有提出书面申请的人发卡，不包括到期更换新卡的情况。该法规定，在信用卡合法持卡人报告其信用卡丢失或被盗以后，其可以不付账单上不经认可的部分，即被“盗用”的部分。在信用卡合法持卡人通知信用卡公司其信用卡被偷盗以前发生的被盗部分的账单额度，多数持卡人被要求最多负担50美元的费用。

7.《公平信用和贷记卡公开法》

为了在法律上区别信用卡和购货贷记卡的有关规则，1988年11月4日美国国会通过了《公平信用和贷记卡公开法》。在该法中，贷记卡被定义为：发卡机构不因用户使用卡而收取消费额度以外的费用的卡、板或者其他单一信用器件。使用信用卡会产生利息、手续费等费用。法律要求发卡机构必须将有关卡的性质公开，向授信人表达清楚。

8.《电子资金转账法》

该法作为《金融机构规范和利率控制法》的修正案于1978年10月被国会通过。该法通过对电子转账收据、定期对账单、公开信息等的要求，给予受款人安全保障。该法还包括了惩罚条例，在未授权的转账和提款卡丢失的情况下，对消费者的责任做出了规定。该法严禁金融机构将电子提款卡变相地变成信用卡，并不准向客户兜售电子提款卡。该法适用于所有提供电子转账服务的金融机构，执法单位是联邦储备银行。

9. 其他信用法规

《储蓄机构解除管制和货币控制法》于1980年3月生效，该法将个人存款的保险额度从4万美元提升至10万美元，关于信贷的利息等也有新的规定。《甘恩—圣哲曼储蓄机构法》于1982年10月生效，该法涉及金融机构改革的方方面面，解除了对金融机构的一些限制。《银行平等竞争法》生效于1987年，该法限制银行从事非银行业务。《房屋抵押公开法》生效于1975年。《房屋贷款人保护法》生效于1988年，该法涉及信贷消费者使用所购买的房屋进行抵押的情况。《金融机构改革—恢复—执行法》于1989年8月生效，该法的主要目的在于防范不良贷款的发生。《社区再投资法》生效于1977年，该法要求金融机构开发新的信用手段，向消费者提供低利息的信贷服务。

在美国，专门用于规范工商市场信用销售和工商企业资信调查的法律几乎没有，法律多出于保护消费者个人隐私权和针对公民个人的授信。除了上述立法以外，美国还出台了一些与信用有关的法规，其中最著名的有美国国会于1968年制定的《联邦消费者信用保护法》和美国州法律统一委员会于1967年起草的《统一消费者信用法典》。其宗旨是使与消费者信用有关的法律简单、明确和符合现代信用销售的发展，帮助消费者更好地了解信用条款所对应的收费，并且规定对于消费者的收费或者利息率的上限。

(二)美国信用监管机构

就美国联邦政府而言，并未专门设立一个信用管理局来管理信用和信用管理行业的事务，它的信用管理功能是随着市场发展和有关法律的建立而指派或自然分配给各有关部门的。鉴于美国制定信用管理相关法律的目的以及从其信用相关立法体系的构成可以看出，美国关于信用的立法基本可以分为银行相关和非银行相关两类。银行相关的信用法律主要在于规范商业银行的信贷业务，而非银行相关的信用法律则主要在于规范信用管理行业。

1. 银行信用监管主体

美国的信用监管部门按照银行和非银行分成两类：银行系统的执法机构包括财政部货币监理局、联邦储备系统和联邦储蓄保险公司；非银行系统的执法机构包括联邦贸易委员会、司法部、国家信用联盟管理办公室、储蓄监督办公室等。所谓执法机构，一般是指法案草案的提出机构，其职能是在法律文本之后做出实施规则，并且在技术上对法律文本提供权威的解释。如果说银行系统执法机构的主要任务在于规范商业银行的信贷业务，那么，非银行系统执法机构的功能则主要体现在对征信和追账业者的规范。

2.企业信用监管部门

在美国，信用管理的执法部门是联邦贸易委员会，它是几个主要信用管理法案的提案单位和执法机构，其管辖的范围包括全国的零售企业、提供消费信贷的金融机构、不动产经纪商、汽车经销商和信用卡发行公司等。

由于美国有较完备的信用法律体系，征信数据的获得和使用等都有明确的法律规定，因此，政府在对信用行业的管理中所起的作用就非常有限，基本不存在一个直接管理该行业的机构。但美国的有关政府部门和法院仍起着信用监督和执法的作用，这些机构主要包括联邦贸易委员会、司法部、财政部货币监理局和联邦储备系统等。而美国的信用管理协会、信用报告协会、美国收账协会等民间机构则在信用行业的自我管理和进行政府的公关等方面发挥着更大的作用。在美国，企业和个人都有着强烈的信用意识。信用交易的普遍存在是由于美国的企业通常都建立了信用管理制度，在较大的企业中都有专门的信用管理部门。为了有效地防范风险，美国企业一般不与没有资信记录的客户打交道。同时，由于信用交易与个人的日常生活密切相关，美国公民都十分注重自己的信用状况，尽可能避免在个人信用报告中出现负面消息。

二、欧洲的信用法律制度

欧洲的征信系统包括两个组成部分，即私营的征信局（又称信用局）和公共信用登记系统。信用局一般通过信息经纪人，按照自愿的原则完成信息的交流和传递。信用局按照互惠的原则收集、归档和发布由成员自愿提供的信息。公共信用登记系统是在中央银行的管理下，由贷款人义务向系统报告借款人的情况，系统对数据进行处理后，再把信息反馈给相应的贷款人。目前，欧洲各国基本上都有自己的信用评价体系，各国通常由中央银行负责收集信用数据，建立信用数据库，并在此基础上进行信用评级。

在欧洲，最注重信用相关法律建设的国家是德国、英国和奥地利，上述国家关于信用的法律多适用于规范个人征信机构的业务操作。欧洲各国也都制定了与消费者信用数据传播有关的法律，属于“数据保护”类法律。这种法律的立法目的是避免从事消费者信用调查服务的征信机构侵犯个人隐私权，同时又促进个人信用信息被合理地利用。瑞典、法国、丹麦、挪威、卢森堡、冰岛、以色列、英国、荷兰、芬兰、爱尔兰、葡萄牙、西班牙、比利时和意大利先后制定了《个人数据保护法》。英国的《数据保护法》是 1984 年颁布实施的，1998 年做过一次修改。该法律同时适用于公共性质征信机构和私营征信机构。

（一）英国的信用法律制度

早在 20 世纪 60 年代，英国议会就制定了《租赁购买法》。该法律用于规范分期付款式的赊销，规范的对象主要是附有购买选择条款的租赁合同和赊销合同。

1974 年，英国议会颁布实施了《消费信用法》，其属于消费者保护类的法律，主要条款可以与美国的《诚实租借法》类比。该法律明确规定，授信机构要到政府的公平交易部门办理执照，并受到政府机关的监管。该法界定了不同类型的信用交易，也界定了负责执法的政府监管部门的作用，以及消费者在信用交易中的权益。

1984 年，英国议会颁布实施了《数据保护法》，1998 年做过一次修改。该法适用于所有征信机构，不论是公共性质的还是私有性质的。法律对被记录的个人所享有的权利做出了规定。例如，任何当事人都有权查询自己的记录，只要向征信机构提出书面申请，就可获得个人信用档案的副本。同时，对于个人征信数据的采集和传播，法律对征信机构的业务操作进行了规范，并给出对违反规定的征信机构进行处罚的标准。法律定义了征信机构所要采集的个人信用信息的范围，也保证了个人所享有的隐私权。

（二）德国的信用法律制度

在欧洲，德国是最重视信用相关立法的国家。早在1894年，德国国会便通过了《分期付款销售法》，比著名的《德国民法典》颁布得早。

第二次世界大战以后，随着德国信用经济的发展，早年制定的《分期付款销售法》已经落后于形势。因此，在1969年，德国国会对该法律进行了全面修改，在原有条文之外增添了部分内容。现行的《分期付款销售法》规定了分期付款销售的概念、特征、解除及返还等内容；规定在不动产销售中，销售价款以分期付款的方式给付时，授信人对赊销商品保留所有权；合同解除时，各方当事人负有将收受的给付返还对方的义务，有相反约定的，其约定无效。修改后的《分期付款销售法》中增加的条款规定，分期付款信用销售合同的法定形式是书面形式，合同条款要清楚地描述赊销商品的全额付款价格、分期付款价格、每次分期付款的额度、分期数和截止日期等事项，而且授信人应将合同副本交给受信人。修改后的法律对分期付款赊销商品的受信人有更多的保护。

1970年，德国制定了《个人数据保护法》。该法在保护个人征信数据的合理使用的同时，也对个人征信机构的业务操作进行了规范，避免征信机构的从业人员侵犯个人隐私权。1977年，德国颁布的《联邦信息保护法》主要是规范私有的征信机构。1990年，德国国会又对《联邦信息保护法》进行了修改。该法律规定，在处理个人信用信息的过程中，征信机构要保证被记录者的人格不受侵犯。在对信用信息进行采集和传播时，征信机构要征得当事人的同意，原则上要得到书面认可。在征得当事人的同意后，征信机构还要说明采集或提供调查报告的目的。法律还规定，在信用信息的采集、传播和利用时，如无正当理由，不允许提供当事人的健康、犯罪等记录。如果是向政府提供消费者记录，该记录的使用范围必须属于该机关所管辖的事务范围，并已是被相关法律认可的。法律赋予当事人的权利包括：对个人信用信息进行采集、提供或利用时，当事人有知情权；当事人对自己的信用档案内容有知情权，有权要求征信机构对有争议的记录进行核实、更正、删除和冻结。

三、日本的信用法律制度

在日本，没有专门对信用业进行管理的政府机构，政府各部门在各自的职能范围内对征信机构进行行政指导，主要通过行业协会进行监督。例如，全国性的行业、个人信用情报中心的业务范围、业务内容、个人信用信息的登录和利用等运行规则都由全国银行业协会理事会制定，要取得会员资格必须得到理事会的承认。

日本的消费者信用立法相较于欧美发达国家来说起步较晚，但自20世纪60年代以来发展较快，现已建立了较为完整的法律体系，如1961年制定的《分期付款买卖法》[①]、1973年制定的《贷款业务规制法》等都是在信用交易方面的主要立法。

① 日本的《分期付款买卖法》又称《割赋贩卖法》，是与消费者信贷联系最为密切的法律，于1961年制定，后分别在1984年、1999年和2001年进行修改。

基本概念

信用　信用法律关系　企业信用　银行信用　消费者信用　美国的信用法律体系

本章小结

1. 信用有社会学、经济学及法学上的含义，从不同的角度，以不同的标准，可以对信用进行不同的分类。从管理的角度，以信用主体为标准，可将信用分为政府(国家)信用、企业(组织)信用和个人(消费者)信用。我国社会信用体系的构建需从政府信用、企业信用和消费者信用等方面着手。

2. 在整个信用体系中，政府信用具有示范作用、约束作用和导向作用。政府信用是整个信用体系的重心，建立公众对政府的信任是建立真正的企业信用和个人信用的基础。

3. 企业信用是在微观经济活动中，企业以诚实守信的态度开展经营活动的资格和能力。企业是市场经济中最为活跃的主体，企业信用则是一种主要的信用种类。目前，我国的企业信用体系尚未完全建成，企业内部信用管理体系也不够完善，这些都会影响社会信用体系的建立和完善。

4. 银行信用是指银行等金融机构以货币形式给予借款人的信用。银行信用是在企业信用的基础上发展起来的，是企业信用发展到一定水平时产生的。在社会信用体系中，银行信用是支柱和主体信用，是连接国家信用和企业信用、个人信用的桥梁，在整个社会信用体系的建设中具有先导和推动的作用。

5. 消费者信用又称个人信用，是指企业、银行和其他金融机构向消费者个人提供的信用。消费者信用的主要表现形式有赊销、分期付款、信用卡消费和消费贷款等。自20世纪60年代之后，消费者信用蓬勃发展，成为社会信用体系中较为活跃的信用类型。

复习思考

1. 信用的法律特征有哪些?
2. 为什么说市场经济是信用经济?
3. 我国信用法律规范的渊源有哪些?
4. 为什么说银行信用在整个社会信用体系建设中起着先导和推动作用?
5. 如何建立健全我国社会信用法律制度?
6. 美国、欧洲和日本的信用法律制度各有哪些特点?

案例分析

2012年闸北区人民法院依法审判了上海罗维邓白氏营销服务有限公司(以下简称罗维邓白氏)非法获取公民个人信息一案。庭审查明：仅2010年11月～2011年11月的1年内，罗维邓白氏就以约250万元的价格，先后向10多家企业购买了约9 065万条个人信息。在该公司的业务巅峰期，其对外号称拥有近1.5亿条精准的个人信息，能为商业客户提供包括“车主”、“新生婴儿”、“楼盘业主”、“金融理财客户”等在内的各种个人信息。

闸北区人民法院于2012年12月判决：以非法获取个人信息罪判处罗维邓白氏罚款100万元人民币，涉案的4名前员工最重的被判处2年有期徒刑，以及罚款5 000～10 000元。

[资料来源]http://www.zwjkey.com/onews.asp? ID=14299。

分析：

1. 如何认定非法获取公民个人信息罪？

2. 如何对上述犯罪行为进行刑事处罚？

第二章　政府信用法律制度

引　言

随着我国市场经济的发展，政府在市场中的角色发挥越来越重要，政府行为的信度和效度也考量着政府工作的实绩。现代政府的职能在不断地发生着转变，公众对政府信用的期待也越来越强。只有不断规范政府行为，增强政府行为的信度和效度，提升政府信用的社会认可度，才能带动社会、企业、个人信用的整体发展。本章主要讨论有关政府信用的概念、特征、原则、表现形式、重要性、存在问题和主要对策，并介绍了国外政府信用的理论和实例。

第一节　政府信用法律制度概述

一、政府与政府信用

(一)政府

1. 政府的含义

"政府"一词源于唐代的"政事堂"和宋代的"二府"两名之合称，在古代又称官府、公家、衙门、官署等。随着文化的发展，政府在不同的学科中被赋予不同的界定。从政治学角度来说，政府是指所有的国家机关，包括立法机关、行政机关、司法机关、军事机关等一切国有机构。从行政法学角度来说，政府仅限于国家行政机关。此外，政府还被界定为对国家各项事务的指导、驾驭、领导、管理和统治，涵盖所有的国家活动。

从内涵角度来分析，政府有广义和狭义之分。从广义上来说，政府是包含国家立法机关、行政机关、司法机关等公共机关的集合，代表着国家的公权力。《英国大百科全书》认为，政府是"由政治单元在其管辖的范围内指定规则和进行资源分配的机构，主要包括立法机关、行政机关和司法机关"。在此范围内，政府往往被看做制定和实施政策、法规、方针，确保社会被有序统治的机构，泛指各类国家公权力机关，即一切有权依法制定、修改、执行法律，以及解释和应用法律的公共权力机关，代表着法律的效力和国家的权威，是统治阶级利益的集合体。从狭义上来说，政府特指国家行政机关，包括中央和地方人民政府，是在整个国家机关体系中依法享有行政管理权力的组织体系。从目前各国对政府的认识来看，一般都是从狭义角度界定政府，本文所称的政府也特指国家行政机关。

2. 政府的职能

政府职能即国家行政机关依法对国家和社会公共事务进行管理时应承担的职责和所具有的功能，主要是指政府所履行的政治、经济、文化和社会服务职能。

从政治职能角度看，政府需要维护国家统治阶级的利益，对内为巩固国家政权、维护稳定的社会秩序、保障人民的财产和生命安全营造和谐的氛围；对外为维护国家主权和领土完整、促进与其他国家的政治经济往来、维护国家利益创造良好的国际环境。

从经济职能角度看，政府需要管理社会经济生活，促进国家的经济发展，制定并实施财政和货币政策，有效进行宏观调控，稳定市场经济秩序，提供各项公共产品和服务。

从文化职能角度看，政府需要满足公民对文化生活的需求，依法对文化事业进行管理，丰富公民的精神生活，协调社会与经济的发展，服务内容涵盖科教文卫等多方面。

从社会职能角度看，政府需要满足服务公民公共事务处理的需求，进行有效的社会管理，促进各类社会化服务体系的建立，协调社会分配和完善社会保障等。

政府职能的履行需要通过一定的政府行为（抽象行政行为和具体行政行为）来实现，政府的行为必须以为公共利益服务为目标，通过不同职能的执行机关，依照一定的原则和程序形成紧密的系统，依法行权，严格分工，各司其职，各负其责，确保政府行为的合法性、合理性、有效性和公信力。

（二）政府信用

学界基于政府行为的合法性、合理性及公信力而产生对于政府信用的研究，但对于何谓政府信用，学界尚无统一的看法。本文认为，政府信用是社会主体（组织、机构、公民）对政府在守约重诺方面的意愿、能力、行为等方面的信誉的一种主观评价或者价值判断，是政府行为所产生的表现、形象、后果、信誉等在社会主体中所形成的一种心理反应，是社会信任与政府信用的结合体。它既包括政府实施行政行为的能力、品格、效率等为社会所信任的程度，也包括社会主体对政府整体形象、效率、管理、服务的认知以及对政府行为的配合、支持和响应，综合考量着政府行为的社会效果，将政府行为的社会效能与社会主体的主客观反应相结合，以政府自觉、自主、良知为原则，以提高执政能力为要求，以满足公众需求为目标，提升政府形象。总之，政府信用是国家行政机关在经济、政治、文化、生态、社会管理等方面实施政府行为而被社会主体所认同的一种社会态度。

具体而言，政府信用包括如下含义：

第一，政府行使权力的平等性，尤其是随着政府职能向服务性方向转变，政府以平等的身份实施行政行为、履行行政职责，进而获得社会主体的信任。

第二，政府在执行法律、法规的过程中，能依法行政，准确、高效、真实地贯彻实施，从而获得社会主体的信任。

第三，政府在对政治、经济、文化、生态等社会事务进行管理的过程中，除有法可依外，能正确履行职责，遵循公平、正义，对自身有伦理道德约束，维护社会主体的合法权益，获得社会主体的认可。

（三）与政府信用相关的几个概念

1. 国家信用

政府行为虽然在很大程度上代表着国家，行使人民、国家赋予的权力，但它仅仅是国家行为的一种。作为信用的一类，政府信用并不等同于国家信用。国家信用是以国家为主体所进行的一类信用活动，它是国家以其本身的信誉为担保，通过发行国债、国库券、专项债券或吸收存款等方式，从国内外货币持有者手中借入资本，国家则以债务人的身份向债权人取得信用，可以分为国内信用和国际信用，主要区别在于债权人的国别身份不同而形成的内债和外债。国家信用主要是以政府为主体，以财政手段分配资本，故又可称之为财政信用。一方面，国家以信用为保证，通过发行国债、国库券、国外公债、专项债券和吸收存款等方式筹集资金，弥补本国建设资本的不足，从这个角度来说，国家作为债务人与债权人形成信用关系；另一方面，国家以信用为手段，将募集的资本转运用于各项国家、社会事务支出，国家以其实力作为债权人与债务人形成信用关系。政府需要依法收取、支配、管理各类资源，应对国际、国内大局，促进国内经济、文化、社会、生态建设，提供更好的社会服务，构建稳定、和谐的社会秩序。

2. 社会信用

社会信用是一个比较大的概念，完整的社会信用涵盖政府信用、个人信用、企业信用、社团信用等。不同的主体、不同的对象引申出不同的信用需求。社会信用是一个比较复杂的、系统的集合体。社会要进步、文明要发展，就必须对社会信用进行不断地完善和建设，这不仅仅是政府的职责，更是全体社会主体的义务。一个完整的信用体系由诸多不同要素和部分组成：从纵向来看，包括信用管理行业和信用法律法规体系，这是社会信用得以发展的有力保障；从横向来看，包括公共信用体系、政府信用体系、企业信用体系、个人信用体系等，构成了社会信用的主体部分，其中，公共信用和政府信用是基石和主导，企业信用和个人信用是基础和主体，四者共同协作，才能形成良好的社会信用氛围。社会信用需要政府信用的主导和表率，政府信用也需要社会信用中其他成分的补充和支撑。

3. 企业信用和个人信用

企业信用和个人信用与政府信用同属于社会信用体系的范畴，前两者主要集中于经济和事务性领域，政府信用则涉及政治、经济、文化、社会、生态等方方面面。两类有着较大的区别：

第一，权力（权利）基础不同。政府信用取决于国家公权力，企业和个人信用则属于私权利。

第二，涉及领域不同。政府信用涉及社会、国家、个人生活的多个维度，范围比较广泛；而企业和个人信用则仅涉及经济和事务性领域，范围受限。

第三，地位不同。政府信用处于整个社会信用的核心领域，决定着企业和个人信用的优劣，影响深远、广泛；而企业和个人信用则是社会信用的组成基础，影响面仅涉及私权利部分。

第四，影响因素不同。政府信用因涉及面广，所以情况比较复杂，需要调整、处理的内、外部关系较多，容易受到诸多因素的干扰；而企业和个人信用则比较简单，关系比较明确，受干扰性不强。

二、政府信用的特征

（一）主体的特殊性

政府信用区别于其他信用类别的最主要特点就在于其主体的特殊性——政府这一公权力机关。首先，政府信用依靠的是行政公权，政府根据人民赋予的权力行使公共管理、政治统治、社会服务职能，具有明显的独占性、排他性和不可替代性。其次，政府组织具有相对独立性和基于政府职权、职责所产生的权力属性，政府对社会其他主体（企业、个人、社团等）具有不同程度的权力，可以根据国家、人民的需要，满足公共利益的要求，行使权力而不受侵犯。最后，政府与其他社会主体之间具有不平等性，政府作为人民授权代为行使公共权力的机构，从其诞生之日起就意味着有别于社会个体本身，公权与私权的不平等而使公权事实上成为凌驾于私权之上的权力。正是由于政府的这些特殊性，政府信用的取得较为困难，它是一个内生与外育的过程，也是一个不断监督与制约的过程。

（二）信用的不对称性

政府与其他社会主体在社会信用体系中的不同属性导致了政府信用具有与其他信用关系不对称的特征。一方面，在通常的社会信用关系中，信用主体双方的地位是对等的，对失信行为具有维权救济途径，该救济方可以是政府、司法、社团、个人等，对失信方均有一定的惩戒效力。但对政府信用而言，对政府失信缺乏有效的第三方监督。鉴于政府在社会领域中的特殊身份，难以形成独立、权威、高效的第三方来规范政府行为，最后只能依靠政府本身的自治。另一方面，公权与私权的信息不对等性使得政府作为社会的公共管理机构，可以根据需要通过组织和技术优势，便捷地收集各类社会信息，这是其他社会主体所无法比拟的。同时，政府对信息的保密控制，不管是基于公利还是私利，都将导致信息不公开，那么，就容易使公众对政府行为产生怀疑。

（三）职权的公共性

政府信用体现的是一种公共意识，政府机关作为公权力的代理者，代表人民从事管理活动，依据人民的意志行使职权。政府信用要求政府在公共事务的管理过程中能以公为先，为公服务，坚持公平、公正、公开，体现公意，维护民权。政府的信用行为必须反映公共利益，应该力求实现政府利益与公共利益的对等，而不是维护政府内部部分组成人员的利益或部分社会主体的利益。

（四）行为的规范性

政府作为公权力的行使者，是社会主体意志的代理人，其权力受到社会主体公共意志的制约——立法机关。政府的行为必须严格按照法律、法规的规定行使，其可以作为公共规则的制定者和维护者，但必须有法可依。一方面，对内，政府必须率先明确规则、遵守规则、服从规则，严格要求自身及其组成人员依法行政、规范行权，使自己的行为能经得起公众的考验，对得起他们的信任；另一方面，对外，政府要公示公信，对合乎规则的行为与违背规则的行为有明确规范，言必行，行必果，将法律规范与道德制约相结合，使政府行为的效果能及于公众。

（五）内在的责任性

政府作为公共意志的集合体，从其代表公意之日起就要努力规范言行、履行职责、行使权力、为民谋利。首先，政府要勇于承担社会、公众赋予的责任，有能力、有信心、有担当，具有责任意识，主动做好社会公共管理事务。其次，政府在行使职权的过程中，要以负责任的态度行事，谨慎地处理公共事务，为公众谋取福祉。这是政府获取公众信任的重要途径。政府信用正是在政府负责地行使职权、服务社会的过程中慢慢累积起来的。最后，政府因行使职权而产生偏差、错误，要勇于承担责任，不推诿、不妥协、不隐瞒，能尽力弥补所造成的公共损失。这是政府获得公众谅解，重获信任的重要补充。政府信用就是要求政府以一种负责任的态度、行为和效果取得公众的接受和认可。

（六）效果的示范性

政府作为社会公众观念和行为的重点关注者，作为管理国家的实体，其行为的目的是什么、过程如何、效果如何将直接影响公众对它的评价，对公众的行为也存在导向作用，有着重要的指导和符号意义。正所谓“上梁不正下梁歪”，政府的守信程度将严重影响公众的守信程度。作为社会信用的主要衡量标准，政府信用的效果将对整个社会具有示范作用：一方面，政府在行使职权的过程中，是否依法行政，是否符合程序，是否遵循公平、正义，是否遵循善良风俗，都会引起社会主体对其的评价，这是一个互动的过程，行政权力与个人权利、公共利益互相影响、融合；另一方面，政府行使权力又是通过其内部个体实现的，行政个人作为个体代表政府服务公众，而作为自然人他又是公众的一员，具有政府信用代表和个人信用的双重属性，行政个人的信用情况也会对公众产生正、反两方面的效果。

（七）影响的广泛性和深远性

政府作为国家最重要的上层建筑，掌握着整个社会的公共权力，涉及政治、经济、文化、生态、社会等各个方面，面对着社会的每个组织、公民，是一个复杂且内容丰富的大系统，致使政府信用在整个社会信用体系中处于关键地位。一方面，政府信用的积累是一个漫长的过程，着眼于政府工作的点滴之中，融入政府行为的每个环节，饱受公众的注视与监督，引导着整个社会的信用氛围，关系到经济发展、社会稳定、文化进步等方方面面；另一方面，政府信用一旦崩塌，造成的后果异常严重，将会影响社会的各个领域，政府职权难以为继，公众对政府丧失信心，进而影响组织、个人乃至整个社会的信用。鉴于政府信用的影响力，各国政府都把维护、发展和提高政府信用作为政府工作的重要内容。

三、政府信用的表现形式

（一）政府信用的政治表现

在社会发展过程中，政府除了进行经济和社会公共事务的管理外，最突出的还是其政治代表性。政府从其产生之日起就是作为统治阶级的社会主体行使管理国家权力的公共机关。为了更好地维护统治阶级的利益、保障个体的合法权利，政府必须认真贯彻实施国家法律法规，制定合法、合理的政策、方针和行政法律规范，不能违背代表公众意志的国家权力机关所赋予的权力，不能失信于民。作为政府政治行为最主要的表现——民主——是政府代表人民、体现公众意志的永恒主题。人们判断一个国家的制度是否有效，除了看这个国家的正式规则与非正式规则是否完善外，更主要的是看这个国家制度的实施机制是否健全。离开了实施机制，任何制度都形同虚设。① 政府作为践行民主最主要的主体，其行事是否具有公正度和公信力，决定着政府受人民的信赖、支持和敬仰程度。

政府信用与民主政治从来是不可分割的结合体：一方面，政府的信用程度越高，获得的人民支持率越高，那么，民主实现的可能性和稳定性也就越高。民主政治有赖于政府的推进与实施，如果政府的工作不得力，政府的可信度不高，那么，民主政治也只能成为天方夜谭；另一方面，民主政治体制的不断完善和发展促使政府机制不断改革创新，进一步完善政府工作方式，从而使政府信用的累积更加可能，政府信用的层次不断提高。

（二）政府信用的经济表现

在社会发展过程中，政府为了给社会主体创造更好的生活条件、生态环境、发展空间等，必须通过行政手段对社会经济活动进行管理、运作、服务，提供各种基础设施、政策支持、人员服务等，更好地促进社会主体的自我发展和自我提高。这就是政府在社会生活中所需要履行的经济职能，也是社会主体赋予政府的合法权力。所谓政府的经济职能，是指政府依据法律法规，享有权利和承担义务，从社会经济生活的宏观和微观角度，对国民经济活动进行全局性规划、协调、服务、监督的功能并依职权发挥其应有的作用。

在市场经济条件下，政府发挥经济职能作用介入市场经济活动中，成为市场经济重要的组

① 道格拉斯·诺斯著，陈郁、罗华平等译：《经济史中的结构与变迁》，三联书店、上海人民出版社 1994 年版，第 257 页。

成部分。从纵向来看，政府对市场经济活动进行管理，通过金融、政策、货币等宏观调控手段，指导、调节、规范市场运行秩序；从横向来看，政府参与市场经济活动，与其他主体平等竞争、诚信交易、承担责任。因此，在经济环境中，政府信用主要体现在以下两个方面：(1)政府作为市场主体参与市场经济活动本身所应具备的信用；(2)政府作为行政管理机关，做好市场服务、管理、规范工作，创造稳定、有序、健康的市场运营环境过程中行使职权所表现的政府信用，具体包括：

第一，在市场经济条件下，政府作为市场规则的制定者和市场秩序的维护者、管理者以及市场参与者的服务人，需要通过制定各类适合本国国情的经济法规，合法、公正、规范、严格地执法，追究违反市场秩序的主体的责任，稳定、规范市场秩序，降低市场运行的成本，促使其他市场主体能充分利用市场规则满足自身、社会和公共利益的需要。

第二，政府需要从宏观角度把握市场运行的方向，为本国经济和社会发展提供指导和规划；通过制定相关的政策、方针，确立本国经济发展的短、中、长期发展规划，避免市场运行过程中仅仅由“无形的手”运作所导致的无序、短视或破坏等情况；通过将不同时期的政策、战略、方针公诸于众，使社会主体能了解政府的经济运作方向并予以监督。这样，政府需要与市场主体共同遵守约定，在政策适用上要一视同仁，避免政策的随意性和不稳定性，提升政府的信用度。

第三，政府作为直接主体参与市场运营活动，通过政府采购、政府供需、政府控制企业等方式，与其他市场主体共同遵循市场规则，公平竞争，依法履行各项义务、享受各项权利，而不能违约失信，恣意妄为。在这种情况下，政府信用的取得主要取决于政府经济行为的效力和结果，当政府与其他市场主体处于平等状态时，其是否能够实现角色的转换，正视自身，从而更好地、诚信地参与经济活动。

第四，政府的信用程度制约着政府经济活动的效果。从政府与社会其他主体的比较来看，政府的信用程度影响着公众对待政府的态度。如果作为一个国家、一个地区最主要、最大的信用主体都不能给人以安全感，那么就意味着公众对其已经完全丧失信心，国家已无信用可言。在这种情况下，政府想要实现其经济职能就只能成为空谈。经济活动是一项谋利的活动，以追求利益最大化为主要目标，而政府行为不能保障这种利益，那么，这个国家的经济前景也就不容乐观，各类投资、合作、拓展或者终止，或者远离……那么，国家就更难获得发展经济、提升实力的机会，最终将导致政府经济职能的停滞。

(三)政府信用的社会表现

政府信用表现在政府的一切公共行政管理活动和经济往来过程中，包括政府之间、政府与社会之间、政府与企业之间、政府与个人之间的各类信用关系。政府通过政策法规的制定与执行，对社会事务进行管理、服务、规范，体现政府行为的合法性和合理性。政府信用作为政府的无形资产，是政府赖以存在的重要保障。

1. 政府权力的受限性

政府的职权必须基于公众的授权，限制在法律、法规规定的范围之内。政府通过对自身职能、权责的充分认知，以合法、合理的行为方式，发挥其对社会的有利价值。随着市场经济的发展，“无形的手”已经不能满足市场发展的需求，必须通过政府这只“有形的手”来进行宏观调控。但是，这并不意味着政府可以干预社会生活的各个领域。政府只能作为“守夜人”，通过制定规则制度、提供服务保障、加强监督管理，从而保证社会秩序的稳定。政府干预和政策实施的范围必须要有一个“度”的把握，不能取代企业、个体的经济行为而直接干预市场活动，必须按照市场的内在要求，顺应市场经济的发展规律，只能创造条件而不能添加障碍。只有通过这种大方向、大原则、战略性的把握，政府将自己的行为限定在合理的范围内，适度放权，以经济发展和人民利益的实现为主要目标，才能获得人民的支持，确立政府信用。

2. 政府政策的科学性、连续性和稳定性

政府在对社会事务进行管理、服务、规范的过程中，除了依靠现有的法律法规以外，很大程度上还依靠政策，通过政策进行行政管理。但是，每一项政策的制定和实施都会影响社会主体的行为，因此，需要让社会主体充分认识到政策本身，了解、支持、促进政策的实施。科学性，就是要求政策在实施之前能充分考虑社会实际，经过充分的调研，从而对经济社会的发展做出充分预期并予以指导，满足社会主体整体利益的需求并实现其最大化。这就意味着，政策的实施需要有充分的社会考量和经济模式的规划，具备整体利益的考虑，更具备可实施性，否则就会适得其反。连续性，旨在确保政策的前后连接和适用，避免出现因为政府机构的变化导致的政策实施的变更、中断、终止。从横向上看，主要是政策对全体社会主体都具有可适用性，能够对他们都具有指导意义；从纵向上看，不同时间、不同地域的政策实施，在同一效力层次上能保持前后的延续性和层次性，而不会出现反复。政府政策的随机性越大，公众的预期性、确定性和信任度就越低，政府信用也就越差。稳定性是指政策出台之后能保持较长时间的适用，有一段相对稳定、可预期的发挥作用的时间。这就要求政府制定政策前能有一段较长时间的预期和规划，避免因政府随意改变政策或者政出多门而导致政策停滞，给公众政府出尔反尔、言行不一的印象，降低对政府的信用评价。

3. 政府行为的公平、公正、公开

公平、公正是对政府作为国家行政机关的首要要求，也是政府对外行使行政管理职能的基础所在。政府的政策、法规必须能平等地适用于社会主体而不可偏颇，整个管理过程能依法进行，行政程序规范。在政治、经济、文化等各项社会事务中，政府能够始终坚持公平、正义，不徇私情、不枉法律，对外资企业或本国企业、国有企业或民营企业、个人或组织均能一视同仁，平等地维护他们的合法权利。

政府公开主要包括两类：一类是指政府的各项行政措施、规则、程序除法定保密需要外，应该一律公开，避免因为程序、措施的不公开使政府能有机会“暗箱操作”或随意处事，致使行政行为无序、公众办事或维权不能；另一类是政府的各类公共须知信息必须公开，充分给予公众对政府行为的知情权，建立覆盖全社会的信息网络平台，提高信息公开化和分享化的程度，节约公众收集信息的成本，监督政府行为，避免政府行为的不合法和腐败。

4. 行政行为的规范性

政府的公权力最终是由政府各部门和行政人员来行使。他们在执行行政权力的过程中，基于现实与理解，有可能在一定程度上造成执行偏差与失误，更有可能因私利而导致腐败、渎职等现象，从而影响政府在公众心中的信誉度，产生政府信用危机。通过加强对公权力实施过程中的监督、管理、约束和激励等，将政府各部门和行政人员的自觉与社会、政府、个人对他们的监督相结合，使他们的行为更具规范性，从而确保政府能够按照与社会的权利约定行事，履行既定的承诺。同时，这种规范性还要求政府能通过各种规范性的制度，确保社会主体能按照规定的程序实现对自己有利的交易目的，而不是通过强权、利益交换等非法手段，从而在全社会建立健康、有序、可靠的信用秩序。

四、完善政府信用的重要性

政府是制度、规则、政策的制定者和主要实施者，如果政府失信，就会直接影响制度、法规的权威性和约束力。对于社会来说，建立政府信用所支付的成本要比建设其他信用所支付的成本少得多，政府信用在整个社会信用体系中占据主导地位，也是政府行使职权所必备的价值主导，政府通过对社会行为的调控，引导社会、组织和个人信用，形成一个信用循环。

首先，政府信用是整个社会信用体系的核心和支柱，有助于整个国家信用体系的建立。政府是制度、规则、法规的制定者，是整个社会信用的捍卫者，对整个社会信用体系发挥着核心和支柱的作用，社会信用的确立必须借助于政府信用的培育、支撑和示范。如果社会组织、企业、个人违反信用规则，则相对方可以要求政府予以约束、制裁或惩罚；而如果政府失信，则缺少权威的第三方来对政府予以约束和管制，直接导致各项政策、法规、制度实施不能。在市场经济环境下，政府以自己的示范行为引领整个社会，推动社会信用的发展与进步。当政府信用成为社会信用体系的短板或缺陷时，就会严重影响整个社会信用建设的进程，市场主体尊重契约、遵守法律法规、遵循等价交换和平等互利的价值规律的行为就会遭到破坏。政府对市场主体的独立法人地位的不尊重和保护不力也会破坏稳定、平等的市场竞争秩序，最终影响整个社会的信用发展。

其次，政府信用是市场经济体制建立和完善的保证。市场经济本身是一种法治经济和信用经济，是依靠规则、秩序、信用维系的经济模式。在市场经济中，价值规律要求社会主体必须遵循等价交换、平等互利、公平竞争、诚实信用的原则，在复杂多变、关系多重的经济交往中注重契约精神，严格依据法律，恪守信用地参与竞争。没有信用，市场经济就不能正常进行。但是，市场经济中的信用体系仅仅依靠市场主体本身的自觉是难以实现的。基于主体的功利性，市场的“无形之手”很容易对主体行为失去控制，那么，就必须依靠政府的宏观调控，以“有形之手”规范市场信用体系。政府要为市场的有序运作提供公平、合理的制度和规则，并严格、有效地执行市场交易规则。此外，政府也要充分尊重和保护市场主体的独立地位，规范市场主体的言行，使他们能自觉维护公平、合理的市场交易秩序，形成信用氛围。政府同时充当规则制定者和执行监督者的双重角色。政府的信用度将直接影响市场经济体系的运作情况和效率高低。如果政府失信，则会使市场主体面临诸多不确定性和不可预知性，导致市场主体行为的短期化和经济效益的不稳定性。因此，市场经济越发达，信用程度越高，对政府信用的要求也越高；同时，政府信用程度越高，对市场经济的刺激、推动和保护作用也越强。

再次，政府信用是政治文明建设和依法治国的内在要求。政治文明建设必须体现在政府职能、行为、方式、态度和责任等方面，而政府信用无疑对政府的执政方式提出了更高的要求，它既是建设政治文明的一个重要手段，又是现代政治文明的重要标志。政府在履行职能的过程中，与公民、法人或其他社会组织之间形成两种关系：纵向的管理与被管理关系和横向的平等主体关系。纵向的管理与被管理关系是政治行为的重要体现，其往往是一种命令与服从的关系。政府机关通过制定法律，按照法律规定的权责和对社会主体的规定性，管理相对人的行为，并对相对人的不合法行为予以制裁。它是按照政治生活的发展规律，倡导自由、民主、平等、人权、法治的观念，提升人民参政议政的意识和能力，规范政府政治体制与政治行为，从而保持政府持续生命力的行为，而其中最主要的就是通过政府行为所获得的政府信用支持。横向的平等主体关系则是政府为推动政治文化建设而与社会主体所进行的市场主体行为，其往往是以政府信用为保证，体现了政府政治文明建设的成果。依法治国是国家、人民对国家各机关的要求，其中，行政机关从其涉及范围、管理事项、服务内容、效力层次等方面而言，均属于依法治国的重中之重。只有政府依法行政、依法管理、依法办事，遵循“有法可依，有法必依，执法必严，违法必究”的法治准则，为公众提供高品质的公共服务，维护法律的最高权威，才能真正取信于民，获得公众的支持，最终从根本上推动依法治国的进程。

最后，建设信用政府是国际政治、经济、文化交流的必然要求。一个国家的信用意识和信用体系是其进行国家政治交流、参与国际竞争、融入世界文化范畴的重要组成部分，如果一个国家信用缺失、反复无常、无法兑现在交流过程中的诸多承诺，那么，其就会越来越失去其他国家的支持，在国际上不能占据一席之地，失去国际公信力。随着世界经济一体化格局的日益深入发展，一个国家不能为世界其他国家所信任，那么，对这个国家的发展无疑是致命的，甚至还会影响本国的个人、企业、组织等进行国际交往时的信誉。

从政治上来说，国与国之间有竞争、有合作，这些都是基于双方在国际法框架下所签订的多边、双边国际条约、公约，任何国家都不能背弃约定而侵害他国利益，否则就要受到国际制约。从经济上来说，在经济全球化态势下，国家和地区已逐渐成为世界经济的一分子，国家对其他市场主体所实行的政策、法律的稳定性、可靠性、可预知性等情况将决定他国对本国的投资与经济往来。从文化上来说，不同文明之间的沟通、互融，国家之间的文化交流，是国家提升内在层次、加深国际理解的重要方式，而信用文化的培育情况如何就是其中的重要部分。如果一国不具备产生、培育、发展信用文化的土壤、内在要求或合理方式，将直接引起他国对该国在政治、经济等方面活动的信用考量，尤其是政府信用问题。

因此，政府信用是政府加强自身建设、完善自我、塑造形象的核心要素，是进行国家政治、经济、文化建设所必需的重要考量，是加强国际沟通、促进国际交流与合作的重要手段，是推进市场经济发展，构建社会信用体系、制度和框架的关键所在。

第二节　我国政府信用法律制度的现状与发展

一、政府信用制度的内涵

所谓政府信用制度，是指国家行政机关及其部门在行使职权的过程中，为履行公平、正义、诚信的义务，取得社会主体的信任而设计和实施的一系列规章制度的总和。政府信用制度有广义和狭义之分。广义的政府信用制度包括正式约束制度、非正式约束制度以及实施机制。正式约束制度主要是国家的法律、法规、政策等规定，属于法治范畴；非正式约束制度是包含道德规范、价值取向、风俗习惯、意识形态等在内的传统文化，属于道德范畴；实施机制则是指为保证政府能合法、合理地履行职责所制定的具体行为规制措施。狭义的政府信用制度是指正式约束制度和实施机制。

政府信用制度有如下含义：

第一，政府信用制度以实现政府信用为目标。通过一系列政策、行政法律规范的制定和实施，使社会主体了解政府行为的规范性、合法性和合理性，由此所积累的政府信用本身也是合理的。从政府信用本身的价值考虑，一个合法的政府要代表人民行使管理国家、处理公共事务的权力；同时，必须运用一系列法律制度来监督和规范政府的行为，这样，人民的权利才能得以保护，也才会对政府更加信任和支持。

第二，政府信用的正式约束制度包括宪法、法律和行政法规，具体内容包括：(1)政府的权力来源，这是政府信用制度所要解决的首要问题，即明确为谁行权、为谁服务的问题，这样，政府在行使权力时才不会犯方向性错误。(2)政府职权范围，即政府应在哪些范围内行使职权。

将政府的权力限制在有限的范围内，以避免政府过多地干涉市场、社会、个体的活动。行政职权是政府信用制度的主要内容，也是社会主体对政府工作的要求。(3)政府在行使职权的过程中应该承担何种责任。每个政府都应该承担对国家、社会、组织、个人的不同责任，这就要求政府必须树立责任意识，一方面要勇于担当责任，另一方面要对所犯的错误负责。因此，必须明确界定政府的责任范围，这是对政府信用予以考量的基础。(4)政府的行为应该受到何种监督，这包括监督主体、监督方式、监督机制、价值评判等，也是政府对其权力来源的展示和社会主体对政府表达意见的途径，是时刻提醒政府注意确保行权信用和权力健康运行的重要手段。

第三，政府信用制度在实施机制上主要包括行政行为机制、信息公开机制、权力监督机制等。行政行为机制主要是为了确保政府行为能诚信地依照宪法和法律赋予它的职权行使，能正确地表达、执行、反馈政府工作的内容，充分考虑行政行为相对人的利益需求。信息公开机制则是政府信用积累的重要途径，通过使社会公众行使知情权，了解政府行为的原因、方式、效果，对政府形成理性、客观的评价，从而明确政府履职践约是否符合诚信的标准。权力监督机制则是最后的底线，其贯穿于政府工作的始终，涉及每一个环节，通过政府内部、社会、组织、个人监督等方式，以审查、披露、反馈等手段，督促政府行为的规范性和合法性，确保政府信用的实现。

二、我国政府信用法律制度的历史与现状

新中国成立以后，随着社会主义改造的基本完成，我国开始第一个经济建设的“五年计划”，并以苏联为模板，开始实施计划经济体制。在这种体制下，实施的是“一大二公”的以公有制为经济基础，以国家计划作为配置社会资源的主要手段，注重国家经济的统一化、一体化，强调国家对社会经济生活的直接控制与干预，基本忽视市场本身的职能，企业成为国家的附庸，个体成为国家计划体制的一个重要组成部分，政府包揽了政治、经济、社会生活的绝大部分事务，成为全能型政府。

不可否认，全能型政府模式对新中国各方面的建设与发展发挥了巨大作用，尤其是在面临国际政治、军事局势和国内“一穷二白”的政治、经济、文化、军事等局面，政府的干预有效地保障了人民生产、生活的稳定、有序，各方面建设也取得了突破性的进展。人民对政府的评价与信任度很高，生活虽然艰辛，但充满希望。但是，由于未能从本国政治、经济、文化建设的实际出发、苏联模式对国内的影响以及对马克思主义基本原理的教条式学习，片面地高估了本国的发展能力，急于求成，政策冒进，出现了经济上的“大跃进”、政治上的“文革”、文化上的浮夸等现象，导致整个社会包括政府的信用体系崩塌。在这段时期，政府权力高度集中，政府的渗透范围异常广泛，对公共事务的服务意识淡薄，政治工作仍然多方面影响着社会生活，法制建设陷入停滞，政府沟通、参与渠道不够畅通，以公为先，忽视个人利益，导致政府信用严重低下，人人自危。

党的十一届三中全会以后，我国实行改革开放，政治、经济体制出现较大改变，各方面取得巨大成就。政府的信用体系建设越来越被重视和加强，从中央到地方各级政府开始转变政府职能，学习国外先进的政府管理理念，依法行政，改革政府行政审批制度，强调政府的行政效能，推行政务公开，注重信息公开化建设等，政府信用建设取得明显成效。同时，政府在经济建设领域取得突破性成绩，国家的经济实力不断增强，人民的物质文化生活日益丰富，生活水平大幅度提高，国家的国际地位日益提高，在国际国内的诸多举措深得民心，政府政策、方针的有效性得到提高，政府工作作风、工作方式、工作效果也越来越透明化、公开化、公正化。这些政

府行为都大大加深了政府在公众心目中的权威性和公信力。

党的十六大之后，国务院指定全国整顿和规范市场经济秩序领导小组负责组织和协调社会信用体系的建设工作，并组织起草《社会信用体系建设发展纲要》，于 2003 年 4 月召开了全国整顿和规范市场经济秩序工作会议，提出要在 5 年内建立与中国经济发展水平相适应的中国特色信用体系的基本框架和运行机制；同时，将政府信用制度建设提上日程，通过一系列政策、法律对政府行为进行规制。例如，《宪法》要求国家机关遵循精简、责任、效率原则，为人民服务，接受人民监督；《立法法》要求行政法规不得规定剥夺公民政治权利、限制人身自由的强制措施，法规必须公布实施；《行政诉讼法》和《国家赔偿法》对行政机关及其工作人员的侵权赔偿责任及具体实施细节作出了规定；《行政处罚法》对行政程序公正公开、侵权赔偿、不得限制公民人身自由、实行听证程序、违法责任等进行了规定；《行政复议法》要求行政复议应当遵循公正、公开、合法、及时、便民的原则；《采购法》对政府采购遵循公开、透明、公平、公正、诚实信用的原则，采购方式必须公开和采购监督等进行了规定；《行政许可法》对行政许可公平、公正、公开、便民、效率、监督检查原则，以及行政听证、侵权赔偿和相关权利义务进行了规定；《公务员法》对公务员的选拔、工作、责任等予以详细规定，力求政府工作人员工作的原则、程序、要求、方式的合理化；此外，还出台了《行政法规制定程序条例》《规章制定程序条例》《信访条例》《全面推进依法行政实施纲要》《国务院办公厅关于社会信用体系建设的若干意见》以及相关的反腐败政策、法规和党内监督条例。同时，国务院各部门出台相关部门规定，各省、自治区、直辖市实行本地特色的地方性法规。

这些政策和法律的出台一定程度上突出了我国政府信用建设的成绩和决心。但是不难看出，我国政府信用建设还是相对薄弱的，缺乏统一的政府信用法及相关法律、政策，有关政府信用的原则、要求、规定都散见于相关的行政法律法规之中，不具备整合的效力；同时，我们对于政府信用的具体实施和监督机制的规定还存在比较大的问题。

三、我国政府信用问题的表现

由于受计划经济体制的影响及市场经济体制的稚嫩，社会、政府和个人对信用的重要性还认识不够，政府在信用规范方面还存在很多误区，尤其是政府在经济体制转型、行政职能转换等方面严重滞后，不但未能为经济建设保驾护航，承担起维护经济、社会公正的协调者、平衡者、裁判者的角色，反而基于政府本身的利益、部门利益、行政人员利益做出了阻碍经济发展、行政不公的失信行为，主要表现在以下几个方面：

（一）在政府行政管理方面

1. 政府公共政策的随意性与短视性，缺乏稳定性与连续性

政府制定的规章、政策应该具有相对稳定性与前后连续性，而不能朝令夕改。制度是对社会主体权利义务的确定，具有社会行为的指引性，需要有一个从不适应到适应的过程，通过对制度的理解，社会主体可以有针对性、有预期地开展生产、生活，确定工作态度、方式和效能，最后对政府产生信任。而政策的多变与随意、视野的短浅、衔接的破坏，容易造成社会主体无所适从，状态也因处于不断更新的过程中而丧失稳定发展的动力与精力。我国当前在地方政府及部门中仍然存在政府的政策、规章根据形势、领导意志、政绩需要而随时变动的情况。政策的制定缺乏严格的实际考察和调研，政府及行政人员也不需要为自己随意更改政策或者错误执政而承担政治、法律、党内、道义等方面的责任。这些行为降低了社会对政府的信任度，企业与个人的利益难以得到保证，政府信用的地位也在不断削弱。

2. 政府工作的透明化和信息公开化程度不够

近年来，各级政府对涉及公共利益的相关事项予以公开，并出台有关政务、村务等的公开政策，对社会关注的事项能及时予以回应。我国于2007年制定了《政府信息公开条例》。这些行为彰显了我国政府在对社会公开、取得社会信任、接受社会监督方面所采取的举措与信心。但是，部分地方、个别政府还是对政府信息公开的落实不够充分，采取假公开、半公开等方式，对个别人员采取明降暗升或者先贬再提等方式进行"处罚"。对于应公开的信息，个别政府为私利而不予公开或"暗箱操作"、营私舞弊，或者为公众设置沟通障碍，增加公众了解和监督的难度，从而最终影响了政府的信用度。例如，在社会信用体系中，大部分信用信息掌握在工商、税务、公安、银行、司法等政府或大型国有企业手中，这些信息往往是难以获得的，如果没有一个公众的部门来为公众提供相对方信用状况调查以及做好社会、企业、个人的信用记录，那么，就容易导致市场中整体信用氛围不浓，社会公信力难以实现。

3. 政府行为效率低下，政令难行

政府所制定的政策应充分考虑本国、本地区的实际，对于国家、中央制定的政策，个别地方政府往往采取变相替换、部分实施、拖延实施甚至直接无视等方式，仅考虑地方或部门利益而无视国家整体利益。这就造成中央与地方、部门与部门、部门与地方之间政策、法规的矛盾与冲突。此外，有些地方政府或部门办事拖拉，怕承担责任而相互推诿，对于公众寻求帮助的事以"非本部门职权"、"需要走程序"等借口，人为地设置障碍，对行政事务处理的制度不明、要求不清、执行不力，政府服务的规范度、效率性、满意度难以达到社会的要求。

（二）在市场经济建设方面

1. 地方保护主义比较严重

所谓地方保护主义，是指地方政府及其成员为追求自身经济利益的最大化而违背中央和国家的法律、法规，通过对区域市场进行划分，将经济与行政权力相结合，限定区域以外的经济主体参与本地区的经济活动，从而维护或扩大地方局部利益的行为。我国《反垄断法》第五章明确规定，禁止行政机关、被授权组织滥用行政权力，排除、限制竞争。市场经济的建设在于市场本身在资源配置中处于基础性的地位，必须遵循价值规律和市场运作本身的规律，尊重正常、有序的市场竞争秩序，这样市场的优势才能得以发挥。政府在经济运行过程中，应当努力创造良好的外部环境，纠正市场中各种不正当、不规范的行为。而个别政府则从地区利益出发，依靠行政力量实行地区垄断，通过封锁、限制、壁垒、保护等方式，造成国内市场的割裂，使国家为规范市场经济秩序所制定的一系列法律规范失效，政府信用则变成区域性的信用关系。

2. 政府主动背信弃约，盲目干预市场

一些政府在经济活动中，为了招商引资，纷纷制定优惠政策，但一旦投资资本到位后，承诺的各种优惠却成为泡影。此外，一些政府在进行国有企业转制的过程中，将亏损的企业承包出去，而一旦盈利后则设置种种限制，寻找各种借口收回企业。种种类似行为使相对人原有的发展计划和投资沦为水漂，无所适从，对政府深怀戒心，从而影响投资的信心与决心。此外，政府机构的人事变动尤其是主要领导的变动容易造成约定的断层，后续衔接跟不上，挫伤了市场参与者的信心。而一些政府为本地区、本政府的利益或部分领导的意思考虑，在未对市场进行充分调研、未对企业作深入了解之前，就盲目地对企业尤其是国有企业的经济活动横加干预，任意侵犯企业的经营自主权，违反政府的职权范围，致使权责不清、政企不分、管理混乱，也影响了企业的发展与提高。

（三）在政府及行政人员自身素质方面

1. 政府人员行政素质与道德水平难以完全达到政府行为的需要

政府作为国家的公共权力机关，需要由政府行政人员来具体执行公权力，尤其是政府的领导者，他们的政策水平、工作态度、组织能力、领导能力和道德水平直接影响和制约了政府决策的执行。从目前的情况来看，主要存在如下问题：一是政策水平不高，部分官员的学历、阅历、工作经历不够，对中央和政府的政策理解不透，致使政策执行走样，有违中央的预期效果。二是政策贯彻的及时性与效率性不够。对于中央的政策，地方政府往往以本地利益为准，致使中央政策发生延误或偏差。三是执行不公、程序不规范，地方行政执法队伍中对法律规定的执行方式和相关行政政策等存在执行手段不规范、不合法、不合理的现象，对相同的执法对象区别对待从而引起执法不公，尤其是工商行政、城建规划、医药卫生、交通运管、公共治安、市政环保等与人们切身利益相关的部门的执法不力、不文明等情况，引发人们对这些部门的不认可。

2. 政府行政人员的浮躁氛围与腐败现象较常见

近年来，一些地方政府依然存在国民经济、社会发展的重要指标和统计数据失实的情况。例如，关于地方政府对于政府排污状况公布失实的情况，以及各地因为面子工程、官僚主义、形式主义等情况所造成的恶劣影响，严重影响了当地政府的形象。此外，某些政府官员利用各种寻租、私下交易、利益替换等手段谋取私利，被揭露出来的腐败现象从根本上破坏了社会公正，打压着人们对政府的信心。

四、我国政府信用问题产生的原因

（一）政府信用缺失的历史根源

1. 传统封建政治制度的影响

从奴隶社会到封建社会，再从封建社会到民主社会，最后到社会主义社会，在这个过程中，自秦以来所形成的封建政治制度与统治思想一直影响着历朝历代至今。中央集权、君权至上、家国天下的思想体系，封建地主阶级与农民阶级的地位不对等、信用标准的不统一，构成整个社会的政治基础。作为皇权实施者的官员，只是维护和代表封建皇权的利益，统治阶级的民本思想也只是维系在皇权的要求之下，各级政府通过自下而上的方式对皇权负责，即使在政策施行的过程中力求诚信，也只是封建统治一时所需，而不是真正站在人民利益的角度。同时，传统官本位思想对现在政府行政人员也有重大影响，社会主体对政府公职的追求和对公权力的敬畏使他们越来越希望成为其中的一员，而已经身处其中的人或者为了追求更大的权力，或者为了保住官位，以政绩、升迁为目标，当自身利益与公众利益发生冲突时，采取欺骗、命令、隐瞒等方式维护自身利益，权力的行使随意性相当大，致使人们对官员的信任度不高。

2. 传统血缘、家庭关系的影响

中国作为农业文明古国，以家庭、家族、国家为组成方式，人与人之间通过家族、血缘等方式联系在一起，相互依靠、相互信任，社会属于一个“熟人”社会，因此，基本上形成了以家族为核心、以家庭为组成部分的宗族伦理范围。家族内部又分主、旁两系，以族别划分亲疏远近、辈分长幼。这种信任关系不以市场信用为基础，而以家族、家庭信用为基础，以血缘为纽带，对内坚持尊卑有别、相互信任，对外则以家族利益为准，一切谋求利益最大化的手段均为合理。一旦有人背离了家族、家庭，则会被认为不忠不孝、不仁不义。这就导致在当今社会，人们在市场、行政等事务中，习惯性地找熟人、托人情办事，政府权力也区分亲疏，血缘关系打破了法律规则和公平、正义的固有要求，政府的行政行为以及行政人员的工作方式也不得不考虑“熟人”

社会的现实规则，出现不按规定办事的情况，引起人们对政府行为平等待人的不信任。

（二）政府信用缺失的现实根源

1. 政治体制原因

制度是一个社会的游戏规则，是为决定人们之间的相互关系而人为设定的一些制约。制度构造了人们在政治、社会或经济方面发生交换的激励结构，制度变迁则决定了社会演进的方式，因此，它是理解历史变迁的关键。① 政府的有效运作有赖于一套行之有效的运行机制。我国社会的政治、经济体制在改革、完善的同时，尚不能对社会信用体制予以有效地规范。第一，现有政治体制与内容的不完善致使部分行政人员以权谋私、钱权交易，出现市场监管不力、秩序混乱等现象；第二，政府监督机制的不完善致使一些行政人员利用制度、法律、体制等漏洞进行权力寻租、背信弃义、损人利己，导致政治腐败、信用恶化等结果；第三，社会道德体系羽翼未丰，政治体制改革还不完善，市场经济体制对原有道德体系的冲击以及新的社会道德观念体系的孕育，致使在社会转型时期，政府、社会、个人均处于思想重塑和信任培育时期。

2. 法治建设不够健全

行为得不到有效的规范、实施、监督和惩罚，政府信用就缺乏有力的法律制度保障。第一，部分政府工作人员的法治观念淡薄，规范意识不强，还存在忽视法律、规避法律、"灵活"执行法律的思想。第二，法治现代化离不开法制健全，但从我国目前的行政立法状况来看，层级较高的法律规定比较少，政策性、行政法规性以及政府指导等行政性规章制度比较多，增加了部分政府及其人员寻找法律法规漏洞、实施违法违纪行为的机会。第三，部分执法人员在执法过程中不依法行政，执法不严、不公，将行政等同于司法，对政府失信的行政诉讼听之任之，甚至出现干预司法的情况，而司法的独立地位在现实情况下尚存在财、物、人等权力的行政制约，这些在一定程度上助长了行政失信。

3. 经济发展引发的利益需求

政治信用本身是公益的、非营利性的信用模式，有别于市场经济环境下主体的逐利性。第一，政府本身作为公共利益的代表，不存在自身利益，在行使公共权力的过程中，如果出现偏差、错误而造成公共利益的损失，政府能最大化地降低自身责任甚至不承担责任，这就导致政府不需要为公共利益的损失买单。第二，政府虽然不存在自身利益，但政府的区域性、层级性致使不同级别的政府会有其自身的政治权利要求，并且容易导致地方保护主义、部门保护主义、行政垄断、行政包庇、信息封锁等现象的出现，以期最大化地保护本地、本政府的经济、政治利益，但危害了整个社会经济的发展。第三，政府信用与社会信用、公众信用的地位不对等。在经济发展过程中，政府为谋求本地区、本政府、本部门、本政府内行政人员的经济利益，容易出现越权行为，但由于政府拥有国家行政强制力，公众的维权、申诉就显得尤为困难。第四，政府本身可以没有经济利益要求，但政府内的行政人员具备政府人与社会人的双重身份，容易将两种身份相结合，以权谋私，使自身获得更大的经济利益，这就是经济利益刺激下的政府人行为违法、失范。

4. 缺乏有效的监督机制

行政法律监督制度未正式确立。虽然我国从宪法到法律法规都有关于行政监督的规定，监督方式包括党委监督、人大监督、司法监督、内部监督、舆论监督、群众监督等，但基本上都散见于各法律的具体条款中，对于行政机关的监督鉴于行政事务的广泛性、关系的复杂性、部门

① 道格拉斯·诺斯：《制度、制度变迁与经济绩效》，上海三联书店 1994 年版，第 3 页。

的交叉性等原因，致使容易出现官官相护的情形，监督者成为执行者的保护伞。此外，现有监督机制下的监督信息不对称、不完全、不公开，使得对于政府人员的监督容易流于形式，出现程序化、升降反复等现象。政府基于保密、工作需要等情况可以选择性地公开行政事务以及行政人员的活动情况，而公众则缺少必要的信息与途径来有效地监督行政机构及其官员的活动，这就在很大程度上限制了监督的主体范围和途径，助长了行政机关及其人员利用法律法规的漏洞来从事违法行为。

5. 行政人的个体素质因素

我国于2006年起施行的《公务员法》对行政公务人员的个体素质要求进行了明确规定，从德、能、勤、绩、效五个方面予以综合考察，并严格规定录用程序。但进入行政领域之后，基于社会的复杂性和多变性以及人本身的逐利性，容易出现以物质利益为目标的价值追求和重利轻义的义利观。这些现象影响着社会主体的政治、经济生活，引发社会各领域的道德滑坡和诚信危机。行政人员的"行政人"和"社会人"双重角色致使他们在履行公共职责的过程中容易纠结于私利与公利的选择，行政目标异化与社会行为行政化导致政府的榜样作用不够。

五、完善我国政府信用法律制度的措施

在现代国家，政府的管理模式已经由官僚型转向民主型、由全能型转向有限型、由人治化转向法治化、由管理型转向服务型、由权力型转向责任型，在这种基础上，政府的职能不仅仅是管理公共事务，更多的是为社会主体创造良好的政治、经济、文化、社会和生态等环境，要求政府必须恪守信用，以为人民服务为目标，以制度、法规的公平、公正、公开为原则，以严格、规范、诚信行政为手段，以党内外、国家机关和社会广泛监督为保障，使政府能真正成为社会公共利益的管理者与服务者、人民利益的保护者。

(一)加强政治制度建设，完善权力制约机制

自改革开放以来，我国的政治体制建设已经取得巨大成绩，政府工作理念、职能、行为、方式、效果均有了较大程度的改善。但从现实来看，政治体制改革的彻底性、有效性、实施度离目标和现实需要还有比较大的差距，有必要从政策制定、职能转变、信息公开、行政信用等方面予以重点建设，建立有效的权力制约机制，提高政府的信用程度。

1. 加强政策、法规制定的实践性和规范性

公众对于政府的认知，主要在于对政府政策、法规的认知。政策、法规是否符合公众实际利益的要求、是否符合社会发展的要求，是考量政策、法规社会认可度的重要标准之一，也是社会公众对其认可与否的标准。一方面，政府制定的政策必须经过对社会实际问题的考察、调研，并通过实践试点可行才能广泛运用于社会公众。我国在政策、法规出台之前，一般都会进行相关的实地调研，了解社会现实状况，但是，难免有部分政府、组织、人员为了迎合上级意图或谋取私利而提供虚假信息、数据，致使出台的政策、法规不能真正体现社会的现实状况。因此，有必要对政策、法规制定的实践性予以充分考虑，沟通并了解民意。另一方面，政府制定政策、法规的过程要符合规范要求，我国法律、行政法规对制定政策、规章均有比较明确的程序、内容、范围等界定，并需要经过领导集体的讨论。

公众参与是政府将施政情况反馈于民，使公众能更直接地参与公共事务、接触政府机关的行为，主要散见于我国《行政处罚法》《行政复议法》和《价格法》等法律中的听证制度。首先，该制度可以通过实现政府与公众的互动而降低决策风险，便于了解社会公众的现实状况；其次，通过透明化的听证程序，能够增强政府的凝聚力和公信力；再次，该制度有助于公众参与决策

的制定，对自身的公共利益能有比较明确的责任，便于利益的表达。因此，有必要明确地规范听证制度，将政府行为与公众的参政需求结合起来，避免听证制度的范围狭窄、地位受限、代表选拔不规范、责任不清、结果不公开化等情况出现，使公众的热情与政治现实紧密结合。

2. 转变政府职能，规范政府行为

在市场经济环境下，政府的主要职能为宏观调控、市场监管、社会管理与公共服务，政府不需要直接参与到市场活动中去。因此，有必要明确政府职权，实现政府与社会、企业、个人、市场的合理分工。同时，要进一步明确中央与地方、政府内部各部门之间的职能关系，规范职权范围，避免权责不明、职能不分、政出多门等现象。在经济活动与社会服务等方面，要注意政府越位、错位、失位等问题，努力促进政府向有限型、服务型、责任型、法治型、理性型的民主化国家行政机关转变。

根据法律规定，政府只是通过各种途径和形式代表人民管理国家事务、经济文化事务和社会事务。为此，一方面，进一步推行政务公开制度，实现政府与社会主体良好的理解与沟通，减少人民对政府的猜疑和误解，鼓励人民对政府行为的参与和监督；另一方面，加强政府行为规范化管理，使政府的行为符合公共利益的需要，对具体的行政行为，政府均应设立具体的操作流程并告知公众。同时，政府还应该按照工作流程规范行事，不应亲疏有别、内外有别。国务院出台的《全面推进依法行政实施纲要》和各地方制定的政府服务行为规定均对此作了比较原则性的规定，但在具体实施措施上仍有欠缺。

3. 加强政府信息公开查询制度建设

我国自 2008 年 5 月 1 日起实施《政府信息公开条例》，从基本原则、公开范围、公开方式和程序、监督保障等方面予以明确规定。同时，国务院办公厅印发了《当前政府信息公开重点工作安排》，内容涉及"三公"经费、环境保护、政府审批、食品药品安全等 9 个领域，并设立"中国政府公开信息整合服务平台"作为公众对政府信息利用的一站式服务平台。此外，各地方政府相应出台了地方性行政信息公开规定，如 2008 年《上海市政府信息公开规定》、2004 年《湖北省政府信息公开规定》、2009 年《广东省政府信息公开工作考核办法（试行）》等；同时，对政府信息公开实行过错追究制度，如广东省在 2009 年出台了《广东省政府信息公开工作过错责任追究办法》。这些法律规范和制度有效地保障了信息公开与查询制度的实施。第一，整合法律、法规和政策资源，将国家的整体利益与地方实际相结合，在信息公开制度建设方面形成合力，制定信息登记、规范、评估制度，避免造成"上有政策，下有对策"的情形；第二，明确信息公开的范围，除个人隐私、商业秘密、国家安全规定不得公开外，政府掌握的公共信息，公民有权接触与使用，将政府的大部分活动信息向公众开放，政府应明确公开的时间、地点和方式；第三，加强对政府信息公开的监督与责任追究，对于公众关心的利益需求，政府应在限定的时间内予以公开，接受公众监督，对信息公开不作为、违规、犯错的行为应制定严格的惩罚措施。

4. 完善行政干部考评选拔机制，建立行政个人信用档案

我国虽然制定了《公务员法》，对公务员任职选拔的程序、要求、考核、奖惩、待遇等予以明确规定，但主要适用于非领导岗位，领导岗位的确定主要还是实行任命委派制。从考核上说，上级对下级的考察主要是从数字指标来看政绩，而并非完全综合考察。因此，第一，要继续严格依法选拔，避免任人唯亲、利益交换等情况，不断提高基层公务员的素质、能力和服务水平；第二，在干部的任命上，要将选拔与任命相结合，通过推广试行竞选制、聘用制、答辩制等形式，创新任用机制，加入公开化、民主化的竞争元素；第三，对官员的考评不能仅仅以数据为标准，而应该建立客观、公正、规范的考核标准，通过内部业绩、外部德行、工作勤勉度、群众反映度等

方式，以"德、能、勤、绩、廉"作为综合考评要求，更真实、客观地反映政绩。

积极探索行政人员信用登记制度，将其行为与社会、内部信用评价和绩效相结合，并定期予以公示，使政府行政人员的信用处于公开、透明状态。一方面，通过行政行为组织评价、公众评议、行为反馈等方式，对行政人员的行政行为作出信用评价，使行政人员的行为信用内化为自觉或不自觉的自我约束，从道德领域加强其行为的规范性；另一方面，加强对行政人员行为的监督，将个人行政行为、个人信用行为与其本身的工作和生活需要相结合，通过内部监督、社会监督、相对人监督等方式，定期反馈行政人员的工作和信用情况，将行政人员的信用与行政绩效、干部选拔、岗位聘任相结合。这样，通过对行政人员信用状况的登记，能较好地反映行政行为的内外效果，促进行政行为的合理性、合法性和规范性。

(二)完善法律制度，健全法律监督机制

政府信用行为的法治化、规范化是提升政府信用度，增加公众信任感的重要途径。国家立法机关应进一步加强行政立法，对关于公共利益的行为应及时制定相关法律规范，提升其效力等级，完善相关制度，健全监督、追究、赔偿和保障机制。

1. 法律对行政行为的规范化

行政行为的规范化需要通过法律、行政法规予以明确规定，而良好、规范、合理的行政行为是体现政府诚信、维系政府与人民关系的重要途径。法律对政府信用的规范性要求主要体现在政府行为的法律优先原则、法律保留原则、禁止滥用职权原则、信赖保护原则、行政公开原则和行政效率原则。这些原则要求行政行为在实施过程中以法律为准绳，一切行为不得与法律相抵触，法无明文规定则不得实施行政行为；政府行为应严格限定在法律规定的权力范围内，禁止滥用行政权力；对于已经作出的行政行为，应能为公众所信赖，不得随意变更；除保密需要，一切政府活动均应向社会公开，保障人民的知情权；政府行为应高效、及时地履行，不得拖沓；等等。通过规范行政行为，使政府能在合法、规范、合理的范围内行使职权，维护政府的信用形象。

2. 完善监督保障机制，建立失信惩罚制度

党的十六大报告指出：加强对权力的制约和监督。建立结构合理、配置科学、程序严密、制约有效的权力运行机制，从决策和执行等环节加强对权力的监督，保证把人民赋予的权力真正用来为人民谋利益。党的十八大报告指出：推进权力运行公开化、规范化……加强党内监督、民主监督、法律监督、舆论监督，让人民监督权力，让权力在阳光下运行。尤其是在新一届政府上台后，将反腐斗争作为工作的重点，努力建立符合中国实际的完善的监督体制，要求政府接受全社会的监督，完善各类监督方式，鼓励、规范政府及官员的诚信行为，实现政府行为的科学化、民主化、法治化；同时，针对政府的失信行为，应该建立相关的责任追究、惩罚和赔偿制度。我国目前仅有《行政处罚法》《行政诉讼法》《行政复议法》和《国家赔偿法》等几部法律、法规对政府及其相关人员予以追究，并无系统、规范的责任追究处罚制度，主要还限于政府内部处罚，司法、社会、舆论监督的力度还有待加强。通过对相对方的赔偿、补偿以保障相对方的利益，对主要部门、负责人进行责任追究、惩罚，并将岗位、绩效、升迁与行为挂钩，这样就可以从主客观两个方面保障政府行为的效力。

(三)完善市场经济调控手段，建立社会信用体系

目前，在政府的宏观经济调控中，信用手段并不是其重要的"抓手"，然而，社会对于政府信用、企业信用和个人信用的需求却较大。在现有的市场环境中，虽然存在提供信用服务的市场运作机构(征信公司、资信评估公司、信用调查机构等)及普通的社会信用评价，但整体水平不

高、渠道不清晰,因而难以有高效、合法、客观、公正的第三方评估机构来对政府信用予以评估。对政府信用的市场监管不力,致使市场无法对政府实施惩戒。从法理上看,政府本身并无利益可言,因此,政府和企业均缺乏加强信用监管的动力。随着我国加入 WTO,国际资本的涌入迫使政府重视并依靠信用手段来调控市场经济运行。第一,需要提升自身的信用等级,通过不断累积,客观、公正地公布政府信息,维护社会信用行为,打击违法失信行为,引导、培育社会信用氛围;第二,鼓励、支持合法、公正的第三方信用机构的发展,实现信用服务市场化,由他们来提供权威、公正、客观的信用信息,确保其行为的合法性、独立性、公正性和中立性,减少政府在其中的干预;第三,政府应为第三方信用评估机构提供人、财、物、信息等方面的支持,加强监管但不要干预,要让其行为在合法的范围内,通过建立信用行业协会、市场化运作、公平竞争、社会评价、责任追究等管理制度确保合法、公正,由其提供的政府信用、企业信用和个人信用信息准确,从而建立完善的社会信用查询、评估、处罚和追究体系。

第三节　外国政府信用法律制度简介

一、西方政府信用思想理论发展

从古希腊的城邦民主制到近代自然法学派、社会法学派对民主、信用、责任政府的要求,再到现代西方民主制度的建立和完善,民主、信用的理念根植于西方民众的思想意识。近现代政府信用理论发源于西方,基于政府公权力与人民私权利的冲突与矛盾,要求对政府权力进行限制与制约,因此,随着资本主义政治、经济的发展,产生了一系列政府信用理论。

(一)社会契约论

从政治学的渊源角度来说,政府信用的观点主要来源于西方资本主义的社会契约论思想,主要代表人物有霍布斯、卢梭、洛克。该思想假想人类曾经存在于野蛮、无序的自然状态。为了更安全、平等地享有自然权利,个人让渡了一部分权利,签订社会契约,组成政治共同体或国家。因此,国家是人民在理性驱使之下,为摆脱社会无序争夺、寻求有组织的和平生活而签订的一种社会契约,即政府与社会形成契约关系。在这种契约中,人民交出一部分自然权利给主权者即政府,由其代为管理社会,并承担保护人民安全、维护公共秩序和公共利益等政治、经济责任和义务。政府与社会各负其责,政府服务社会主体,社会支撑政府公权。因此,这种契约是以社会主体对公共权力的信任为前提的,政府一旦签订了该契约,除了保护社会成员的生命、财产、自由、安全等利益外,不得有别的目的;一旦政府违反约定,或者公权力偏离了契约规定,人民就有权废除它并建立新政府。

基于政府与公众的契约行为,社会契约论认为:人民是国家的主人,国家的一切权力属于人民。人民通过选取代表自己意志的主体选举立法机构,作为国家最高权力机关,通过汇总人民的意思,代表人民行使契约权利。政府必须接受权力机关的领导,政府享有并行使权力的前提就在于权力机关的授权,行政机关在行政管理、公共事务领域的具体权利义务不能由政府单方面决定,而必须取得授权方的同意。政府权力的行使范围必须在授权范围内,即在立法机关制定的宪法和法律规定的范围内,并应承担行政行为所产生的责任、效果、后果。通过宪法和法律,将人民与政府的关系正式确立下来,政府依法进行行政管理和公共服务,不得滥用行政职权,这就是履行约定的契约。宪法和法律是人民判断、评价政府行为、业绩、效果、守信程度的唯一标准，也是政府据以取得公信力的基础。

(二)委托—代理理论

自20世纪60年代起，英美国家的传统行政体制开始出现危机，行政权力不断扩张，引发重塑公共行政运动。由于行政干预和对社会危机的积极治理以及社会弱势者对公平的切实需求，新公共行政的倡导者认为应建立起民主制行政，企业管理中的委托—代理理论被引入公共行政领域。可以说，政府与公众之间的委托—代理关系源自社会契约论，但又是对社会契约论的超越。社会契约论从宏观政治角度阐释了政府的存在基于人民的信任，人民的信任是政府权力的来源；委托—代理理论则主要从微观角度探讨现代社会政府与公众之间不对称、不公正等违信情况，并指出建立相关的防止政府失信的机制。

杰森和迈克林认为，委托—代理关系是这样一种契约，根据它，一个或多个行为主体指定、雇用另一些行为主体为其提供服务，与此同时授予后者一定的决策权，并依据其提供服务的数量和质量支付相应的报酬。授权者就是委托人，被授权者就是代理人。[①] 在现代民主国家，政府作为公权力的代理人，根据社会主体的选举获得行政权力，因此，这种委托代理关系必然包含着信任和信用的内容。一方面，这种关系以委托人对政府的信任为前提，即对代理人信用的评价及可维持和增进信用的期待；另一方面，这种关系的存续以代理人的行为是否符合委托人的意愿和对公权力运行效果的期待为前提。

在委托—代理理论下，政府、社会、个人均是理性的经济主体，都会追求自身利益的最大化，尤其是当政府集公权力于一身时，更容易背弃双方的契约，放弃为公众利益服务，甚至为谋取私利而牺牲公共利益。在资本主义社会，政府更容易成为维护部分社会群体利益的代表而背离整个社会、国家主体的集体利益。委托—代理理论认为，造成这种后果的原因就在于公权力的使用下政府与公众信息不对称，一类是能力、兴趣、健康状况等外生信息，另一类则是态度、行为、价值观等内生信息。无论是内生信息还是外生信息，都属于私人信息，不容易被相对方及时发现并掌握，这就造成选择时往往会只看到相对方的优势，造成委托人监督困难。合作时一方的态度和行为也很难被发现或直接观察到，造成代理人容易私下决策，从而导致合作中的风险。因此，这种信息不对称会很容易引发逆向选择(隐蔽信息)和道德风险(隐蔽行动)，造成无法对政府形成有效的制约。那么，要解决这种弊病，除了要依靠政府的自我觉醒、自我道德约束和政府对自身信用的主动追求外，还要扩大政府信息公开的范围，提供公共监督平台，建立具体、有效的社会公共监督约束机制。这样，政府信用才能得到保证，换届时新的委托—代理协议才能成立，民主政治过程才能得以运行。

(三)马克思主义政府信用理论

马克思主义运用辩证唯物主义和历史唯物主义的世界观和方法论深入研究了国家和政府问题，认为国家是阶级斗争不可调和的产物，是统治阶级以暴力为后盾的工具，其性质归根结底是由占统治地位的社会经济基础决定的，国家的任务就在于建立并保护符合统治阶级利益的经济基础和政治利益。在《资本论》中，马克思阐释了资本主义信用制度的产生和发挥作用的机制。他认为，信用是一种信任或者说是一种适当或不适当的信任，是交易一方对另一方履行承诺的信任。信用的这种信任是发生信用关系的双方当事人的一种有风险的良好愿望或预期。马克思曾指出，货币经济是信用经济的基础，信用经济是货币经济发展的更高阶段。在社会主义市场经济中，各经济主体之间的经济行为必须遵循诚实信用原则。

---

① 胡代光:《西方经济学说的演变及其影响》,北京大学出版社1998年版。

列宁对马克思主义理论进行了发展，重视商品经济环境下政府作用的发挥，从原先全面肯定马克思、恩格斯的计划经济思想并应用于国家建设过程，到实践新经济政策时对社会主义经济体制和政府作用进行理论假设，他认为，计划并不是配置社会资源的唯一手段，“完整的、完善的、真正的计划，目前对我们来说等于‘官僚主义的空想’。不要追求这种空想”。他充分认识到价值规律的作用，主张通过政府计划发展商品经济，将计划与市场相结合。而在随后的社会主义国家的实践过程中，基于无产阶级专政的需要，全能政府成为政府发展的方向，计划经济体制成为社会主义经济发展的唯一模式。这种模式在一定程度上实现了经济的明显好转和社会的稳定，获得了广大人民的信任与支持。但是，随着社会主义经济的迅速发展，全能型政府越来越暴露出职能错位的问题，行政权力的不规范、不合法、不合理，权力领域的广泛性和行政结果的低效性等越来越阻碍经济社会的发展，引起人民对政府的不信任，迫切要求政府职能转型。

从马克思主义的政府信用发展来看，其基于历史、社会、地位的限制，讨论范围仅限于国家的起源、本质、权能等，而对于国家的组织形式、政府的职能与角色等未能深入探讨。在后续的发展中，教条的“马克思主义”影响了社会主义政治和经济模式，唯有打破这种教条，紧跟时代潮流，将马克思主义与本国发展实际相结合，客观、公正、有效地发挥政府的效能，维护人民的公共利益，才是对马克思主义政府信用理论的发展。

二、西方政府信用法律制度简介

随着西方政府思想理论的发展，西方国家在政府信用法律制度方面的研究取得了相当成绩，形成了比较完整的政府信用法律制度体系。例如，采用市场主导型模式的美国，征信业是市场化的服务行业，由以营利为目的进行征信活动的企业直接主导整个社会的信用体系，政府并不直接参与其中，而只是作为市场制度的监管者，制定相关信用法律并监督法律的执行，规范市场征信主体的行为。采用政府主导模式的欧盟国家则建立由政府控制的中央信贷系统，由中央银行作为整个社会信用的主导，为社会提供公共信息服务，充当“裁判员”和“运动员”的双重角色。在采用会员制模式的日本，相关信用信息的征集、管理、使用也主要依靠各行业的自律行为，政府仅仅作为法律的制定者和监督者。这些政府信用模式各具特色，对世界其他国家的政府信用法律制度建设发挥了参照、引领的作用，其中尤以美国政府信用法律制度最为典型。

美国正处于资本主义发展的高级层次，形成了一系列比较成熟、健全的规范政府信用的法律制度，包括制定法制度、政府公开制度、权力监督制度及政府绩效评估制度等。首先，在宪法和法律层面确定了天赋人权、人民主权的原则，政府以维护社会公共利益为导向，以人民的基本权利为重点，政府权力来源于人民、服务于人民、受制于人民，这是立法的根本源泉。其次，国家通过完善的行政立法，对政府履约践责的行为进行监督，要求政府对政务、信息等关乎公共利益的事项进行公开。再次，国家通过设立多渠道的行政权力监督机制，保障政府公权力行使的有效性。最后，对政府的行政行为进行绩效评估，由公共、独立、公平的第三方对政府的信用行为进行评估，并及时公诸于众。

（一）以人民主权为要旨的法律制度

美国的《独立宣言》规定人人生而平等，造物者赋予人们若干不可剥夺的权利，其中包括生命权、自由权和追求幸福的权利。政府是人民权利的保障者和执行者，政府的不作为、不合法行为将使人民有权力改变或废除之并建立新的政府。于 1787 年制定的美国宪法开篇陈述了美国政府的价值。此后，为进一步完善宪法对人民权利的规定，联邦政府增补了10条修正案，又称《权利法案》，明确规定了宪法所保护的公民宗教信仰自由、言论自由、出版自由、人身财产不受侵犯、公正审判、依法持有武器等权利。同时，为保证政府行为的有效性，美国宪法对联邦和各州政府的权力均予以了相应限制，并相继出台了27条宪法修正案以进一步规范政府权力，保护人民利益。

在私有财产合法化方面，美国宪法修正案第4条规定，公民的财产不受无理搜查和扣押；第5条和第14条规定，非经正当法律程序和公正审判，不得剥夺生命、自由、财产，非经公平赔偿，私有财产不得征为公用。同时，美国宪法第1条第10款规定，各州不得通过剥夺公民权利的法案、追溯既往的法律或损害契约义务的法律，以保护既得财产，防止各州制定的法律侵害私人的合法财产权利。由此可以看出，在美国的政治体制中：第一，私有财产神圣不可侵犯，国家承认并保护公民的合法财产；第二，政府行使公共权力的所有手续和程序必须合法，对造成的私有财产损害必须依法赔偿；第三，对私有财产的征收行为必须有法律依据并进行补偿。

（二）以有限公权为要求的政府公开制度

美国的政府公开制度主要表现在行政采购、听证程序、行政程序法等法律制度方面，集中在《情报自由法》《阳光下的政府法》和《隐私权法》这三部法律之中。美国在行政公开制度方面形成了统一的行政公开法，并建立了配套的法律体系：(1)1966年美国国会通过了《情报自由法》。该法要求联邦政府及其独立的管理机构在《联邦等级》上公布各种指标，并向公众提供不属于该法规定的免于披露范围的文件和记录。对免于公开的文件，行政机关可以自由决定是否公开。该法共规定了9项免于公开的情形，此后又于1974年、1976年、1986年和1996年对该法进行了4次修正。同时，美国政府又于1995年通过《精简公文法》，以防政府机构垄断、独占政府信息资源，从而及时、公正地干预政府机构对信息资源的垄断。(2)1976年制定的《阳光下的政府法》又称《阳光普照法案》，规定了合议制行政机关的会议必须公开进行，公众有权通过出席、旁听、观看等方式予以观察，但不包括会议发言权。该法规定了政府会议信息公开制度、信息豁免公开制度、记录保存与使用制度、诉讼制度等。(3)1974年美国政府为保护公民的隐私权不受侵犯，制定了《隐私权法》，由此平衡了政府公权对信息的掌握、使用与个人隐私的利益。该法规定了12项需要被记录者同意的事项，以及禁止公开的原则。总之，美国形成了比较完整、系统的政府信息公开法律制度以及公民个人信息权保护制度。

此外，美国还建立了相关法律体系，从而对政府信用的保证形成合力：(1)1946年制定的《联邦行政程序法》规定了行政公开原则，要求对行政程序予以听证，在对当事人作出不利决定时，必须听取当事人的意见，而不能片面认定事实并作出决定。(2)1972年制定的《联邦咨询委员会法》要求联邦咨询委员会的组织、监督、文件和会议必须公开，并且明确限定适用主体，同时对联邦咨询委员会的工作效率提出要求，通过机构合并、组织协调等方式使联邦咨询委员会的组织更为合理，规范行政机关的职权范围和效能。(3)1988年制定的《计算机比对和隐私权保护法》规定行政机关对个人信息进行电脑比对必须遵循法定程序，以保护个人隐私，同时也将行政权力限定在合法的范围内。此外，美国还制定了《电子政务法》《一般犯罪防制和街道安全法》《1970年公平信用报告法》《家庭教育权和隐私权法案》和《法律执行通讯协助法》等，共同构成保护公民权利的法律体系。

（三）严格的政府监督体制

美国对政府的监督包括立法监督、行政内部监督、司法监督和社会监督等监督制度。

1. 立法监督

国会作为美国的立法监督机关，对总统及其领导的政府行政机构行使监督与制约的权力，主要包括：(1)行政方面执行法律的情况，主要从具体行政行为与法律的规定性要求是否一致予以考量；(2)行政方面使用国会拨款的情况，主要考察政府使用社会主体所提供的公共资金的合法性问题，使政府在经费的使用方面能合理、合法地从人民的利益出发，有效地使用费用，避免不必要的支出、浪费、贪污等情况；(3)行政机构设置的合理性，主要通过对行政机构设置的情况进行分析，对不符合社会公共利益要求的政府部门及时予以撤除，以免造成公众利益的浪费与滥用；(4)行政人员的行政行为，主要对政府行政人员行政行为的效率性、合法性、规范性、廉洁性等予以考察，对侵害人民利益的人员及时予以剔除并追究法律责任；(5)通过行使立法权、财政权、任命批准权、弹劾权、调查权等对行政机关予以监督。

2. 行政内部监督

1978 年，美国国会和总统分别通过和签署了总监察官法案，在政府机关设置监察官，通过创建独立、客观的机构负责审计和调查，促进节约和效率，预防和发现贪污与滥用职权，保持各部部长与国会之间的信息沟通并协调必要的纠正行动。该法案力求使监察官独立，免受政府官员的影响和制约。监察官通过整合调查和审计功能，能对犯罪和违法个案进行侦查，能在更大范围内预防腐败、浪费和滥用职权。

3. 司法监督

司法机关有权独立行使职权，根据宪法和法律裁决公民之间、公民与国家之间的各种纠纷。法官依据宪法和法律独立作出裁决，不受行政机关的领导和指使，行政机关也无权对司法机关的判决行为及日常工作形成制约。同时，美国宪法和法律对法官的独立行为予以保证和督促，规定法官无过失可终身任职，不得担任行政职务，不得兼任议员，不得兼任其他营利性职务，不得以政党身份从事政治活动等。美国的司法机关对行政行为进行行政诉讼监督和违宪审查监督。行政诉讼监督与我国的《行政诉讼法》相似；而违宪审查监督则是使法官在案件审理过程中能对法律、法规或执法活动进行审查，宣告立法违宪或行政行为无效的制度。美国《司法审查法》第 2432 条规定：包括联邦通讯委员会、农业部、联邦海事委员会、能源部、州际商业委员会在内的所有规则、规章或最后命令均应接受司法审查。这在一定程度上从权力的来源和过程角度对行政行为予以了监督。

4. 社会监督

在美国，社会监督主要包括利益集团监督、新闻舆论监督和个人监督。对于利益集团监督，主要是指基于特殊利益主体的政治利益需要而通过各种手段对国家行政行为施加压力，从而使自己的利益得到保障和满足。这里的主体主要是指政党、金融机构等组织。新闻舆论被称为美国的“政府第四部门”。美国的公共舆论机构大部分独立于政府和党派，不受政府和党派的控制与制约，作为独立的第三方对政府公权力的行使予以有效监督。通过新闻舆论作用的发挥，使政府的行为始终暴露在公众的视野之内，而美国的两党制又使社会对执政党的执政行为产生评价，影响执政党的利益需求，因此，为确保政党和团体利益，美国政府会力求避免政府行为在新闻监督下产生失信于民的影响。

(四)行之有效的绩效评估制度

美国的绩效评估制度源于 19 世纪末 20 世纪初的政府部门效率革命，此后开展了一系列预算改革和私有化运动，并开始进行绩效测量实践。从发展过程看，20 世纪 60 年代开始了对政府部门的组织评估，即“项目、计划与预算系统”；随后，在 1989 年，美国管理与预算局起草的管理报告正式提出了政府绩效管理的建议并描述了其操作方案，构成美国政府绩效管理法的基本雏形。1993 年，美国国会通过了《1993 年政府绩效与结果法案》，正式确立政府绩效评估制度。该法案提出以质量、经济、效率、效果为内容的具有操作性的指标体系。就考评主体而言，美国形成三个层次的评估机构，包括：第一，上级机关，即联邦人事总署和联邦审计总署；第二，政府自身；第三，独立的民间机构。通过三方评估避免了单一评估主体容易导致的评估腐败、错误、失信等行为以及单一视角的狭隘性，使评估结果更加公正、理性、客观，通过多维度、多主体形成网络化的评估体系。

美国通过一系列法律制度的保障，对政府行为予以明确规范，使政府行为在遵循市场经济规律的前提下，在合理的范围内运作，形成较为完善的政府信用法律制度体系。

基本概念

政府　政府信用　政府信用制度　政府信用思想

本章小结

1. 政府信用是社会主体(组织、机构、公民)对政府在守约重诺方面的意愿、能力、行为等信誉的一种主观评价或价值判断，是政府行为的表现和后果等在社会主体中所形成的一种心理反应。

2. 政府信用在整个社会信用体系中占据主导地位。政府是制度、规则、法规的制定者，是整个社会信用的捍卫者，对整个社会信用体系发挥着核心和支柱的作用。社会信用的确立必须要借助于政府信用的培育、支撑和示范。

3. 完善我国政府信用法律制度应从加强政治制度建设、完善权力制约机制、完善法律制度、健全法律监督机制、完善市场经济调控手段等方面着手。

4. 我国在建设信用政府的过程中，要充分借鉴发达国家的信用模式，如美国高度发达的市场导向的信用管理模式，欧洲的中央银行和政府主导的信用管理模式，以及日本的会员制模式，均为建设中国特色的社会信用体系提供了经验。

复习思考

1. 政府信用的特征有哪些?
2. 如何完善我国政府信用法律制度?
3. 美国对政府的监督体制包括哪几个方面?

案例分析

1999 年 1 月，东晟公司与位于宜兴市的锦茂公司签订了煤炭购销合同，由东晟公司向锦茂公司供应煤炭，货款于 1999 年 12 月 31 日前付清，宜兴市某国贸公司为付款担保单位。协议签署后，东晟公司按照约定供应煤炭，但直至 2000 年 5 月，货款共计 160 余万元锦茂公司分文未付。无奈之下，东晟公司诉至法院，要求锦茂公司偿付货款并承担违约责任。

无锡市中级人民法院审理认为，锦茂公司应该归还东晟公司货款1 625 704元，并承担逾期付款违约责任，国贸公司依约承担连带责任。但锦茂公司在设立时，其开办单位宜兴市太华镇政府未投入注册资金，并允许其在虚假评估的基础上进行改制，因此，锦茂公司不具备企业法人资格，其改制行为不生效。改制后的新股东卞某、郭某、韩某应该以家庭共有财产对经营锦茂公司期间的债务承担还款责任，太华镇政府承担连带责任。而国贸公司在成立时，其开办单位宜兴外经委也未投入注册资金，故应认定其也不具有企业法人资格，国贸公司的担保责任应该由宜兴外经委承担。

此外，进行虚假验资的无锡宜信会计师事务所虽为太华镇政府开办锦茂公司出具虚假验资证明，但因锦茂公司此后由政府内设职能部门重新进行资产评估（验资），故其对锦茂公司此后产生的债务不应承担责任。

据此，无锡市中级人民法院于2000年12月14日作出判决，判处被告卞某、郭某、韩某于判决生效后10日内给付东晟公司货款1 625 704元；太华镇政府、宜兴市外经委承担连带责任，无锡宜信会计师事务所在其接受的国资局核准的原会计师事务所风险金范围内承担连带责任。

得知法院的判决结果后，东晟公司如释重负，但判决在执行时却遇到了难以想象的困难。从2001年2月15日依法申请强制执行开始，在接下来的2年多时间里仅执行标的6万元。

在此情况下，江苏省高级人民法院于2003年3月4日将该案指定由南京市雨花台区法院执行。同年4月21日，雨花台区法院正式对该案立案执行。

雨花台区法院受理该案后曾多次组织相关执行人员研究完善执行方案。陈玉贵院长亲自作出重要指示，并敲定了具体执行计划；分管执行工作的戴春余副院长则亲自带队，先后多次奔赴无锡。在一年多的时间里，雨花台区法院一方面采取拍卖、查封等执行措施，执行卞某房产、服装等得款155 276.45元；另一方面，鉴于卞某、郭某、韩某三人没有相应履行能力，因而加大了对太华镇政府、宜兴市外经委的执行力度。执行法官多次前往宜兴市外经委、太华镇政府宣传相关法律，晓以利害，依法于2004年3月2日、5月18日采取强制执行措施，先后对宜兴市外经委办公场所、太华镇财政所进行查封。太华镇政府、宜兴市外经委终于在2004年6月4日与东晟公司达成执行和解协议，于2004年6月4日当场给付145万元，于9月4日给付30万元。

［资料来源］http://info.biz.hc360.com/2004/12/20084626405.shtml。

分析：

1. 政府部门应如何加强自身的依法行政理念？

2. 政府执法部门应如何规范执法行为、加强执法力度？

第三章　企业信用法律制度

引　言

企业信用有广义和狭义之分。良好的企业信用可以提高经济运行的效率，减少交易费用和机会成本，特别对于中小企业的发展有着深远的影响。企业信用法是用以调整企业内部、企业与其他经济主体之间信用关系的法律规范的总称，它包括企业信用行为法律、企业信用管理法律、企业信用信息法律等。本章主要介绍企业融资法律制度、票据法律制度、企业信用担保法律制度、企业破产法律制度等。

第一节　企业信用法律制度概述

经济的发展是社会进步的重要标志之一。根据传统的经济学理论，以商品交换的形式为主要依据①，经济发展经历了实物经济、货币经济和信用经济三个阶段。社会诚信的发展正是根植于社会经济的发展规律之中。信用经济的出现使得经济的发展从货币的束缚中解脱出来，使交易的规模、范围、层次得到了扩大。原先受“一手交钱，一手交货”的交易方式及交易数量、交易时间的限制而不能进行的交易现在可以进行了，从而大大促进了社会经济的发展。与此同时，在市场主体参与信用经济的过程中，诚信也将日益被社会成员当作道德基石和行为标准，并由此成为社会良性运行的基础。经验表明，高度发达的市场信用关系是国家信用制度的基石。目前，中国信用关系的主流是企业之间（包括企业与消费者之间）的交易行为，企业信用成为影响社会总体信用环境的基本因素。因而，从企业信用入手，采取政府推进、社会各方协调配合的法律规制路径，示范性地引导整个社会信用体系的建设是治理和优化中国特色社会主义市场经济环境的必然选择。

一、企业信用的概念、特点和意义

（一）企业信用的概念

经济学意义上的企业是追求利益最大化的理性经济人，是典型的微观市场经济主体。企业信用是企业在市场经济中以诚实守信的态度开展经营活动的资格和能力。企业信用的规制即企业信用制度是企业发展、市场繁荣过程中为企业信用供给的源源不断的制度性保障。广

① 德国经济学家布鲁诺·希尔德布兰德以交易方式划分经济发展阶段：实物经济时期、货币经济时期和信用经济时期。

义的企业信用是指企业在社会中的信誉，如是否遵守工商、税务、海关、劳动等法律法规，是否重合同、守信用；狭义的企业信用则是指企业对债务按期还本付息的能力和意愿。

企业信用是信用制度的基础，也是一种古老的信用形式，在简单经济条件下就已经出现，其产生的基本条件就是商品交换发生延期交付，由于各厂商的商品生产周期和流通时间长短不一、资本周转时间不一致以及距离市场的远近不同等因素，使得各生产企业和商业企业之间都有相互提供信用的必要。

（二）企业信用的特点

第一，授信主体和受信主体均为企业，一般为贸易伙伴之间相互提供信用，而且授信有严格的方向性，严格遵循市场销售程序。一般而言，为了扩大销售规模、推销滞销商品，卖方往往会向买方提供延期付款的优惠；而为了获得紧俏商品，买方会向卖方提供延期交货的优惠。

第二，信用客体是商品资本，而且数量有所限制，是经营者之间对现有商品和资本进行的再分配，信用行为较为分散。

第三，通过商品的赊购、赊销和预付货款等来完成交易的全过程。

（三）建立企业信用的意义

1.有利于商品销售

信用可以扩大企业的赊销和对生产资料赊购的能力，发挥扩大市场、获得存货和各种供给以及得到短期融资的作用。如果只采用现金交易，许多企业会因缺少现金而无力购进生产资料。对处于竞争激烈行业的生产厂家，必须使用赊销手段来扩大销售。妥善使用信用工具和信用管理就能解决上述问题并满足需求。

2.有利于节约流通中的货币使用量

企业信用除了可以扩大企业的赊销和赊购能力外，还有助于改善企业的现金流量；改善企业的库存管理水平，降低库存成本；具有取得短期融资的能力，缓解企业的临时资金压力；全面提高企业的对外信用形象，增强招商和国内外融资能力。

3.有利于企业顺利融资

企业信用管理体系的建立健全可以为企业扩大市场，提高商誉。随着企业征信系统的完善和失信惩戒机制的建立，信用良好的企业将会面临更多商业机会，可以方便地筹措资金和销售商品。就发行企业债券而言，信用等级低的企业很难获得发债额度。企业信用等级越高，越有可能在资本市场上以较低的成本筹措资金，发行规模也越大。而信用良好的企业充分利用支票、本票和汇票等信用工具，不仅可以获得资金的融通，还可以在银行留下良好的信用记录，这样就形成了企业信用的良性循环。

二、我国企业信用的演变

（一）新中国成立初期

20 世纪 50～70 年代，我国实行禁止企业信用的政策。例如，我国受苏联影响，认为“一切信用应集中于银行”。1950 年 12 月，中国人民银行颁布《货币管理实施办法》，规定国营企业不得发展企业信用，因此，企业相互之间赊购、赊销的信用活动较少。

（二）1979～2000 年

1979 年之后，随着计划经济向市场经济转轨，国家逐步恢复了企业信用。企业成为信用主体，企业信用活动日益增加。与此同时，企业信用缺失较为严重。企业不诚信的行为，如制假售假、做假账、偷税漏税、内幕交易等屡见不鲜。由于部分企业信用意识淡薄，而国家层面的信用信息体系尚未完全建立，因此，失信行为屡有发生。

(三)2001 年至今

加入 WTO 后，我国的企业信用管理制度逐渐进入了与国际惯例接轨的阶段。加入 WTO 要求我国必须开放市场，迎接外国企业的挑战。在企业征信制度、信用管理制度等方面，我国积极借鉴国际经验，形成具有中国特色的企业信用法律体系。信用的法治化、规范化是一个渐进的过程。

三、企业信用法律渊源

企业信用法律是调整企业内部、企业与外部经济主体之间信用关系的法律规范的总和，包括企业信用行为法律、企业信用管理法律、企业信用信息法律等。企业信用法律不仅是企业信用制度的有机组成部分，而且是企业信用制度得以建立并正常运行的基本保证。自 20 世纪 80 年代以来，我国制定或经过修订的《民法通则》《企业破产法》《民事诉讼法》《票据法》《担保法》《合同法》《产品质量法》《广告法》《消费者权益保护法》《商标法》和《刑法》等，初步形成了必要的企业信用法律体系，对于强化企业信用意识、规范市场秩序发挥了规范性的作用。

(一)国内法渊源

1.法律

《民法通则》《民事诉讼法》《破产法》《合同法》《担保法》和《中小企业促进法》等一系列法律从不同的角度规范着市场经济主体的信用行为。

2.法规

我国《征信业管理条例》于 2012 年 12 月 26 日由国务院第 228 次常务会议通过，自 2013 年 3 月 15 日起施行。该条例主要规范征信活动，保护当事人的合法权益，引导、促进征信业健康发展，推进社会信用体系建设。

3.国务院部门规章

我国征信方面的部门规章包括国税局于 2003 年施行的《纳税信用等级评定管理试行办法》，建设部于 2003 年施行的《关于进一步推动和完善房地产信用档案系统建设的通知》等。

4.地方政府规章

在企业征信方面，北京、深圳、天津、上海、浙江、四川、湖南、安徽、海南、内蒙古、山西、江苏、广东、黑龙江、湖北、辽宁等省、直辖市、自治区先后制定了与企业征信有关的地方性规章。

(二)国际法渊源

1. 国际经济条约

国际经济条约是指国际法主体之间缔结的关于经济方面的权利和义务的规范性法律文件，是国际法的重要表现形式。

《联合国国际货物销售合同公约》是由联合国国际贸易法委员会主持制定的，于 1980 年在维也纳举行的外交会议上获得通过。该公约于 1988 年 1 月 1 日正式生效，我国于 1986 年 12 月 11 日交存核准书。

2. 国际贸易惯例

国际贸易惯例是指在国际上应对某一性质的问题所采取的类似行为，经过长期反复实践逐渐形成的，为大多数国家所接受的，具有法律约束力的不成文的行为规则。

《国际贸易术语解释通则》(International Rules for the Interpretation of Trade Terms, INCOTERMS)是主要的国际贸易惯例，是国际商会为统一各种贸易术语的不同解释于 1936

年制定的。为使贸易术语进一步适应世界上无关税区的发展、交易中使用电子信息的增多以及运输方式的变化，国际商会先后于 1953 年、1967 年、1976 年、1980 年、1990 年、2000 年、2010 年对 INCOTERMS 进行了多次修订和补充。目前所使用的是《2010 年国际贸易术语解释通则》，于 2011 年 1 月 1 日正式生效。

四、企业信用与银行信用、政府信用、个人信用的关系

(一)企业信用与银行信用的关系

银行信用与企业信用相比具有以下不同之处：首先，作为银行信用载体的货币，在来源和运用上没有方向限制，既可以流入，也可以流出；其次，金融交易的数量和规模比较大，因而现代银行信用较之企业信用发展得更快；最后，银行信用产生以后，在规模、范围、期限上都大大超过企业信用，成为现代市场经济中最基本的信用形式。

银行信用与企业信用之间又具有非常密切的联系，表现为：第一，企业信用始终是一切信用制度的基础，银行信用从本源上和本质上看，实际上是企业信用的特殊化；第二，只有企业信用发展到一定阶段后才会出现银行信用。银行信用是在企业信用广泛发展的基础上产生与发展的；第三，银行信用的产生会促进企业信用的发展与完善；第四，企业信用与银行信用各具特点，各有其独特作用，两者之间相互促进，并不存在相互替代的问题。

(二)企业信用与政府信用的关系

政府信用是社会信用体系必不可少的重要内容和环节。政府不仅运用信用手段筹集资金，为社会提供公共产品、公共服务和承担风险较大的投资项目，而且政府信用所创造的金融工具也为中央银行调节货币供应量提供了操作基础。政府信用体现为：一是政府的政策、条例等不能随意撤销、变更和废除；二是在国际社会中，要兑现我国政府已经做出的承诺，严格遵守我国已经参加的国际条约。

(三)企业信用与个人信用的关系

个人即我国法律所称的“自然人”。个人信用一般特指消费者信用，但其内涵实际上覆盖了社会生活的各个领域。个人(自然人)是社会最基本的主体，企业、政府等社会组织均以自然人的存在与发展为依归。在实践中，企业信用质量往往取决于企业员工和管理层的个人信用。可以这样理解：个人信用是企业信用的基础，企业信用是个人信用的集合与表达。完善的个人信用制度是企业信用制度与社会信用体系建设的基础。

第二节　企业融资法律制度

一、企业融资的定义和途径

(一)企业融资的定义

融资是指经济主体为支付超过现金的购货款而采取的货币交易手段，或为取得资产而集资所采取的货币交易手段[①]，是货币资金的持有者与需求者之间直接或间接地进行资金融通的活动。

---

① 摘自《新帕尔格雷夫经济学大辞典》，经济科学出版社 2006 年版。

企业融资即指企业通过法定方式筹措资金的活动。一般而言，企业融资包括两种渠道：内源融资和外源融资。内源融资是指企业经营活动结果产生的资金，即企业内部融通的资金，主要来源有企业公积金、留存收益和折旧基金等。内源融资具有原始性、低成本性、自主性和抗风险性等特点。外源融资是指企业从外部融通的资金。外源融资根据是否通过金融中介机构，又可分为直接融资和间接融资。资金短缺部门直接从金融市场中获得资金，没有任何中间媒介介入，从而使资金从盈余部门直接流入短缺部门，这种融资方式被称为直接融资。直接融资的形式有发放有价证券、收取定金、使用商业票据、不通过银行等金融机构的货币借贷等。资金短缺部门通过金融中介获得所需资金的融资方式是间接融资，主要形式是银行贷款。

(二)企业融资的主要途径

1. 发行股票

发行股票是股份公司筹措资金的主要方式，该方式可充分吸收社会闲散资金，且无需偿还，没有债务负担。对于股份公司而言，发行股票的优点是筹资成本低、期限长；缺点是要严格依照我国《公司法》和《证券法》的规定发行股票，手续复杂，门槛较高。这种融资方式比较适合大中型企业，对于小微企业和有限责任公司不适用。对于原有股东而言，发行股票还将导致股权稀释，股东对公司的控股权和分红权都会缩减。

2. 发行债券

发行企业债券要严格按照《证券法》的规定进行。为了保护债权人的利益，我国对债券发行主体做了严格限定，大大提高了债券发行的门槛，只有极少数符合条件的企业才能发行企业债券。发行债券的主要优点表现为：筹措的资金数额较大，期限较长，利息较低；债权人并非企业内部人员，不能干扰企业的决策；有限责任公司也可发行。发行债券的缺点在于：债券发行门槛高，必须是盈利企业方能发行；由于发行债券到期要还本付息，因此，其筹资成本高于发行股票。

3. 向银行等金融机构融资

向银行等金融机构借款是间接融资的主要方式。长期以来，我国企业融资以间接融资为主，以直接融资为辅，这种现象反映了我国资本市场不够完备，信用基础不够健全，信用法规较为欠缺。在西方发达国家，企业融资均是直接融资与间接融资并存，并以直接融资为主。

银行贷款的优点在于：贷款手续简便，准入门槛较低；贷款利息一般低于债券利息，企业的筹资成本较低。银行贷款的缺点在于：银行一般发放有担保贷款，将一部分小微企业拒之门外，而这些企业急需贷款以缓解燃眉之急；银行贷款期限短、金额少，且有规定的贷款用途，不利于缓解企业长期的资金困难。

4. 民间借贷

民间借贷的存在在一定程度上起到了补充资本市场供应不足、缓解中小企业资金供求矛盾的作用。特别是在发展地方经济方面，如果没有民间借贷市场的存在，中小企业将很难缓解借款难问题。民间借贷的独特优越性在于：手续简便、操作灵活、方便快捷；多为信用借贷，不需要抵押，利率、期限灵活，适应企业临时性资金需求；信息分布合理，借贷的信息成本和监督成本较低；风险分散，个别坏账不会引发社会风波。民间借贷的缺点：由于是熟人借贷占多数，因此，无担保贷款较多，一旦企业资不抵债，债权人无第二还款来源，将面临较大风险；民间借款较难监管，容易出现高利贷和非法集资等违法犯罪行为。

二、股票的定义、特征和上市条件

(一)股票的定义

股票是股份公司签发的证明股东依其所持股份享有权利和承担义务的凭证。股票属于资本证券,其发行和转让受到我国《证券法》的调整。

(二)股票的法律特征

1. 股票是有价证券

我国《证券法》的规范对象属于狭义的有价证券,包括股票和债券两种资本证券。广义的有价证券包括资本证券、货币证券和商品证券等。

作为一种有价证券,股票一般有票面面值、发行价和转让价。这充分说明了股票作为股份的一种表现形式,在股东持有股票的不同阶段其价值也有所不同。

2. 股票是要式证券

我国《公司法》第 129 条规定,股票采用纸面形式或者国务院证券监督管理机构规定的其他形式。纸面形式的股票包括实物式和簿记式两种。出于交易便利的需要,现代股份公司基本都采用簿记式股票形式。

3. 股票是非设权证券

作为一种资本证券,即宣示证券,证券所记载的权利在证券发行前就已经存在,证券仅在于以特殊方式对证券权利的存在予以表现。股票本身并不产生股东权,其证明的仅仅是股东的身份。所以,不同于支票、本票和汇票等货币证券,股票是一种非设权证券。

(三)股票上市的条件

发行人申请股票在国内证券交易所上市,应当符合下列条件:(1)股票经中国证监会核准已公开发行;(2)公司股本总额不少于人民币3 000万元;(3)公开发行的股份达到公司股份总数的 25%以上;公司股本总额超过人民币 4 亿元的,公开发行股份的比例为 10%以上;(4)公司最近 3 年无重大违法行为,财务会计报告无虚假记载;(5)证券交易所要求的其他条件。

我国上海证券交易所和深圳证券交易所可以规定更加具体的上市条件。

三、公司债券的定义、发行条件和上市条件

(一)公司债券的定义

债券是指政府、金融机构以及企业依照法定程序向投资者发行的约定在一定期限内还本付息的有价证券。根据发行主体的不同,债券可分为国家债券、金融债券和企业债券。公司债券属于企业债券中的一种。公司债券是指公司按照法定程序发行,约定在一定期限内还本付息的有价证券。

(二)公司债券的发行主体

我国《证券法》第 16 条规定,有权发行公司债券的主体为股份公司和有限责任公司。国家为了保护债券投资者的利益,规定了许多限制性条款,债券的发行主体多为大型国有企业集团,筹资投向也主要集中在道路、水电、能源等基础设施和公用事业项目,是政府产业发展和政策意图的体现。在其他竞争性行业和其他所有制形式中,许多优秀的中小企业难以通过正常渠道发行债券融资。从现在发行债券的法律法规和政策导向角度看,中小企业通过债券融资获得资金的难度较大。随着我国债券评级制度的健全,应大力减少行政力量的过度干预,赋予资本市场主体更多的自主权,这对于中小企业发行债券具有重要意义。

(三)公司债券的发行条件

发行公司债券,应当符合下列条件:(1)股份公司的净资产总额不低于人民币3 000万元,有限责任公司的净资产总额不低于人民币6 000万元;(2)累计债券余额不超过净资产总额的40%;(3)最近3年的平均可分配利润足以支付公司债券1年的利息;(4)筹集资金的投向符合国家的产业政策;(5)债券的利率不超过国务院限定的利率水平;(6)国务院规定的其他条件。

公开发行公司债券筹集的资金必须用于核准的用途,不得用于弥补亏损和非生产性支出。上市公司发行可转换为股票的公司债券,除应当符合上述发行条件外,还应当符合《证券法》关于公开发行股票的条件,并报国务院证券监督管理机构核准。

(四)公司债券的上市条件

根据《证券法》和《公司法》的规定,公司债券可以上市交易。公司申请其债券上市交易的,必须申请并经证券交易所审核同意。我国《证券法》第57条规定,公司申请债券上市交易,应当符合下列条件:(1)公司债券的期限为1年以上;(2)公司债券的实际发行额不少于人民币5 000万元;(3)公司申请上市时仍符合法定的公司债券发行条件。

(五)股票与债券的区别

股票与债券除了发行主体和条件不同外,还有以下区别:

1.主体的法律地位不同

股票的持有人为股东,股东可以通过行使表决权参与企业经营管理;债券的持有人为债权人,债权人为企业外部人员,不能参与企业的经营管理。

2.主体的利益分配不同

股东有分红权,但只有在公司盈利时才能要求分红。除了优先股股东,一般红利率不固定。债权人没有分红权,只能要求到期还本付息,而不管公司是否盈利。

3.购买者的风险不同

投资股票风险较大,而投资债券风险较小。股东以投资额对公司承担有限责任。由于股票价格受市场因素的影响较大,因此股票是不保本的;而债权人可以到期要求还本付息,债券投资一般是保本的。

四、向银行等金融机构融资

根据我国《商业银行法》《贷款通则》和《流动资金贷款管理暂行办法》等的规定,在我国有权发放贷款的主要有商业银行、信用合作社、财务公司和小额贷款公司。企业可依法提出贷款申请,而后经过贷款调查和审批,签订贷款合同,并依约获得贷款。

银行在发放贷款时实施严格的贷款管理制度。例如,以担保贷款为主,以信用贷款为例外制度;贷款集中度监管制度;审贷分离制;行长负责制;不良贷款问责制;等等。这些监管制度一方面大大降低了银行的不良贷款率,另一方面客观上造成中小企业通过银行获得贷款的机会降低。银行需要的是优质低风险客户,而中小企业却由于资金匮乏,不能提供担保,往往不能获得商业银行的贷款。解决这个问题的关键在于政府要为中小企业提供行之有效的信用担保制度;同时,商业银行要转变经营理念,认识到发放中小企业贷款可以改善银行的贷款结构。

五、民间借贷法律制度

(一)民间借贷的概念和特征

1. 民间借贷的概念

这里所说的民间借贷指的是企业或个体户作为借款人向金融机构以外的企业或自然人借入资金的行为。由于存在融资难的现状,有些中小企业面临资金“瓶颈”时会选择民间借贷,而非银行贷款或到资本市场发行股票和债券。民间借贷的优点在于可以缓解企业的燃眉之急,利息弹性较大、门槛较低。其缺点是时间短,资金量少,而且容易产生经济纠纷。

2. 民间借贷的法律特征

长期以来,我国法律对民间借贷和商事借贷严格区分,认为民间借贷应建立在单务、无偿的基础上,而随着我国经济体制改革的深入,民间借贷在满足自然人、个体户和小微企业临时性小额资金调剂方面发挥了重要作用。

民间借贷的主要法律特征为:

(1)属于资金的直接融通行为。在民间借贷中,债权人与债务人直接发生借贷关系,而不通过金融中介机构。这是民间借贷与委托贷款的不同之处。

(2)民间借贷可以是有偿或无偿行为。在民间借贷中,债权人可以收取利息,也可以免息,但借款利息不得超过银行同期贷款利息的4倍。这是民间借贷与银行贷款的不同之处。

(3)债权人和债务人均是特定的主体。在民间借贷中,债权人和债务人都是确定的。但是,如果企业以借贷为名向职工进行集资、企业向社会集资或发放贷款,则应当认定是非法集资或融资行为,不能得到法律的保护。由此可见,民间主体向不特定的社会公众集资或融资的行为,由于其行为主体的广泛性,会构成非法集资或非法吸收公众存款。这是合法民间借贷与非法民间借贷之间的区别之一。

(二)民间借贷合同

1. 定义

民间借贷合同是指金融机构以外的自然人、法人和其他组织之间订立的按期还本付息的合同。

2. 民间借贷合同的法律特征

(1)民间借贷合同的双方当事人为非金融机构,可以是自然人、法人和其他组织。

(2)民间借贷合同可以是口头或书面合同。与银行贷款合同必须采用书面形式不同,民间借贷合同可以是口头合同,也可以是书面合同,还可以通过双方当事人的行为来推定。我国《合同法》第197条规定,借款合同采用书面形式,但自然人之间另有约定的除外。

(3)合法的民间借贷合同得到法律的保护。与银行贷款合同相比,在借款人的准入门槛、利息、手续等方面,民间借贷更加方便快捷。只要双方意思表示真实、内容合法的借贷关系就应得到法律的保护。

(三)区别高利贷行为、集资诈骗罪和非法吸收公众存款罪

在民间借贷中,较为常见的是高利贷行为、非法集资行为和非法吸收公众存款行为而导致的纠纷。

1. 高利贷行为的认定

在民间借贷中,借款人依照合同约定的期限偿还本金。民间借贷合同如果约定支付利息的,借款人负有向借出人支付利息的义务。根据最高人民法院于1991年8月13日颁布实施的《关于人民法院审理借贷案件的若干意见》,民间借贷合同中约定的利率可以适当高于银行利率,但最高不得超过银行同类贷款利率的4倍,超过此限度的,超出部分的利息不予保护。由此可见,该超出部分的利息属于高利贷,借款人可不予偿还。对于借出人预先在贷款本金中扣除利息的,借款人则按照实际借款金额偿还借款并计算利息。同时,借出人不得将利息计入

本金以谋取高利。

2. 集资诈骗罪的认定

集资诈骗罪是指以非法占有为目的，使用诈骗方法非法集资且数额较大的行为。该罪有以下特征：

(1)犯罪主体。犯罪主体为一般主体，既可以是自然人，也可以是单位。

(2)犯罪的主观方面。该罪的罪犯在主观方面存在故意，并且以非法占有为目的。

(3)犯罪客体。该罪所侵犯的直接客体是国家资金募集管理秩序以及公、私财产权益。

(4)犯罪的客观表现。该罪的行为人在客观上实施了以诈骗方法非法集资且数额较大的行为。集资诈骗行为数额较大才构成犯罪，这是区别罪与非罪的重要界限。其具体的客观表现有：①携带集资款逃跑的；②挥霍集资款，致使集资款无法返还的；③使用集资款进行违法犯罪活动，致使集资款无法返还的；④有其他欺诈行为，拒不返还集资款，或者致使集资款无法返还的。对于实施上述非法集资行为之一且数额达到 10 万元以上的，公安机关应当立案侦查。

对于集资诈骗罪的处罚，我国《刑法》规定，以非法占有为目的，使用诈骗方法非法集资且数额较大的，处 5 年以下有期徒刑或者拘役，并处 2 万元以上 20 万元以下罚金；数额巨大或者有其他严重情节的，处 5 年以上 10 年以下有期徒刑，并处 5 万元以上 50 万元以下罚金；数额特别巨大或者有其他特别严重情节的，处 10 年以上有期徒刑、无期徒刑或死刑，并处 5 万元以上 50 万元以下罚金或者没收财产。单位犯该罪的，对单位处以罚金，对直接负责的主管人员和其他直接责任人员按上述刑罚予以追究。

3. 非法吸收公众存款罪的认定

非法吸收公众存款罪是指违反信贷管理法律法规，吸收或者变相吸收公众存款的行为。该罪的基本特征有：

(1)犯罪主体。该罪的犯罪主体是一般主体，包括单位和个人。但需要注意的是，其中的单位并不仅指不具有经营存款业务资格的单位，银行和其他具有经营存款业务资格的单位也可能成为该罪的犯罪主体。

(2)犯罪的主观方面。该罪的罪犯在主观方面存在故意，但行为人并无非法占有的心理状态。

(3)犯罪客体。该罪侵害的直接客体是国家的金融管理秩序。

(4)犯罪的客观方面。该罪的行为人在客观上有两类行为：一是非法吸收公众存款，包括不具备吸收公众存款业务主体资格的个人或单位非法经营吸收公众存款业务和具备吸收公众存款业务主体资格的金融机构及其工作人员在吸收公众存款的业务活动中违反金融法律法规，采用不正当的手段，如擅自提高利率等办理吸收公众存款业务；二是变相吸收公众存款，即以投资、集资、联营、资金互助等名义间接非法办理吸收公众存款业务。

非法吸收公众存款具有下列情形之一的，应予追诉：①个人非法吸收或者变相吸收公众存款且数额在 20 万元以上的，单位非法吸收或者变相吸收公众存款且数额在 100 万元以上的；②个人非法吸收或者变相吸收公众存款 30 户以上的，单位非法吸收或者变相吸收公众存款 150 户以上的；③个人非法吸收或者变相吸收公众存款且给存款人造成直接经济损失数额在 10 万元以上的，单位非法吸收或者变相吸收公众存款且给存款人造成直接经济损失数额在 50 万元以上的。

自然人犯该罪的，处 3 年以下有期徒刑或者拘役，并处或者单处 2 万元以上 20 万元以下罚金；数额巨大或者有其他严重情节的，处 3 年以上 10 年以下有期徒刑，并处 5 万元以上 50

万元以下罚金。单位犯该罪的，对单位判处罚金，并对其直接负责的主管人员和其他直接责任人员，依照个人犯该罪的规定处罚。

第三节 票据法律制度

一、票据的概念、特征及功能

(一)票据的概念

一般认为，票据起源于12世纪意大利的兑换证书。中国票据的萌芽可追溯至唐宪宗时期(公元806～820年)的“飞钱”。宋代的“交子”和明末的“票号”作为商业工具则较成气候。我国票据有广义和狭义之分。广义的票据是指各种有价证券，包括资本证券、商品证券和货币证券，而这里所说的票据是指狭义的票据，即货币证券。票据是指出票人签发的、承诺自己或委托他人于见票时或确定日期向持票人无条件支付一定金额的有价证券。我国《票据法》上的票据包括支票、本票和汇票三种。

(二)票据的法律特征

1. 票据为设权证券

签发票据是产生票据权利的前提条件。持票人的票据权利在做成票据之前并不存在，当票据的出票人以承担票据债务为目的在票据上进行记载并将票据交付给收款人时，票据权利同时发生。没有票据，就没有票据上的权利。票据的作用在于创设一定的权利，因此，票据是一种设权证券。

2. 票据为金钱证券(或称货币证券)

金钱证券是指以请求给付金钱为债权内容的证券。票据的作用在于创设一定的权利，在票据上所体现的这种财产权利是一种金钱给付请求权，持票人只能请求票据债务人给付票面上所记载的金钱，而不能以其他等价物代偿。

3. 票据为要式证券

要式证券是指必须依照法定的程序、具备法定的形式才能发生法律效力的证券。票据是一种严格的要式证券，票据的制作格式以及记载事项法律都有严格的规定，如果不按照法律规定制作票据或记载票据事项，将会导致票据失效。

4. 票据为无因证券

票据作为无因证券是指持票人只要以其持有该票据事实本身，而不必证明自己因何种原因取得该票据即可完全地主张票据权利。票据的占有即证明票据权利的存在。当然，票据的发行仍要求票据的原因关系或基础关系存在(绝对无因的票据立法除外)。在流通过程中，票据关系与票据原因关系、基础关系相分离，成为独立的票据法律关系，所以，票据持有人的权利一般不因前手与票据其他债务人之间原因关系的瑕疵而受影响。

5. 票据为文义证券

票据上所记载的权利义务内容必须严格依据票据上记载的文字，而不允许以票据记载以外的证据来变更、推翻票据上的权利，即使票据上的记载事项有错误，也不得以票据以外的事项来证明并加以修正。票据是流通证券，可依背书方式进行转让，故其流通信用和交易安全为其生命所在，如允许以票据以外的方法对票据权利予以变更、补充或限制，持票人将无从预测这种变更、补充或限制。票据被设定为文义证券，其目的在于保护动态安全，维护善意第三人的利益。

6. 票据为流通证券

作为货币证券，票据本身即体现为一种金钱权利财产。票据的产生就在于金钱的支付、转移的需要。票据制度的产生在于商业贸易的需要，故而规定票据为文义证券、无因证券、设权证券、要式证券等均是充分发挥票据的流通功能。我国《票据法》第27条、第80条、第93条分别规定了汇票、本票和支票的转让。票据作为流通证券，与民法上的债权转让相异，只要依法让渡票据本身，就发生票据权利转让的效果。

7. 票据为提示证券

票据作为提示证券是指持票人在行使票据上的权利时，必须做出请求票据债务人付款的提示，票据债务人在票据持有人依法定方式提示后履行票据义务。票据为流通证券，票据做成并发行后即处于流通过程中，确定的是票据的债务人，不确定的是票据的债权人。持票人拥有票据权利，但票据债务人在持票人未提示付款并请求履行前，无从知道谁是自己的票据债权人。因此，法律规定，如票据持有人未提示付款，票据债务人不因票据到期未履行而负迟延责任。因此，票据提示是票据债务人履行票据义务、承担票据责任的前提，也是票据权利人主张权利的一种方式。

8. 票据为返还证券

票据作为完全有价证券，谁持有票据即可主张票据权利，也可依法转让该票据权利。因此，当票据债务人向债权人履行票据义务、债权人受领票据上所记载的给付金额后，票据债权人必须将票据交回债务人，使票据上的权利义务消灭，以免票据转让给善意第三人后，票据债务人再须履行票据债务。我国《票据法》第35条规定，持票人获得付款的，应当在汇票上签收，并将汇票交给付款人。该条规定也适用于本票和支票。

（三）票据的功能

票据制度是一种重要的法律制度，在市场经济中发挥着巨大的作用。票据使商品的让渡和货币的支付从形式上相分离，把商业信用有机地融入在商品交换之中，使票据成为一种能流通的债权凭证，因而加速了资本的周转和循环，在节约货币的前提下，使再生产的条件得到了增加。其功能体现在以下几个方面：

1. 汇兑功能

随着商品交换范围的扩大，货币的传输范围也跟着扩大，而大量的货币由人携带去很远的地方，甚至跨国支付给交易对方，既麻烦又不安全且费用过高，这无疑会增加交易成本，而票据的汇兑功能解决了这个问题。汇兑就是需要输出款项的人（汇款人）将所输出的款项交给银行等金融机构（该金融机构一般在汇款人所在地），金融机构根据汇款人的委托将款项输送到汇款人指定的送达地，由其分支机构或委托的付款机构付款。在实际操作时，由银行等向汇款人开出票据，汇款人领取票据后交于收款人，收款人凭此票据到其指定的付款机构兑取票面所载金额。还有一种做法是，汇款人根据与银行约定的汇兑关系，由汇款人出票（做成票据），并由汇款人也就是出票人交给收款人，然后由收款人到指定银行的分支机构或其委托的付款机构兑取票面上所记载的金额，这样，票据的使用就代替了货币的直接使用。

2. 支付功能

票据中先行发展起来的汇票、本票作为汇兑工具，还可以流通转让。由于用票据替代现钞作为支付工具，可以避免点钞时可能发生的错误，又可以节约点钞时间，因此，人们在经济交易中广泛使用票据作为支付工具。支票制度产生后，因其只需在银行缴存现金、签订支票合同后即可使用，从而使票据支付的方式得到了更广泛的认同。

3. 信用功能

票据作为信用工具，是商业交换及信用制度发展的产物。票据的信用功能主要是指以偿还为条件，单方先期交付商品或货币，接受商品或货币的一方按约定在未来以货币形式偿还资金。票据的出票与付款之间有一个时间差，从而使付款人获得凭信用短期调剂资金短缺的可能。

4. 结算功能

票据的结算功能又称债务抵销功能，是票据支付功能、汇兑功能、货币替代功能、信用功能发展的必然结果，并具体体现了上述功能。其主要是指对经济交往中的货币支付和收受进行清算时，可以票据作为给付手段来完成收付。简单的结算功能反映在两个当事人之间以债务抵销方式偿清账目。而在复杂的市场关系中，当事人之间的支付存在交叉，如果各种支付完成都需每一位当事人亲力亲为，货款结算就会成为难题。于是，在收付票据时，由银行作为中介，以票据交换的方式进行划转冲抵，就可以完成货币收付和债务清算。目前，票据交换不仅在国内，而且在国际上也十分发达，大大方便了经济往来中的结算。

5. 融资功能

票据的融资功能是票据制度发展的新功能，主要是指票据持有人通过对未到期的票据进行买卖以融通资金的票据贴现行为。票据持有人通过出卖票据从他人手中获取现款，完成融资目标。当然，票据收购业务一般只能由商业银行经营，因为其实际上是由银行向持有票据而急用资金的人提供的银行信用。商业银行贴现票据后尚可向中央银行申请再贴现，或向其他银行进行转贴现。

二、票据立法

广义的票据法是指调整票据关系的法律规范的总称，除包括名为《票据法》的法律外，还包括民法、刑法、民事诉讼法及其他法律中有关票据的规定。例如，民法中关于行为能力、民事法律行为、代理等的规定；刑法中关于伪造、变造有价证券的犯罪的规定；民事诉讼法中关于公示催告程序的规定；公证制度中关于拒绝证书的规定；破产法中关于票据当事人受破产宣告的规定；行政法规中关于票据欺诈行为不构成犯罪的处罚的规定；等等。

狭义的票据法也称形式票据法，是指专门制定的票据法律规范，它是规定票据的种类、形式和内容，明确票据当事人之间的权利和义务，调整因票据而发生的各种社会关系的法律规范。一般认为，狭义的票据法仅指被称为票据法的法律及有关票据法实施细则。例如，在我国，狭义的票据法是指我国《票据法》和《票据管理实施办法》。我国《票据法》于 1995 年 5 月 10 日经第八届全国人民代表大会常务委员会第十三次会议通过，并于 2004 年 8 月 28 日第十届全国人民代表大会常务委员会第十一次会议修改。

《票据法》第 1 条规定，为了规范票据行为，保障票据活动中当事人的合法权益，维护社会经济秩序，促进社会主义市场经济的发展，制定本法。

三、票据法律关系与票据基础关系

(一)票据关系的定义与构成

1. 票据关系的定义

凡民事法律行为均会发生民事法律关系的变化,或产生,或变更,或消灭。票据关系就是基于票据行为而发生的法律关系,是在票据债权人与票据债务人之间的票据权利义务关系。作为一种特殊的法律关系,票据关系受票据法的调整。

2. 票据关系的法律特征

(1)票据关系是基于票据行为而发生的票据权利义务关系。出票、背书、承兑、参加承兑、保证、保付等票据行为因行为人在票据上的意思表示并签章而发生票据上的效力。除票据行为以外的行为,如以不在票据上记载的一般转让方式转让票据权利时,转让人之间不发生票据关系,票据法当然也不加以调整。

(2)票据关系的独立性。尽管票据行为都表示于票据上,但票据行为人的行为本身又是独立的,因票据行为而形成的票据关系也是独立的。各票据关系独立地表现其权利义务内容,即使相关联的某些票据行为存在瑕疵,也不影响其他票据签章的效力。

(3)票据关系的客体为票据记载的货币金额。由于票据是一种金钱有价证券,因此,票据行为指向的均为票据记载的票据金额。至于该类票款所代表的货币种类,一般不加以特别限制,而由当事人在法律允许的范围内自由选择。不过,票据关系的客体分割问题因各国对部分付款、分期付款的看法不一而有所不同。在我国,票据款项不能分别为他人享有,不得部分转让票据权利或分期转让票据金额,因而其行为客体为票据上所载明的全部金额。

3. 票据关系三要素

(1)主体。票据关系的主体是票据关系的当事人,即票据上的债权人和债务人。票据上的当事人主要有出票人、付款人、收款人、持票人、承兑人、背书人、保证人和参加人(如参加承兑人和参加付款人)。

以是否随出票行为出现为标准,票据当事人可分为基本当事人和非基本当事人。基本当事人是指票据发生时就存在的当事人,如汇票和支票中的出票人、收款人和付款人。非基本当事人是指出票以后基于其他票据行为而参加票据关系的当事人,如背书人、保证人、参加付款人等。

(2)客体。票据关系的客体是指票据当事人的权利和义务共同指向的对象。由于票据是金钱证券,票据关系的客体就是票据上所载明的特定数量的货币。

(3)内容。票据关系的内容是指票据当事人因票据行为而依法享有的权利和承担的义务。票据权利是指票据权利人依法为实现票据债权而为一定行为或要求他人为一定行为的可能性,即付款请求权和追索权。票据义务是指票据义务人必须为或不为一定行为的必要性,一般是指支付确定的票面金额的义务,即付款义务。

(二)票据基础关系

票据基础关系是指作为票据关系发生前提的民法上的债权债务关系,包括原因关系、资金关系和预约关系三种。票据因其无因性使票据关系表现为一种形式关系或抽象关系,也就是说,票据关系仅仅表现为谁有权凭票据向谁主张票面金额,至于持票人为什么得到票据并有权主张票据权利则不在票据关系中表明。但是,绝不会有人愿意无缘无故地付钱给他人,即票据当事人在授受票据之前,授受票据的原因或前提就已存在,作为票据授受前提的是那些民法上的买卖、租赁、委托等关系,这些关系是票据关系产生的基础,所以被称为票据基础关系。票据基础关系由民法调整。

1. 票据原因关系

票据原因关系又称票据原因,是票据当事人授受票据的实质原因。票据原因主要包括:

(1)支付价金;(2)借贷;(3)赠与;(4)劳务报酬;(5)交付定金;(6)其他费用。例如,出票人想购买一批货物,向卖方开出一张支票,使卖方据此向银行取款;或者背书人为支付对方工资,将票据背书交付给对方,对方即可凭票据实现自己的劳动报酬。

2. 票据资金关系

票据资金关系又称票据资金或资金关系,是汇票和支票的出票人与付款人之间存在的金钱、实物、信用关系和其他财产性债权债务关系。汇票和支票都属于委付证券,付款人之所以替出票人付款,是因为有出票人与付款人之间的资金关系作为基础。资金关系产生于各种委托、约定甚至信任,主要有以下情形:(1)出票人在付款人处存有资金,如支票的出票人在银行或其他金融机构开立支票存款账户;(2)出票人与付款人之间存在信用合同,付款人承诺在一定数额内可先行为出票人签发的票据付款;(3)出票人享有对付款人的债权,付款人替出票人付款,即对与出票人之间已存在的债务进行清偿;(4)出票人与付款人之间订有其他合同,如交互计算、继续供应等合同;(5)付款人愿意为出票人付款,此属无因管理。

3. 票据预约关系

这是当事人之间预先约定使用票据的合同关系,也称"票据预约"或"预约关系"。这种合同是出票人与付款人之间关于票据的种类、金额、到期日、付款地等票据事项达成的合意,属于民法上的合同关系,也是票据当事人的基础关系。

综上所述,票据关系与票据基础关系分离是票据法的一个基本原理,也称票据关系的无因性原理。在票据关系与票据基础关系之间,分离是一般情况、基本特性,牵连不过是特殊情形,或者说是票据关系无因性的例外。

四、票据行为

(一)票据行为的概念和特征

1. 票据行为的概念

票据行为有广义与狭义之分。广义的票据行为是指以产生、变更和消灭票据上的权利义务关系为目的的法律行为,包括出票、背书、改写、涂销、付款、保证、承兑、参加承兑、保付、参加付款等。狭义的票据行为是指产生票据上债权债务的法律行为,包括出票、背书、保证、承兑、参加承兑、保付等,其中,出票、背书、付款是票据共有的行为,承兑、参加承兑是汇票所有的行为,保付是支票独有的行为。

2. 票据行为的特征

票据行为作为法律行为的一种,与一般法律行为相比,具有以下特征:

(1)要式性。要式性也称定型性,表示票据行为是一种严格的书面行为,应依据《票据法》规定的形式在票据上记载法定的事项,否则将影响票据行为的效力,如在票据上作书面记载、在票据上签章等。

(2)无因性。无因性也称抽象性,是指票据行为成立后,其基础关系即使有缺陷而无效,也不影响票据行为的效力。票据上权利的发生与转移依票据行为而定,与其基础关系无关。

(3)文义性。文义性是指票据行为的内容是依票据上所记载的文义而定,即使该项记载与实际情形不符,也不允许当事人以票据以外的证明方法予以变更和补充,票据行为的解释也应依票据上的文义进行。

(4)独立性。独立性是指同一票据上的各种票据行为各自独立发生效力,相互之间互不影响。因此,在同一票据上,某一票据行为无效或有瑕疵,不影响其他票据行为的效力。

(5)连带性。连带性是指在同一票据上的各种票据行为人均对持票人承担连带责任。由于票据行为具有无因性和独立性，这就使得持票人的权利实现受到一定程度的影响。因此，各国票据法都规定了连带责任，以确保持票人票据权利的实现。

(二)票据行为的种类

票据行为主要有出票、背书、承兑、参加承兑、保证和保付。其中，出票为主票据行为，其他皆为从票据行为。

1. 出票

出票是指出票人签发票据并将其交给收款人的票据行为。出票是制作票据的原始行为，是以创设票据权利为目的，制作票据并将其交给票面指定的收款人的行为。出票的法律后果是产生票据法律关系，形成票据权利。

2. 背书

背书是指在票据背面或粘单上记载有关事项并签章的票据行为。背书是收款人或持票人以在票据背后签章的方式转让票据权利或委托他人行使票据权利进行质押的行为。背书人在转让票据权利后，与其他票据债务人承担连带票据责任。

3. 承兑

承兑是指汇票付款人承诺在汇票到期日支付汇票金额的票据行为。承兑是汇票独有的票据行为，本票和支票均无承兑这一票据行为。

4. 参加承兑

参加承兑是付款人以外的其他人承诺负担票据债务的行为。参加承兑与承兑都是承诺负担债务的行为，但承兑只能由付款人作出，而参加承兑则可由付款人以外的第三人作出。参加承兑也是汇票所独有的票据行为。

5. 保证

保证是票据债务人以外的其他人表示在被保证的票据债务人不履行其票据义务时由其代替履行责任的行为。票据保证人在清偿票据债务后，可以行使持票人对被保证人及其前手的追索权。保证行为仅适用于汇票和本票。

6. 保付

保付是指银行对出票人签发的支票所作的保证付款的行为。保付是支票独有的一种附属票据行为，类似于汇票的承兑；所不同的是，保付的目的是为了增强票据的信用，而不是为了确定付款人的付款责任。

五、票据抗辩与票据补救

(一)票据抗辩的概念与种类

1. 票据抗辩的概念

票据抗辩是指票据债务人依据《票据法》的规定对票据债权人拒绝履行义务的行为。基于《票据法》的规定，票据债务人可以对票据债权人的请求提出一定的合法事由予以对抗，并依此而拒绝履行票据义务。这里的合法事由称为抗辩事由。票据债务人享有对债权人拒绝履行义务的权利，这种权利称为抗辩权。

2. 票据抗辩的种类

票据抗辩可以分为物的抗辩和人的抗辩两类。

(1)物的抗辩。物的抗辩又称绝对抗辩或客观抗辩，是基于票据本身所存在的事由而发生的抗辩。依行使抗辩权的主体的不同，物的抗辩可分为以下两种：

①一切债务人可以对一切债权人行使的抗辩，包括票据无效的抗辩、依票据记载不能提出请求的抗辩、票据权利已经消灭的抗辩、票据失效的抗辩。

②只有特定债务人可以提出，但可以对抗一切债权人的抗辩，包括对无权代理所做的抗辩、保全手续欠缺的抗辩、否定票据行为有效成立的抗辩、依票据记载而提出的抗辩。

(2)人的抗辩。人的抗辩又称相对抗辩或主观抗辩，是基于票据当事人之间的特定关系而产生的抗辩。依行使抗辩权的主体的不同，人的抗辩可分为以下两种：

①一切债务人可以对特定债权人行使的抗辩，包括债权人欠缺实质上受领票据金额的资格的抗辩、债权人欠缺形式上受领票据金额的资格的抗辩。

②特定债务人可以向特定债权人行使的抗辩，包括基于基础关系原因而提出的抗辩、基于票据关系原因而提出的抗辩。

3. 票据抗辩的限制

我国《票据法》第13条规定，票据债务人不得以自己与出票人或者与持票人的前手之间的抗辩事由对抗持票人；但是，持票人明知存在抗辩事由而取得票据的除外。我国《票据法》还规定，因税收、继承、赠与等方式无对价地取得票据的持票人所享有的票据权利不得优于其前手的权利；明知前手有以欺诈、盗窃或胁迫等手段取得票据的情形，出于恶意而取得票据，不得享有票据权利。

(二)票据补救

当票据权利人基于某种原因丧失对票据的实际占有时，为了维护票据权利人的合法利益，我国《票据法》第15条规定了挂失止付、公示催告和普通诉讼三种补救措施。

1. 挂失止付

挂失止付是失票人将丧失票据的情况通知付款人或代理付款人，并由接受通知的付款人暂停支付的临时性救济措施。我国《票据法》第15条第1款对此作了规定。已承兑的商业汇票、支票、填明“现金”字样并填明代理付款银行的银行汇票、填明“现金”字样的银行本票可以挂失止付。但挂失止付是失票人在丧失票据后可以采取的一种暂时性的预防措施，以防止票据被冒领或骗取。因此，失票人既可以在票据丧失后先采取挂失止付，再申请公示催告或提起诉讼；也可以直接申请公示催告，并由法院受理后发出止付通知；或直接向法院提起诉讼。

2. 公示催告

公示催告是失票人在丧失票据后申请票据无效而使票据权利与票据相分离的一种制度。对此，我国《票据法》第15条第3款作了规定，《民事诉讼法》第18章也专章规定了公示催告程序。

3. 普通诉讼

普通诉讼是失票人向人民法院提起民事诉讼，要求法院判定向其支付票据金额的措施。我国《票据法》第15条第3款规定，失票人应当在通知挂失止付后3日内，也可以在票据丧失后，向人民法院提起诉讼。

六、汇票

(一)汇票的概念及特征

1. 汇票的概念

汇票是由出票人签发的，委托付款人在见票时或在指定日期无条件支付确定金额给收款人或持票人的票据。

2. 汇票的特征

(1)汇票是信用证券。汇票涉及出票人、付款人、收款人三方当事人。汇票的权利人可以是收款人、收款人的指定人或背书后的持票人。汇票关系中包含了票据关系中最一般的内容。

(2)汇票是委付证券。汇票是出票人委托付款人无条件支付票款的票据。汇票的付款人通常为交易关系中的第三人。

(3)汇票的付款人可以是金融机构或一般企业。汇票付款人的种类较多,如商业承兑汇票的出票人和付款人为银行以外的公民、法人或非法人组织,而银行汇票的出票人和付款人均为金融机构。

(二)汇票的种类

1. 记名汇票、指示汇票和无记名汇票

依汇票上对收款人的记载方式的不同,汇票可分为记名汇票、指示汇票和无记名汇票。记名汇票是指出票人在票据上载明收款人姓名或名称的汇票,又称抬头汇票。指示汇票是指出票人除在汇票上载明收款人姓名或名称外,还记载"或其他指定人"的汇票。无记名汇票是指在汇票上不记载收款人的姓名或名称,或仅记载"付与来人"字样的汇票,该种汇票依交付而转让。

2. 银行汇票和商业汇票

依出票人身份的不同,汇票可分为银行汇票和商业汇票。银行汇票是指汇款人将款项交存当地银行,由银行签发给汇款人持往异地办理转账结算或支取现金的票据。银行汇票是一种变式汇票,即已付汇票,出票人和付款人均为银行。商业汇票是指出票人签发的,委托付款人在指定日期无条件支付确定金额给收款人或者持票人的票据。商业汇票的出票人为银行以外的公民、法人或非法人组织。

3. 即期汇票和远期汇票

依汇票到期日的不同,汇票可分为即期汇票和远期汇票。即期汇票是指见票即付的汇票,以持票人提示汇票之日作为汇票到期日。远期汇票是指必须到约定的日期才能请求付款的汇票。远期汇票又可分为定日付款、出票后定期付款和见票后定期付款三种。

4. 光单汇票和跟单汇票

依汇票付款要求的不同,汇票可分为光单汇票和跟单汇票。光单汇票即光票,是指在付款时不需要附带任何其他单据即发生付款效力的汇票。光票多在异地交易中使用,持票人提示付款时只需提交汇票本身即可。跟单汇票是指须随附一些单据才能发生付款效力的汇票。跟单汇票到期付款时不仅需要提示汇票本身,还需提示汇票所附的各种单据,如发票、提单、税票、保险单等,才能获得付款。

(三)出票

1. 出票的概念

出票又称发票,是指出票人签发票据并将其交付给收款人的票据行为。汇票的出票是基本的票据行为,是创设票据权利的行为。它包括两个具体的行为程序:一是制作汇票的行为,二是将汇票交付收款人的行为。

2. 汇票的记载事项

根据我国《票据法》第22条的规定,汇票必须记载下列事项:(1)表明"汇票"的字样;(2)无条件支付的委托;(3)确定的金额;(4)付款人的名称;(5)收款人的名称;(6)出票日期;(7)出票人签章。这些是汇票的绝对必须记载事项,缺少任何一项,汇票无效。

另外,汇票上还应清楚、明确地记载付款日期、付款地、出票地等事项。如果汇票上未记载付款日期的,视为见票即付;未记载付款地的,以付款人的营业场所、住所和经常居住地为付款地;未记载出票地的,以出票人的营业场所、住所或经常居住地为出票地。

关于汇票的付款日期,可按下列形式记载:(1)见票付款;(2)定日付款;(3)出票后定期付款;(4)见票后定期付款。

3. 出票的效力

出票的效力是指汇票出票后的法律后果,即表明票据制作完成,票据进入流通领域,票据关系人依完成的票据所载文义而享有票据权利、承担票据义务。出票的效力对出票人而言,是承担保证该汇票承兑和付款的责任;对票据付款人而言,赋予了其承兑和付款的义务;对票据收款人而言,享有票据上的权利,即付款请求权和追索权。

(四)背书

1.背书的概念

背书是指持票人在票据背面或者粘单上记载有关事项并签章的票据行为。它是一种从票据行为。作背书的持票人为背书人;接受票据背书的人为被背书人;被背书人可以再次背书,称为再背书。

2. 背书的种类

(1)转让背书和非转让背书。按照目的的不同,背书可分为转让背书和非转让背书。

转让背书是以转让背书权利为目的的背书。转让背书又可分为一般转让背书和特殊转让背书。一般转让背书是指无论从被背书人方面还是从背书人方面以及从票据权利的转让是否有限制方面来看,都没有特殊形式要求的背书,是最普通、最常见的背书。特殊转让背书是指有特殊形式要求的背书,主要包括限制背书、回头背书和期限后背书。限制背书是指对背书行为附加了限制性的条件,如在背书时记载了“不得转让”等字样;回头背书是指票据上的原债务人为被背书人的背书;后期背书是指背书被拒绝承兑或被拒绝付款或超过付款提示期限后所进行的背书。

非转让背书是以授予他人一定票据权利为目的的背书,即以行使票据权利或以票据权利设定质权为目的。由于非转让背书有其特殊的目的,法律要求应在票据上明确记载“委托收款”字样或者“质押”字样,以与转让背书相区别。最高人民法院《关于审理票据纠纷案件若干问题的规定》规定,贷款人恶意或者有重大过失从事票据质押贷款的,人民法院应当认定该质押行为无效。

(2)完全背书和空白背书。按照票据上是否记载被背书人的姓名或名称,背书可分为完全背书和空白背书。完全背书是指背书人在票据的合适处记载背书的意旨及被背书人名称并签章的背书。空白背书是指背书人不记载被背书人的姓名或名称,而在被背书人记载处留有空白并签章的背书。我国《票据法》第 30 条规定,汇票以背书转让或者以背书将一定的汇票权利授予他人行使时,必须记载被背书人的名称。可见,我国不承认空白背书的法律效力。

(五)承兑

1. 承兑的概念

承兑是指汇票付款人承诺在汇票到期日支付汇票金额的票据行为。

承兑具有以下特征:(1)承兑是汇票独有的一种附属票据行为;(2)承兑只能是付款人的票据行为;(3)承兑只能在汇票正面为之。

2. 承兑的程序

除见票即付的汇票无需承兑外，其他三种类型的汇票均需承兑。汇票承兑的程序一般包括三个步骤：提示承兑、承兑或拒绝承兑、交还汇票。

3. 承兑的效力

汇票承兑后，该汇票上的付款请求权即得到确认和保全，该汇票也才表现出完整的票据效力。承兑的效力主要体现在以下几个方面：

(1)对付款人的效力。付款人承兑汇票后便成为汇票的主债务人，承担到期付款的义务。承兑人的付款责任是绝对责任，承兑人不得以汇票金额未经出票人给付等理由而对抗持票人的请求。

(2)对持票人的效力。汇票一经付款人承兑，持票人的付款请求权即转变为现实而确定的权利，于到期日届满时，持票人可以向承兑人请求付款。汇票的承兑具有确认和保全持票人付款请求权的效力。

(3)对出票人和背书人的效力。出票人要承担汇票担保承兑和付款的责任。经付款人承兑后，出票人和汇票上的所有背书人都免受期前追索。拒绝承兑是持票人行使期前追索的法定原因之一。

(六)保证

1. 保证的概念

保证是指票据以外的其他人对票据债务的履行提供担保的一种附属票据行为，是一种单方的要式法律行为，是为担保特定票据债务的履行而为的票据行为，是票据债务人以外的人所为的票据行为。

2. 保证的规则

汇票保证是为出票人、承兑人、背书人提供保证。如果保证人为出票人、承兑人保证的，应将保证事项记载在票据正面；如果保证人为背书人保证的，应将保证事项记载在票据的背面或粘单上。汇票保证应记载下列事项：表明“保证”的字样；保证人的名称和住所；被保证人的名称；保证日期；保证人签章。根据最高人民法院《关于审理票据纠纷案件若干问题的规定》，保证人未在票据或者粘单上记载“保证”字样而另行签订保证合同或者保证条款的，不属于票据保证，人民法院应当适用《担保法》的有关规定。

(七)付款

1. 付款的概念

付款是指付款人或者其代理人支付票据上记载的全部金额以消灭票据关系的行为。付款人的付款行为与出票人、背书人等的偿还行为有所不同。付款行为是支付票据金额以达到消灭票据关系的目的，而出票人、背书人的偿还行为并不能消灭票据关系。

2. 付款的程序

付款的程序包括付款提示、实际支付和交回汇票三个阶段。

(1)付款提示。付款提示是指持票人向付款人或者代理付款人出示汇票，请求付款的行为。付款提示是持票人行使付款请求权的必要前提。付款提示的当事人，一方是提示人，通常是持票人，但也可以是受持票人委托的收款银行或者票据交换中心；另一方是被提示人，主要包括付款人、付款人委托的付款银行或者票据交换中心。

付款提示必须在法定的期限内实施，如果持票人没有在法定的期间内实施付款提示，则丧失了对除承兑人或者付款人以外的前手的追索权。我国《票据法》对付款提示期间的规定是：

见票即付的汇票，自出票日起1个月内向付款人提示付款；定日付款、出票后定期付款或者见票后定期付款的汇票，自到期日起10日内向承兑人提示付款。

(2)实际支付。实际支付是指持票人向付款人或者代理付款人进行付款提示以后，付款人或者代理付款人应当无条件地在当日按票据金额足额支付给持票人的行为。付款人及其代理付款人付款时，应当审查汇票背书的连续性，并审查提示付款人的合法身份证明或者有效证件。付款人及其代理付款人以恶意或者有重大过失付款的，应当自行承担责任。所谓"重大过失"，主要是指付款人或者代理付款人因未能识别出伪造、变造的票据或者身份证件而错误付款。

(3)交回汇票。持票人获得付款的，应当在汇票上签收，并将汇票交给付款人。持票人委托银行收款的，受委托的银行将代收的汇票金额转入持票人账户，视同签收。

(八)汇票的追索权

1. 追索权的概念

追索权是指持票人在遭到拒绝承兑和拒绝付款时，向其前手以及汇票的出票人请求偿还汇票上的金额的权利。

2. 追索权行使的条件

(1)持票人在法定期限内向付款人作承兑提示或付款提示。如果持票人没有在法定期间内作出付款提示，则丧失对其前手的追索权。但是，持票人丧失的追索权仅限于对其前手，而对于承兑人仍然享有追索权。

(2)汇票遭到拒付。拒付是指持票人向付款人提示，付款人拒绝付款或拒绝承兑。拒付除了付款人明确拒绝付款或拒绝承兑之外，还包括事实上视为拒付的情形。我国《票据法》规定了汇票到期日前，有下列情形之一的，持票人可以行使追索权：①汇票被拒绝承兑的；②承兑人或者付款人死亡、逃匿的；③承兑人或者付款人被依法宣告破产或者因违法被责令终止业务活动的。

(3)必须在遭到拒付后的法定期间内做成拒绝证书。拒绝证书是一种由付款地的公证人或其他有权机构做成的证明付款人拒付的书面文件。拒绝证明的主要内容应当包括：被拒绝承兑、付款的票据种类及其主要记载事项；拒绝承兑、付款的事实依据和法律依据；拒绝承兑、付款的时间；拒绝承兑人、拒绝付款人的签章。

(4)持票人必须在遭拒付后的法定期间内将拒付事实通知其前手或者出票人。持票人应当自收到被拒绝承兑或者被拒绝付款的有关证明之日起3日内将被拒绝事由书面通知其前手；其前手应当自收到通知之日起3日内书面通知其再前手。持票人也可以同时向各汇票债务人发出书面通知。

七、本票

(一)本票的概念与特征

1. 本票的概念

本票是出票人签发的，承诺自己在见票时无条件支付确定的金额给收款人或者持票人的票据。本票是出票人承诺见票时无条件支付票据金额的有价证券，其基本当事人有两个，即出票人和收款人。

2. 本票的特征

与汇票相比，本票有以下几个主要特征：

(1)汇票是委托他人付款的有价证券；本票是约定出票人自己付款的有价证券。

(2)汇票有三个基本当事人,即出票人、付款人和收款人;本票的付款人和出票人为同一个人,因此,本票只有两个基本当事人。

(3)汇票的主债务人,在承兑前是出票人,在承兑后是承兑人;本票的主债务人是出票人。

(4)远期汇票需要承兑,而本票无需承兑。

(二)本票的种类

依据不同的分类标准,本票可以分为不同的种类:(1)以本票上是否记载权利人为标准,可分为记名本票、指示本票和无记名本票;(2)以本票上记载的到期日期的不同,可分为即期本票和远期本票;(3)以本票出票人的身份为标准,可分为银行本票和商业本票;(4)以本票上记载的金额是否固定,可分为定额银行本票和不定额银行本票;(5)以结算方式为标准,可分为转账银行本票和现金银行本票。

依据《票据法》第 73 条第 2 款和第 75 条的规定,我国本票仅限于银行本票,且为记名式本票和即期本票。银行本票是银行签发的,承诺自己在见票时无条件支付确定的金额给收款人或者持票人的票据。单位和个人在同一票据交换区域内需要支付各种款项,均可以使用银行本票。银行本票分为定额银行本票和不定额银行本票。根据《支付结算办法》的规定,定额银行本票的面额为1 000元、5 000元、1 万元和 5 万元人民币。

(三)本票的出票

本票的出票与汇票一样,包括做成票据和交付票据,只是本票的出票行为是出票人自己承诺无条件支付确定金额的票据行为,因此,本票的出票人必须具有支付本票金额的可靠资金来源并保证支付。

本票的出票必须记载绝对应记载事项,本票上如果没有记载绝对应记载事项之一的,本票无效。我国《票据法》规定了本票必须记载下列事项:表明"本票"的字样;无条件支付的承诺;确定的金额;收款人名称;出票日期;出票人签章。付款地和出票地是本票的相对应记载事项。我国《票据法》规定,本票上记载付款地、出票地等事项的,应当清楚、明确。如果本票上未记载付款地的,出票人的营业场所为付款地;本票上未记载出票地的,出票人的营业场所为出票地。

(四)本票的见票

本票的见票是指持票人为确定见票后定期付款而向出票人提示,出票人在本票上记载"见票"字样和见票日期以及签名的一种票据行为。我国《票据法》承认银行本票,而且银行本票是见票即付的票据,即收款人或者持票人在取得银行本票后,可以随时向出票人请求付款。但依据我国《票据法》的规定,本票自出票日起,付款期限最长不得超过 2 个月。

(五)本票的效力

本票做成并交付之后就产生了票据上的法律效力。本票的效力可分为对出票人的效力和对收款人的效力。对出票人来说,一旦本票做成并完成了交付,就必须承担对持票人无条件付款的义务,即使持票人未按规定的期限提示见票,持票人丧失了对其前手的追索权,也仍然可以向本票的出票人行使追索权。对收款人来说,出票人签发本票并交付后,收款人以及后来的持票人就取得了包括请求付款权和追索权在内的票据权利,而且因为本票是一种无需承兑就享有票据权利的有价证券,所以,本票的收款人或持票人的票据权利从本票出票时起就是一种现实的权利。

本票的其他票据行为可以适用《票据法》中对汇票的相关规定。我国《票据法》第 80 条规定,本票的背书、保证、付款和追索权的行使,除本章规定外,适用本法第二章有关汇票的规定。

八、支票

(一)支票的概念和特征

1.支票的概念

支票是出票人签发的,委托办理支票存款业务的银行或者其他金融机构在见票时无条件支付确定的金额给收款人或者持票人的票据。支票是一种委付证券。与汇票一样,支票也有三个基本当事人,即出票人、付款人和收款人。

2.支票的特征

支票除了具备票据的基本特点之外,还有其自身的特征:

(1)支票的出票人是指在经中国人民银行批准办理支票存款业务的银行、城市信用合作社和农村信用合作社开立支票存款账户的企业、其他组织和个人。

(2)支票的付款人仅限于银行或者金融机构,即中国人民银行批准办理支票存款业务的银行、城市信用合作社和农村信用合作社。

(3)支票是见票即付的票据,不存在即期或远期之分。

(4)支票的无因性受到一定的限制。支票的出票人所签发的支票金额不得超过其付款时在付款人处实有的存款金额。出票人签发的支票金额超过其付款时在付款人处实有的存款金额的,为空头支票。我国法律规定禁止签发空头支票。

(二)支票的种类

1. 记名式支票、指示式支票和无记名式支票

以支票上记载权利人的方式为标准,支票可分为记名式支票、指示式支票和无记名式支票。我国《票据法》并没有将支票的“收款人”事项规定为绝对应记载事项,如果支票上没有记载收款人,经出票人授权,可以补记。可见,我国《票据法》是承认无记名式支票的。

2. 一般支票和变式支票

以支票当事人的资格是否兼任为标准,支票可分为一般支票和变式支票。变式支票可分为己付支票、己受支票和受付支票三种。己付支票又称对己支票,以出票人自己为付款人;己受支票是指以出票人为收款人的支票;受付支票是指付款人也是收款人的支票。

3. 现金支票、转账支票和普通支票

以支票的付款方式为标准,支票可分为现金支票、转账支票和普通支票。我国《票据法》将支票分为现金支票、转账支票和普通支票。支票上印有“现金”字样的为现金支票,现金支票只能用于支取现金。支票上印有“转账”字样的为转账支票,转账支票只能用于转账。支票上未印有“现金”或“转账”字样的为普通支票,普通支票可以用于支取现金,也可以用于转账。在普通支票左上角划两条平行线的,为划线支票,划线支票只能用于转账,不得支取现金。

4. 不定额支票和定额支票

以支票票面金额是否确定为标准,支票可分为不定额支票和定额支票。

不定额支票是指票面金额不确定的支票。不定额支票一律记名,付款期为5~10天,从签发的次日算起,到期日遇节假日顺延。定额支票是指票面金额确定的支票。定额支票不记名,不挂失,面额一般为30元、50元、100元、200元、500元、1 000元人民币。

5. 不限额支票和限额支票

以支票票面金额是否有限制为标准,支票可分为不限额支票和限额支票。

不限额支票是指票面金额没有事先规定最高限额的支票。限额支票是指出票人签发的票

面金额不超过规定最高限额的支票。此种支票如超过最高限额，即使支票存款余额足够支付，付款人仍可不付款。

(三)支票出票的特殊规定

支票不同于汇票和本票。我国《票据法》及相关法规规定，支票的出票人只能是在经中国人民银行批准办理支票存款业务的银行、城市信用合作社和农村信用合作社开立支票存款账户的企业、其他组织和个人。关于出票人的签章，出票人为单位的，为与该单位在银行预留的签章一致的财务专用章或者公章加其法定代表人或者其授权代理人的签名或者盖章；出票人为个人的，为与该个人在银行预留的签章一致的签名或者盖章。支票的出票人不得签发与其预留本名的签名式样或者印鉴不符的支票。支票的签发必须记载下列事项：表明“支票”的字样；无条件支付的委托；确定的金额；付款人的名称；出票日期；出票人签章。支票上未记载上述事项之一的，该支票无效。

我国法律规定禁止出票人签发空头支票或签章与预留银行签章不符的支票；使用支付密码的地区，支付密码错误的支票银行应予以退票，并按票面金额处以5%但不低于1 000元的罚款，持票人有权要求出票人赔偿支票金额2%的赔偿金。对屡次签发该类支票的银行应停止其签发支票。

【案例3—1】

司徒先生是某研究所的研究员，因专利发明获得了大量收入，银行为其开立了支票账户。2002年，其因家庭生活受到刺激，导致精神失常。2002年4月1日，司徒先生签了一张60万元的转账支票给某房地产公司购买有关房屋，该房地产公司希望有保证人进行保证。司徒先生找到其朋友钟女士保证。该房地产公司收受支票后，于2002年4月15日以背书的方式将该支票转让给了某租赁公司以支付所欠的建筑机械租金。2002年4月19日，该租赁公司持该支票向某现代商城购置计算机设备。2002年4月26日，该现代商城通过其开户银行提示付款时，开户银行以超越提示付款期为由作了退票处理。该现代商城只好通知其前手进行追索。在追索的过程中，租赁公司和房地产公司均以有保证人为由推卸自己的责任，保证人钟女士以司徒先生系精神病人，其签发的支票无效为由，拒不承担责任。经鉴定，司徒先生确属精神不正常，属无行为能力人。

[资料来源]杨忠孝:《票据法》，立信会计出版社2009年版。

分析：

1. 司徒先生的票据行为是否有效？其所签发的票据是否有效？
2. 房地产公司及租赁公司是否需要承担票据责任？
3. 钟女士是否为票据保证人？应否承担保证责任？

第四节 企业信用担保法律制度

一、担保

(一)担保立法

我国《担保法》于1995年10月1日生效，主要适用于中小企业信用担保。其立法目的是为了促进资金融通和商品流通，保障债权的实现，发展社会主义市场经济。担保的基本原则有平等自愿原则、公平原则和诚实信用原则。

（二）担保的定义

担保是指法律为确保特定的债权人实现债权，以债务人或第三人的信用或者特定财产来督促债务人履行债务的制度。担保是为了保证债权的实现而采取的法律措施，分为法定担保和约定担保两种。

（三）担保的方式

按照我国《担保法》的规定，担保的方式可分为抵押、质押、保证、留置和定金五种。其中，保证方式即通常所说的信用担保，又称人的担保；抵押、质押和留置又称物的担保；定金又称金钱担保。在各国的信贷担保实践中，采用较多且较有效的是抵押、质押和保证三种担保方式。

（四）担保的性质

担保是一种民事法律行为，受到我国《民法通则》的规范，同时又有其自身的性质：

1. 从属性

担保行为不能单独存在，其必须依附于主合同而存在。在合同关系中，担保合同是从合同，主合同无效，担保合同也无效；但合同另有约定的除外。

2. 选择性

担保的方式很多，选择哪一种担保方式完全由债权人与债务人自由协商，国家并不加以干预。除了留置是法定的担保方式外，其余 4 种都由债权人与债务人协商确定。

3. 保障性

保障主合同债权的实现是担保最基本的功能。当主债务人不能履行合同项下的义务时，债权人可以选择向担保人追索以实现自己的债权。

二、保证概述

（一）保证的定义

保证是指保证人与债权人约定，当债务人不履行债务时，保证人按照约定履行债务或承担责任的行为。保证是一种信用担保方式，是保证人以自己的信用作保，当主合同债务不能履行时，保证人以自己的财产偿还债务的法律行为。

（二）保证人的定义

我国《担保法》第 7 条规定，具有代为清偿能力的公民、法人或者其他组织可以作为保证人。

不得担任保证人的有：(1)国家机关不能担任保证人，但经国务院批准为使用国际经济组织或外国政府贷款作担保的除外；(2)学校、幼儿园、医院等以公益为目的的事业单位、社会团体不能担任保证人，但从事经营活动的事业单位和社会团体（即非公益法人）可以担任保证人；(3)企业法人的分支机构和职能部门不能担任保证人，但分支机构可在法人的书面授权范围内提供担保。

共同保证是指两个或两个以上保证人为同一债务作保证的行为。同一债务有两个或两个以上保证人时，保证人按照合同约定的保证份额承担保证责任；没有约定保证份额的，保证人承担连带责任。

三、保证合同的定义和内容

(一)保证合同的定义

保证合同是保证人与债权人约定相互之间权利和义务的书面协议,即当债务人不履行债务时,保证人按照约定履行债务或承担责任的书面文件。

保证合同是从合同、要式合同、诺成合同。根据《担保法》第93条的规定,书面保证合同的订立方式如下:(1)在主合同之外单独订立书面合同;(2)当事人之间具有担保性质的信函、传真;(3)主合同中的保证条款;(4)在主合同中以保证人身份签字,一般认为是承担连带保证责任。

(二)保证合同的主要内容

保证合同的主要内容包括:(1)被保证的主债权的种类和数额;(2)债务人履行债务的期限;(3)保证的方式;(4)保证担保的范围;(5)保证的期间;(6)双方认为需要约定的其他事项。

四、保证方式

(一)一般责任保证

一般责任保证是指当债务人不能履行债务时,由保证人承担保证责任的方式。保证人享有先诉抗辩权,即在主合同未经审判或仲裁,并且债务人未经强制执行前,可对债权人拒绝承担保证责任。

有下列情形之一的,保证人不得行使先诉抗辩权:(1)债务人住所变更,致使债权人要求其履行债务发生重大困难的;(2)人民法院受理债务人破产案件,中止执行程序的;(3)保证人以书面形式放弃先诉抗辩权的。

(二)连带责任保证

当事人在保证合同中约定保证人与债务人对债务承担连带责任的,为连带责任保证。只要债务人未在约定期限履行债务,债权人可选择债务人或保证人履行。对保证方式约定不明确的,按照连带责任方式承担。在连带保证中,一旦主债务人到期不偿还债务,债权人可选择债务人或保证人履行,保证人无先诉抗辩权。

五、保证责任的承担

(一)保证担保的范围

保证人承担保证担保的范围包括主债权及其利息、违约金、损害赔偿金和实现债权的费用,有约定的按照约定。

(二)保证期间

保证期间有约定的按照约定。一般保证的保证人与债权人未约定保证期间的,保证期间为自主债务履行期届满之日起6个月。保证人承担保证责任后,有权向债务人追偿。连带责任保证的保证人与债权人未约定保证期间的,债权人有权自主债务履行期届满之日起6个月内要求保证人承担保证责任。

在合同约定的保证期间和上述规定的保证期间内,债权人未要求保证人承担保证责任的,保证人免除保证责任。

在保证期间内,债权人依法将主债权转让给第三人的,保证人在原保证担保的范围内继续承担保证责任;保证合同另有约定的,按其约定。在保证期间内,债权人许可债务人转让债务的，应当取得保证人的书面同意，保证人对未经其同意而转让的债务不再承担保证责任。

六、信用担保法律制度

（一）信用担保的定义

信用担保有广义和狭义之分。广义上，信用担保等同于担保，因为担保行为本身就是针对信用而言的；狭义上，信用担保特指贷款担保，特别是在中小企业信用担保体系的范畴内，信用担保主要倾向于银行信贷融资担保。本文所说的信用担保是指狭义的信用担保。

信用担保（或信用保证）是指由信用担保机构与债权人约定以保证的方式为债务人提供担保，在债务人不能依约履行债务时，由担保机构承担合同约定的偿还责任，从而保障银行债权的实现的一种金融支持制度。当被担保人不能按合同的约定履行债务时，由担保人代偿，承担债务人的责任或者履行债务。这是一种保证行为，同时也是一种信誉证明与资产责任结合在一起的金融中介行为，可以排除中小企业向金融机构融资时担保品不足的障碍，补充中小企业信用的不足，分散金融机构对中小企业融资的风险。

（二）我国信用担保的立法

目前，我国信用保证制度尚未完备，相关立法除了《担保法》之外，还包括：

1999 年 6 月 14 日，国家经贸委下发《关于建立中小企业信用担保体系试点的指导意见》，对信用担保的指导原则、担保体系、资金来源、业务程序、银行选择、风险控制及内外部监督等方面提出指导意见。

2000 年，国务院办公厅转发国家经贸委《关于鼓励和促进中小企业发展若干政策意见的通知》。

2002 年，《中小企业促进法》颁布，于 2003 年 1 月 1 日正式生效。该法首次以法律形式确认了对中小企业的扶持和帮助。该法第 19 条规定，县级以上人民政府有关部门应当推进和组织建立中小企业信用担保体系，推动对中小企业的信用担保，为中小企业融资创造条件。

2007 年 3 月，第十届全国人民代表大会第五次会议表决通过的《物权法》在现有的担保制度上有重大突破，丰富了担保的内容。《物权法》对现实生活中已经出现的可以作为担保物的财产加以明确，规定正在建造的建筑物、船舶、飞行器可以抵押，公路、桥梁等收费权可以质押等，同时还预见性地规定了一些可以作为担保物的财产，允许设立"应收账款"质押，这样，中小企业融资难问题有望在一定程度上得到化解。

（三）我国信用担保现状

1993 年，国家经贸委和财政部共同发起并经国务院批准创建了我国首家全国性专业担保机构即中国经济技术投资担保公司。

1999 年 6 月，根据国家经贸委《关于建立中小企业信用担保体系试点的指导意见》的规定，我国中小企业信用担保制度的实践模式为"一体两翼三层"，即以各级政府出资的中小企业信用担保机构为主体，以商业担保和企业互助担保为"两翼"，担保体系分中央、省级、城市三个层面，其中，城市担保机构负责辖区内受保企业的直接担保业务，是担保体系的基础，省级、国家级担保机构主要对市级担保机构进行再担保，以起到分散风险的作用。

目前，我国的信用担保机构主要有以下几种：

1. 政策性信用担保机构

在中小企业信用担保体系中，政策性信用担保机构是核心，是政府间接支持中小企业发展的政策性扶持机构，属于非金融机构，不得从事金融业务和财政信用。它是不以营利为主要目的、具有法人实体资格的独立担保机构(企业法人、事业法人、社团法人),实行市场化公开运作,接受政府机构的监管。政策性信用担保机构的资金来源有政府预算拨付、国有土地及资产划拨、民间投资和社会募集等资本金以及政府信用担保基金、再担保准备金、会员风险保证金、国内外捐赠等。其中,中小企业信用担保基金由政府预算拨款设立,仅限用于中小企业信用再担保和授信担保业务,按基金预算来源的不同分别委托国家、省级、市级中小企业信用担保机构运作,分别由国家、省级、市级中小企业信用担保监督管理委员会(各级经贸委、人民银行、财政部门)监管。

2. 互助性担保机构

中小企业互助担保机构分布在我国城、乡、社区,以中小企业为服务对象,从事中小企业直接担保业务,是城市中小企业信用担保机构的重要补充。中小企业互助担保机构是中小企业为缓解自身贷款难而自发组建的担保机构,其自我出资、自我服务、独立法人、自担风险,不以营利为主要目的和主要特征。中小企业互助担保机构的资金来源有会员入股、其他民间投资等资本金以及会员风险保证金、国内外捐赠等,一般设立为社团法人或企业法人。

3. 商业担保机构

中小企业商业担保机构一般以企业、个人为主出资组建,也有国有独资的商业担保公司,多设立为企业法人。法律也允许设立个人独资、合伙企业形式的商业担保组织,是城市中小企业信用担保机构的补充。商业担保机构具有同时兼营投资等其他业务的特点,因此,从事中小企业直接担保业务只是其业务之一。中小企业商业担保机构的资金来源有民间投资等资本金以及被担保企业交纳的风险保证金、国内外捐赠等。中小企业商业担保机构依据国家规定和协议约定可以享受中小企业信用担保机构提供的再担保服务和风险分担。中小企业商业性担保机构的职能主要是运作由股东投资形成的资本金,开展法律和政策允许的直接担保业务,可以从事法律允许的对被担保企业的信用评价、信用调查等信用服务。

除上述三种模式外,上海、北京等地以财政部门与商业担保机构合作的方式,由财政部门对银行做出承诺并推荐中小企业,由商业担保公司办理具体担保手续,对银行发放中小企业贷款进行担保试点,具有商业担保与信用担保的双重特点。

(四)国外信用担保法律制度

在世界各国中,最早开始建立中小企业信用担保体系的国家是日本,其次是美国、德国和加拿大,分别于1953年、1954年和1961年开始实施中小企业信用担保体系。我国台湾、香港地区也分别于1974年和1998年开始实施中小企业信用担保。据不完全统计,目前已有大约100个国家和地区建立了超过2 250个信用担保机构。从已收集到的30个国家和地区有关中小企业信用担保体系的资料看,按其成立时间排序依次是:日本、美国、德国、加拿大、意大利、马来西亚、中国台湾、韩国、西班牙、英国、法国、芬兰、荷兰、奥地利、瑞士、葡萄牙、卢森堡、比利时、菲律宾、印度尼西亚、尼泊尔、新加坡、泰国、印度、匈牙利、波兰、保加利亚、埃及、中国香港、中国。由此可见,世界五大洲均开展了中小企业信用担保业务。

1. 日本的信用担保法律制度

日本是最早开始建立信用担保体系的国家。1937年,日本成立了地方性的东京都企业信用保证协会;1958年又成立了全国性的日本企业信用保险公库和全国企业信用保证协会联合会。

日本的信用法律体系较为健全,形成了自己的特点:

(1)实行双重担保体系。日本的信用担保机构为信用保证协会。根据1953年《中小企业信用保证协会法》的规定，信用保证协会属于特殊法人，有严格的审批程序。信用保证协会的财产由政府出资、金融机构摊款和累计收支余额构成，并以此作为信用保证基金，承保金额的法定最高限额为基本财产的60倍。信用保证的对象是中小企业。

1958年，日本政府颁布了《中小企业信用保险公库法》，共14条。该法规定，当信用保证协会对中小企业提供信用保证时，按一定条件自动取得中小企业保险公库的信用保证保险。信用保证协会向保险公库交纳相当于担保费收入40%的保险费，当保证债务发生代偿后，由保险公库向保证协会支付相当于代偿额70%的保险金。如果代偿后债权最终回收，那么，信用保证协会将其中的70%交还给保险公库。法律还对享受保险的企业的资格作出规定：必须符合中小企业条件；必须是从金融机构贷款；必须是制造业、建筑业、批发业、零售业中的中小企业；借入资金必须用于企业的流动资金和购置设备。

(2)形成了健全的信用担保法律体系。日本的信用法律体系以《中小企业基本法》为核心，以《中小企业信用保险法》《中小企业信用保证协会法》《中小企业信用保险公库法》等为基础构建而成。

2. 美国的信用担保法律制度

美国于20世纪40年代成立中小企业委员会。1953年，美国成立中小企业局(SBA)，负责执行和管理中小企业贷款担保。其具体做法是：第一，一般担保贷款。中小企业局对75万美元以下的贷款提供总贷款额75%的担保，贷款偿还期最长可达25年。第二，少量的"快速车道"贷款担保。对中小企业急需的少数"快速"贷款提供50%额度比重的担保。第三，出口和国际贸易企业的贷款担保。担保贷款不低于50万美元，担保比例可达总投资的90%。

在法律制度上，1953年，美国国会通过了《中小企业法》；此外，还颁布了《中小企业融资法案》《机会均等法》《中小企业投资法》等，形成了企业信用担保制度。

3. 国际信用担保组织的出现

随着各国中小企业信用担保体系的迅速发展，旨在促进各国中小企业信用担保机构之间相互交流的国际性组织也开始出现。

在亚洲，成立于1988年10月的亚洲中小企业信用保证协会(又称亚洲中小企业信用保证制度实施机构联盟)是世界上第一个有关中小企业信用担保方面的区域性国际组织。

在欧洲，欧盟为促进成员国之间的融合、创造就业机会和刺激民间投资，于1994年成立了欧洲投资基金。它是第一个国际性中小企业信用担保机构，宗旨是支持中小企业的成长和发展，不直接向中小企业提供融资，而是通过金融中介运用风险资本和担保工具，介入保护和发展中小企业的工作。欧洲投资基金总部设在卢森堡，其资金由欧洲投资银行、欧盟和15个成员国的银行以股权形式提供，选择15个成员国的25个商业银行作为协作银行(如果发生风险，协作银行与欧洲投资基金各承担50%的责任)，为雇员在100人以下的欧盟境内的中小企业提供信用担保服务。2000年6月，欧洲投资银行成为欧洲投资基金的最大股东，从而加强了欧洲投资基金作为欧洲首要风险投资机构的地位。

七、其他担保形式

(一)抵押

1. 抵押的定义

抵押是指债务人或者第三人不转移对动产或不动产的占有，将该财产作为债权的担保，当债务人不履行债务时，债权人有权依照法律规定以该财产折价或者以拍卖、变卖该财产的价款优先受偿。债务人或者第三人为抵押人，债权人为抵押权人，提供担保的财产为抵押物。在所有担保形式中，抵押被视为最理想且最可靠的担保形式，有“担保之王”的美誉。

2. 抵押财产的范围

下列财产可以抵押：(1)抵押人所有的房屋和其他地上定着物；(2)抵押人所有的机器、交通运输工具和其他财产；(3)抵押人依法有权处分的国有土地使用权、房屋和其他地上定着物；(4)抵押人依法有权处分的国有机器、交通运输工具和其他财产；(5)抵押人依法承包并经发包方同意抵押的荒山、荒沟、荒丘、荒滩等荒地的土地使用权；(6)依法可以抵押的其他财产。抵押人可以将上述财产一并抵押。抵押人所担保的债权不得超出其抵押物的价值。财产抵押后，该财产的价值大于所担保债权的余额的部分可以再次抵押，但不得超出其余额部分。以依法取得的国有土地上的房屋抵押的，该房屋占用范围内的国有土地使用权同时抵押。以出让方式取得的国有土地使用权抵押的，应当将抵押时该国有土地上的房屋同时抵押。乡(镇)、村企业的土地使用权不得单独抵押。以乡(镇)、村企业的厂房等建筑物抵押的，其占用范围内的土地使用权同时抵押。

下列财产不得抵押：(1)土地所有权；(2)耕地、宅基地、自留地、自留山等集体所有的土地使用权，但抵押人依法承包并经发包方同意抵押的荒山、荒沟、荒丘、荒滩等荒地的土地的使用权除外；以乡(镇)、村企业的厂房等建筑物抵押的，其占用范围内的土地使用权同时抵押；(3)学校、幼儿园、医院等以公益为目的的事业单位、社会团体的教育设施、医疗卫生设施和其他社会公益设施；(4)所有权、使用权不明或者有争议的财产；(5)依法被查封、扣押、监管的财产；(6)依法不得抵押的其他财产。

3. 抵押合同

抵押合同是抵押人与抵押权人为设立、变更、终止抵押关系而订立的书面合同。

抵押合同应当包括以下内容：(1)被担保的主债权的种类和数额；(2)债务人履行债务的期限；(3)抵押物的名称、数量、质量、状况、所在地、所有权权属或者使用权权属；(4)抵押担保的范围；(5)当事人认为需要约定的其他事项。其中，被担保的主债权的种类、使抵押物特定化的属性是担保合同必须具备的内容；否则，抵押合同不成立。其他条款欠缺的，可补正。订立抵押合同时，抵押权人和抵押人在合同中不得约定在债务履行期届满抵押权人未受清偿时，抵押物的所有权转移为债权人所有。

4. 抵押登记机关

当事人以下列动产或不动产抵押的，应当办理抵押物登记，抵押合同自登记之日起生效。

办理抵押物登记的部门如下：(1)以无地上定着物的土地使用权抵押的，为核发土地使用权证书的土地管理部门；(2)以城市房地产或者乡(镇)、村企业的厂房等建筑物抵押的，为县级以上地方人民政府规定的部门；(3)以林木抵押的，为县级以上林木主管部门；(4)以航空器、船舶、车辆抵押的，为运输工具的登记部门；(5)以企业的设备和其他动产抵押的，为财产所在地的工商行政管理部门。

当事人以其他财产抵押的，可以自愿办理抵押物登记，抵押合同自签订之日起生效。当事人未办理抵押物登记的，不得对抗第三人。当事人办理抵押物登记的，登记部门为抵押人所在地的公证部门。

5. 抵押权的实现

债务履行期届满抵押权人未受清偿的，可以与抵押人协议以抵押物折价或者以拍卖、变卖该抵押物所得的价款受偿；协议不成的，抵押权人可以向人民法院提起诉讼。抵押物折价或者拍卖、变卖后，其价款超过债权数额的部分归抵押人所有，不足部分由债务人清偿。

同一财产向两个以上债权人抵押的，拍卖、变卖抵押物所得的价款按照以下规定清偿：(1)抵押合同以登记生效的，按照抵押物登记的先后顺序清偿；顺序相同的，按照债权比例清偿。(2)抵押合同自签订之日起生效的，该抵押物已登记的，按照上述规定清偿；未登记的，按照合同生效时间的先后顺序清偿；顺序相同的，按照债权比例清偿。抵押物已登记的先于未登记的受偿。

(二)质押

1. 质押的定义

质押是指债务人或第三人将其动产或权利证书转移给债权人占有，当债务人不履行债务时，债权人有权依法处分该动产或权利并优先受偿。其中，设立质权的债务人或第三人为出质人，享有质权的债权人为质权人，移交给债权人的动产为质物。

2. 质押的种类

根据我国《担保法》的规定，质押分为动产质押和权利质押。

(1)动产质押。动产质押是指债务人或者第三人将其动产移交债权人占有，将该动产作为债权的担保。当债务人不履行债务时，债权人有权依法以该动产折价或者以拍卖、变卖该动产的价款优先受偿。质物是出质人自己所有或有权处分的动产，不得是法律禁止流通和限制流通的物。

出质人和质权人应当以书面形式订立质押合同。质押合同自质物移交质权人占有时生效。

质押合同应当包括以下内容：①被担保的主债权的种类和数额；②债务人履行债务的期限；③质物的名称、数量、质量和状况；④质押担保的范围；⑤质物移交的时间；⑥当事人认为需要约定的其他事项。质押合同不完全具备上述内容的，可以补正。

出质人和质权人在合同中不得约定流质条款，即在债务履行期限届满质权人未受清偿时，质物的所有权转移为质权人所有。

质押担保的范围包括主债权及利息、违约金、损害赔偿金、质物保管费用和实现质权的费用；质押合同另有约定的，按照约定。质权人有权收取质物所产生的孳息；质押合同另有约定的，按照约定。该孳息应当先充抵收取孳息的费用。

质权人负有妥善保管质物的义务。因保管不善致使质物灭失或者毁损的，质权人应当承担民事责任。质权人不能妥善保管质物可能致使其灭失或者毁损的，出质人可以要求质权人将质物提存，或者要求提前清偿债权以返还质物。

(2)权利质押。权利质押是指为担保债权的清偿，债务人或第三人以法定权利出质，当债务人不履行债务时，债权人有权依法处分该出质权利并获得优先受偿。

下列权利可以质押：①汇票、支票、本票、债券、存款单、仓单、提单；②依法可以转让的股份、股票；③依法可以转让的商标专用权、专利权、著作权中的财产权；④依法可以质押的其他权利。

以汇票、支票、本票、债券、存款单、仓单、提单出质的，应当在合同约定的期限内将权利凭证交付质权人。质押合同自权利凭证交付之日起生效。

以载明兑现或者提货日期的汇票、支票、本票、债券、存款单、仓单、提单出质的，汇票、支票、本票、债券、存款单、仓单、提单的兑现或者提货日期先于债务履行期的，质权人可以在债务履行期届满前兑现或者提货，并与出质人协议将兑现的价款或者提取的货物用于提前清偿所担保的债权或者向与出质人约定的第三人提存。

以依法可以转让的股票出质的，出质人与质权人应当订立书面合同，并向证券登记机构办理出质登记。质押合同自登记之日起生效。股票出质后不得转让；但经出质人与质权人协商同意的，可以转让。出质人转让股票所得的价款应当向质权人提前清偿所担保的债权或者向与质权人约定的第三人提存。

以有限责任公司的股份出质的，适用《公司法》关于股份转让的有关规定。质押合同自股份出质记载于股东名册之日起生效。

以依法可以转让的商标专用权、专利权、著作权中的财产权出质的，出质人与质权人应当订立书面合同，并向其管理部门办理出质登记。质押合同自登记之日起生效。

(三)留置

1. 留置的定义

留置是指债权人按照保管合同、运输合同、加工承揽合同的约定占有债务人的动产，当债务人不依约履行合同时，债权人有权以该财产折价、变卖或拍卖的价款优先受偿的权利。其中，债权人又称留置权人，被留置的财产被称为留置物。在同一物上既有留置权又有质押权的，一般留置权优于质押权。

2. 留置的适用条件

(1)债权人必须按照合同的约定合法占有债务人的财产，一般在运输合同、保管合同和加工合同中或者法律规定的其他合同中适用留置。

(2)留置一般在债务人不履行到期债务时适用。

(3)留置的物一般为动产，且应当与合同债务有关，当事人可以在合同中约定不得留置的物。

3. 留置权的效力

留置权所担保的债权范围包括主债权及利息、违约金、损害赔偿金、留置物保管费用和实现留置权的费用。

4. 留置权人的权利和义务

留置权人的权利主要表现为：(1)对留置物的占有权；(2)对留置物孳息的收取权；(3)就留置物享有优先受偿的权利。

留置权人实现留置权的方式包括对留置物进行折价、拍卖和变卖。其所得用于清偿主债权及利息、违约金、损害赔偿金、留置物保管费用和实现留置权的费用。

留置权人的义务主要表现为：(1)妥善保管留置物的义务；(2)当债务人清偿债务时，返还留置物的义务。

(四)定金

1. 定金的定义

定金是指当事人在合同订立时约定一方向对方给付一定比例的金钱作为债权的担保。债务人履行债务后，定金应当抵作价款或者收回。给付定金的一方不履行约定的债务的，无权要求返还定金；收受定金的一方不履行约定的债务的，应当双倍返还定金。定金应当以书面形式约定。当事人在定金合同中应当约定交付定金的期限。定金合同从实际交付定金之日起生效。定金的数额由当事人约定，但不得超过主合同标的额的20%。

2. 定金的性质

定金具有双重属性，一方面作为违约责任的承担方式，定金具有补偿性；另一方面作为合同履行的一种担保形式，定金具有惩罚性。

我国《〈担保法〉解释》第120条规定，因当事人一方迟延履行或者其他违约行为，致使合同目的不能实现，可以适用定金罚则；但法律另有规定或者当事人另有约定的除外。

因合同关系以外的第三人的过错致使主合同不能履行的，适用定金罚则。受定金处罚的一方当事人，可以依法向第三人追偿。因意外事件、不可抗力致使主合同不能履行的，不适用定金罚则。

第五节 企业破产法律制度

一、企业破产的定义和特征

（一）企业破产的定义

破产源于古罗马的债务执行制度，是一种偿债程序。在现代法中，破产程序一般包括破产清算和破产预防。破产清算是通过分配债务人的全部财产对全体债权人进行债务清偿来消灭债务人与债权人之间债的法律关系；而破产预防是不进行债务人财产的清算，不将破产企业解体而完成的偿债程序。破产预防的可能结果，或者是债务人按照和解协议和重整计划清偿债务，或者是进入破产宣告通过破产清算完成债务清偿。

企业破产[①]是企业不能清偿到期债务，法院依法处理财产，按债权额的比例在全体债权人中进行分配并消灭破产企业的过程。破产既是一种状态，也是一种程序。

在现代社会中，企业破产是企业信用风险的集中体现。当企业负债经营时，如果风险管理不当，不能履行到期债务，且债权人不愿再授信于债务人时，破产的发生就不可避免了。破产是企业风险的最高表现，而信用风险是企业破产的直接原因。

（二）企业破产的特征

企业破产的特征可以概括为：(1)破产的前提是债务人不能清偿到期债务；(2)破产是以债务人的全部财产集中清偿全部债务的过程；(3)债权人的债权得到公平的清偿；(4)破产是在法院主持下进行的清偿程序。

我国《企业破产法》第2条规定了破产的界限：企业法人不能清偿到期债务，并且资产不足以清偿全部债务或者明显缺乏清偿能力的，依照本法规定清理债务。

二、破产法及其适用范围

我国《企业破产法》于2006年8月27日通过，并于2007年6月1日施行。该法适用于所有中国企业，包括其在境外的财产。该法第135条规定，其他法律规定企业法人以外的组织的清算，属于破产清算的，参照适用本法规定的程序。商业银行、证券公司、保险公司的破产也适用《企业破产法》，但要由其主管部门向法院提出申请。

---

① 我国目前只建立了企业破产法律制度，个人财产登记制度和社会信用制度有待完善，自然人破产制度并未建立。

三、破产申请和受理

(一)破产申请

破产申请是指破产申请人向有管辖权的法院提出宣告债务人破产的行为。

1.申请人

破产申请人为债权人或债务人。

债务人是债的当事人之一,是指在债的关系中负担义务的一方。凡依法具备破产能力的债务人,在不能清偿债务的情况下,均可向人民法院提出破产申请。债务人提出破产申请的案件一般被称为自愿破产。

相较于自愿破产,由债权人申请破产更为普遍。债权人作为权利主体,是指在债的关系中享有权利的一方当事人。当债务人不能清偿到期债务时,债权人可以提出对债务人的破产申请。债权人提出破产申请的案件一般被称为非自愿破产。债权人是破产法律关系中最主要的一方当事人,破产程序设置的目的之一就是保障债权人公平受偿。保护债权人的利益是破产法律制度最基本的功能,所以,债权人申请债务人破产是其应有的权利。

2.申请法院

破产案件由债务人住所地的人民法院管辖。债务人住所地是指债务人的主要办事机构所在地。债务人无办事机构的,由其注册地人民法院管辖。债务人的主要办事机构所在地一般是指企业的法人机构所在地。债务人的注册地是指债务人企业设立时向工商行政管理机关申请,由工商行政管理机关核准登记的地点。基层人民法院一般管辖县、县级市或者区工商行政管理机关核准登记的企业的破产案件;中级人民法院一般管辖地区、地级市(含本级)以上工商行政管理机关核准登记的企业的破产案件。

3.申请文件

申请破产的当事人在向人民法院提出破产申请时,应当提交一定的文件并接受法院对证据的审查。我国《企业破产法》第 8 条第 1 款规定,向人民法院提出破产申请,应当提交破产申请书和有关证据。这说明,不管是债权人还是债务人,向人民法院提出破产申请都应当提交两方面的文件:一是破产申请书,二是说明破产申请书有关情况的证明文件。

对于破产申请书的内容,我国《企业破产法》第 8 条第 2 款规定,破产申请书应当载明下列事项:(1)申请人和被申请人的基本情况;(2)申请目的;(3)申请事实和理由;(4)人民法院认为应当载明的其他事项。申请人和被申请人的基本情况是指他们的自然情况,如名称、住所地、法定代表人或者负责人的姓名、登记机关、委托代理人的姓名及单位、主体资格证明等;申请目的是指破产法规定的破产重整、破产和解、破产清算三种目的中的一种,根据申请人的不同而有不同的限制,如债权人无权提出破产和解申请;申请的事实和理由是指破产原因存在的事实和法定理由。

债务人提出破产申请,还应当提交财产状况说明、债务清册和债权清册、财务会计报告、职工安置预案等。

(二)破产案件的受理

受理又称立案,是指法院在收到破产案件的申请后,经审查认为符合法定条件而予以接受并引起破产程序的司法行为。

1.受理破产案件的条件

(1)形式审查。形式审查包括以下内容:

①接受申请的法院是否有管辖权。破产案件由债务人住所地的人民法院管辖。

②申请人是否具有破产申请的主体资格。申请人具有破产申请的主体资格是申请破产的前提条件。符合法律资格要求的破产申请人应为《企业破产法》第7条规定的债权人、债务人、清算责任人或国务院金融监督管理机构。

③被申请破产的债务人是否符合《企业破产法》第2条规定的破产原因。人民法院通过对破产申请人申请原因的审查,可以防止借破产逃债现象的发生。

④申请人是否提交了符合法律规定的破产申请材料。人民法院应审查破产申请人是否提交了申请书,申请书的内容是否符合法定要求,证据是否齐备等事项。如果审查发现申请材料欠缺,或者有关文件不清楚甚至错误,应当告知申请人并限其于一定期限内更正或补充。申请人在一定期限内不能更正甚至拒绝更正或者拒不补充有关材料的,视为申请人撤回破产申请。

(2)实质审查。法院应依据申请材料从以下几个方面进行审查,并在15日内决定是否受理;不予受理的,应作出裁定;申请人不服此裁定的,可上诉:

①债务人是否已达到破产界限。破产界限是判断债务人是否具备破产原因的标准。对这一内容的确定通常需要一个调查和证明的过程,而这个过程只能在破产程序开始以后才能进行。因此,在破产案件受理阶段,实质审查是一种表面事实的审查,即人民法院只需对债权人或债务人提供的不能清偿到期债务的证据进行初步审查。

②债务人是否具有破产主体资格。根据我国《企业破产法》第1条和第2条的规定,只有企业法人和其他组织才具有破产主体资格,其他债务人如自然人、个体工商户、农村承包经营户都不具备破产主体资格。当人民法院收到破产申请后,要对债务人的主体资格进行审查,如果发现债务人不具备破产资格,应依法不予受理。

2.立案后的工作

(1)指定管理人。我国《企业破产法》第13条规定,人民法院裁定受理破产申请的,应当同时指定管理人。

(2)通知债权人并公告。人民法院对申请人的申请进行审查后,认为符合法律规定的,即以裁定方式对案件予以受理。破产申请被受理,破产程序即开始。为了能够使破产企业的各种利害关系人及时参加破产程序、行使权利或按照破产程序的要求履行义务,人民法院应当将破产申请的受理裁定通知债权人并公告通知所有利害关系人。《企业破产法》第11条规定,人民法院受理破产申请的,应当自裁定作出之日起5日内送达申请人。债权人提出申请的,人民法院应当自裁定作出之日起5日内送达申请人。

法院在立案后25日通知已知的债权人,对于未知的、潜在的债权人则通过公告方式通知其申报债权。

(3)债务人的法定代表人的义务。在法院受理破产案件后,债务人的法定代表人不得擅离住所地,应如实回答询问,妥善保管相关财产和账簿。

(三)破产管理人

1. 破产管理人的定义

所谓破产管理人,是指依照《企业破产法》的规定,在重整、和解和破产清算程序中,全面接管债务人,负责债务人财产的管理、处分和其他事项的组织、机构和个人。在不同的国家,破产管理人的称谓不尽相同,德国、法国等大陆法系国家一般称之为破产管理人,日本称之为破产管财人,英美法系国家则称之为破产托管人。我国《企业破产法》中采用了破产管理人的表述。

破产管理人在破产程序中作为破产企业的代表,行使法定的权利、承担法定的义务。破产程序开始后，不论是和解、重整还是破产清算，都需要破产管理人对债务人进行持续管理，如财产的保管与清理、财产的变价与处分、营业的维持和权利的行使等。破产管理人由法院指定，一般由下列人员组成：清算组、律师事务所、会计师事务所、破产清算事务所等。《企业破产法》关于破产管理人的管理事务规定了以下三种：破产清算事务、重整事务、和解事务。

2. 破产管理人的特征

(1)破产管理人由法院指定。我国《企业破产法》第 13 条规定，人民法院裁定受理破产申请的，应当同时指定破产管理人。法院作为主导破产程序的司法机关，应该由其指定破产管理人。在一些国家的立法中，还有由债权人会议或其他专门机构指定破产管理人的做法。

(2)破产管理人在破产程序中处于中立地位。立法上赋予破产管理人的诸多权利是出于平衡各方利益的需要，要求破产管理人不偏不倚、恰当地管理和处分债务人的财产。

(3)破产管理人的职责严格法定。从本质上看，破产管理人是代表法院处理破产案件的专门机构。破产管理人的产生、变更和终止由法院决定，其权利、义务及职责由法律严格规定。法院指定破产管理人以后，破产管理人应当依照破产法规定的职责执行职务。破产管理人对法院负责，应全面、及时地向法院报告工作，而且破产管理人执行职务的情况还应受到债权人、债务人等相关主体的监督。

3. 破产管理人的职责

破产管理人的职责包括：(1)接管债务人的财产、印章、账簿、文书等资料；(2)调查债务人的财产状况，制作财产状况报告；(3)决定债务人的内部管理事务；(4)决定债务人的日常开支和其他必要开支；(5)在债权人会议召开之前，决定债务人是否营业；(6)管理和处分债务人的财产；(7)代表债务人参加诉讼、仲裁或其他法律程序；(8)提议召开债权人会议；(9)法院认为管理人应当履行的其他职责。

4. 破产管理人的撤销权

我国《企业破产法》第 31 条规定，人民法院受理破产申请前 1 年内涉及债务人财产的下列行为，破产管理人有权请求人民法院予以撤销，但使债务人的财产受益的除外：(1)无偿转让财产的；(2)以明显不合理的价格进行交易的；(3)对没有财产担保的债务提供财产担保的；(4)对未到期的债务提前清偿的；(5)放弃债权的。

5. 破产管理人的取回权

我国《企业破产法》第 33 条规定，涉及债务人财产的下列行为无效：(1)为逃避债务而隐匿、转移财产的；(2)虚构债务或者承认不真实的债务的。

对于他人因无效行为取得的债务人的财产，破产管理人有权取回。

四、债务人财产

(一)债务人财产的定义

债务人财产是指破产申请受理时属于债务人的全部财产、破产申请受理后至破产程序终结前债务人取得的财产以及应当由破产企业行使的其他财产权利，包括债务人存放在他处的财产、管理人行使取回权获得的财产和依法行使债权获得的财产。债务人财产不包括租赁或借用的他人财产。

(二)债务人财产的具体范围

1. 破产申请受理时属于债务人的财产

(1)有形财产、无形财产、货币和有价证券、投资权益和债权。其中，有形财产包括厂房、机器设备、运输工具、原材料、产品(成品或半成品)和办公用具等;无形财产包括土地使用权、知识产权、专有技术和特许经营权等;有价证券是指代表一定财产权利的格式化凭证,如股票、国库券和企业债券等;投资权益包括在其他公司、企业中的股权或出资收益。

(2)未成为担保物的财产和已成为担保物的财产。债务人所有的财产无论是否设定担保,其所有权性质并未改变,都应该属于债务人财产的范围。

(3)位于中华人民共和国境内的财产和位于中华人民共和国境外的财产。法人进入破产清算程序后,其在国外的财产也应该纳入债务人财产的范围。这一方面是债务人权益的当然体现,另一方面也是保障债权人权益的需要。

2. 破产申请受理后至破产程序终结前债务人取得的财产

(1)因债务人的债务人清偿债务而取得的财产。法院受理企业法人破产申请后,其所负债务不得进行个别清偿,但其对外享有的债权不受影响。企业法人的债务人应当向破产管理人清偿债务,破产管理人也可以向债务人的债务人主张债权。债务人据此取得的财产应该纳入债务人财产的范围。

(2)破产程序开始后债务人财产的增值,包括投资收益、孳息和其他所得等。

(3)破产程序开始后收回的财产。债务人因法定或约定原因在破产程序开始后收回的财产,如破产管理人追回的财产、行使撤销权或宣告无效收回的财产以及债务人因被侵权而产生的债权、因错误执行而获得执行回转的财产等。

(4)债务人的出资人在尚未完全履行出资义务的情况下补缴的出资。

3. 应当由债务人企业行使的其他财产权利

债务人企业自破产申请受理到破产程序终结前因接受捐赠、赠与和出口退税等原因获得的财产收益。

五、破产债权

(一)破产债权的定义及特征

1. 破产债权的定义

破产债权是指破产申请前对破产企业成立的,并且只有通过破产程序才可以从破产财产中获得公平受偿的债权。未到期的债权,在破产申请受理时被视为到期。债权人只有在法定期限内向破产管理人申报债权,才能依法参与破产财产的分配。《企业破产法》第49条规定,债权人申报债权时,应当书面说明债权的数额和有无财产担保,并提交有关证据。申报的债权是连带债权的,应当说明。由于有担保的债权和无担保的债权在实现债权时存在重大差别,因此,在申报有担保的债权时要加以声明并提交如担保合同、担保登记等相关证据。

2. 破产债权的特征

(1)破产债权必须是在破产申请前成立的债权。破产程序的目的之一是对债权人进行公平清偿。为公平起见,应以法院受理破产申请前成立的债权为破产债权,否则就不属于破产债权。债权的到期时间不影响申报的资格。未到期的债权在破产申请受理时被视为到期。

(2)破产债权必须是不享有优先受偿权的债权。无财产担保的债权是以债务人的全部财产为清偿对象,有赖于债务人的履行行为才能实现。根据《企业破产法》的规定,一般情况下成立于破产程序开始前的无财产担保的债权只能通过破产程序受偿,且都属于破产普通债权,这是破产债权中最基本的债权组成部分。这种无财产担保的债权作为破产债权时不需要考虑其债权产生的原因、是否附有期限、是否附有条件、是否有第三人作为保证人等因素。

有财产担保的债权是指对破产人特定的财产享有抵押权、质权、留置权等担保物权的债权。由于担保物权优先于债权，按照《企业破产法》的规定，有财产担保的债权人对该特定财产享有优先受偿的权利，只有在优先受偿后未能完全受偿或者权利人放弃优先受偿的权利时才可按照破产程序受偿。鉴于此，有财产担保的债权人参与债权人会议表决事项的范围不同于无担保的债权人，在破产清算与和解程序中行使权利的方式以及在重整计划中的清偿顺序也不同于无担保的债权人。

(3)破产债权必须是根据破产程序方能行使的债权。债权人未在申报期限内申报债权或者未在破产财产最终分配前补充申报债权的，无权按照《企业破产法》规定的程序行使权利。破产债权人应在规定的期限内申报债权并提供相应证据；如果未如期申报，将产生不利后果。我国《企业破产法》第 56 条规定，在人民法院确定的债权申报期限内，债权人未申报债权的，可以在破产财产最后分配前补充申报；但是，此前已进行的分配不再对其补充分配。

(二)债权人会议

1. 债权人会议的定义

债权人会议是全体债权人参加破产程序、表达债权人共同意志、代表债权人整体利益并依法行使职权的临时性决议和监督机构。

2. 债权人会议的法律特征

(1)债权人会议是一个维护债权人利益的临时机构。债权人会议是由全部申报债权的债权人组成的机构，因而从债权人人数的角度来说，债权人会议是一个集体性的组织机构。债权人会议并非常设机构，而只是在全体债权人需要行使法律所赋予的职权时才以召开会议的方式来行使权利。

(2)债权人会议是债权人参与破产程序的基本形式。《企业破产法》第 59 条第 1 款规定，依法申报债权的债权人为债权人会议的成员，有权参加债权人会议并享有表决权。因而，只要申报了债权的债权人就是债权人会议的成员。债权人会议的职责主要是协调各债权人之间的矛盾，并与破产管理人、法院进行沟通。

3. 债权人会议的职权

债权人会议依法行使下列职权：(1)核查债权；(2)申请人民法院更换破产管理人，审查破产管理人的费用和报酬；(3)监督破产管理人；(4)选任和更换债权人委员会成员；(5)决定继续或者停止债务人的营业；(6)通过重整计划；(7)通过和解协议；(8)通过债务人财产的管理方案；(9)通过破产财产的变价方案；(10)通过破产财产的分配方案；(11)人民法院认为应当由债权人会议行使的其他职权。

(三)债权人委员会

1. 债权人委员会的定义

债权人委员会是债权人会议的常设机构，其职权主要是监督破产过程。债权人委员会的组成人员除了债权人会议选任的债权人代表外，还有债务人的职工代表或工会代表。债权人委员会的总人数不超过 9 人。另外，债权人委员会成员还应经过法院书面决定认可。债权人会议行使权利和履行监督破产程序的职能具有时间性，只能在会议召开时行使，在闭会期间则无法行使权利和监督破产程序。而债权人委员会是常设机构，能够代表债权人会议时刻监督整个破产程序并行使监督职权。因此，设置债权人委员会有助于债权人对破产程序的监督。

设立债权人委员会并不是法定的强制程序，是否设立完全由债权人会议决定。

2. 债权人委员会的职权

债权人委员会行使下列职权:(1)监督债务人财产的管理和处分;(2)监督破产财产的分配;(3)提议召开债权人会议;(4)债权人会议委托的其他职权。

六、劳动债权、破产费用和共益债务

(一)劳动债权

1. 劳动债权的定义

劳动债权是指劳动者因破产宣告前的劳动关系而发生的债权,包括破产企业所欠职工工资、医疗费和抚恤金,欠缴的社会保险费用以及依法应当支付给职工的补偿金。

2. 劳动债权的性质

劳动债权是一般优先权,在清偿顺序上优先于普通债权。

(二)破产费用

1.破产费用的定义

破产费用是指破产事务中法院收取的诉讼费用和管理破产财产所支出的费用的总和。

2. 破产费用的种类

破产费用包括:(1)破产案件的诉讼费用;(2)管理、变价和分配债务人财产的费用;(3)破产管理人执行职务的费用、报酬和聘用工作人员的费用。

破产费用随时发生,随时清偿;债务人财产不足清偿的,按比例清偿。

(三)共益债务

1. 共益债务的定义

共益债务是指为维护破产利害关系人的共同利益,以破产财产为基础形成的债务。我国《企业破产法》第43条规定,破产费用和共益债务由债务人财产随时清偿。债务人财产不足以清偿所有破产费用和共益债务的,先行清偿破产费用。

2. 共益债务的种类

人民法院受理破产申请后发生的下列债务为共益债务:(1)因破产管理人或者债务人请求对方当事人履行双方均未履行完毕的合同所产生的债务;(2)债务人财产受无因管理所产生的债务;(3)因债务人的不当得利所产生的债务;(4)为债务人继续营业而应支付的劳动报酬和社会保险费用以及由此产生的其他债务;(5)破产管理人或者相关人员执行职务致人损害所产生的债务;(6)债务人财产致人损害所产生的债务。

七、破产预防制度

企业如果濒临破产,可以选择进入破产清算程序或者破产预防程序。破产清算对债权人和债务人都不利。对债权人而言,其普通债权不能得到全面清偿;对债务人而言,破产清算结束意味着债务人企业法人资格终止,企业不复存在;对企业员工而言,破产意味着失业,从而导致社会不稳定因素增加。而破产预防则有着积极的意义,其由重整程序和和解程序构成,一方面使债权人利益得到最大限度的实现;另一方面还可避免债务人解体,维护社会的稳定。

(一)重整程序

1. 重整程序的定义

重整程序是指经利害关系人的申请,在审判机关的主持和利害关系人的参与下,对具有重整原因和重整能力的债务人进行生产经营上的整顿和债权债务关系上的清理,以期摆脱财务困境,重获经营能力的特殊法律程序。重整的终极目的是使债务人企业能够获得重生。

2.重整申请人

债务人或者债权人可以直接向人民法院申请对债务人进行重整。债权人申请对债务人进行破产清算的，在人民法院受理破产申请后、宣告债务人破产前，债务人或者出资额占债务人注册资本 1/10 以上的出资人，可以向人民法院申请重整。

企业达到破产界限，即企业法人不能清偿到期债务，并且资产不足以清偿全部债务或者明显缺乏清偿能力的，或者有明显丧失清偿能力的可能的，可以依照法律的规定进行重整。

3. 重整的管理模式

(1)由专业管理人直接接管，在此阶段的管理人也被称为重整管理人。

(2)由债务人向法院申请，经人民法院批准，债务人在重整管理人的监督下自行管理财产和营业事务。

(3)由重整管理人直接负责企业财产的管理，但聘任债务人的经营管理人员负责业务。这种方式既明确了重整管理人的直接责任，又可以由熟悉企业状况的人员经营管理，更符合重整制度的设立初衷。

4.重整程序的终止

(1)债务人或者重整管理人未按期提出重整计划草案，人民法院应当裁定终止重整程序并宣告债务人破产。

(2)重整计划未获得债权人会议通过或未获得法院批准，应当终止重整程序，其直接后果是导致进入破产清算程序。

(3)在重整期间发生以下三种情形的，人民法院应当终止重整程序：①债务人的经营状况和财产状况继续恶化，缺乏挽救的可能性；②债务人有欺诈、恶意减少债务人财产或者其他显著不利于债权人的行为；③由于债务人的行为致使管理人无法执行职务。

(4)重整失败。重整程序由于各种原因终止的，应进入破产宣告和清算程序。

(二)和解程序

1. 和解程序的定义

和解程序是当债务人不能清偿债务时，为避免破产宣告或破产分配而通过法院与债权人会议磋商谈判，达成解决债务危机协议的程序。

2. 和解的申请和许可

债务人可以直接向人民法院申请和解，也可以在人民法院受理破产申请后、宣告债务人破产前向人民法院申请和解。债务人申请和解的，应当提出和解协议草案。

3. 和解协议的达成

由债权人会议表决通过，有表决权的债权人(无担保权的债权人)过半数同意，并且其所代表的债权额占无财产担保债权总额的 2/3 以上。

4. 和解的法律后果

债务人不能执行和解协议的，法院经债权人请求，裁定终止和解程序，宣告债务人破产。

八、破产宣告和破产清算

(一)破产宣告

由于重整或和解程序失败或当事人直接要求，法院可宣告债务人破产。债务人被宣告破产后，债务人被称为破产人，债务人财产被称为破产财产，人民法院受理破产申请时对债务人享有的债权被称为破产债权。

对破产人的特定财产享有担保权的权利人，对该特定财产享有优先受偿权。未能完全受偿或放弃优先受偿权的，其债权作为普通债权。

（二）破产清算

破产财产按照下列顺序清偿：(1)破产费用和共益债务；(2)破产人所欠职工的工资和医疗、抚恤金、社会保险等费用；(3)破产人所欠国家的税款；(4)普通债权。

破产财产不足以清偿同一顺序的清偿要求的，按照比例分配。人民法院应当自收到管理人终结破产程序的请求之日起 15 日内作出是否终结破产程序的裁定；裁定终结的，应当予以公告。

基本概念

企业信用　企业融资　股票　企业债券　民间借贷　票据　票据当事人　票据行为
汇票　本票　支票　票据关系　票据基础关系　出票　背书　承兑　担保　保证
保证人　信用担保　信用担保机构　抵押　抵押权人　质押　动产质押　权利质押
留置　定金　定金罚则　企业破产　破产管理人　债务人财产　破产债权　债权人会议
债权人委员会　劳动债权　破产费用　共益债务　破产预防　和解程序　重整程序

本章小结

1. 广义的企业信用是指企业在社会中的信誉，如是否遵守工商、税务、海关、劳动等法律法规，是否重合同、守信用。狭义的企业信用是指企业对债务按期还本付息的能力和意愿。企业信用是信用制度的基础，也是一种古老的信用形式。

2. 企业融资分为直接融资和间接融资。我国企业的融资渠道主要有银行贷款、发行股票、发行债券、民间融资等。债券和股票除了发行主体和发行条件不同，在主体的法律地位、利益分配、购买者的风险等方面均有较大差异。

3. 我国《票据法》中的票据是狭义的概念，包括支票、本票和汇票三种。票据关系与其基础关系相分离，构成了票据的无因性。票据为设权证券、金钱证券（或称货币证券）、要式证券、无因证券、文义证券、流通证券、提示证券和返还证券。

4. 担保方式分为抵押、质押、保证、留置和定金五种。其中，保证方式即通常所说的信用担保，又称人的担保；抵押、质押和留置又称物的担保；定金又称金钱担保。在信贷担保实践中，采用较多且较有效的是抵押、质押和保证三种担保方式。

5. 信用担保（或信用保证）是指由信用担保机构与债权人约定以保证方式为债务人提供担保，在债务人不能依约履行债务时，由担保机构承担合同约定的偿还责任，从而保障银行债权实现的一种金融支持制度。我国目前采用的信用担保模式是“一体两翼三层”模式。

6. 破产程序一般包括破产清算和破产预防。破产清算是通过分配债务人的全部财产对全体债权人进行债务清偿来消灭债务人与债权人之间债的法律关系；而破产预防是不进行债务人财产的清算，不将破产企业解体而完成的偿债程序。

复习思考

1. 建立企业信用的意义有哪些?
2. 企业融资的主要途径有哪些? 各自的利弊如何?
3. 公司股票与公司债券的区别有哪些?
4. 如何区别集资诈骗罪和非法吸收公众存款罪?
5. 票据关系与票据基础关系的区别有哪些?
6. 一般责任保证与连带责任保证有何不同?
7. 中国、日本和美国的信用担保制度各自有哪些特点?
8. 破产程序有哪两大类? 破产预防机制的优点有哪些?

案例分析

1. 浙江东阳市吴英(1981 年出生)在 2 年之内迅速"暴富",于 2006 年出乎所有人意料地以 36 亿元身价位居胡润女富豪榜第六位。2007 年 3 月,吴英涉嫌集资诈骗被捕。浙江省金华市中级人民法院一审认定,被告吴英于 2003～2005 年在东阳市开办美容店、理发休闲屋期间,以合伙或投资等为名高息集资,欠下巨额债务。为还债,吴英继续非法集资。2005 年 5 月至 2007 年 1 月间,吴英以给付高额利息为诱饵,先后从林卫平等 11 人处非法集资人民币 7.7 亿余元,用于偿付集资款本息、购买房产等,实际诈骗金额 3.8 亿余元。一审以集资诈骗罪判处吴英死刑,并处没收其个人全部财产。

浙江省高级人民法院二审维持原判,并报请最高人民法院复核。最高人民法院经复核认为,综合全案考虑,对吴英判处死刑,可不立即执行,裁定发回浙江省高级人民法院重新审判。

2012 年 5 月 21 日,浙江省高级人民法院经重新审理后认为,鉴于吴英归案后如实供述所犯罪行并主动供述了其贿赂多名公务人员的事实,其中,已查证属实并追究刑事责任的有 3 人。综合考虑,对吴英判处死刑,缓期 2 年执行。

[资料来源]http://zjnews.zjol.com.cn/system/2014/07/12/020136126.shtml。

分析:集资诈骗罪应如何认定? 本案中为何对吴英以集资诈骗罪定罪?

2. 永固房地产有限责任公司从丽德贸易进出口公司购进2 000吨水泥,总价款 50 万元人民币。水泥运抵后,永固房地产有限责任公司为丽德贸易进出口公司签发了一张以永固房地产有限责任公司为出票人和付款人、以丽德贸易进出口公司为收款人的 3 个月后到期的商业承兑汇票。1 个月后,丽德贸易进出口公司从吉祥有限责任公司购进木材一批,总价款455 000元。丽德贸易进出口公司把永固房地产有限责任公司开具的汇票背书转让给吉祥有限责任公司,多出的45 000元用支票方式收付完毕。后来,永固房地产有限责任公司发现2 000吨水泥中有一半质量不合格,双方发生纠纷。汇票到期时,吉祥有限责任公司把汇票提交永固房地产有限责任公司要求付款,永固房地产有限责任公司拒绝付款,理由是丽德贸易进出口公司供给的水泥不合格,不同意付款。

[资料来源]http://www.360doc.cn/article.aspx? id=82504308。

分析:永固房地产有限责任公司是否可以拒绝付款?

3. 甲企业因资不抵债，拟向法院申请破产，现聘请你为律师，代理该企业破产中的法律事务。经过一段时间，你了解到：(1)甲企业系在区工商局登记注册的企业；(2)该企业的债权人之一乙公司因追索250万元贷款而在1个月前起诉该企业，此案尚在审理中；(3)甲企业欠当地工商银行2 200万元，贷款时曾提供该企业一套进口设备作为抵押，该设备现值1 500万元；(4)丙企业曾提供一套大型机器设备给甲企业，甲企业尚欠货款120万元，丙企业还欠甲企业100万元货款。

[资料来源]http://www.doc88.com/p—1945425291267.html。

分析：

1. 该案应由哪个法院受理？
2. 乙公司的案件应如何处理？
3. 工商银行的2 200万元贷款应如何处理？
4. 丙企业应如何保证自己的债权得以实现？

第四章 银行信用法律制度

引 言

银行信用作为社会信用体系中最活跃的成分，是在企业信用的基础上发展起来的，是企业信用发展到一定水平的产物，它的产生标志着一个国家信用制度的发展与完善。我国的银行信用法律制度较完备，可以分为银行信用主体法、银行信用行为法和银行信用监管法。本章主要介绍银行信用法律关系、商业银行法的主要规定、存贷款法律制度以及如何防范银行信贷风险。

第一节 银行信用法律制度概述

现代经济是信用经济，市场化程度越高，对社会信用体系发育程度的要求也越高。金融是现代经济的核心，银行业作为金融业的主体，是传统的融资中介。与商业信用相比，银行信用以货币为信用载体，可以在短期内集聚大量社会资金，并且在信用规模和期限上能更大限度地满足商品经济发展的需要。银行信用具有广泛的接受性，信用度高，从而使银行信用成为社会信用的主要形式。1955～1978 年，我国实行的是禁止企业信用的基本政策，强调“一切信用集中于银行”，致使银行信用成为唯一的信用。改革开放之后，随着市场经济体制的确立，政府信用、企业信用、银行信用、消费者信用快速发展，银行信用作为一种间接信用在其中发挥着重要的作用。

一、银行信用的定义

银行信用是指银行等金融机构以货币形式给予借款人的信用。银行信用是在企业信用的基础上发展起来的，是企业信用发展到一定水平时产生的，它的产生标志着一个国家信用制度的发展与完善。

二、银行信用的法律关系

(一)银行信用法律关系的含义

信用法律关系是指国家在运用信用法律规范调整信用主体信用活动的过程中所形成的权利义务关系，而银行信用法律关系即指商业银行在从事信用业务过程中与自然人和法人所发生的权利义务关系。这种关系由两部分组成：一是平等主体之间的民商事法律关系，主要通过订立存贷款合同体现;二是国家机关在对银行业的监督管理和降低银行信用风险的过程中所形成的行政法律关系。

商业银行是以营利为目的的金融企业,与普通企业不同的是:(1)其业务活动领域是货币信用领域,信用业务是其经营活动的主要特征;(2)其与普通企业取得利润的方式不同,不是直接从生产和销售过程中取得,而是作为信用中介,在货币资本的供给者与需求者之间,通过信用媒介活动来取得。商业银行的业务大体分为三类:负债业务、资产业务和中间业务。其中,负债业务又称受信业务,资产业务又称授信业务,统称信用业务。

(二)银行信用法律关系的三要素

法律关系是由主体、客体和内容三个要素构成的,银行信用法律关系也不例外。

1. 银行信用法律关系的主体

银行信用法律关系的主体是指参加银行信用活动,依法享有权利和承担义务的当事人。当事人根据享有权利和承担义务的不同,可以分为权利主体和义务主体。我国银行信用法律关系的主体有以下几类:

(1)中国人民银行。中国人民银行是我国的中央银行。中国人民银行在国务院的领导下制定和执行货币政策,防范和化解金融风险,维护金融稳定。中国人民银行作为货币发行的银行、政府的银行、银行的银行、金融调控和金融监管的银行,对银行信用行为承担着监管职责:①监督和管理银行间同业拆借市场和银行间债券市场;②实施外汇管理,监督和管理银行间外汇市场;③监督和管理黄金市场;④负责反洗钱工作;⑤管理信贷征信业,推动社会信用体系的建立。

(2)银行业监督管理机构。2003年通过的《银行业监督管理法》规定中国银行业监督管理委员会(简称银监会)为银行业监督和管理的专门机构,银监会对银行业的监管内容大致包括市场准入监管、银行业务运作监管和市场退出监管。为了加强对银行业的监督和管理,防范和化解银行业风险,保护存款人和其他客户的合法权益,促进银行业的健康发展,银监会负责对全国银行业金融机构及其业务活动的监督管理工作。

(3)自然人。中国境内的自然人可以与商业银行订立存款合同、贷款合同,依法成为授信或受信主体。对于自然人,一般要求是完全民事行为能力人,如果是限制民事行为能力和无民事行为能力人则需要由其监护人作为法定代理人代理其实施民事行为。

(4)法人。法人是指具有民事权利能力和民事行为能力,依法独立享有民事权利和承担民事义务的组织。法人是银行信用活动中非常活跃的主体,包括企业法人、事业法人、机关法人和社团法人,它们以自己的名义在银行开户,依法独立核算并与银行发生各种信用法律关系。

(5)其他组织。其他组织是指依法成立,具有一定的组织机构和财产,但不具备法人资格,不能独立承担民事责任的组织,如合伙企业、个人独资企业等。这些企业虽然不是独立的法人,但也可以在银行依法开户或向银行申请贷款,从而参与到信用活动中。

(6)个体户。个体户都可以在银行开户,与银行进行存款、贷款和中间业务。他们的合法权利得到法律的保护。

2.银行信用法律关系的客体

银行信用法律关系的客体是指银行信用法律关系的主体享有的权利和承担的义务所共同指向的对象,主要是指银行的各项信用业务,如受信业务、授信业务和中间业务。

3. 银行信用法律关系的内容

在不同的信用活动中,银行与客户之间的权利义务也有差异。

银行的义务主要为:(1)保密义务,尊重客户的隐私权和商业秘密;(2)接受银行监管机构的监管,建立完善、合规的内部管理制度;(3)按期还本付息的义务。

银行的权利主要为:(1)收取贷款利息和理财服务费的权利;(2)依法展业的权利。

三、银行信用立法

我国目前有关银行信用的法律规定主要包括以下三个部分:

(一)银行业监管的法律规定

我国于2003年通过了《银行业监督管理法》,于1995年通过并于2003年修改了《中国人民银行法》,于2007年1月起施行《反洗钱法》等。

(二)银行主体及相关业务的法律规定

我国于1995年通过并于2003年修正了《商业银行法》,于1997年颁布并于2011年修正了《刑法》,于1999年通过了《合同法》,于1993年通过了《反不正当竞争法》。

(三)商业银行业务的具体法律规定

国务院于1992年12月颁布的《储蓄管理条例》规范了商业银行的个人存款业务。1996年,中国人民银行颁布的《贷款通则》,2008年中国银监会等相继颁布的《商业银行并购贷款风险管理指引》《固定资产贷款管理暂行办法》《流动资金贷款管理暂行办法》《项目融资业务指引》和《个人贷款管理暂行办法》等引导和规范着国内银行业的业务拓展。

第二节 商业银行法

金融是现代经济的核心。银行业作为金融业的主体,是传统的融资中介。商业银行是银行信用的主体,为规范商业银行的行为,保证信贷资产的质量,维护商业银行的稳健运行,保护商业银行、存款人及其他客户的合法权益。1995年5月10日,第八届全国人民代表大会常务委员会第三次会议通过了《商业银行法》,并于2003年12月27日修正。

一、商业银行的定义和特征

(一)商业银行的定义

商业银行是以营利为目的,通过经营金融资产和负债,为客户提供多种信用服务的金融企业。在我国设立商业银行必须符合《商业银行法》和《公司法》的规定。我国《商业银行法》第2条规定,本法所称的商业银行是指依照本法和《公司法》设立的吸收公众存款、发放贷款、办理结算等业务的企业法人。

(二)商业银行的法律特征

第一,商业银行是以营利为目的的企业法人,这是其不同于中央银行和政策性银行的特征。我国《商业银行法》第4条第3款规定,商业银行以其全部法人财产独立承担民事责任,明确了商业银行是具有民事权利能力和民事行为能力,依法自主经营、自负盈亏、自担风险、自我约束的企业法人。

第二,商业银行的主要业务为吸收存款、发放贷款和中间业务,这是商业银行与投资银行的主要区别。商业银行经营的商品不是以使用价值形式存在的普通商品,而是货币和资金这种特殊商品,其经营利润主要来自存贷款利息差和中间业务收入,这些收入减去商业银行的经营管理支出，便形成利润。商业银行主要通过拓展和扩大存贷款及中间业务的规模来增加利润，这与普通工商企业不同。

第三，商业银行是银行信用法律关系的主体，与银行客户之间是平等的民事主体关系，其与客户之间的业务往来应当遵守平等自愿、公平和诚实信用的原则。商业银行在存贷款客户之间所起到的信用中介作用，克服了直接融资在数量和期限上难以达成一致的困难，扩大了资金融通的规模和范围。商业银行的组织形式是有限责任公司或股份有限公司。

二、我国商业银行的设立条件

根据我国《商业银行法》第12条的规定，在我国设立商业银行，应当具备下列条件：(1)有符合《商业银行法》和《公司法》规定的章程；(2)达到法定注册资本的最低限额，即全国性商业银行为10亿元，城市商业银行为1亿元，农村商业银行为5 000万元；(3)具有专业知识的董事和高级管理人员，具有经济、金融等相关专业大学本科以上学历，从事经济工作20年或金融工作10年以上，从事本专业工作3年以上，具有高级专业技术职务任职资格；(4)有健全的组织机构和管理制度；(5)有符合要求的营业场所和相关设施。

上述条件只是设立商业银行的必要条件，在我国设立商业银行除了符合上述条件外，还须报银监会审批。经批准设立的商业银行由银监会颁发经营许可证，并凭该许可证向工商行政管理部门办理登记，领取营业执照。

我国商业银行的种类包括在中国境内设立的大型国有商业银行、股份制商业银行、城市商业银行、农村商业银行、中外合资商业银行、外商独资银行和外国银行分行等。

三、我国商业银行的法定业务范围

按照金融机构能否兼营各类金融业务，世界各国的金融体制可分为两类，即混业经营模式和分业经营模式。金融混业经营即银行、保险、证券、信托等金融机构都可以进入上述任一业务领域甚至非金融领域进行多元化经营，商业银行不仅可以从事存贷款业务和中间业务，而且可以从事投资银行业务、证券业务、保险业务和信托业务。这种银行被称为"万能银行"，以奥地利、德国和瑞士为代表。而分业经营模式是指商业银行、投资银行、证券业、保险业等业务相分离，禁止或限制各类金融机构之间的业务交叉。采取这种模式有利于降低投资人和存款人的风险，形成各类金融机构的利益平衡，以美国和英国为代表。在风险管理较好的地区和国家，混业经营更能促进金融业的发展；相反，在风险治理不够完善的地区和国家，分业经营显然更安全、更有利于国家经济的发展。我国处于市场经济初级阶段，金融监管和金融创新还处在不断探索中，因此，采取了较为审慎的分业经营模式。

(一)我国商业银行可以经营的业务

根据我国《商业银行法》第3条的规定，商业银行可以经营下列部分或者全部业务：(1)吸收公众存款；(2)发放短期、中期和长期贷款；(3)办理国内外结算；(4)办理票据承兑与贴现；(5)发行金融债券；(6)代理发行、代理兑付、承销政府债券；(7)买卖政府债券、金融债券；(8)从事同业拆借；(9)买卖、代理买卖外汇；(10)从事银行卡业务；(11)提供信用证服务及担保；(12)代理收付款项及代理保险业务；(13)提供保管箱服务；(14)经国务院银行业监督管理机构批准的其他业务。我国商业银行的经营范围由商业银行章程规定，报国务院银行业监督管理机构批准。商业银行经中国人民银行批准，可以经营结汇、售汇业务。

我国商业银行的业务从财务角度可以分为负债业务、资产业务和中间业务。

1. 负债业务

负债业务是商业银行形成资金来源的业务，是商业银行资产业务和中间业务的基础，又称受信业务，主要由自有资本、存款和借款构成。其中，存款和借款属于吸收的外来资金。在负债业务中，商业银行是债务人，融资或存款人是债权人，具体包括：

(1)存款业务。我国商业银行经营的存款业务分为单位存款和自然人存款。

(2)发行信用债券。为了满足银行中长期资金的需要，银行向公众发行信用债券。

(3)同业拆借。为了调剂商业银行资金余缺，商业银行之间可进行短期借贷，如头寸拆借、短期拆借、同业贴现和抵押借贷等。

2. 资产业务

资产业务是商业银行运用其集中的货币资金从事放款、投资(证券投资、现金资产投资、固定资产投资)、租赁、买卖外汇、票据贴现等业务，又称授信业务，其中最主要的是贷款业务和投资业务。贷款业务包括短期、中期、长期信贷业务和消费贷款业务等。投资业务是指商业银行用其资金购买有价证券的活动。商业银行购买有价证券首先是为了盈利，其次是为了保持一部分流动资产，以便在需要现款时可以出售证券以满足流动性需要。

3. 中间业务

商业银行的中间业务即广义的表外业务，是指无需动用自己的资金，仅依托业务、技术、机构、信誉和人才等优势，以中间人的身份代理客户承办收付和其他委托事项，提供各种金融服务并据以收取手续费的业务，如划账、理财、保管箱及代理业务等，具体包括：

(1)支付结算业务。支付结算业务是指商业银行为客户办理因债权债务引起的与货币支付或资金划拨等有关的收费业务。国内转账业务主要有银行汇票、商业汇票、银行本票、支票、汇兑、委托收款、电子汇划和信用证等。目前，规范结算的法规是中国人民银行于 2003 年 4 月 10 日颁布的《人民币银行结算账户管理办法》。

(2)银行卡业务。银行卡是由经授权的金融机构向社会发行的具有消费信用、转账结算、存取现金等全部或部分功能的信用支付工具。依据清偿方式的不同，银行卡业务可分为贷记卡业务、准贷记卡业务和借记卡业务。

以上三类业务中，负债业务和资产业务构成银行业务的基本内容；而中间业务的开展通过提供优质、高效的服务，可以为银行争取更多客户，更有利地促进资产负债业务的开展。

(二)我国商业银行禁止经营的业务

根据我国《商业银行法》第 43 条的规定，商业银行在我国境内不得从事信托投资和证券经营业务，不得投资非自用不动产或者向非银行金融机构和企业投资；但国家另有规定的除外。对于我国商业银行在我国境外从事投资则未作限制性规定。

第一，商业银行不得作为受托人经营信托投资业务。信托业务也属中间业务，但在我国依据“分业管理、分业经营”的原则，此类业务在《商业银行法》中未作为法定业务加以规定。在经营中间业务时，商业银行并不运用自有资金或借入资金，即此类业务的开展不会引起商业银行资产与负债比例的变化，商业银行既非债权人，也非债务人，而是代理人或金融中介人。

第二，商业银行不得承销股票的发行，不得自营买卖股票，不得代理他人买卖股票。当然，商业银行不得从事股票业务，不包括股份商业银行为了募集资本而发行股票的行为。

第三，商业银行不得投资于非自用不动产。除自用目的外，商业银行不得以任何理由从事房地产的开发或买卖业务。

第四，商业银行不得向非银行金融机构投资。商业银行不得向非银行金融机构投资入股，包括投资或参与投资设立非银行金融机构，受让非银行金融机构的股份。

第五，商业银行不得向非金融企业投资入股，包括投资或参与投资设立非金融企业，受让非金融企业的股份。

四、我国商业银行的经营原则

商业银行的经营原则是我国《商业银行法》规定商业银行从事经营活动必须遵循的基本准则。为了加强对银行的监管，保护银行、存款人和其他客户的合法权益，保障银行业的稳健运营，商业银行要遵循下列经营原则：

(一)安全性、流动性和效益性原则

这一原则是对商业银行业务要求的高度概括和提炼。其中，安全性是前提，流动性是基础，效益性是目标。商业银行作为企业法人，追求利润最大化是其最终目标，但如果一味追求高利润而忽视风险的控制，会导致不良贷款的增加，最终引发信用风险。所以，对利润的追求必须以安全性和流动性为前提和基础。与一般企业不同的是，这里的效益不仅是指经济效益，还包括社会效益。

1. 安全性原则

安全性是指商业银行的资产免受风险损失。威胁银行资产安全的风险主要来自于两条途径：一是来自于市场，即由于市场利率的波动或供求关系的变化而引起放款收益的减少或证券价格的下跌；二是来自于债务人，即借款人或证券发行方不能依约还本付息，导致商业银行资产的损失。

商业银行要保持资产的安全性，必须做到：(1)使自有资本在全部负债中占有一定比例；(2)保持足够的准备金以满足客户提款和贷款的需要；(3)加强对贷款客户的资信调查和市场预测；(4)参加存款保险。

2. 流动性原则

流动性是指商业银行能够随时应付客户的提存和满足客户贷款需要的能力。银行的流动性包括资产的流动性和负债的流动性两个方面。资产的流动性是指商业银行的资产在无损状态下迅速变现的能力，银行可通过建立多层次的准备金，合理安排资产结构，与不同资金来源的流动性相适应，在保证银行经营所需流动性的同时获得最大利润。而负债的流动性是指商业银行能以较低的成本随时获得所需资金。

3. 效益性原则

效益性是指商业银行是以营利为目的的经济组织，通过经营活动获得较高的经济收益。商业银行是自负盈亏、自主经营的企业法人，必然要追求较高的经济效益，吸引更多资金，扩大业务规模，进行金融创新，增强竞争实力。但其与一般经济组织的不同点在于：商业银行不仅要在银行业监管机构的监管下追求经济效益，而且要注重社会效益。

安全性、流动性和效益性三原则既矛盾又统一。商业银行若过分追求其中一项指标，一定会损害其他两项指标。一般认为，资产的流动性与安全性成正比，即流动性越高的资产往往安全性越有保障，但流动性与效益性成反比，即流动性越强，盈利水平就越低。安全性与效益性成反比，资产期限越长，盈利越丰厚，但风险也越大。商业银行应寻求“三性”的平衡，实现稳健的运营和持续的发展。

(二)自主经营、自担风险、自负盈亏、自我约束原则

商业银行是企业法人，必然要按照现代企业制度的要求开展经营活动。现代企业制度是

指以市场经济为基础，以完善的企业法人制度为主体，以有限责任制为核心，以企业为主要形式，以产权清晰、权责明确、政企分开、管理科学为条件的新型企业制度。其主要内容包括企业法人制度、企业自负盈亏制度、出资者有限责任制度、科学的领导体制和组织管理制度。商业银行作为独立的法律实体，应当遵守法律法规和规章，建立健全有效的内部管理和约束机制，以自己的全部财产独立承担民事责任。

（三）公平竞争原则

商业银行在依法经营的同时必须坚持公平竞争的原则，严禁采取不公平竞争手段，如不得作虚假广告诋毁竞争对手的声誉、不得违反规定提高或降低利率等。我国《刑法》第 176 条明确规定了非法吸收公众存款罪，即违反国家金融管理法规非法吸收公众存款或变相吸收公众存款，扰乱金融秩序的行为。商业银行如有上述不正当竞争行为，情节严重的将构成非法吸收公众存款罪。①

（四）平等自愿、公平、诚实信用原则

商业银行作为经营货币资产的企业法人，与银行客户之间是平等的民事法律关系，因此，商业银行与客户之间应在平等的基础上开展业务，不得将自己的意志强加给客户，同时，不得在交易中附加不合理的条件。在订立存款合同、贷款合同和理财合同时要遵守法律法规，不得在合同中订立不公平的免责条款以加大客户的责任，排除自己的责任。

五、商业银行的接管和终止

（一）商业银行的接管

1. 接管的定义

接管是指当商业银行已经或者可能发生信用危机，严重影响存款人的利益时，国务院银行业监督管理机构可以对该银行采取短期强制性监管补救措施。接管的目的是由银监会对被接管的商业银行采取必要措施，以保护存款人的利益，恢复商业银行的正常经营能力。被接管的商业银行的债权债务关系不因接管而发生变化。

接管是国务院银行业监督管理机构对商业银行进行监督和管理的一种手段，是国务院银行业监督管理机构在商业银行已经或者可能发生信用危机，严重影响存款人利益时，对该银行采取的整顿、改组等措施。由于我国尚未建立存款保险制度，商业银行一旦出现信用危机，必然会影响存款人和其他客户的利益。在这种情况下，国务院银行业监督管理机构就有必要通过接管这一法律手段，对发生或可能发生信用危机的银行采取必要的救济措施，通过对被接管银行的全面整顿或改组，使该银行恢复信誉和经营能力，防止被接管银行破产。对于已经发生严重信用危机的商业银行，接管组织采取各种措施后仍不能恢复其正常经营能力的，经国务院银行业监督管理机构确认后，接管组织应当停止接管，使该银行进入破产程序，从而避免发生更大的危机，避免给存款人和其他客户造成更大的损失。总之，国务院银行业监督管理机构通过接管充分体现了其对商业银行的监督和管理，使不能支付到期债务、已经或者可能发生信用危机的银行能够恢复经营能力。有人认为，接管只是在商业银行经营发生危机的情况下，为了避免存款风险而采取的权宜之计，所以，应当借鉴发达国家的经验，成立存款保险公司，建立完

---

① 非法吸收公众存款罪，是指违反信贷管理法律法规，吸收或者变相吸收公众存款的行为，包括不具备吸收公众存款业务主体资格的个人或单位非法经营吸收公众存款业务和具备吸收公众存款业务主体资格的金融机构及其工作人员在吸收公众存款的业务活动中，违反金融法律法规，采用不正当手段如擅自提高利率等，办理吸收公众存款业务。

善的存款保险制度。其实,即使实行了存款保险制度的国家,其中央银行也同时拥有接管的权力。虽然我国还没有建立存款保险制度,但《商业银行法》等法律非常重视保护存款人的利益,接管作为一种监管手段是必要的,这样才能保证国家在必要时将监管权强行介入经营管理不善的商业银行,最大限度地保护存款人和其他客户的合法利益。因此,接管作为国家对银行业的监督措施,有必要在法律中作出明确的规定。

2. 接管的条件

我国《商业银行法》规定,商业银行已经或可能发生信用危机,严重影响到存款人的利益时,国务院银行业监督管理机构可以对该银行实行接管。

(1)该商业银行经营有问题,已经发生信用危机。信用危机主要是指商业银行对所欠的债务不能清偿,没有现金来支付存款人的债权,肯定影响到存款人的利益。

(2)商业银行在其经营活动中已经暴露出问题,这些问题可能导致信用危机的发生,从而严重影响到存款人的利益。

只要有上述两种情况中的一种情况发生,银监会就可以决定对该商业银行实行接管。

3. 接管的程序

接管由国务院银行业监督管理机构决定并组织实施。银监会决定采取接管措施时,应当以书面形式作出接管决定。接管决定包括以下几项内容:

(1)被接管的商业银行的名称。该商业银行已经或可能发生信用危机,银监会应对其进行接管。

(2)接管的理由。接管的理由即需要采取接管措施的原因,通常有:①该商业银行已经陷入信用危机,无力履行其义务或已停止付款;②该商业银行可能出现信用危机,无力履行其义务或已停止付款;③经银监会稽核检查,认为该商业银行有严重违法行为或出现大宗经济案件,本身无力清查,商业银行如继续经营势必出现信用危机,损害存款人和债权人的利益。

(3)接管组织。接管组织即经国务院银行业监督管理机构决定,由接管人员组成的临时机构。接管决定虽然是由国务院银行业监督管理机构作出,但具体的接管工作并非由其自身来进行,而是由其负责成立的专门的接管组织来完成。在接管决定中应当具体写明接管组织的成员。成员应不局限于国务院银行业监督管理机构自身,其他商业银行或金融机构的管理人员、有专门资格的会计师、经济师、审计师、律师等,经银监会考核认可,也可成为该接管组织的组成人员。

(4)接管期限。接管期限即采取接管措施的起止日期。在接管决定中,应当规定接管的期限,以保证接管组织能够认真、高效地开展各项工作,在规定的期限内完成接管事项。接管的期限通常是根据被接管人的实际情况和接管方案,由银监会决定,并在接管决定中宣布,一般为1～2年。银监会可以决定延长接管期限,但接管期限最长不得超过2年。

4. 接管的实施

接管的实施是指接管组织正式对被接管的商业银行的业务实行全面管理和控制。接管是自接管决定实施之日开始,而非自接管决定作出之日开始。从该日起被接管的商业银行就不能再行使其经营管理权,其经营管理权由行使接管权的组织代为行使。如果在接管期间或接管期限届满后,被接管的商业银行恢复了正常经营能力,接管组织应当将经营管理权移交给被接管的商业银行;如果被接管的商业银行仍无法恢复正常经营能力,接管终止后,该商业银行将进入破产清算程序。

接管组织采取的手段一般是秘密的,不宜公之于众,以免引起混乱。例如,可以要求中央银行调控资金，或者要求其他商业银行实施收购等。接管期间，接管组织还可以根据具体情况暂停部分或全部被接管商业银行的业务。总之，接管组织可以采取一切手段来挽救被接管的商业银行，尽力使其恢复正常的经营能力。对于接管的手段，一些国家和地区作出了规定。例如，我国台湾地区规定，接管时应当停止银行股东会、董事会或监察人的部分或全部职务，可以勒令被接管的商业银行停业并限期将其业务交接管组织管理，并提供经营业务所需的人力和设备，银行负责人应当遵照接管组织的指示。

5. 接管的终止

有下列情形之一的，接管终止：(1)接管决定规定的期限届满或者国务院银行业监督管理机构决定的接管延期届满；(2)接管期限届满前，该商业银行已恢复正常经营能力；(3)接管期限届满前，该商业银行被合并或者被依法宣告破产。接管的最长期限不得超过 2 年，接管不是商业银行破产的必经程序。

(二)商业银行的终止

商业银行的终止是指由于解散、被撤销、破产等引起的法人资格的丧失。

1. 商业银行因解散而终止

商业银行解散是指已成立的商业银行由于出现法定事由或公司章程规定的情况，停止对外的经营活动，清算未了结的债权债务，使商业银行法人资格消灭的法律行为。

(1)因分立而解散。商业银行分立是指一家商业银行分成两家或两家以上商业银行，原商业银行的权利和义务由新的商业银行承担的法律行为。我国经济的高速发展为商业银行的发展和扩张提供了良好的基础，一些区域的商业银行进行重组势在必行。在商业银行整合的过程中，商业银行分立的情况也会不断出现。有时新设立的商业银行是以原有银行法人资格的消灭作为前提条件的，在这种情况下，原商业银行应当依法解散，将其债权和债务转移给新设立的商业银行。此外，根据我国《公司法》第 185 条的规定，公司分立时，应当编制资产负债表及财产清单。公司应当自作出分立决定之日起 10 日内通知债权人，并于 30 日内在报纸上至少公告 3 次。债权人自接到通知书之日起 30 日内，未接到通知书的自第一次公告之日起 90 日内，有权要求公司清偿债务或提供相应担保。不清偿债务或不提供相应担保的，公司不得分立。

(2)因合并而解散。商业银行合并是指两家或两家以上商业银行通过订立合并协议，依法成立新商业银行的法律行为。商业银行的合并可以分为吸收合并和新设合并两种形式。吸收合并是指一家商业银行吸收其他商业银行的行为，被吸收的商业银行因此而解散。新设合并是指两家以上商业银行合并设立一家新的商业银行。商业银行被依法合并后，各合并方的债权和债务应当由合并后续存的商业银行或新设的商业银行承担，合并后的商业银行应当无条件地接受被合并商业银行的债权和债务，原商业银行的法人资格不再存在，应当被依法解散。

(3)因出现公司章程规定的解散事由而需要解散。商业银行解散可以说是商业银行依法行使的一项自主权。商业银行设立时，在其章程中可以规定解散事由。当章程规定的解散事由出现时，商业银行就可以依照该规定提出解散申请。例如，某商业银行的章程中规定，银行确定的经营目标无法达到，或者连续 5 年不能盈利时，银行应当宣布解散。那么，一旦出现了章程中规定的情形，该商业银行就可以据此提出解散申请。

商业银行的解散是与广大存款人和其他客户的利益息息相关的一件大事。为了保护存款人和其他客户的利益，保障金融业的正常运行，有必要对商业银行的解散规定较为严格的条件。商业银行因分立、合并或出现公司章程规定的解散事由而需要解散的，应当首先向银监会提出申请。这是由银行业的特殊性决定的。银监会负责对商业银行进行监督管理,有权对商业银行的设立、变更和终止进行审批。商业银行提出申请时,还应当附解散的理由和支付存款本金及利息等债务清偿计划。国务院银行业监督管理机构经过审查,认为解散的理由充分,不会损害存款人和其他客户的合法利益时,可以批准其解散。也就是说,商业银行解散的最终决定权在国务院银行业监督管理机构。

商业银行解散,应当依法成立清算组进行清算。被解散的商业银行只能在法律规定的清算范围内进行活动。清算组对外代表该银行进行经营活动,依法对其债权和债务进行处置,按照银监会批准的清偿计划及时偿还存款本金和利息等债务。为了保证清算依法进行,银监会应当对清算过程进行监督,防止出现损害存款人和其他客户利益的行为。

2. 商业银行因撤销而终止

商业银行设立后,应当依照法律、行政法规的规定从事经营活动。如果违反法律、行政法规的规定从事经营活动,国务院银行业监督管理机构有权吊销其经营许可证,撤销违法经营的商业银行。

根据《商业银行法》第 74 条、第 75 条的规定,商业银行违法情节严重或逾期不改正的,银监会有权依法吊销该商业银行的经营许可证,撤销违法经营的商业银行。商业银行因吊销经营许可证而被撤销,不同于因分立或合并而被解散的情形。吊销经营许可证是国务院银行业监督管理机构为了保证金融业的稳健运行,防止金融秩序混乱,对违法经营的商业银行采取的一种强制性制裁手段,被处罚的商业银行只能依法执行国务院银行业监督管理机构的决定。而合并或分立等情况是商业银行可以依法自己提出申请的,只要经国务院银行业监督管理机构批准即可。

3. 商业银行因破产而终止

商业银行不能支付到期债务,经银监会同意,由人民法院依法宣告其破产。我国《企业破产法》于 2006 年 8 月 27 日通过,于 2007 年 6 月 1 日起施行。这部《企业破产法》为我国商业银行依法破产提供了法律依据。在商业银行破产清算时,在支付清算费用、所欠职工工资和劳保费用后,应优先支付个人储蓄存款的本金和利息。

近年来,我国银行监管部门对部分管理差、风险大的金融机构采取了重组、注资、债权转股权等措施进行援助,对于一些违法、违规、资不抵债、问题极为严重的金融机构进行了依法接管、关闭或破产等处理。1995 年,中国人民银行接管了中银信托投资公司;1997 年,中国人民银行关闭了中国农村发展信托投资公司;1997 年,中国人民银行又对海南省 34 家城市信用社进行了处理;1998 年 6 月,中国人民银行关闭了海南发展银行和中国新技术创业投资公司;1998 年 10 月,中国人民银行关闭了广东国际信托投资公司,该公司最终被宣告破产,成为自新中国成立以来第一家正式宣告破产的金融机构。这些案例是我国金融机构退出市场的尝试,显示了国家整顿金融秩序、化解金融风险的决心,也体现了我国对"优胜劣汰"市场纪律的尊重。这些都说明,破产是金融机构信用风险的最高体现。在现代经济条件下,破产是任何企业都会面临的风险,商业银行也不例外。

商业银行的破产在以下三个方面不同于一般企业的破产:

(1)一般企业在不能清偿到期债务时,债权人或债务人有权依法向人民法院提出破产申请。人民法院受理破产案件后,对于不能清偿到期债务、不执行和解协议、整顿期间财务状况继续恶化、债权人会议申请终结整顿的,即可依法宣告其破产。商业银行破产除需具备以上条件外,人民法院在作出破产判决前还必须征求国务院银行业监督管理机构的意见。国务院银行业监督管理机构认为商业银行确实不能支付到期债务,可以同意该商业银行破产。法律规定,宣告破产前要经过国务院银行业监督管理机构的同意,是国务院银行业监督管理机构对商业银行的监督管理职能所决定的,是基于银行业的特殊性。商业银行的破产不仅涉及特定的债权人和债务人,更与广大存款人的利益息息相关,对国家金融业的正常运转也会产生一定的影响,所以,有必要由国务院银行业监督管理机构在这最后阶段把好关。

(2)一般企业破产时,人民法院可以组织有关部门和人员成立清算组,清算组成员由人民法院根据具体情况决定即可。而根据《商业银行法》的规定,商业银行破产的,国务院银行业监督管理机构必须参加清算工作。

(3)为了保护存款人的合法利益,在支付破产费用、所欠职工工资和劳动保险费用后,应当优先支付个人储蓄存款的本金和利息,即在偿付国家税收和单位存款前先行支付个人储蓄存款。

六、外资银行的法律规定

根据《外资银行管理条例》的规定,外资银行是指依照中国有关法律法规,经批准在中国境内设立的下列机构:(1)一家外国银行单独投资或一家外国银行与其他外国金融机构共同投资设立的外商独资银行;(2)外国金融机构与中国企业共同出资设立的中外合资银行;(3)外国银行的分行;(4)外国银行的代表处。

中国在 2001 年 12 月加入 WTO。根据 WTO 的《服务贸易总协定》,对外资银行的设立、监管和业务规制均应遵循国民待遇原则和最惠国待遇原则。外资法人银行可以在中国境内依法经办人民币存贷款业务和中间业务。

第三节 银行存款法律制度

存款是指银行等金融机构接受客户存入的资金,并在存款人支取款项时还本付息的一种信用业务。存款业务是商业银行最主要的负债业务,存款资金是商业银行信贷资金的主要来源。正如马克思所说,对银行来说,具有最重要意义的始终是存款。

一、我国存款业务的种类

(一)根据存款期限和提取方式的不同,可分为定期存款、活期存款、定活两便存款和个人通知存款

1. 定期存款分为整存整取、零存整取、存本取息、整存零取等

(1)整存整取定期储蓄存款。该类存款一般 50 元起存,存期分 3 个月、半年、1 年、2 年、3 年和 5 年,本金一次存入,由储蓄机构发给存单,到期凭存单支取本息。

(2)零存整取定期储蓄存款。该类存款每月固定存额,一般 5 元起存,存期分 1 年、3 年和 5 年,存款金额由储户自定,每月存入一次,中途如有漏存,应在次月补存,未补存者,到期支取时按实存金额和实际存期计算利息。

(3)存本取息定期储蓄存款。该类存款本金一次存入,一般5 000元起存,存期分 1 年、3 年和 5 年,由储蓄机构发给存款凭证,到期一次支取本金,利息凭存单分期支取,可以 1 个月或几个月取息一次,由储户与储蓄机构协商确定。如到取息日未取息,以后可随时取息。如果储

户需要提前支取本金，则要按定期存款提前支取的规定计算存期内的利息并扣回多支付的利息。

(4)整存零取定期储蓄存款。该类存款本金一次存入，一般1 000元起存，存期分1年、3年和5年，由储蓄机构发给存单，凭存单分期支取本金，支取期分1个月、3个月和半年一次，由储户与储蓄机构协商确定，利息于期满时支取。

2. 活期存款

活期存款是指存款人将货币资金存入银行或非银行金融机构时，存款人可以随时存取的存款。活期存款主要包括各类单位和个体户在银行等金融机构结算账户上的存款，以及个人在储蓄机构的活期存款。一般1元起存，由储蓄机构发给存折，凭折存取，开户后可以随时存取。

3. 定活两便储蓄存款

该类存款由储蓄机构发给存单，一般50元起存，存期不限。存期不满3个月的，按天数计付活期利息；存期3个月以上(含3个月)不满半年的，整个存期按支取日定期整存整取3个月存款利率打六折计息；存期半年以上(含半年)不满1年的，整个存期按支取日定期整存整取半年期存款利率打六折计息；存期在1年以上(含1年)，无论存期多长，整个存期一律按支取日定期整存整取1年期存款利率打六折计息。

4. 个人通知存款

个人通知存款分为提前1天通知和提前7天通知两种。

(二)根据存款人性质的不同，可分为个人存款和单位存款

1. 个人存款

个人存款又称储蓄存款，是指城乡居民个人存入银行的存款。个人存款具有自愿性和有偿性。

储蓄存款是指个人所有的存入中国境内储蓄机构的人民币或外币存款。任何单位不许将公款转为个人储蓄存款。储蓄存款方面的法律法规主要有《商业银行法》《储蓄管理条例》和中国人民银行的有关规章。储蓄机构是指经中国人民银行及其分支机构批准的各银行以及城市信用社、农村信用社等依法办理个人储蓄存款业务的机构。中国人民银行是我国储蓄事业的主管机关，负责全国的储蓄管理工作。中国人民银行根据宏观经济、金融及保护储户利益的需要，在报经国务院批准后，可以采取一些必要的措施以稳定储蓄、稳定金融。未经中国人民银行批准，任何部门和单位以及居民个人不得经办个人储蓄业务和类似储蓄的业务。

2. 单位存款

单位存款是指企业、事业、机关、部队和社会团体等单位在金融机构办理的存款，包括定期存款、活期存款、通知存款、协定存款及经中国人民银行批准的其他存款。单位存款具有强制性。中国人民银行负责金融机构单位存款业务的管理、监督和稽核工作，协调存款单位与金融机构的争议。除经中国人民银行批准办理单位存款业务的金融机构外，其他任何单位和个人不得办理此项业务。财政拨款、预算内资金及银行贷款不得作为单位定期存款存入金融机构，任何单位和个人不得将公款以个人名义转为储蓄存款。任何个人不得将私款以单位名义存入金融机构，任何单位不得将个人或其他单位的款项以本单位名义存入金融机构。

(三)根据存款种类的不同，可分为人民币存款和外币存款

1. 人民币存款

人民币存款是指存款人将人民币资金存入银行或非银行金融机构的存款。

2. 外币存款

外币存款又称外汇存款，是指存款人将外汇资金存入银行或非银行金融机构的存款。从银行的角度来说，外汇存款是其接受顾客的外币现金、外币汇票或支票等信用工具，并对顾客负有定期或不定期偿付义务的受信行为，即对存户发生了债务；而从银行顾客的角度来说，则是将外币现金、外币汇票或支票等信用工具寄存于银行，并可定期或不定期向银行收回的授信行为，即对银行取得外汇债权。经省级外汇管理部门批准，储蓄机构可办理外币储蓄业务，个人外币储蓄存款的种类、利率、档次及其利息支付办法按中国人民银行总行的统一规定执行；办理其他外币储蓄业务需经中国人民银行总行审批。

二、商业银行关于存款业务的基本原则

(一)存款业务特许经营原则

我国《商业银行法》第 11 条第 2 款规定，未经国务院银行业监督管理机构批准，任何单位和个人不得从事吸收公众存款等商业银行业务，任何单位不得在名称中使用“银行”字样。第 79 条规定，未经国务院银行业监督管理机构批准，擅自设立商业银行，或者非法吸收公众存款、变相吸收公众存款的，依法追究刑事责任，并由中国人民银行予以取缔。伪造、变造、转让商业银行经营许可证的，依法追究刑事责任。这说明，商业银行开展存款业务必须经由国务院银行业监督管理机构审核批准。目前，我国能从事存款业务的金融机构有商业银行、信用合作社和邮政储蓄机构等。

(二)存款自愿、取款自由、存款有息、为存款人保密原则

1.存款自愿原则

存款自愿是指储蓄必须出于存款者的自愿，任何单位和个人都不得强制其他人参加储蓄。个人是否储蓄，选择哪一家储蓄机构，选择何种储蓄方式，存储数额、期限等都由储户个人选择决定。

2.取款自由原则

取款自由是指储户什么时候取款，提取多少存款都由储户自己决定，银行和其他人不得干预和查问。即使未到期存款，储户也可以根据自己的需要按规定的手续提前提取，银行不得以任何理由拒绝或限制。

3.存款有息原则

存款有息是指存款人对于其存入银行的储蓄存款有按照规定的利率和实际存期获取利息的权利。这说明，银行与存款人之间是一种平等互利的经济关系。

4.为存款人保密原则

为存款人保密是指商业银行对存款人的姓名、住址、存款金额、储蓄种类、存款次数、提取情况、印鉴以及其他各种情况都要严格保守秘密，不得披露。商业银行应当按照中国人民银行规定的存款利率的上下限确定存款利率并予以公告。商业银行应当保证存款本金和利息的支付，不得拖延、拒绝支付存款本金和利息。

需要指出的是，存款自愿和取款自由原则仅适用于个人储蓄，对于单位存款则不完全适用。因为单位存款带有强制性，各单位对于收入的人民币现金必须于当日送存其开户银行，不得擅自保存；不得将收入的现金直接用于支出，即坐支现金；不得将单位收入的现金以个人名义保存。

（三）依法交存存款准备金原则

我国《商业银行法》第31条规定，商业银行应当按照中国人民银行规定的存款利率的上下限确定存款利率并予以公告。存款准备金是商业银行依据法律和中央银行的规定，按吸收存款的一定比例缴存于中央银行的存款，其目的是为了应付存款人的提款。这种存款一般不计利息。

（四）合法正当吸存原则

我国《商业银行法》第47条规定，商业银行不得违反规定提高或者降低利率以及采用其他不正当手段吸收存款、发放贷款。商业银行不得违反规定提高或者变相提高利率，不得向储户、单位存款的经办人和关系人支付利息以外的任何名目的费用或馈赠物品，开办新的业务项目须向中国人民银行总行提出申请，经批准后方可施行。

商业银行等金融机构如果采取上述手段吸收公众存款，情节严重的有可能构成非法吸收公众存款罪。我国《刑法》第176条规定，非法吸收公众存款或者变相吸收公众存款，扰乱金融秩序的，处以3年以下有期徒刑或者拘役，并处或者单处2万元以上20万元以下罚金；数额巨大或者有其他严重情节的，处以3年以上10年以下有期徒刑，并处以5万元以上50万元以下罚金。单位犯前款罪的，对单位判处罚金，并对其直接负责的主管人员和其他直接责任人员依照前款的规定处罚。

三、存款合同

（一）存款合同的定义和法律特征

1. 存款合同的定义

存款合同是存款人将本金交付给存款机构，由存款机构出具存单或存折给存款人并按期还本付息的协议。其中，存款人可以是自然人、法人或其他组织，而存款机构是指经中国人民银行批准办理存款业务的商业银行、信用社等金融机构。

客户填写开户申请书、开立账户并存款的过程，就是与银行订立合同的过程。客户到银行填写开户申请书是向银行提出建立合同关系的要约，银行为客户开立账户是对客户要约的承诺。在开立账户以后，银行向客户提供存折或存单，这是客户与银行之间合同关系的证明。银行与客户之间的合同关系是连续的合同关系，一旦某一账户建立，所有同类型的存款活动，无论次数多少，都构成该连续的合同关系的一部分。客户通过开立账户将款项存入银行，不仅将货币的保管权交给了银行，而且将货币的所有权也让渡给了银行。银行有权自主支配该项资金，如可以用于投资、贷款等而不必征得客户的同意。由于金钱是特殊的种类物，当存款人要求银行返还时，银行不必将原货币交还客户，而只将等值货币返还客户即可。因此，银行吸收的存款可以作为银行资本使用，银行可保留对其收益的所有权。由存款形成的银行与客户之间的法律关系是一种债权债务关系，客户按账户上的记载拥有要求银行还本付息的债权，银行承担到期或根据客户指示偿还本息的义务。

2. 存款合同的法律特征

（1）存款合同是要式合同。要式合同是指法律要求必须具备一定的形式和手续的合同。不要式合同是指法律不要求必须具备一定的形式和手续的合同。存款合同必须采用书面形式，一般表现为存款人将款项交给存款机构后，存款机构所出具的存折或存单有严格的形式要求，故谓要式合同。

（2）存款合同是格式合同。格式合同是指采用格式条款订立的合同。格式条款是一方当事人为重复使用而预先拟订并在订立合同时未与对方协商的条款。存款机构所出具的存折或存单是自己单方面拟订的，所载明存款人的姓名、账号、货币种类、存款余额、存款种类、存款期限、存款利率等内容并未与存款人事先协商，容易出现对存款人不公平的情况，所以，格式合同应遵循公平原则订立。

(3)存款合同是要物合同。要物合同又称实践合同，是指除当事人意思表示一致外，还须交付标的物方能成立的合同。在这种合同中，除双方当事人的意思表示一致外，还必须有一方实际交付标的物的行为才能产生法律效果。而在存款法律关系中，存款人仅有存款的意思表示是不够的，还必须实际交付所存的款项，这两者缺一不可。

(二)存款合同双方的权利、义务

1. 存款人的权利、义务

存款人的权利是要求银行还本付息，根据"取款自由"原则，存款人可以随时要求提取存款本金和利息。存款人的存折或存单发生遗失或被窃事宜，可凭本人有效身份证明向存款机构挂失，存款机构有积极协助的义务。

存款人的义务是以自己真实的姓名或名称开户，将约定的款项交给银行，并妥善保管银行存折(单)，还要履行通知、协助和保密等合同的附随义务。

2. 银行的义务

(1)按期支付本金和利息。我国《商业银行法》第 33 条规定，商业银行应当保证存款本金和利息的支付，不得拖延或拒绝支付。商业银行应按照存单或存折上约定的存款金额、存款利率、存款期限计算到期利息。商业银行是银行信用的主体，应当按照诚实信用、公平竞争的原则开展存款业务，及时、足额支付存款人的本金和利息。

(2)为存款人保密。"为存款人保密"原则是各国银行法普遍适用的一项原则，其含义是存款人在银行中的具体存款情况(如存款人姓名或名称、账号、地址，存款的种类、数额、期限等)不得泄露给其他机构或个人。我国《商业银行法》第 6 条规定，商业银行应当保障存款人的合法利益不受任何单位和个人的侵犯。

在特定情况下，商业银行对其他机构或个人应适度披露存款人的信息，称之为银行保密义务的例外，即银行的信息披露义务，具体表现为：

① 基于法律的直接规定。依照我国《民事诉讼法》《刑事诉讼法》《行政诉讼法》《国家安全法》等法律和行政法规的规定，有权对单位存款进行查询的主体有人民法院、人民检察院、公安机关、国家安全局、海关、监狱、监察机关、税务机关、审计机关、工商行政管理机关、物价管理机关、技术监督机关、证券监督管理部门、军队保卫部门等。有权冻结单位存款的主体有人民法院、人民检察院、公安机关、国家安全局、海关、监狱、税务机关、军队保卫部门等。有权扣划单位存款的主体有人民法院、海关和税务机关。根据《商业银行法》第 92 条和第 93 条的规定，有义务协助查询、冻结、扣划持卡人存款的金融机构包括依法经营存款业务的商业银行(包括外商独资银行、中外合资银行、外国银行的分行)、政策性银行、城市信用合作社、农村信用合作社和财务公司等。

②基于银行的利益。为维护银行利益，在一定范围内可适当披露客户信息。例如，银行面临诉讼时，为了维护自身利益，可在法庭上提供与存款人相关的信息作为证据。

③基于存款人的授权。银行得到存款人的书面授权时可在一定范围内披露客户信息。例如，存款人在商业谈判中可授权银行提供自己的存款信息作为自己资信的证明。

(3)严格审查存折、存单和身份证明。存单或存折是存款人与银行之间存款合同关系的证明。存折或存单上所载明的存款人姓名、账号、货币种类、存款余额、存款种类、存款期限、存款利率等构成合同的主要条款，银行在审查时不仅要尽到形式上的审查义务，还要尽到实质上的审查义务，这样才有利于维护存款人的合法权益。

3. 银行的权利

银行有权要求客户将约定金额的款项交给银行，并应严格审查货币的真实性，发现假币有权依法予以没收。

【案例 4—1】

2006 年 6 月 21 日，储户张某来到中国农业银行永川市支行小什字分理处办理存款事宜。张某先用他人的存折取款 1.7 万余元，然后新开设一个账户，并将取出的 1.7 万余元和随身携带的 800 元现金一同存进新账户。就这样，新账户中应有 1.78 万余元，但账户余额却显示是 2.5 万余元。

因发生差款，永川支行在 2006 年 7 月 5 日起诉该储户。永川支行称，张某在填写存款凭条时，误将 800 元当作 8 000 元，并与先取出的 1.7 万元相加，得出了 2.5 万余元的存款额，而营业员也按照张某填写的金额打了 2.5 万余元到他的账户上。当天下午轧账时，他们发现差了 7 200 元。他们多次找张某协商解决，张某却拒绝还款。他们认为，张某账户中多出的 7 200 元属于不当得利。而张某称，他当天存进的现金确为 8 000 元，不存在退钱一说。

法院为查明事实真相，主持双方观看了当时的监控录像。法官称，录像显示，张某在清点随身携带的现金时，现金厚度较薄，只数了 6 下，递给营业员时说了声“800 元”。但张某却称，录像里“800 元”的声音听不清楚。

法院审理后认为，从录像上表现的现金厚度、数钱次数等已经证明，张某当时存的钱实际为 800 元。为此，判决其账户中多出的 7 200 元属于不当得利，应当返还。

承办法官称，营业员误将 800 元现金当作 8 000 元存入，致使被告取得 7 200 元不当利得。而储户对营业员的失误不予谅解、拒不返还的行为违反了诚信原则，法律不可能支持这种不诚信行为。银行工作人员应当尽职尽责，因营业员存在过失而使所在银行承担部分诉讼费用，法院最后判决由永川支行承担一半的诉讼费用(包括财产保全费等)610 元。

[资料来源]《重庆晚报》，2006 年 9 月 26 日。

分析：

1. 张某的行为是否构成不当得利？

2. 银行是否存在过错？本案应如何处理？

(三)个人存款实名制的规定

1. 个人存款实名制的定义

个人存款实名制是指个人在金融机构开立存款账户时应使用身份证件以确立其对账户资金享有所有权的信用制度。

自新中国成立以来，我国的储蓄存款制度一直实行的是记名(虚名)储蓄制度。其记名可以是真名、假名、代码，也可以是亲友的名字。特别是活期储蓄，银行只认存折不认人，只要取款人提供存折并出示印鉴或输对密码(由取款人开户时约定)，银行即按折付款。储蓄存款实名制是发达国家早已实行的一项金融制度，也是大多数发展中国家正在实行的一项金融制度。

我国自2000年4月1日起实施《个人存款账户实名制规定》，该规定所称的“实名”，是指符合法律、行政法规和国家有关规定的身份证件上使用的姓名。

下列身份证件为实名证件：(1)居住在中国境内的中国公民，为居民身份证或者临时居民身份证。(2)居住在中国境内的16周岁以下的中国公民，为户口簿。(3)中国人民解放军军人，为军人身份证件；中国人民武装警察，为武装警察身份证件。(4)香港、澳门居民，为港澳居民往来内地通行证；台湾居民，为台湾居民来往内地通行证或者其他有效旅行证件。(5)外国公民，为护照。前款未作规定的，依照有关法律、行政法规和国家有关规定执行。

在金融机构开立个人存款账户的，金融机构应当要求其出示本人身份证件进行核对，并登记其身份证件上的姓名和号码。代理他人在金融机构开立个人存款账户的，金融机构应当要求其出示被代理人和代理人身份证件，进行核对，并登记被代理人和代理人身份证件上的姓名和号码。不出示本人身份证件或者不使用本人身份证件上的姓名的，金融机构不得为其开立个人存款账户。

2. 个人存款实名制的意义

个人存款实名制取代原先的个人存款记名制，对存款人、银行和全社会都有重大意义：

(1)有利于保障存款人的利益。在存款记名制条件下，存款人到金融机构存取款时，可按照本人的意愿，选择自己认可的记名标识。从表面关系上看，由于这种标识只有存款人自己掌握，因此，它能够发挥保障存款安全的作用。但实际上，由于笔名、假名、化名及其他代码不具有对应的身份证件，因此，一旦发生存单遗失(如丢失、被盗等)，存款人就很难向金融机构提供有效的合法文件来证明其存款的真实性以保障自身的利益。在存款实名制条件下，由于在存款时，存款人填写的是其真实姓名和身份号码(并填入自己认可的密码)，因此，即便存单遗失(或密码忘记)，存款人也可以凭借其有效身份证件来证明其存款的真实性，从而保障自身的利益。

(2)有利于提高存款人的信用。同一家银行可累计存款人的存款额，可在经济活动中为存款人出具资信证明。对银行而言，可基于与存款人事先的约定，当存款人不能按期归还贷款时，用存款人在同一家银行的存款进行债务抵消。

(3)有利于完善税制。国家对个人的收入和财产征税是缩小居民生活水平差距、促进公平的重要机制。近年来，我国个人所得税的征收取得了重要进展，但与应征收的数量相比，仍有不小差距。其中一个重要原因在于，在记名制条件下，个人收入缺乏相对集中的账户，难以统计和征税。如果实行实名制，则每个人的身份号码仅有一个，在此名下的存款易于统计，个人所得税的征收也就有了较为可靠的依据。另一方面，随着市场经济的发展，征收遗产税势在必行。在记名制条件下，“存款”项的遗产税难以征收；但若实行实名制，则易于征收。

(4)有利于完善法治和社会信用制度。在记名制条件下，个人存款新增量难以统计和监督，由此给一些人提供了可乘之机。实行实名制，一个人的资金虽可存入多个金融机构，但仅有一个真实姓名和身份号码，比较容易查询和统计，不义之财将难以隐匿。此外，对于完善法治，增强政府部门的宏观调控能力，降低监管成本，规范居民行为等也有益处。同时，存款实名制的实行为“反洗钱”打下了基础，也有利于法院的强制执行。

(四)存款的提前支取和挂失

1. 存款的提前支取

未到期的定期储蓄存款储户提前支取的，必须持存单和存款人的身份证明办理；代储户支取的，代支取人必须持存款人的身份证明和本人身份证明办理。

2. 存款挂失

记名式存单、存折可以挂失。储户遗失存单、存折或预留印鉴的印章的，必须立即持本人身份证明，并提供储户的姓名、开户时间、储蓄种类、金额、账号及住址等有关信息向其开户的储蓄机构书面申请挂失。在特殊情况下，储户可以用口头或函电形式申请挂失，但必须在5天内补办书面申请挂失手续。储蓄机构在确认该笔存款未被支取的前提下，可受理挂失手续。挂失7天后，储户需与储蓄机构约定时间办理补领存单(折)或支取存款手续。受理挂失前，该储蓄存款已被他人支取的，储蓄机构不负赔偿责任。

四、构建中国特色的存款保险法律制度

(一)存款保险制度的含义

存款保险制度是指一个国家为保护存款人的利益和维护金融秩序的稳定，设立存款保险机构作为投保机构，由存款机构缴纳保险费，在存款机构因意外事故破产时可对债务清偿进行金融保障的制度。

存款保险制度始于20世纪30年代的美国。当时为了挽救在经济危机的冲击下濒临崩溃的银行体系，美国国会在1933年通过《美国银行法》。该法规定建立专门的存款保险制度，由美国国库拨款设立联邦存款保险公司(FDIC)，建立存款保险基金。自20世纪50年代以来，随着经济形势、金融制度和金融创新等的不断变化和发展，美国的存款保险制度不断完善，尤其是在金融监管检查和金融风险控制及预警方面，FDIC作了大量成效显著的探索，从而确立了FDIC在美国金融监管中“三巨头”之一的地位，存款保险制度成为美国金融体系及金融管理的重要组成部分。美国著名经济学家、货币主义的领袖人物弗里德曼对美国存款保险制度给予了高度评价：“对银行存款建立联邦存款保险制度是1933年以来美国货币领域最重要的一件大事。”

自20世纪60年代中期以来，随着金融业日益自由化、国际化的发展，金融风险明显加大，绝大多数西方发达国家相继在本国金融体系中引入存款保险制度。联邦德国在1966年、加拿大在1967年、日本在1971年、英国在1987年先后建立了存款保险制度，中国台湾、印度、哥伦比亚等部分发展中国家和地区也进行了这方面的有益尝试。目前，世界上已有100多个国家建立了存款保险制度。

(二)存款保险制度的意义

第一，存款保险制度保护了存款人的利益，提高了社会公众对银行体系的信心。如果建立了存款保险制度，当实行该制度的银行资金周转不灵或破产倒闭而不能支付存款人的存款时，按照保险合同条款，投保银行可从存款保险机构那里获取赔偿或取得资金援助，或被接收、兼并，存款人的存款损失就会尽可能降低，有效保护了存款人的利益。存款保险制度虽然是一种事后补救措施，但其作用却在事前也有所体现：当公众知道银行已实行了该制度，即使银行真的出现问题，也会得到相应的赔偿，这从心理上给了他们安全感，从而可以有效降低那种极富传染性的恐慌感，进而减少对银行体系的挤兑。

第二，存款保险制度可以有效提高金融体系的稳定性，维持正常的金融秩序。由于存款保险机构负有对有问题的银行承担保证支付的责任，其必然会对投保银行的日常经营活动进行一定的监督和管理，从中发现隐患，及时提出建议和警告，以确保各银行都稳健经营，这实际上增加了一张金融安全网。

第三，存款保险制度促进了银行业的适度竞争，为公众提供质优价廉的服务。大银行由于

其规模和实力,往往在吸收存款方面处于优势,而中小银行则处于劣势地位,这就容易形成大银行垄断经营的局面。垄断是不利于消费者利益的。存款保险制度是保护中小银行,促进公平竞争的有效方法之一。它可使存款者形成一种共识,即无论将资金存入大银行还是小银行,存款保险制度对其保护程度都是相同的,因此,所提供服务质量的优劣将成为客户选择存款银行的主要因素。

第四,存款保险机构可通过对有问题的银行提供担保、补贴或融资支持等方式对其进行挽救,或促使其被实力较强的银行兼并,减少社会动荡,有助于社会的安定。

(三)存款保险制度的模式和形式

1. 存款保险制度的组织模式

(1)由政府出面建立,代表性国家如美国、英国、加拿大。由政府出资创办并管理的存款保险机构的优点是便于财政部的领导,有很大的权威性;但政府独资建立存款保险机构会进一步加重国家的财政负担,不利于调动各大银行参与的积极性。

(2)由政府与银行共同建立,代表性国家如日本、比利时、荷兰。

(3)在政府的支持下由银行同业联合建立,代表性国家如德国、法国、意大利。如果存款保险机构完全由银行业自行出资创办,将有助于减轻国家的财政负担;但不利于提高存款保险机构的信誉和宏观调控能力,并且不利于政府的介入。

2. 存款保险制度的形式

(1)强制保险。强制保险是指在法律规定的范围内,存款类金融机构均应参加存款保险并缴纳存款保险费,以英国、日本、意大利为代表。

(2)自愿保险。自愿保险是指存款类金融机构可自愿选择是否参加存款保险,以德国和瑞士为代表。

(3)强制与自愿相结合。以美国为代表,所有联邦储备体系成员的银行必须参加 FDIC 的存款保险,而非联邦储备体系成员的州银行及其他金融机构则根据州法或自愿原则决定。

(四)我国存款保险法律制度的建立

改革开放以前,我国长期实行"大财政,小银行"的金融模式,资金运行统存统贷,财务管理统收统支,国家对银行承担了无限责任,因而不需要存款保险制度,同时也造成了广大存款人对银行的盲目信任。但自 1994 年起,我国进行金融体制的全面改革,以建立适应社会主义市场经济发展需要的金融体制,即建立在国务院领导下,独立执行货币政策的中央银行宏观调控体系;建立政策性金融与商业性金融分离,以国有银行为主体,多种金融机构并存的金融组织体系;建立统一开放、有序竞争、严格管理的金融生产体系。市场机制已经引入我国金融市场,优胜劣汰的机制已经客观存在。当商业银行解散、撤销或被法院宣告破产时,虽然《商业银行法》中有优先支付、及时偿还个人储蓄存款本息的规定,但商业银行实行自主经营、自担风险、自负盈亏,当其因严重亏损而破产时,很难有足够的资金支付所有存款人的本息,存款人很可能承担部分或全部损失。

中国的存款保险制度应当在借鉴国外业已存在并行之有效的存款保险制度的基础上,根据我国的实际情况研究制定。它应该既保护存款人的利益,又能监管银行经营,以确保金融机构不滥用存款保险制度进行过度风险经营,把银行的信用风险降到最低,促进银行业的稳定发展,保证整个金融体系的正常运转。

1.存款保险机构的设立

世界各国(或地区)存款保险制度的设立可分为三种情况:一是政府出资创办和管理;二是

政府与银行共同出资创办和管理;三是由银行业出资创办行业性质的存款保险。由政府出资创办并管理的存款保险机构的优点是便于财政部的领导,有很大的权威性;但政府独资建立存款保险机构会进一步加重国家的财政负担,不利于调动各大银行参与的积极性。如果存款保险机构完全由银行业自行出资创办,则有助于减轻国家的财政负担,但不利于提高存款保险机构的信誉和宏观调控能力,并且不利于政府的介入。鉴于存款保险制度的重要性,采用政府出资组建的形式比较好。存款保险机构可以作为银监会的下属机构,其业务活动接受银监会的监督和控制,这样,可以进一步完善银监会的金融监管工作,强化其监督能力。

2.存款保险的对象

实施存款保险制度的国家大多数实行属地原则,即保险对象的确定以其所在空间地域为原则。大多数国家存款保险的对象包括本国的金融机构和外国金融机构在本国的分支机构。按照这一原则,存款保险的对象应包括本国领土内的全部内资和外资存款金融机构。区域性的商业银行、城市合作银行及信用合作社规模较小,经营风险较大,因此,存款保险的对象至少应包括上述金融机构。中外合资银行及经营人民币业务的外资银行也应当成为存款保险机构的投保人。

3. 存款保险的范围

目前,居民储蓄是我国商业银行资金的主要来源。1988 年和 1993 年的两次"挤兑"风潮已是对我国银行业的考验,因此,存款保险的重点应是居民储蓄,其次是企业存款。这两部分存款占金融机构存款总额的比重最大,这两部分存款有了保障,银行的压力就将大为减轻。由于我国居民的金融风险意识尚不强,在保险赔偿金额上不宜实行全额理赔,而应采取最高限额的方式,促使储户对银行的经营进行监督。

4.存款保险的参与方式

现阶段我国的存款保险制度可以考虑采取强制性保险的方式,要求所有商业银行都要参加人民币存款保险。这是因为,目前行业自律比较差,加之我国居民及银行的风险意识不强,一旦采取自愿参加的形式,许多银行为了降低经营成本极有可能不参加存款保险,这样,存款保险制度就达不到预期的目的,也就失去了存在的意义。因此,应当强制银行参加存款保险,这样也可确保所有银行业金融机构在同一水平上竞争,有利于金融市场的健康发展。

5.存款保险的赔偿方式

关于存款保险的标的和金额,实行存款保险制度的不同国家(或地区)制定了不同的政策,但基本上有两种方式:一是全额赔偿,二是部分赔偿。针对目前我国储蓄存款的规模、结构与自有资金较少的现状,遵循保护小额存款、促进存款增长、稳定金融市场的原则,合理规定保险理赔的最高额。在这一额度内给予 100%的赔偿,超过最高点的增加额按递减比例赔偿。这种全额赔偿与部分赔偿相结合的方式,可以促使大额存款人谨慎选择银行,从外部督促银行加强安全性,促使其稳健经营。

6.保险费率的确定

关于保险费率的确定,实行存款保险制度的不同国家(或地区)没有统一的标准。长期以来,西方各国均实行固定存款保险费率制度,保险费取决于存款总额,而与银行自身的经营和资产风险无关。固定存款保险费率虽然简便易行,但在风险控制方面存在缺陷。保险费率应当体现银行的经营风险,实行差别费率,经营好的银行和经营差的银行在保险费率上应该不一样,而且,实行差别费率可以促进银行加强对自身业务和风险的控制,提高资本充足比率,增强资产流动性,努力提高经营管理水平。浮动保险费率取代固定保险费率已成为存款保险公司费率的发展方向,为此,我国在确定保险费率时,应根据银行经营的风险程度和存款类型的不同实行差别费率,这样还可以减少商业银行因参加存款保险而产生的道德风险。根据参加存款保险的金融机构的风险评估来确定不同的浮动保险费率,对风险程度较大的银行实行较高的保险费率,增加其经营成本,可以强化银行的风险意识,促使银行稳健运营。

第四节 银行贷款法律制度

一、银行贷款的定义及特征

(一)银行贷款的定义

银行贷款是指贷款人向借款人提供的并按约定的利息和期限还本付息的货币资金。贷款业务是银行的资产业务,又称授信业务。对商业银行而言,目前贷款业务收入是其利润的主要来源。随着我国市场经济的发展,通过银行等金融机构的信用活动筹集和分配资金已经成为我国企业解决“融资难”问题的重要途径。银行等金融机构应依据国家的产业政策,从确保自身资金安全性、流动性和效益性的角度出发,通过对贷款资金的规模、投向、期限、利率等进行调整,起到合理调节货币流通、推行国家产业政策、实现自身经济效益增长等多重目的。

在我国,目前调整贷款关系的法律、法规、规章有《民法通则》《合同法》《中国人民银行法》《商业银行法》《担保法》《贷款通则》等。其中,《商业银行法》第 4 章就贷款的基本规则作了规定;《合同法》第 12 章就借款合同作了原则性规定;《贷款通则》则是 1996 年 6 月中国人民银行依法发布的有关贷款业务的专门性金融规章,包括 12 章共 80 条,自 1996 年 8 月 1 日起施行,是商业银行和贷款公司等金融机构开展贷款业务的基本法律依据。

(二)贷款业务的法律特征

第一,贷款业务的当事人身份是特定的。贷款人是有权经营贷款业务的金融机构,如商业银行、贷款公司和财务公司等;而借款人是依法设立的法人、其他经济组织、自然人和个体户。

第二,从性质上看,贷款业务是银行的资产业务。对于贷款人而言,该业务构成贷款人对借款人的债权,可以给银行带来利润,因此属于资产业务。

第三,贷款业务以担保贷款为原则,以信用贷款为例外。担保贷款是指由借款人或第三人依法提供担保发放的贷款。信用贷款是指无担保,仅依据借款人的信用状况发放的贷款。为了降低风险,银行一般不发放信用贷款,特别是对银行的关系人不能发放信用贷款。

二、贷款的种类

(一)工商业贷款、农业贷款和消费者贷款

按照贷款对象的不同,贷款可以分为工商业贷款、农业贷款和消费者贷款。工商业贷款,是指商业银行以企业为借款人而发放的贷款;农业贷款,是指商业银行以农业生产者为借款人而发放的贷款;消费者贷款,是指商业银行以个人为借款人而发放的贷款。

(二)短期贷款、中期贷款和长期贷款

按照贷款期限的不同,贷款可以分为短期贷款、中期贷款和长期贷款。短期贷款,是指贷款期限在 1 年以内(含 1 年)的贷款;中期贷款,是指贷款期限在 1 年以上(不含 1 年)5 年以下(含 5 年)的贷款;长期贷款,是指贷款期限在 5 年(不含 5 年)以上的贷款。

（三）信用贷款和担保贷款

按照贷款有无担保，贷款可以分为信用贷款和担保贷款。

1. 信用贷款

信用贷款，是指没有担保，以借款人的信誉发放的贷款。信用贷款的基本类型主要包括信用额度贷款、循环信用贷款、专门项目贷款和账户透支贷款。

信用额度贷款，是指金融机构为借款人核定一个在某时期内借款的非正式的最高限额，在该额度内金融机构可发放的贷款。此种贷款一般采用浮动利率。

循环信用贷款，是指金融机构核定一个在某时期内借款的正式的最高限额，在该额度内金融机构可发放的贷款。循环信用贷款的信用额度是金融机构和借款人的正式约定，金融机构不得单方面取消。这是信用额度贷款与循环信用贷款的最大区别。

专门项目贷款，是指金融机构向借款人发放的约定具有专门用途的在一定期限内还本付息的一次性贷款。这种贷款是一次性放贷、一次性使用、到期一次性全部偿还，不得循环使用。

账户透支贷款，是指金融机构允许客户在其账户上以超过账户余额的金额支用款项的贷款，该类贷款的利息较高。

2. 担保贷款

担保贷款，是指由借款人或第三人依法提供担保而发放的贷款，分为保证贷款、抵押贷款和质押贷款。

保证贷款，是指按我国《担保法》规定的保证方式以第三人承诺在借款人不能偿还贷款时按约定承担一般保证责任或者连带责任而发放的贷款。

抵押贷款，是指按《担保法》规定的抵押方式以借款人或第三人的财产作为抵押物而发放的贷款。

质押贷款，是指按《担保法》规定的质押方式以借款人或第三人的动产或权利作为质物而发放的贷款。

一般情况下，商业银行应对客户发放担保贷款，只有极少数情况下才发放信用贷款，尤其对于关系人，不得发放信用贷款。关系人的范围包括：(1)商业银行的董事、监事、管理人员、信贷业务人员及其近亲属。这里的"近亲属"包括本人三代以内的直系血亲、配偶、兄弟姐妹。(2)前项所列人员投资或者担任高级管理职务的公司、企业和其他经济组织。

向关系人贷款的限制：(1)商业银行不得向关系人发放信用贷款；(2)向关系人发放担保贷款的条件不得优于其他借款人同类贷款的条件。

（四）自营贷款和委托贷款

按照贷款风险承担主体的不同，贷款可分为自营贷款和委托贷款。自营贷款，是指贷款人以合法方式筹集资金自主发放的贷款，其风险由贷款人承担并由贷款人收回本金和利息。自营贷款是我国商业银行发放的数量最多、比重最大的一种贷款。自营贷款具有以下特点：(1)用于发放贷款的资金是以合法方式自筹的；(2)自主发放、自担风险；(3)贷款的收益归贷款人所有；(4)贷款的期限最长不超过10年，超过10年要报中国人民银行备案。

委托贷款是指由政府部门、企事业单位及个人等委托人提供资金，由金融机构(受托人)根据委托人确定的贷款对象、用途、金额、期限、利率等发放的贷款。受托金融机构只负责代为发放、监督使用并协助收回，收取手续费，不承担任何形式的贷款风险。委托贷款在性质上属于银行的中间业务，不属于资产业务。委托贷款的特点：(1)受托人按照委托人的意志发放和管理贷款；(2)受托人以自己的名义发放和管理贷款；(3)贷款的收益归委托人；(4)可按中国人民银行的规定计收手续费；(5)贷款利息比较灵活。

三、贷款操作流程

依据《商业银行法》《贷款通则》《个人贷款管理办法》等相关法律法规的规定，贷款一般需经过以下流程：

(一)贷款申请

借款人需要贷款，应向开户银行提出申请，填写《借款申请书》，同时，借款人应提供下列资料：(1)借款人(担保人)的基本情况；(2)自然人的身份证明和收入证明；(3)法人、其他组织需提供的财务报告；(4)抵押物(质押物)清单、有处分权人同意抵押(质押)的证明；(5)贷款人认为应提供的其他材料。

(二)贷款申请评估

在收到贷款申请之后，贷款人应根据借款人的信用记录、经济实力、资金情况、经营效益、发展前景等因素，综合评定借款人的信用等级。评级可由贷款人独立进行、内部掌握，也可由权威的外部评级机构进行。评级后，贷款人应当对借款人的情况进行审核，包括借款人提供的各类信息，借款人的财务状况、现金流量和历史还款记录等。

(三)贷款调查

在发放贷款前，贷款人不能满足书面材料的审查的，必要时要进行实地调查，以全面深入评估借款人的财产状况。

(四)贷款审批

在书面审查和实地调查结束后，贷款业务人员应当将贷款资料移送审查人员进行核实。贷款人内部要建立完善的风险控制机制，做到审贷分离、分级审批。审查人员应当对贷款人员报送的资料进行核实、评定，复核贷款风险度，提出意见。

(五)签订贷款合同和担保合同

贷款申请经过审批后，贷款人与借款人应当签订书面贷款合同。贷款合同是指由贷款人将一定数额的货币付给借款人，借款人按规定的用途使用贷款并按期还本付息的书面合同。合同应约定贷款的种类、用途、金额、利率、期限和还款方式，明确双方当事人的权利、义务、违约责任和双方认为需要约定的其他事项。

担保合同分为保证合同、抵押合同和质押合同。根据担保原则，大多数贷款都要签订担保合同，其中，保证合同是保证人与贷款人约定当债务人不履行债务时，由保证人按照约定履行债务或承担责任的协议。抵押合同是指抵押权人(债权人)与抵押人(债务人或者第三人)达成的不转移财产的占有，将该财产作为债权的担保的书面合同。当债务人不履行债务时，债权人有权依法就该财产折价拍卖或者变卖的价款优先受偿。质押合同是质权人(通常是债权人)与出质人(债务人或第三人)签订的担保性质的合同。出质人将一定的财物(通常是动产、有价证券等)交质权人占有，向质权人设定质押担保，当债务人不能履行债务时，质权人可以依法处分质物，并就所得价款优先受偿。

(六)发放贷款

贷款合同签订后，贷款人按照合同约定的期限足额发放贷款。如果贷款人未能如期足额发放贷款，应当偿付违约金。

(七)贷后检查

贷款发放后，贷款人还要对贷款的用途进行追踪，如果借款人未按照合同约定的用途使用贷款的，可以追究违约金；严重违约时，贷款人还可以追回贷款。

(八)归还贷款

贷款人应当根据贷款距离到期日所剩余的期限和金额进行计算，在短期贷款到期1周之前、中长期贷款到期1个月之前，向借款人发送还本付息通知单。对逾期还贷者要发出催收通知单或电话催讨。对逾期贷款，贷款人应对借款人加收罚息。对借款人多次催讨仍拒不还款的，贷款人应当及时采取诉讼手段。

借款人因为各种原因造成贷款不能按期归还，可在贷款到期前10个工作日内向银行申请展期并填写《借款展期申请书》。申请抵押、质押和保证贷款展期的，还应由抵押人、出质人、保证人出具书面同意续押或续保文件，如果原抵押人、出质人、保证人不愿续押或续保，借款人应征得贷款银行同意，提供新的担保，否则贷款银行不予办理贷款展期。短期贷款展期期限累计最长不得超过原贷款期限；中期贷款展期期限累计不得超过原贷款期限的一半；长期贷款展期期限累计不得超过3年，国家另有规定的除外。

四、贷款合同

(一)贷款合同的定义和特征

1. 贷款合同的定义

贷款合同是指由贷款人将一定数额的货币付给借款人，借款人按规定的用途使用贷款并按期还本付息的协议。从法律角度看，贷款是一种债，是一种基于借贷双方的“合意”而产生的合同之债。这种债因贷款合同的有效成立而产生，因贷款合同的履行而消灭。其中，贷款人为债权人，而借款人为债务人。贷款人应在中国境内并持有《金融机构法人许可证》或《金融机构营业许可证》，应是经工商部门核准登记的金融机构；而借款人为依法在中国境内登记成立的企事业单位或自然人。

2. 贷款合同的法律特征

(1)贷款合同应建立在平等自愿、等价有偿的基础上。贷款合同的双方当事人是平等的企业或个人，贷款人不得将自己的意志强加于对方，不得订立不合理、不公平的格式合同来免除自己的法律责任。

(2)贷款合同的标的可以是人民币或外币。

(3)贷款合同是诺成合同。与存款合同不同，只要贷款人与借款人订立了书面的贷款合同，即使贷款没有到位，双方的合同也已经生效。

(4)贷款合同是要式合同和格式合同。贷款合同应以书面形式订立，口头形式订立的贷款合同无效。有的贷款合同还要附特定的生效条件，如以从合同的生效作为主合同的生效条件。由于我国《商业银行法》第36条规定，对于商业银行贷款，借款人应当提供担保，商业银行应当对保证人的偿还能力，抵押物、质物的权属和价值以及实现抵押权、质权的可行性进行严格审查。经商业银行审查、评估，确认借款人资信良好、确能偿还贷款的，可以不提供担保。

(5)贷款合同为主合同，而保证合同、抵押合同和质押合同均为从合同。

(二)贷款合同的主要条款

贷款合同的主要内容包括：(1)当事人的名称或者姓名和住所；(2)贷款种类；(3)币种；(4)贷款用途；(5)贷款金额；(6)贷款利率；(7)贷款期限(或还款期限)；(8)还款方式；(9)借贷双方的权利和义务；(10)担保条款；(11)违约责任；(12)双方认为需要约定的其他事项(如纠纷解决方法等)，其中，争议解决条款的效力不受贷款合同效力的影响。

（三）合同当事人的权利、义务

借款人是指从经营贷款业务的金融机构贷款的法人、其他经济组织、个体工商户和自然人。贷款人是指在中国境内依法设立的经营贷款业务的金融机构。

1.借款人的权利

（1）借款人可以自主向主办银行或者其他银行的经办机构申请贷款并依条件取得贷款。

（2）借款人有权按合同的约定提取和使用全部贷款。

（3）借款人有权拒绝借款合同以外的附加条件。

（4）借款人有权向贷款人的上级和人民银行以及银行业监督管理机构反映、举报有关情况。

（5）在征得贷款人同意后，借款人有权向第三人转让债务。

2. 借款人的义务

（1）借款人应如实提供贷款人要求的资料（法律规定不能提供者除外），如实提供所有开户行、账号及存贷款余额情况，配合贷款人的调查、审查和检查。

（2）借款人应接受贷款人对其使用信贷资金情况和有关生产经营、财务活动的监督。

（3）借款人应按合同约定的用途使用贷款。

（4）借款人应按合同约定及时清偿贷款本息。

（5）借款人将债务全部或部分转让给第三人的，应取得贷款人的同意。

（6）有危及贷款人债权安全的情况时，应及时通知贷款人。

3.对借款人的限制

（1）借款人不得在一个贷款人同一辖区内的两家或两家以上同级分支机构取得贷款。

（2）借款人不得向贷款人提供虚假的或者隐瞒重要事实的资产负债表和损益表等。

（3）借款人不得用贷款从事股本权益性投资，国家另有规定的除外。

（4）借款人不得用贷款在有价证券、期货等方面从事投机经营。

（5）除依法取得经营房地产资格的借款人以外，一般借款人不得用贷款经营房地产业务；依法取得经营房地产资格的借款人，不得用贷款从事房地产投机。

（6）借款人不得套取贷款用于借贷以谋取非法收入。

（7）借款人不得违反国家的外汇管理规定使用外币贷款。

（8）借款人不得采取欺诈手段骗取贷款。

4. 贷款人的权利

（1）贷款人有权要求借款人提供与借款有关的资料。

（2）贷款人有权根据借款人的条件决定贷与不贷、贷款金额、期限和利率等，根据贷款条件和贷款程序自主审查和决定贷款，除国务院批准的特定贷款外，有权拒绝任何单位和个人强令其发放贷款或者提供担保。

（3）贷款人有权了解借款人的生产经营活动和财务活动。

（4）贷款人有权依合同约定从借款人账户上划收贷款本金和利息。

（5）借款人未能履行借款合同规定的义务的，贷款人有权依合同的约定要求借款人提前归还贷款或停止支付借款人尚未使用的贷款。

（6）在贷款将受或已受损失时，贷款人可依合同规定，采取使贷款免受损失的措施。

5.贷款人的义务

（1）贷款人应公布所经营的贷款的种类、期限和利率，并向借款人提供咨询。

(2)贷款人应公开贷款审查的资信内容和发放贷款的条件。

(3)贷款人应审议借款人的借款申请并及时答复贷与不贷。其中,短期贷款的答复时间不得超过1个月,中长期贷款的答复时间不得超过6个月,国家另有规定的除外。

(4)贷款人应当对借款人的财务、生产和经营情况保密,但对依法查询的除外。

6.对贷款人的限制

(1)贷款的发放必须严格执行《商业银行法》第39条关于资产负债比例管理的有关规定以及第40条关于不得向关系人发放信用贷款、向关系人发放担保贷款的条件不得优于其他借款人同类贷款条件的规定。

(2)借款人有下列情形之一的,不得对其发放贷款:①不具备《贷款通则》第4章第17条所规定的资格和条件的;②生产、经营或投资国家明文禁止的产品、项目的;③违反国家外汇管理规定的;④建设项目按国家规定应当报有关部门批准而未取得批准文件的;⑤生产经营或投资项目未按规定取得环境保护部门许可的;⑥在实行承包、租赁、联营、合并(兼并)、合作、分立、产权有偿转让、股份制改造等体制变更过程中,未清偿、落实原有贷款债务或提供相应担保的;⑦有其他严重违法经营行为的。

(3)未经中国人民银行批准,不得对自然人发放外币币种的贷款。

(4)自营贷款和特定贷款,除按规定计收利息之外,不得收取其他任何费用;委托贷款,除按规定计收手续费之外,不得收取其他任何费用。

(5)不得为委托人垫付资金,国家另有规定的除外。

(6)严格控制信用贷款,积极推广担保贷款。

(四)贷款合同的抗辩

贷款人享有的先履行抗辩权又称不安抗辩权,是指负有先履行义务的贷款人在贷款合同签订之后,有确切证据证明借款人有下列情形之一的,可以中止(暂时停止)交付约定款项,并要求借款人提供适当担保:(1)经营状况严重恶化;(2)转移财产、抽逃资金以逃避债务;(3)丧失商业信誉;(4)有丧失或者可能丧失履行债务能力的其他情形,难以按期归还贷款的。

借款人在合理期限内未恢复履行能力并且未提供适当担保的,贷款人可以解除合同。但贷款人对此有通知义务和举证责任;贷款人没有确切证据而中止履行的,应当承担违约责任。

(五)贷款合同的保全

依据《合同法》的规定,贷款合同的当事人(尤其是金融机构)可采取以下保全措施来维护自己的债权:

1.代位权

代位权是指因债务人怠于行使其到期债权,对债权人造成损害的,债权人可以向人民法院请求以自己的名义代位行使债务人的债权。代位权的行使范围以债权人的债权为限,同时,债权人行使代位权的必要费用由债务人负担。

2.撤销权

撤销权是指因债务人放弃其到期债权或者无偿转让财产,对债权人造成损害的;或者债务人以明显不合理的低价转让财产,对债权人造成损害,并且受让人知道该情形的,债权人可以请求人民法院撤销债务人的行为。

如果借款人放弃其到期债权或无偿转让其财产,至无法归还银行贷款,银行可依法行使撤销权,请求法院撤销该免除债务行为或无偿转让行为。

撤销权的行使范围以债权人的债权为限。债权人行使撤销权的必要费用由债务人负担。

同时,该撤销权自债权人知道或者应当知道撤销事由之日起1年内行使。自债务人的行为发生之日起5年内没有行使撤销权的,该撤销权消灭。

（六）贷款合同法律效力的认定

1.贷款合同生效的4个要件

合同是当事人之间设立、变更和终止民事权利义务关系的协议。合同依法成立即生效。判断一份合同是否合法生效的主要依据有:

(1)主体要合格。对于自然人而言,要有完全民事行为能力;对于法人而言,合同内容与经营范围要一致。

(2)内容要合法。没有违反法律法规的强制性规定。

(3)意思表示要真实。一方没有采用欺诈、胁迫、乘人之危等手段订立合同。

(4)合同形式要合法。贷款合同是格式合同,也是书面合同。贷款合同采用口头形式无效。

贷款合同如果在以上4个方面有问题则可能导致合同无效或可撤销,不能产生当事人预期的法律效果。如果贷款人无金融机构营业许可证而发放贷款,则该合同无效。如果借款人采用欺诈手段骗取贷款,所签订的合同是可以撤销的。贷款合同作为格式合同,必须采用书面形式,口头合同无效。

2.无效贷款合同的法律后果

上述无效或被撤销的贷款合同自始无效,自合同订立时起就不具有法律约束力。在我国,判断贷款合同法律效力的机构是人民法院和仲裁机构。对于无效合同,当事人没有履行的,不得履行;正在履行的,终止履行;已经履行的,其财产后果依法处理,包括以下方式:

(1)返还财产。返还财产是将无效合同取得的财产恢复到合同订立之前的状态,往往是由有过错的一方将基于合同而获得的财产返还给无过错的一方。例如,借款人采用欺诈手段订立贷款合同,在合同被撤销后,借款人应将合同本金返还给贷款人。

(2)赔偿损失。对于有过错的一方,返还财产并不能免除其应承担的赔偿责任。如果借款人伪造财务报表,隐瞒自己真实的财务状况以骗取贷款人的信任,在合同被撤销之后,借款人不仅应将合同本金返还给贷款人,还应赔偿贷款人因此而遭受的利息损失。

(3)追缴财产。对于借款人和贷款人恶意串通,损害国家、集体和第三人利益而订立的贷款合同,法院要依法追缴双方已经取得和约定取得的财产。如果贷款人明知借款人借款的用途是生产国家明令禁止的产品而仍与借款人签订贷款合同,则该合同属于无效合同,适用追缴财产的法律后果。

（七）贷款合同纠纷的解决

按照《合同法》的规定,当事人发生贷款合同纠纷后,可以通过第三人调解、当事人协商和解、仲裁或诉讼等方式加以解决。当事人不愿和解、调解或者和解、调解不成的,可以根据仲裁协议向仲裁机构申请仲裁。当事人没有订立仲裁协议或者仲裁协议无效的,可以向人民法院起诉。

当事人应当履行发生法律效力的判决、仲裁裁决、调解书,拒不履行的,对方当事人可以请求人民法院强制执行。

五、贷款风险管理制度

（一）按照国际惯例建立我国的贷款风险监管制度

1.建立国际通行的贷款风险分类法

2003年以前，我国将银行信贷资产分为4类：正常贷款、逾期贷款、呆滞贷款和呆账贷款。不良贷款包括呆账贷款、呆滞贷款和逾期贷款。其中，呆账贷款是指逾期3年以上的贷款、资不抵债和关停企业的贷款、丧失还款能力和担保人难以归还的贷款。呆滞贷款是指逾期超过规定年限仍未归还，或虽未逾期但生产经营已停止的贷款。逾期贷款是指超过合同约定的还款期限而未偿还的贷款。

2001年，中国人民银行制定《贷款风险分类指导原则》，按照国际惯例建立了5级分类法。该分类法建立在对借款人的风险进行动态监控的基础上，将贷款分为正常、关注、次级、可疑、损失5类，其中，后3类为不良贷款。

(1)正常。正常类贷款是指借款人能够履行合同，没有足够理由怀疑贷款本息不能按时足额偿还。正常类贷款的主要特征是：①借款人的贷款本息未逾期或逾期未超过3个月；②借款人的生产、经营稳定；③借款人用正常经营活动产生的现金还款，且现金流量稳定；④借款人的贷款资料齐全。

(2)关注。关注类贷款是指尽管借款人目前有能力偿还贷款本息，但存在一些可能对偿还产生不利影响的因素。

(3)次级。次级类贷款是指借款人的还款能力出现明显问题，完全依靠其正常营业收入无法足额偿还贷款本息，即使执行担保，也可能会造成一定损失。

(4)可疑。可疑类贷款是指借款人无法足额偿还贷款本息，即使执行担保，也肯定会造成较大损失。

(5)损失。损失类贷款是指在采取所有可能的措施或一切必要的法律程序之后，本息仍然无法收回，或只能收回极少部分。

使用贷款风险分类法对贷款质量进行分类，实际上是判断借款人及时足额归还贷款本息的可能性，考虑的主要因素包括：①借款人的还款能力；②借款人的还款记录；③借款人的还款意愿；④贷款的担保；⑤贷款偿还的法律责任；⑥银行的信贷管理。借款人的还款能力是一个综合的概念，包括借款人的现金流量、财务状况、影响还款能力的非财务因素等。银行应从动态角度全面评估借款人的还款风险。

2. 建立贷款集中度的监管制度

贷款集中度是指银行对单一客户的贷款余额与银行净资本的比例。银行贷款往往趋向于集中于某一客户或某几家大客户；过于集中于某一行业或部门，如农业、房地产等；过于集中于某一地区。从短期来看，贷款集中有利于银行降低成本、提高效率，对于企业而言，有利于形成规模效应；但从长远来看，会造成银行风险过分集中，且不利于中小企业和穷困地区的发展。

我国《商业银行法》第39条规定，对同一借款人的贷款余额与商业银行资本余额的比例不得超过10%，对最大的10家客户发放的贷款总额与银行资本总额的比例不得超过50%。同一借款人是指同一自然人或法人。

3. 资产负债比

我国《商业银行法》第39条规定，商业银行的贷款应当遵守下列资产负债比例管理的规定：贷款余额与存款余额的比例不得超过75%，流动性资产余额与流动性负债余额的比例不得低于25%。

4. 资本充足率监管

$$资本充足率=\frac{资本}{风险加权资产}$$

资本充足率的目标标准比率为8%。根据《商业银行资本充足率管理办法》和《巴塞尔协议》的规定，商业银行的资本充足率不得低于8%，核心资本充足率不得低于4%。

(二)完善我国商业银行内部的贷款风险管理制度

1.建立行长负责制

贷款实行行长(经理、主任)负责制，并实现分级管理。各级行长应当在授权范围内对贷款的发放和回收负责。行长可以授权副行长或贷款管理部门负责审批贷款，副行长或贷款管理部门应当对行长负责。各贷款机构应当建立由行长及相关部门负责人参加的贷款审查委员会(小组)，负责贷款的审查。

2.建立审贷分离制

审贷分离是指将贷款过程中的贷款调查工作和贷款审查工作相分离，从而形成贷前调查、贷时审查的既相互统一又相互制约的工作机制。调查部门的工作重点在于调查借款人的身份和信用等级。每家银行的内部应建立贷款审查委员会，负责贷款的审查。

3.建立贷款分级审批制

分级审批是指按照贷款金额的大小、贷款的方式、贷款风险度的大小由上级授权，各职能部门在授权范围内审批贷款。贷款人应当根据业务量的大小、管理水平、贷款风险度确立各分支机构的审批权限。超过审批权限的贷款，应当报上级审批。

4.建立信贷工作岗位责任制

各级贷款管理部门应当将贷款管理每一环节的管理责任落实到部门、岗位、个人，严格划分各级信贷工作人员的职责。贷款评估人员负责调查评估，贷款发放人员负责贷款的发放。

5.建立离职审计制度

贷款管理人员调离岗位前，应对任职期内的贷款进行审计。

6.建立不良贷款问责制

产生不良贷款的原因很复杂，有些是银行无法防范的，有些则可通过建立健全规章制度加以防范。由于商业银行已经建立审贷分离和岗位责任制，在此基础上，一旦发生不良贷款，要分析原因，如果是银行工作人员的过错，则应严格追究其法律责任。

第五节　银行信贷风险的法律防范

现代经济是信用经济，市场化程度越高，对社会信用体系发育程度的要求也越高。金融是现代经济的核心，银行业作为金融业的主体，是传统的融资中介，其健康发展尤其需要一个良好的信用环境，这是银行赖以生存的基础。没有这个信用基础，银行信用就会出现问题，严重时社会经济也会出现问题，引发金融危机乃至经济危机。

银行容易出现信用风险是与其经营产品的特点息息相关的。银行的特殊性在于它必须确保受信和授信这两个信用关系的双向兑现，即两个过程双向回流的衔接。如果银行信用风险引起损失，最直接的体现就是形成银行的不良资产，信用关系的一方无法兑现。在20世纪90年代末，我国四大国有商业银行的不良贷款居高不下，国家作为主要出资人先后采取了许多措施来解决这个问题，取得了一定的成效，但这些成效都是外因在起作用，真正靠银行自身解决问题的效果并不理想。

银行信用风险引起的不良贷款表面上是企业对银行的失信，实质上损害的是银行出资人、所有者和广大存款人的利益。由于银行经营产品的特殊性，银行业的经营情况直接涉及居民和企业的利益，银行系统的危机具有连锁反应，挤兑逐步升级就有可能一发而不可收拾，造成整个社会信用体系的崩溃，甚至引发政治危机。此外，银行的信用风险还是银行其他风险的源头，当信用风险加剧时，还可能引发银行的流动性风险、支付风险、声誉风险等。因此，银行的信用风险是对银行最具威胁力的风险，最主要的表现就是银行信贷所产生的法律风险。

一、银行信贷风险的定义

银行信贷风险是指借款人到期不履行协议，造成银行的贷款价值下降或无价值的概率。银行信贷风险属于银行信用风险的一种，而银行信用风险一般被列为银行的主要风险。根据国际清算银行巴塞尔委员会在《有效银行监管的核心原则》中的规定，信用风险是指获得银行信用支持的债务人由于种种原因不能或不愿遵照合同规定按时偿还债务而使银行遭受损失的可能性。

二、产生信贷风险的原因

(一)社会信用体制有待完善

我国正在建设成为社会主义征信国家，我国的市场经济应建立在法治健全和信用完善的基础上，这是一个渐进的过程。国家近几年颁布了《征信业管理条例》等法律规范，客观上结束了社会征信活动无法可依的现状，但由于失信的惩罚机制未完全建立，在社会经济活动中信用缺失的现象还较普遍，反映在银行信贷方面，就是贷款的违约风险仍时有发生，违约人仍心存侥幸，对于失信所造成的后果缺乏充分认识。

(二)部分商业银行未能严格执行监管规定和内部管理制度

为了降低银行信贷风险，银监会出台了很多监管规定，如2006年发布了《商业银行风险监管核心指标(试行)》、2007年发布并实施了新修订的《商业银行资本充足率管理办法》、2008年发布并实施了《商业银行专业贷款监管资本计量指引》等。但在实际操作中，有些商业银行总是不能严格执行，导致不良贷款率居于高位。

(三)借款人由于各种原因不能或不愿还款

我国《商业银行法》规定，借款人可以是法人、其他经济组织、个体工商户和自然人。不同主体承担风险的能力不同，贷款人要进行严格的信用评估并决定是否发放贷款。尽管如此，由于失业、疾病、破产等客观因素，借款人不可避免地会出现违约风险。

除了还款不能外，有些借款人会采取各种手段骗取银行贷款。例如，企业通常采取的获得贷款的违法手段有：(1)有的企业编造财务报表欺骗银行获取贷款；(2)有的企业对审贷人员进行利诱，在不符合条件的情况下违法发放贷款。这些行为都严重损害了银行利益，扰乱了正常的金融秩序。

三、保证贷款的法律风险及其防范

(一)保证贷款的法律风险

保证贷款是指按照法律规定的保证方式以第三人承诺在借款人不能偿还贷款时，按约定承担一般保证或连带责任而发放的贷款。

1. 保证人不具有相应资格而导致保证合同无效

根据《担保法》的规定，国家机关、学校、幼儿园、医院等机构一般情况下不得作为保证人。

企业法人的分支机构和职能部门不得作为保证人，除非分支机构有法人书面授权，则可以在授权范围内提供保证。

2．互相担保和连环担保产生的风险

互相担保是指两个不同的企业在向银行贷款时互相为对方担保。连环担保即循环担保，是指3个以上的企业轮流为其他企业担保的行为。互相担保和循环担保虽不违法，但会加大担保的风险。一旦某一家企业贷款违约，就会波及其他若干家担保企业。

3．保证人责任因过了保证期间而免除

根据《担保法》第25条的规定，一般保证的保证人与债权人未约定保证期间的，保证期间为自主债务履行期届满之日起6个月。根据《担保法》第26条的规定，连带责任保证的保证人与债权人未约定保证期间的，债权人有权自主债务履行期届满之日起6个月内要求保证人承担保证责任。在合同约定的保证期间和前款规定的保证期间内债权人未要求保证人承担保证责任的，保证人免除保证责任。

4．保证人破产

保证人作为第二还款来源，只有在债务人不履行还款义务时才会依照约定履行债务。如果保证人破产，则债权人的第二还款来源就会落空，对银行而言，就会带来信贷风险。

（二）银行防范措施

1．信贷人员应做好贷前审查工作，必要时可实地调查

虽然银行信贷工作可分为贷前、贷中和贷后三个环节，但对于银行来说，最重要的就是贷前的审查环节。在保证贷款中，要严格审查贷款担保人的资格，看其是否有履约能力和代为清偿能力，是否属于合格的担保主体。如果保证人履约能力不够，还可共同保证或增加物的担保。同一债权既有保证又有第三人提供物的担保的，债权人可以请求保证人或者物的担保人承担保证责任。同一债权既有保证又有物的担保的，保证人对物的担保以外的债权承担保证责任。债权人放弃物的担保的，保证人在债权人放弃权利的范围内免除保证责任。

2．银行在签订保证合同时应尽量要求保证人承担连带保证责任

一般保证人享有先诉抗辩权，对债权人较为不利。一般保证的保证人在主合同纠纷未经审判或仲裁，并就债务人财产依法强制执行仍不能履行债务前，对债权人可以拒绝承担保证责任。而连带责任保证的债务人在主合同规定的债务履行期届满没有履行债务时，债权人可以要求债务人履行债务，也可以要求保证人在其保证范围内承担保证责任。

3．多种催收贷款方式和财产保全措施并举，确保银行债权的实现

银行对未按期还款的贷款人，应采用电话催收、信函催收、上门催收、律师函、司法催收等方式督促借款人按期偿还贷款本息，以最大限度地降低贷款损失。

四、抵押贷款的法律风险及其防范

（一）抵押贷款的法律风险

抵押贷款是指按《担保法》规定的抵押方式，以借款人或第三人的财产作为抵押物而发放的贷款。

1．未办理抵押登记的风险

根据《担保法》的规定，必须办理抵押登记方能生效的财产有房屋、土地使用权、林木、机动车、企业的设备和动产，如未登记会导致抵押权无效。

2．抵押物属于法律规定禁止设定抵押的财产

在我国，以下6类财产不得设定抵押：(1)土地所有权；(2)耕地、自留地、宅基地、自留山等集体所有的土地的使用权；(3)学校、幼儿园、医院等事业单位、社会团体的设施；(4)所有权、使用权不明或有争议的财产；(5)依法被查封、扣押、监管的财产；(6)依法不得抵押的其他财产。如以上述财产作为抵押，则该行为无效。

3. 抵押物价值被高估产生的风险

银行在接受抵押财产时的价值认定是以抵押物的现值为依据的，但在估价时要考虑抵押物的折旧，特别要防范抵押物价值被高估时产生的风险。

4. 再抵押产生的风险

再抵押又称重复抵押，是指抵押人对抵押财产的价值大于所担保债权的余额的部分可以进行再次抵押。根据《担保法》第54条的规定，同一财产向两个以上债权人抵押的，拍卖、变卖抵押物所得的价款按照以下规定清偿：抵押合同已登记生效的，按照抵押物登记的先后顺序清偿；顺序相同的，按照债权比例清偿。由此可见，再抵押虽不违法，但抵押权人要防范由于多次抵押所带来的抵押物价值低于贷款金额的风险。

5. 抵押物的灭失、毁损

抵押物往往是房屋或机动车等大宗财产，由于不转移物的占有，因此，在抵押过程中，抵押物会由于抵押人的过失或不可抗力而产生灭失、毁损的风险。

(二)防范措施

第一，大多数抵押都应办理抵押登记，否则抵押合同不能生效。我国《担保法》第42条规定，办理抵押登记的部门如下：(1)以无地上定着物的土地使用权抵押的，为核发土地使用权证书的土地管理部门；(2)以城市房地产或者乡(镇)、村企业的厂房等建筑物抵押的，为县级以上地方人民政府规定的部门；(3)以林木抵押的，为县级以上林木主管部门；(4)以航空器、船舶、车辆抵押的，为运输工具的登记部门；(5)以企业的设备和其他动产抵押的，为财产所在地的工商行政管理部门。如不是法律强制要求的，也可通过公证机关办理抵押登记。

第二，对抵押物应委托专业机构进行价格评估。评估时不仅要考查其静态价值，还要考查其动态价值，尤其是日后流通的可能性和价值减损问题。

第三，要求抵押人为抵押物购买财产保险。

第四，认真审核贷款人的经营状况和收入状况，特别是现金流量分析很重要。抵押担保毕竟是第二还款来源，只能作为信贷安全的补充手段。

五、质押贷款的法律风险及其防范

(一)质押贷款的法律风险

质押贷款是指按《担保法》规定的质押方式以借款人或第三人的动产或权利作为质物发放的贷款。

1. 需要登记或转移占有的质押物未进行登记或转移占有的风险

知识产权、股票、保单质押需登记。一般的动产在设立质押后应当转移给贷款人占有。

2. 权利质押中无形财产价值的贬损导致的风险

可以转让的注册商标专用权、专利权、著作权等知识产权中的财产权可以作为质押物，但知识产权作为无形财产很容易贬值，在对质押物进行评估时应考虑这一特点，不宜估价过高。

3. 质押人未经质押权人同意转让质押权利的风险

设立质押后，质押物要转移占有，而质押的权利则不转移占有，在质押期间会存在质押人私自转让质押权利的风险。

(二)防范措施

第一,银行应严格审查质押的权利凭证(如股票、存单、保单等),谨防造假。用于质押的动产或权利应具有财产性、合法性和可转让性,有些财产,如出土文物等不能转让的则不能出质。

第二,银行应严格控制质押比率,一般为质押物价值的50%~70%。

第三,股票、知识产权、应收账款等设立质押时应登记。

六、贷款案件在起诉阶段的法律风险及其防范

(一)起诉阶段的法律风险

1. 贷款人在发生诉讼时不能选择准确的被告

《民事诉讼法》第108条规定,起诉必须符合下列条件:(1)原告是与本案有直接利害关系的公民、法人或者其他组织;(2)有明确的被告;(3)有具体的诉讼请求和事实、理由;(4)属于人民法院主管和管辖。

借款人不能还款往往是因为面临各种变故,如企业分立、合并和改制。在借款人分立时,应按照分立协议的约定选择具体债务的承担人;在借款企业合并或改制时,应选择合并或改制之后的主体作为被告。企业债务的履行不受法定代表人变更或企业改名的影响。如果借款人为自然人,下落不明满2年的,应考虑宣告失踪,并以法院指定的财产代管人为被告;如果借款人死亡或宣告死亡的,贷款人应以借款人的继承人为被告提起诉讼。

在起诉之前,如果原贷款合同中签订有仲裁条款的,则贷款银行应选择仲裁而不能提起诉讼。根据我国《仲裁法》的规定,经济纠纷采取或裁或审制度。或裁或审是指双方当事人在纠纷发生前或发生后,有权选择解决争议的途径,该途径分别是:双方达成仲裁协议,将争议提交仲裁解决;或者在争议发生后向人民法院提起诉讼,通过诉讼途径解决争议。其具体内容是指当事人如果达成仲裁协议的,应当向仲裁机构申请仲裁,而不能向法院起诉。由于仲裁是由当事人双方自愿选择的一种解决争议的方式,仲裁协议一经达成,双方当事人即受仲裁协议的约束,任何一方都应当信守协议。人民法院不能受理当事人之间已达成仲裁协议的起诉。双方当事人就相互之间的有关纠纷已达成仲裁协议,该纠纷的管辖权则应依双方的共同意愿而属于仲裁机构,于是排除了法院对该纠纷的管辖权。

2. 超过诉讼时效起诉的风险

诉讼时效是指民事权利受到侵害的权利人在法定的时效期间内不行使权利,当时效期间届满时,人民法院对权利人的权利不再保护的制度。在法律规定的诉讼时效期间内权利人提出请求的,人民法院可强制义务人履行所承担的义务。而在法定诉讼时效期间届满之后,权利人行使请求权的,人民法院就不再予以保护。值得注意的是,诉讼时效届满后,义务人虽可拒绝履行其义务,但权利人请求权的行使仅发生障碍,权利本身及请求权并不消灭。当事人超过诉讼时效起诉的,人民法院应当受理。受理后查明无中止、中断、延长事由的,判决驳回其诉讼请求。

贷款合同一般适用普通诉讼时效。这类时效不是针对某一特殊情况规定的,而是普遍适用的,如我国《民法通则》第135条规定,向人民法院请求保护民事权利的诉讼时效期间为2年,法律另有规定的除外。《民法通则》第137条规定,诉讼时效期间从知道或者应当知道权利被侵害时起计算。但是,从权利被侵害之日起超过20年的,人民法院不予保护。其意思为,权利人不知或不应知道权利已被侵害,自权利被侵害之日起经过20年的,其权利也失去法律的

强制性保护。时效具有强制性,任何时效都由法律、法规强制规定,任何单位或个人对时效的延长、缩短、放弃等约定都是无效的。

由于时效规定的强制性,贷款人要及时追讨不良贷款,以避免呆账、坏账的产生。如果债务人下落不明或死亡等,则要及时采取司法手段。

(二)防范措施

1. 委托专业律师代为追讨或起诉

在发生借款人逾期还款后,贷款银行应根据逾期期限和金额分别采用电话催收、信函催收、上门催收、律师函等方式督促借款人按期偿还贷款本息。在采用前几种方式都无果的情况下,贷款银行应委托专业律师依法提起民事诉讼。在追讨时,一方面要告知借款人逾期还款的法律后果,另一方面要注意保护好借款人的隐私权,不要采用非法手段维权。

2. 在诉讼时效内起诉维权并保留好相关证据,为以后诉讼做好准备

贷款银行自借款人不能清偿到期款项之日起 2 年内应提起违约之诉,如果在 2 年内起诉有困难的,贷款银行应采用发送催讨函、与借款人达成和解协议等方式中断诉讼时效。

七、审理阶段的法律风险及其防范

(一)审理阶段的法律风险

1. 举证不能的风险

举证责任是指当事人根据法律规定对特定事实提供相关证据加以证明的责任。举证环节的风险具体包括当事人作伪证或提供孤证等。

2. 未能正确行使撤销权和代位权的风险

(1)撤销权是指因债务人放弃到期债权或者无偿转让财产,对债权人造成损害的,债权人可以请求法院撤销债务人的行为。

(2)代位权是指因债务人怠于行使其到期债权,对债权人造成损害的,债权人可以向法院请求以自己的名义代位行使债务人的债权。

3. 未能正确行使不安抗辩权的风险

不安抗辩权是指当事人互负债务,有先后履行顺序的,先履行的一方有确切证据证明另一方丧失履行债务的能力,在对方没有履行或者没有提供担保之前,有权中止履行合同的权利。规定不安抗辩权是为了切实保护当事人的合法权益,防止借合同进行欺诈,促使对方履行义务。应当先履行债务的当事人有确切证据证明对方有下列情形之一的,可以中止履行:(1)经营状况严重恶化;(2)转移财产、抽逃资金以逃避债务;(3)丧失商业信誉;(4)有丧失或者可能丧失履行债务能力的其他情形。贷款银行作为先履行合同的一方,可以在满足上述条件时行使不安抗辩权。如果并无确切证据证明借款人丧失履约能力就中止放款,则会构成违约。

(二)防范措施

1. 贷款银行在诉讼中应做好举证和质证工作,正确行使诉权

民事诉讼证据是能够证明民事案件真实情况的客观事实和材料。民事诉讼证据有三个最基本的特征,即客观真实性、关联性和合法性。在整个案件的审理过程中,贷款银行应紧密结合"三性原则"进行证据的收集、整理、举证、质证工作,维护自身的合法权益。

2. 贷款银行应正确行使撤销权、代位权和不安抗辩权

如果当事人没有确切证据中止履行的,应当承担违约责任。当事人依照《合同法》第 68 条的规定中止履行的,应当及时通知对方。对方提供适当担保时,应当恢复履行。中止履行后,

对方在合理期限内未恢复履行能力并且未提供适当担保的，中止履行的一方可以解除合同。

八、执行阶段的法律风险及其防范

(一)执行阶段的法律风险

1. 申请执行人未能在法定期限内提出申请强制执行而产生的风险

法院受理执行案件需符合以下条件：(1)申请或移送执行的法律文书已生效；(2)申请执行人是生效法律文书的权利人或其继承人、权利承受人；(3)申请执行人在法定期限内提出申请，自然人自法律文书生效之日起12个月内，法人自法律文书生效之日起6个月内提出申请；(4)申请执行的法律文书有给付内容，且给付标的和被执行人明确；(5)义务人在生效法律文书确定的期限内未履行义务的；(6)属于接受申请法院管辖。

2. 债务人转移财产、逃废债务的风险

败诉的债务人有可能采取各种手段逃避法院的强制执行，包括伪造债务、假诉讼、假离婚等。

3. 债务人关停并转的风险

债务人为了逃避法院的强制执行，有可能会假破产、改名等。

4. 贷款人不能及时提供债务人的财产状况和线索的风险

进入执行程序后，贷款人要密切关注债务人的财产状况，收集与债务人相关的财产线索，及时提供给法院，以保证强制执行的准确性。

(二)防范措施

1. 委托专业律师代为申请执行

如果是复杂案件，在执行阶段，申请执行人应聘请专业律师，由律师提出执行申请。

2. 采取执行和解、限制高消费令、限制出入境等多种方法

执行和解是指在法院执行过程中，双方当事人经过自愿协商，达成协议，结束执行程序的活动。和解的内容可以是一方自愿放弃一部分或全部权利，也可以是一方满足另一方的要求，还可以是双方都作一些让步。此外，限制高消费和限制出入境等也是法院在执行过程中可以采取的积极举措。

3. 通过新闻媒体等对债务人进行曝光并引起全社会的关注

在现代社会，有关公民和法人的信用信息都要依法收集并整理，对于债务人拖欠债款的不良信息应作为负面消息记入公共信用信息数据库，使失信者受到应有的制裁。必要时，法院还可以通过新闻媒体、官方网站、法院公告栏等将执行信息予以公告，以督促债务人履行债务。

4. 必要时可追究债务人拒不执行法院判决罪的刑事责任

我国《刑法》第313条规定，对人民法院的判决、裁定有能力执行而拒不执行，情节严重的，处以3年以下有期徒刑、拘役或者罚金。对拒不执行法院已经生效的判决、裁定，情节严重的债务人，可以追究其相应的刑事责任。

基本概念

银行信用　银行信用法律关系　商业银行　商业银行法定业务　接管　个人存款　单位存款　存款合同　个人存款实名制　存款保险　银行贷款　贷款合同　信用贷款　担保贷款　自营贷款　委托贷款　代位权　撤销权　信贷风险　贷款集中度

诉讼时效　不安抗辩权　举证责任

本章小结

1. 在现代社会信用体系中，银行信用已成为社会信用的主要形式。银行信用是指银行等金融机构以货币形式给予借款人的信用。银行信用法律关系是指商业银行在信用业务中与自然人和法人所发生的权利义务关系，由主体、客体和内容三个要素构成。

2. 商业银行的法定业务包括负债业务、资产业务和中间业务。商业银行在中国境内不得从事信托投资和证券经营业务，不得向非自用不动产投资或者向非银行金融机构和企业投资，但国家另有规定的除外。

3. 商业银行的经营原则包括安全性、流动性和效益性原则；自主经营、自担风险、自负盈亏、自我约束原则；公平竞争原则；平等自愿、公平、诚实信用原则。商业银行关于存款业务的基本原则包括存款业务特许经营原则；存款自愿、取款自由、存款有息、为存款人保密原则；依法交存存款准备金原则；合法正当吸存原则。

4. 存款保险制度是指一个国家为保护存款人利益和维护金融秩序的稳定而设立存款保险机构作为投保机构，由存款机构缴纳保险费，在存款机构因意外事故破产时可对债务清偿实施金融保障的制度。该制度非常重要，世界上已有100多个国家建立了该制度。

5. 银行贷款是指贷款人对借款人提供的并按约定的利息和期限还本付息的货币资金。贷款业务是银行的资产业务，又称授信业务。贷款业务以担保贷款为原则，以信用贷款为例外。

6. 商业银行要防范金融风险，首先要防范信用风险。商业银行应按照国际惯例建立我国的贷款风险监管制度：建立国际通行的贷款风险分类法和贷款集中度的监管制度；同时，还要不断完善我国商业银行内部的贷款风险管理制度。

复习思考

1. 商业银行与普通企业的区别有哪些？
2. 商业银行禁止经营的业务有哪些？
3. 如何理解商业银行安全性、流动性和效益性之间的关系？
4. 如何理解商业银行保密义务与信息披露义务之间的关系？
5. 如何进一步完善我国商业银行内部的贷款风险管理制度？
6. 如何建立我国的存款保险制度？

案例分析

吴某诉上海花旗银行储蓄合同纠纷案

2002年4月，上海光明律师事务所律师吴某到位于中山东一路的花旗银行上海分行浦西支行开立个人账户，存入800美元。但银行工作人员表示，凡存款余额低于5 000美元的客户，每月均需缴纳6美元或50元人民币的理财服务费。吴某表示自己只办理储蓄业务，无需理财，可否不缴纳理财服务费，但遭到拒绝。

同年4月9日，吴某以自己的消费权利受到侵害为由起诉至上海市浦东新区人民法院，要求法院判令花旗银行赔礼道歉并赔偿34元的交通费损失。原告认为，吸收公众存款既是银行的权利，也是其应当承担的法定义务。被告的做法事实上将小储户排除在自己的服务范围之外，是对法定义务的逃避。

［资料来源］http://www.lawyers.org.cn/info/45fc7167bb594aa5909d5c67f02ada16。

分析：法院是否应当支持原告的诉讼请求？为什么？

第五章　非银行金融机构信用法律制度

引　言

非银行金融机构主要是指除商业银行和专业银行以外的所有金融机构，包括信托、证券、保险、融资租赁等机构以及财务公司。随着我国市场经济金融体系的完整化，金融经济领域呈现资产多元化、业务专业化趋势，非银行金融机构在经济建设中发挥着越来越重要的作用。本章主要介绍保险公司信用法律制度、证券公司信用法律制度和融资租赁公司信用法律制度。

第一节　保险公司信用法律制度

一、保险与保险公司

（一）保险

1. 保险的含义

从广义上说，保险是指具有同类风险的众多单位和个人以合理计算分担金的形式共同向少数因该风险事故造成经济损失的成员提供保险经济保障或赔付的一种行为，包括社会保险、商业保险和政策保险；从狭义上说，保险仅指商业保险，即通过合同的形式，运用商业化的经营方式，由保险经营者向投保人收取保险费，当发生保险责任范围内的事故或保险条件实现时，由保险经营者对财产的损失进行补偿、对人身伤亡或年老丧失劳动能力进行给付的一种经济保障制度。我国《保险法》第2条规定，本法所称保险，是指投保人根据合同的约定，向保险人支付保险费，保险人对合同约定的可能发生的事故因其发生所造成的财产损失承担赔偿保险金责任，或者当被保险人死亡、伤残、疾病或者达到合同约定的年龄、期限等条件时承担给付保险金责任的商业保险行为。

从经济角度来看，保险是组织受到同样危险威胁的单位或个人，通过一定的保险费率收取保险费用，建立保险基金，在被保险人受到意外人身、财产损害时予以补偿的一种危害分摊方法。这种被保险人损失的分摊，不仅体现了保险人与投保人、保险人与被保险人、保险人与保险人、被保险人与被保险人之间的经济关系，而且反映了一种行之有效的财务安排。从法律角度来看，保险是一种民事法律主体之间的合同行为。合同双方依照法律的规定确定双方的权利和义务，投保人缴纳保险费并依法取得损失求偿权，保险人则按规定支付补偿或给付保险金。从风险管理的角度来看，保险是一种风险转移、责任分摊的方法，对投保人或被保险人而言，其参加保险的行为使其成为保险利益的享有者，如果其发生保险事故，则可以依法获得保险补偿以减少自己的损失。

2. 保险的前提

保险的前提在于必须具备保险人可以承保的可保风险。一般而言，必须具备如下条件：第一，风险存在的偶然性，即风险的发生与否、何时发生、何地发生均无法事先确定并且发生后的损失程度也无法预先评估；第二，风险发生的意外性，即风险不能是必定发生的事项，并且当事人对风险的发生不存在故意，只有这样，风险的发生才会不为双方所控制；第三，风险的纯粹性，即保险人所承保的风险只能是只有损失机会而无获利可能的纯粹风险，而不能是存在收益、损失双重不确定性的投机风险；第四，损失的重大性和分散性，即风险造成的经济损失数额较大或者影响比较深远；第五，风险的大量性、同质性、可测性，即风险发生的概率和损失率可以通过金融手段予以计算得出。

3. 保险的分类

保险根据不同的标准可以划分为不同的种类，对于不同的利益主体，可以根据自己的利益要求来选择某一种或者某几种保险方式。

(1)按保险标的的不同，保险可以分为财产保险和人身保险。财产保险是指所有以财产及其相关利益为保险标的的保险，包括财产损失保险、财产责任保险、信用保险、保证保险。人身保险是指以人的寿命和身体健康为保险标的的保险，包括人寿保险、健康保险、人身意外伤害保险。

(2)按风险转嫁方式的不同，保险可以分为原保险、再保险、共同保险和重复保险。原保险是指投保人与保险人之间直接订立保险合同，确立双方的权利义务关系，由投保人将危险转移给保险人，在危险发生或满足保险条件时，由保险人给予补偿或直接支付。这是日常保险事务中主要的保险类别。再保险是指保险人将所承保的保险业务的一部分或者全部交由另外一个保险人再次保险的行为，又称保险的保险或分保。共同保险又称共保，是指由多个保险人共同对同一标的的同一危险承担保险责任，保险金额不得超过保险标的的价值，在发生保险责任时，依照各保险人承担的比例分摊赔偿。重复保险是指投保人以同一标的的同一危险同时向两个或两个以上保险人投保的行为。

(3)按保险实施方式的不同，保险可分为自愿保险和强制保险。自愿保险是指投保人或被保险人与保险人在平等互利、协商一致的基础上，依据自愿原则签订的保险合同。大部分商业保险属于自愿保险。强制保险是指由政府通过法律或者行政命令强制实施的法定保险，如机动车交通事故责任强制保险(交强险)。

(4)按照保险金额确定方式的不同，保险可分为定额保险和不定额保险。定额保险是指保险双方在订立保险合同时，经协商预先确定一定的保险金额，当保险合同约定的事故发生时，保险人按照约定的保险金额给付保险金的一种保险方式。定额保险适用于人寿保险。不定额保险是指保险双方当事人并不预先确定一定的保险金额，而是在保险事故发生时，由保险人在保险金额的限度内，按照保险标的的实际损失额支付保险金的一种保险方式。不定额保险适用于财产保险。

(二)保险公司

投保人希望获得保险利益，需要通过向保险人投保实现。在这里，保险人是指按照法律规定成立的专门的保险公司。《保险法》第 6 条规定，保险业务由依照本法设立的保险公司以及法律、行政法规规定的其他保险组织经营，其他单位和个人不得经营保险业务。所谓保险公司，是指依法经中国保险监督管理机构批准设立，经营保险业务，收取保险费用并建立保险基金，在保险事故发生或条件成就时赔付保险金的企业经济组织，包括中资保险公司、外资保险公司、中外合资保险公司和外国保险公司的分公司。

1. 保险公司的组织形式

我国主要采取保险股份有限公司、国有独资保险公司、外资独资公司、外国保险公司分公司和中外合资保险公司等形式。其中，保险股份有限公司主要是依据《公司法》设立并确定公司权利义务等重大事项的组织形式，其作为现代企业制度最典型的组织形式已越来越成为我国保险企业发展的重要组织形式。

国际上主要采用相互保险公司、保险合作社等形式。相互保险公司是指所有参加保险的人为自己办理保险而合作成立的法人组织。作为非营利公司，其没有股东，公司为保单持有人(投保人)所有，投保人既是公司所有人，又是公司客户。保险合作社是由一些对某种风险具有相同保障需求的人组成的利益集团，当其成员遭受风险损害时，由其他成员共同分摊损失的组织形式。

2. 保险公司的设立条件

我国《保险法》对保险公司的设立予以了明确规定：设立保险公司应当经国务院保险监督管理机构批准。该法第 68 条明确规定了设立保险公司应当具备下列条件：(1)主要股东具有持续盈利能力，信誉良好，最近 3 年内无重大违法违规记录，净资产不低于人民币 2 亿元；(2)有符合本法和《公司法》规定的章程；(3)有符合本法规定的注册资本；(4)有具备任职专业知识和业务工作经验的董事、监事和高级管理人员；(5)有健全的组织机构和管理制度；(6)有符合要求的营业场所和与经营业务有关的其他设施；(7)法律、行政法规和国务院保险监督管理机构规定的其他条件。

《保险法》第 69 条规定，设立保险公司，其注册资本的最低限额为人民币 2 亿元。国务院保险监督管理机构根据保险公司的业务范围、经营规模，可以调整其注册资本的最低限额，但不得低于本条第 1 款规定的限额。保险公司的注册资本必须为实缴资本。

此外，《保险法》《保险公司管理规定》和《公司法》等相关法律法规就保险公司设立的程序、人员要求、组织机制、变更、整顿、接管、解散、破产、清算等均予以明确规定，有效地保障了保险公司设立的真实性、合法性和规范性。

二、我国保险公司及法律制度的发展现状

随着我国经济的快速发展，我国保险业的发展也发生了巨大变化。改革开放之初，全国仅有一家保险公司——中国人民保险公司，1980 年全国保费收入仅 4.6 亿元。截至 2013 年底，保险行业协会网站和中国保险监督管理委员会网站公布的数据显示，我国共有保险集团控股公司 10 家，包括中国人民保险集团股份有限公司、中国人寿保险(集团)公司等；财产保险公司 61 家，包括中国人民财产保险股份有限公司、中国人寿财产保险股份有限公司等；人身险保险公司 68 家，包括中国人寿保险(集团)公司、中国人民健康保险股份有限公司等；再保险公司 8 家，包括中国财产再保险股份有限公司、中国人寿再保险股份有限公司等；保险资产管理公司 18 家，包括中国人保资产管理股份有限公司、中国人寿资产管理有限公司等；外资保险公司代表处 177 家，包括美国国际集团北京代表处等。保险公司的整体业务得以全面发展，业绩斐然。随着我国保险行业投资渠道和保险意识的进一步拓宽，保险行业一定会获得更大的发展。

保险行业的迅猛发展，市场的繁荣扩大，一方面需要在行业发展过程中进一步体现市场发

展的要求，遵循市场经济规律，坚持公平、公正、公开的原则，服务好广大的消费者；另一方面，也需要政府加强监管，坚持依法、审慎、公平、透明和效率的监管原则，通过法律和行政手段，进一步加强市场规范，保证有法可依、有法必依、执法必严、违法必究。

从我国保险法律的发展来看，虽然自清末起即有《保险业章程草案》《大清商律草案》《海船法草案》，北洋政府制定了《保险业法案》《保险契约法草案》，民国政府时期又制定了《保险法》《保险业法》《保险业法实施细则》《简易人寿保险法》和《战时保险业管理法》，这些法律规范都在积极学习西方，探索保险业的立法经验和内容，形成了较为完备的体例，但由于时代的变迁或未能实施或流于形式。新中国成立之初，通过对民族资产阶级的保险企业进行社会主义改造，建立属于人民自己的保险事业，制定了《关于实行国家机关、国营企业、合作社财产强制保险及旅客强制保险的决定》《财产强制保险条例》《船舶强制保险条例》《公民自愿保险办法》等。但在"文化大革命"中，保险行业几乎全部停办。党的十一届三中全会以后，我国保险事业得以恢复，先后制定了《财产保险合同条例》(1983 年 9 月 1 日)、《保险企业管理暂行条例》(1985 年 3 月 3 日)、《海商法》(1992 年 11 月 7 日)和《保险法》(1995 年 6 月 30 日)，2003 年 1 月 1 日起又实施了新《保险法》修正案，目前已经进行了第七次修订；同时，随着我国加入 WTO，为适应对外开放和经济发展的需要以及加强对外资保险机构的监管，我国于 2002 年 2 月 1 日起实施《外资保险公司管理条例》。

此外，我国还进一步加强了对保险企业的配套监管，制定了《保险代理人管理规定》《保险兼业代理管理暂行办法》《保险代理机构管理规定》《保险经纪机构管理规定》和《保险公司管理规定》(2004 年 6 月 15 日)等一系列法律法规。根据中国保险监督管理委员会网站公布的信息，涉及保险相关内容的法律共计 21 条、行政法规 7 条、部门规章 85 条、各类规范性文件 800 余条、其他法规类 154 条，形成了一套结构完整、规范全面、调整广泛的法律制度体系，有效地保障了保险行业的规范化、专业化和效率化。

三、保险信用的法律原则

(一)最大诚信原则

在保险信用法律关系中，最大诚信原则是指保险合同双方当事人在订立及履行保险合同的过程中，应该以最大的诚实信用全面而完整地履行自己应尽的义务，明确告知合同项下保险标的的重要情况，严格遵守保险合同中的约定与承诺。诚实信用原则在我国《民法通则》第 4 条和《合同法》第 6 条均予以明确规定。我国《保险法》第 6 条也规定，保险活动当事人行使权利和履行义务应当遵循诚实信用原则。

第一，保险行为是一种信用行为，具有较强的不确定性，是以当事人双方未来可能的可得利益为基础订立的合同。对该合同而言，保险人的赔偿或给付是具有较大偶然性的，保险人是否决定承保、承保费率为多少，被保险人决定选择何种保险类型、风险多大，都有赖于对保险标的的客观判断，这就要求保险双方均明确告知对方权利、义务和风险。

第二，从保险的性质来看，保险是以被保险人所缴纳的保险费作为承担保险风险的基金，保险人对该基金行使监管权，而被保险人的利益是一致的，受损被保险人的利益与其他被保险人的利益具有互通性，为避免其他被保险人的利益受损，也要求保险双方诚实信用。

第三，保险人的承保行为是基于对保险标的(即被保险人的人身、财产)未来可能发生的风险进行估算的结果。对保险人而言，其需要从被保险人处全面了解保险标的的情况；对被保险人而言，保险合同条款的专业性和技术性为其理解保险条款增加了很大的难度。如果没有最大诚信原则，则双方可能基于各自的利益而有所保留，最终影响保险行业的发展。

第四，保险费收取的分散性、经营活动的安全性、资金的负债性、利益的不确定性等都需要最大诚信原则为保险行业保驾护航。

因此，最大诚信原则是保险信用法律关系的基础。在保险活动中，投保人应当依法就其保险标的依保险人的询问如实告知，并在发生保险事故时也如实履行告知义务。而保险人也应当在承保及处理保险事故的过程中如实告知保险合同条款、事故处理条件等，不得有欺骗、隐瞒和误导等行为，一旦发生约定事故，应当及时、准确、合理地按照事故程度兑现承诺，不得拖延或逃避保险责任。

（二）合法性原则

合法性原则是指保险双方在参与保险活动的过程中，必须严格按照法律法规的规定行使权利和履行义务，不得有违背、超越法律的行为。《保险法》第 4 条规定，从事保险活动必须遵守法律、行政法规，尊重社会公德，不得损害社会公共利益。

在保险信用法律关系中，合法性原则主要包括如下含义：

第一，保险人的组织架构必须符合法律规定，其设立、变更、终止和经营活动的具体实施都必须严格按照法律的规定进行。《保险法》第 6 条规定，保险业务由依照本法设立的保险公司以及法律、行政法规规定的其他保险组织经营，其他单位和个人不得经营保险业务。只有符合《公司法》和《保险法》等法律规定成立的保险公司，才能进行与保险相关的业务内容，其他擅自从事保险业务或者变相从事保险业务的行为均为违法行为。

第二，保险合同的内容必须合法，保险双方在订立、履行、变更、解除保险合同的过程中，应该遵循法律规定，互负平等的权利和义务，任何一方均不得利用合同条款免除、减轻自身责任而加重相对方责任。

第三，保险活动的形式必须合法，保险双方所订立的保险合同必须以保险单或其他保险凭证、协议为主要标志而不得有其他不符合规定的文件内容。

第四，保险信用法律关系不仅要受到《保险法》的直接限制与制约，而且要遵守《民法通则》《公司法》《合同法》《海商法》《反不正当竞争法》《消费者权益保护法》《广告法》和《刑法》等相关法律，以及国务院、中国保险监督管理委员会等政府部门发布的调整、规范保险信用行为的行政法规、规章、政策等的规定。

（三）缔约自由原则

保险行为是保险信用法律关系双方明确确立自身权利义务的过程，是典型的合同法律关系，因此，订立保险合同的双方应该强调自愿与自由。《保险法》第 11 条规定，订立保险合同应当协商一致，遵循公平原则以确定各方的权利和义务。除法律、行政法规规定必须保险的以外，保险合同自愿订立。从缔约自由原则本身来看，其在保险信用法律关系中主要是指保险双方当事人在订立保险合同的过程中，双方地位平等，自由决定是否订立合同，与谁订立合同以及决定合同的内容，不受任何单位或个人的非法干预。保险人有权根据投保人的投保标的选择是否承保、承保范围的大小和赔付金额的范围。投保人有权根据自身意愿选择保险人、保险类别、保险范围、保险金额、保险方式和保险风险的内容等。任何一方均不得违反缔约自由原则强迫相对方订立保险合同，必须尊重保险各方的自由意思表示。

（四）保险利益原则

保险利益是指投保人对保险标的具有的法律上承认的利益，即在保险事故发生时，可能遭受的损失或失去的利益。这些利益必须是合法的、确定的、可实现的经济利益。保险信用双方当事人应当依据该保险利益所确定的内容履行权利和义务。保险利益原则是指保险法以保险利益作为保险合同的效力要件，即投保人或被保险人对保险标的不具有保险利益的，保险合同不具有法律效力。我国《保险法》第 12 条规定，人身保险的投保人在保险合同订立时，对被保险人应当具有保险利益。财产保险的被保险人在保险事故发生时，对保险标的应当具有保险利益。保险利益直接影响保险合同的效力，一般都直接在保险立法中对具有保险利益的情况一一列举，凡属于列举范围者，皆具有保险利益，反之则不具有保险利益。具体到我国现有的财产保险合同和人身保险合同中，保险利益适用的时间各不相同。在财产保险合同中，未来不确定的保险事故发生时，投保人对保险标的应享有保险利益，否则就不得向保险人请求赔付；如果不享有保险利益，则只能由保险受益人对保险标的享有请求保险人支付保险金的权利。在人身保险中，要求投保人在保险合同订立之初就应当对被保险人享有保险利益，其可以指定保险受益人，否则合同无效；但对于投保人对保险合同履行过程中及事故发生时是否保持保险利益，法律并无明确要求。

（五）损害近因补偿原则

损害近因补偿原则是随保险而产生的，该原则包含以下两层含义：

一方面，在保险赔付过程中需要遵循损害补偿原则，即被保险人在保险合同约定的保险事故发生后，有权依照保险合同的规定，从保险人处获得保险赔偿，用于弥补被保险人的损失，但被保险人不能因损失而获得额外利益，即保险人所获得的补偿是依据其损失程度补偿部分或全部的货物损失，或者是免除其部分或全部债务，但最终所获利益不能超过其所受全部损失或应付债务。我国《保险法》第 55 条规定，投保人与保险人约定保险标的的保险价值并在合同中载明的，保险标的发生损失时，以约定的保险价值为计算赔偿的标准。投保人与保险人未约定保险标的的保险价值的，保险标的发生损失时，以保险事故发生时保险标的的实际价值为计算赔偿的标准。保险金额不得超过保险价值，超过保险价值的，超过部分无效，保险人应当退还相应的保险费。保险金额低于保险价值的，除合同另有约定外，保险人按照保险金额与保险价值的比例承担赔偿保险金的责任。

另一方面，在保险损失的确定上，需要寻找引起保险事故发生的最为直接、有效和主导性的原因，只有当危险的发生与损失之间存在普遍的、直接的、明晰的因果关系时，保险人才承担赔付责任。虽然我国《保险法》中并未直接规定近因原则，但在司法实践中，近因原则已成为判断保险人是否承担保险责任的一个重要标准。2003 年 12 月公布的最高人民法院《关于审理保险纠纷案件若干问题的解释（征求意见稿）》第 19 条明确规定，人民法院对保险人提出的其赔偿责任限于以承保风险为近因造成的损失的主张应当支持。近因是指对造成承保损失起决定性、有效性作用的原因。在处理赔案时，赔偿与给付保险金的条件是造成保险标的损失的近因必须属于保险责任范围。若造成保险标的损失的近因属于保险责任范围内的事故，则保险人承担赔付责任；反之，若造成保险标的损失的近因属于责任免除，则保险人不负赔付责任。在现实理赔实践中，近因一般分为单一原因、多数原因同时发生、多数连续发生的原因和多数间断发生的原因，针对不同的原因类型，保险人承担责任的范围各不相同。

四、保险信用法律关系的主体

任何一种民事法律关系的构成都离不开行使民事法律行为的主体要素。根据我国《保险法》的规定，保险信用法律关系的主体一般包括两类：一类是与保险合同相关的当事人或关系人；另一类是辅助保险合同实施的辅助人。前者是直接或间接参加保险合同，与保险合同的订立、履行和保险利益的享有均有密切的利害关系;后者则主要是协助前者完成保险合同订立和实施过程中的相关事宜。

(一)保险合同当事人

保险合同当事人是指缔结保险合同,直接享有权利并承担义务的人。他们是直接参与保险合同关系订立、履行、实施等相关活动的主体。根据我国《保险法》第10条的规定,保险合同当事人主要包括投保人和保险人。

1. 投保人

投保人又称要保人,是指与保险人订立保险合同,对保险标的享有保险利益并按照合同的约定负有支付保险费义务的人。投保人可以是自然人,也可以是法人,还可以是符合法律规定的其他相关组织。

投保人一般应当具备以下三个条件:

(1)有完全的民事行为能力。我国《合同法》第9条规定,当事人订立合同,应当具有相应的民事权利能力和民事行为能力。民事行为能力是自然人或法人通过自己的行为,取得民事权利和承担民事义务的资格,具有较强的法定性。通常,无民事行为能力人所订立的合同为无效合同,限制民事行为能力人所订立的合同为可撤销合同。我国《合同法》第47条规定,限制民事行为能力人订立的合同,经法定代理人追认后,该合同有效,但纯获利益的合同或与其年龄、智力、精神状况相适应的合同,不必经法定代理人追认。相对人可以催告法定代理人在1个月内予以追认。法定代理人未作表示的,视为拒绝追认。合同被追认之前,善意相对人有撤销的权利。撤销应当以通知的方式作出。

(2)投保人对保险标的享有保险利益。我国《保险法》规定财产和人身两个方面的利益内容。通过对保险利益的限定,避免相关违法行为、道德风险等情况的发生。

(3)投保人负有缴纳保险费的义务。我国《保险法》第14条规定,保险合同成立后,投保人按照约定交付保险费,保险人按照约定的时间开始承担保险责任。

2. 保险人

保险人又称承保人,是指与投保人订立保险合同,按照约定收取保险费并于保险事故发生或者约定期限届满时承担赔偿或者给付保险金责任的保险公司。我国《保险法》第10条第3款规定,保险人是指与投保人订立保险合同,并按照合同的约定承担赔偿或者给付保险金责任的保险公司。

作为保险人必须具备如下条件:

(1)保险人必须是依法成立,具备法定经营条件的专门从事保险事务的组织。我国《保险法》第67~69条对保险公司的设立条件予以了明确规定。

(2)享有依据合同收取保险费的权利,这是保险信用关系成立的基础,也是保险人利益的维系。

(3)在保险事故发生时,必须承担赔偿或给付责任。这一方面是保险合同规定的内容,另一方面也是对投保人利益的保护。

(二)保险合同关系人

保险合同关系人包括被保险人和受益人两种。投保人自己可以同时作为被保险人或受益人,当这三者不一致时,被保险人或者受益人只是作为保险合同的关系人,虽然不直接参加保险合同的订立,却享有保险合同的权利,承担保险合同的义务。

1. 被保险人

被保险人是指财产或者人身权利享有保险合同的保障,在保险事故发生时或保险合同约定的条件满足时,依照合同享有赔偿或给付请求权的人。我国《保险法》第 12 条第 5 款规定,被保险人是指其财产或人身受保险合同保障,享有保险金请求权的人。对于被保险人而言,他可以是投保人,但仅限于为自身利益而订立保险合同;他也可以是第三人,这是为他人利益而订立保险合同的情况。一方面,被保险人必须是在保险事故发生时或保险合同约定的条件满足时遭受损失或者约定条件成就的主体。另一方面,被保险人必须是享有赔偿或给付请求权的人。这在人身与财产保险中又各不相同。对人身保险而言,若以给付为条件,则在条件成就时,保险人必须给付保险金;若以赔偿为条件,则可以由被保险人或者受益人享有赔偿请求权。对财产保险而言,因只是财产的毁损灭失,所以可以直接由被保险人自己行使赔偿请求权。

无论投保人与被保险人是否为同一人,一旦保险合同订立,被保险人均应履行相关义务。被保险人需要履行维护保险标的的安全、危险程度增加的通知、保险事故发生时的施救、保险事故发生后的通知 4 项义务。

2. 受益人

受益人又称保险金受领人,是指由投保人或被保险人在保险合同中指定,在保险事故发生时或保险合同约定的条件成就时享有赔偿或给付请求权的人。我国《保险法》第 18 条规定,受益人是指人身保险合同中由被保险人或者投保人指定享有保险金请求权的人。投保人和被保险人可以为受益人。从规定上来看,我国《保险法》将受益人仅限于人身保险合同范围以内,这一方面考虑到人身保险行为具有较强的人身限制性,在利益诉求上不仅限于投保人或被保险人本人,而且会牵涉第三方利益主体;另一方面,基于财产保险对象的特定性,也不适于选择其他受益人。一般发生保险事故时,投保人或被保险人本人就能直接行使保险求偿权;若引入第三方受益人,则有可能产生利益纠纷。

(三)保险合同辅助人

保险合同辅助人是指协助保险合同当事人办理保险合同相关事宜的人,主要包括保险代理人、保险经纪人、保险公估人等,其辅助行为将对保险合同的效力产生重要影响。

1. 保险代理人

保险代理人即保险人的代理人,也称保险代理商,是指根据保险代理合同或授权书向保险人收取保险代理手续费,并在保险人的授权范围内代为办理保险业务的单位或个人。我国《保险法》第 117 条规定,保险代理人是根据保险人的委托,向保险人收取佣金,并在保险人授权的范围内代为办理保险业务的机构或者个人。保险代理机构包括专门从事保险代理业务的保险专业代理机构和兼营保险代理业务的保险兼业代理机构。

保险代理人一般具有如下特征:(1)保险代理人的形式呈现多元化,可以是法人,也可以是自然人;(2)保险代理人来自于保险人的委托,一般应当采用书面授权的方式;(3)保险代理人在从事保险代理活动时应当以保险人的名义进行;(4)保险代理人的代理行为所产生的法律后果由保险人承担。

2. 保险经纪人

我国《保险法》第 118 条规定,保险经纪人是基于投保人的利益,为投保人与保险人订立保险合同提供中介服务并依法收取佣金的机构。保险经纪人的本质是投保人的代理人,由其与保险人洽谈保险合同。

保险经纪人具有如下特征:(1)由保险经纪人与保险人洽谈保险合同的内容,但并不代为签订保险合同,保险合同仍由投保人与保险人签订;(2)以投保人的利益为出发点,因此,保险经纪人必须为投保人考虑最为优惠、最为经济的保险合同内容;(3)保险经纪人一般向保险人收取佣金。《保险法》第130条规定,保险佣金只限于向具有合法资格的保险代理人、保险经纪人支付,不得向其他人支付。依据保险行业惯例,保险经纪人虽然是接受投保人的委托并代表投保人的利益,但其佣金一般由保险人支付。若保险经纪人与投保人约定,投保人应当为保险经纪人的中介服务提供佣金的,投保人应当按约定予以支付。

3. 保险公估人

保险公估人是指依照法律法规设立,由保险人、投保人或被保险人委托办理保险标的的评估、勘验、鉴定、估损、理算等业务,并据此向委托方收取合理费用的机构或个人。保险公估人作为一类较为特殊的中介机构,借助其专业技术水平发挥着服务功能、信息沟通功能和风险管理咨询功能。保险公估人在对保险标的进行评估时,主要通过查勘、检验、鉴定和估损等几大步骤,再通过综合汇总,最后提出一个完整的保险公估报告。

五、保险公司的信用法律义务

保险各方应该严格遵循保险合同的约定,诚实、平等地履行法律规定的义务,以确保保险合同的有效和对双方利益保护的公平。作为保险关系最主要的主体,保险公司应当依据信用原则履行相关法定义务。

(一)说明合同条款的义务

该义务是指保险人在订立合同的过程中,有义务就合同具体款项的含义向投保人说明。我国《保险法》第17条规定,订立保险合同采用保险人提供的格式条款的,保险人向投保人提供的投保单应当附格式条款,保险人应当向投保人说明合同的内容。对保险合同中免除保险人责任的条款,保险人在订立合同时应当在投保单、保险单或者其他保险凭证上作出足以引起投保人注意的提示,并对该条款的内容以书面或者口头形式向投保人作出明确说明;未作提示或者明确说明的,该条款不产生效力。因此,在订立保险合同的过程中,就合同条款的说明是保险人的法定义务,不以投保人的要求为条件。作为保险人,因其从事保险行业的经营管理,熟悉保险业务的内容,制定并熟悉保险合同条款,与作为相对方的投保人的地位严重不对等,加之投保人因为对合同条款不熟悉,有可能产生认识偏差、理解错误,导致发生保险事故或满足条件后得不到预期的保险利益。我国《保险法》第19条规定,采用保险人提供的格式条款订立的保险合同中的下列条款无效:(1)免除保险人依法应承担的义务或者加重投保人、被保险人责任的;(2)排除投保人、被保险人或者受益人依法享有的权利的。

保险人应尽一般说明和明确说明的义务。我国《保险法》第19条规定,就保险合同中格式条款的内容,保险人应负一般说明义务,仅需要通过口头方式予以说明;就免除责任条款,则需要明确说明,一方面需要就保险合同中免责条款的含义、内容及法律后果予以解释,另一方面需要作出足以引起投保人注意的提示,以书面或口头方式明确说明条款的内容,这种明确说明一般以普通人能够理解的程度为限,具体视投保人经验的不同予以解释。在实践中,除投保人承认外,保险人以口头方式明确说明免责条款的,应当提供相关笔录、录音等材料;若以书面方式明确说明的,则应当提供投保人阅后签字的材料。若因保险人未尽明确说明义务而引发争议的,根据《保险法》第30条的规定,采用保险人提供的格式条款订立的保险合同,保险人与投保人、被保险人或者受益人对合同条款有争议的,应当按照通常的理解予以解释。对合同条款有两种以上解释的,人民法院或者仲裁机构应当作出有利于被保险人或者受益人的解释。根据《适用〈保险法〉若干问题的解释(二)》第11条的规定,保险合同订立时,保险人在投保单或者保险单等其他保险凭证上，对保险合同中免除保险人责任的条款以足以引起投保人注意的文字、字体、符号或者其他明显标志作出提示的，人民法院应当认定其履行了《保险法》第 17 条第 2 款规定的提示义务。保险人对保险合同中有关免除保险人责任条款的概念、内容及其法律后果以书面或者口头形式向投保人作出常人能够理解的解释说明的，人民法院应当认定保险人履行了《保险法》第 17 条第 2 款规定的明确说明义务。《保险法》第 12 条规定，通过网络、电话等方式订立的保险合同，保险人以网页、音频、视频等形式对免除保险人责任的条款予以提示和明确说明的，人民法院可以认定其履行了提示和明确说明义务。《保险法》第 13 条规定，保险人对其履行了明确说明义务负举证责任。投保人对保险人履行了符合本解释第 11 条第 2 款要求的明确说明义务，在相关文书上签字、盖章或者以其他形式予以确认的，应当认定保险人履行了该项义务；但另有证据证明保险人未履行明确说明义务的除外。这些条款均明确了保险人说明合同条款义务的程度及注意事项。

【案例 5—1】

2002 年 6 月，付某以其妻韩某为被保险人向某保险公司投保重大疾病保险，保险金额为 5 万元，保险期限为 30 年。经对韩某进行体检后，保险公司决定按标准险予以承保，相应的，付某向保险公司交纳了约定的首期保险费。次年，投保人付某又交纳了第二期保险费。

2003 年 7 月，被保险人韩某因患“系统性红斑狼疮”而住院治疗 30 天，出院后即向保险公司提出了理赔申请。经保险公司的调查，韩某于 1998 年便确诊为“系统性红斑狼疮”并住院实施系统性治疗，出院后仍定期服用药物加以控制，效果不佳。但是，在向保险公司投保的过程中，付某所填写的“被保险人健康告知书”中并未就被保险人韩某患有此病的情况向保险公司予以说明。因此，保险公司以付某未如实告知韩某投保前已确诊患有“系统性红斑狼疮”的事实为由，作出“解除保险合同，不予给付保险金”的理赔决定。同年 11 月，被保险人韩某病故。2004 年 1 月，投保人付某又以受益人身份向保险公司提出理赔申请，要求保险公司向其赔付重大疾病保险合同约定的保险金 5 万元，保险公司拒绝赔付。受益人付某因对保险公司的拒赔决定不服，遂向当地法院提起诉讼，要求法院判令保险公司予以保险赔付。

[资料来源]贾林青：《保险法案例分析》，中国人民大学出版社 2007 年版。

分析：

1. 付某投保时是否违反相应义务？
2. 保险公司是否应承担赔偿责任？

（二）及时签发保险合同的义务

《保险法》第 13 条规定，投保人提出保险要求，经保险人同意承保，保险合同成立。保险人应当及时向投保人签发保险单或者其他保险凭证。依法成立的保险合同自成立时生效。投保人和保险人可以对合同的效力约定附条件或者附期限。保险合同为非要式合同，保险双方就有关保险内容达成一致时，保险合同成立。保险合同成立后，保险人应当及时签发保险单或者其他保险凭证。保险单作为保险合同的证明文件，明确了双方的权利义务，保障了双方的合法利益，避免或者减少了保险合同纠纷的产生。从保险单的性质来看，保险单是保险事故发生后，投保人、被保险人或者受益人据此要求保险人予以给付保险金的依据。因此，在保险合同成立后，保险人有义务出具保险单，投保人、被保险人或者受益人有权要求保险人交付保险单证。对于条款中的“及时”要求，需要由保险人根据具体险种的不同予以确定，在实践中一般也可以由保险双方约定保险单证的签发时间。虽然《保险法》及其司法解释中没有关于违反及时义务的责任，但实践中认为，如果投保人已经按照约定交付保险费，但保险人拖延或怠于出具保险单证的，应当承担赔偿责任。

（三）保密义务

保险人在办理保险事务的过程中需要详细了解有关投保人、被保险人或者受益人的信息，包括但不限于财产、收入、住宅、健康、生理特征、联系方式等信息。其中，有些属于商业秘密，有些属于个人隐私，投保人、被保险人或受益人基于信任将这些信息告知保险人的，保险人有义务诚信地保护这些信息，避免发生信息泄露等损害相对方利益的情形。《人身保险客户信息真实性管理暂行办法》第 2 条规定，本法所称的客户信息是指投保人、被保险人和指定受益人的姓名、性别、出生日期、身份证件或身份证明文件的类型和号码，以及投保人的联系电话和联系地址等客户信息。该办法第 5 条规定，保险专业中介机构、银行邮政等保险兼业代理机构，以及人身保险公司的保险销售人员应按照准确、完整、安全、保密的原则收集、记录客户信息，并将客户信息真实、完整地提交给人身保险公司，保证人身保险业务经营和客户服务的需要。人身保险公司应按照合法、合理、安全、保密的原则，管理、使用客户信息，妥善保管记载客户信息的人身保险业务文件，采取有效措施确保客户信息的安全性，防止客户信息泄露。《关于规范财产保险公司电话营销业务市场秩序禁止电话营销扰民有关事项的通知》第 3 条也规定，各公司应当加强对客户信息的管理，建立客户信息保密制度。各公司应当通过合法途径获取电销客户资料，确保客户资料和数据的采集、使用、管理符合有关法律法规的要求；应当对经营电销业务过程中获取的客户信息和资料严格保密，不得泄露、出售或非法提供给他人。这些规定，不管是从保险合同本身，还是从人身保险或财产保险各自的要求角度，均要求保险人对客户的信息予以严格保密，避免出现信息泄露的情况。这不仅仅是保险人遵循诚实信用原则的需要，更是法律对其的严格规定。这其中，一方面要求保险人在办理保险业务的过程中，对于获得客户的有关业务状况、财产状况、身体状况、收入状况等予以保密，否则对于造成的损失应当依法承担赔偿责任；另一方面作为保险从业人员需要履行保密义务，这是保险代理从业人员基本的行业操守。

（四）风险承担的义务

《保险法》第 14 条规定，保险合同成立后，投保人按照约定交付保险费，保险人按照约定的时间开始承担保险责任。保险合同所规定的由保险人承担保险责任，并非仅限于风险承担之始，而是整个保险期间保险人都有义务承担风险，免除投保人、被保险人或受益人经济上或精神上的压力。对投保人而言，保险人勇于承担保险合同规定的风险责任是其内在期待，一旦发生保险事故，这种风险负担即由未知转向现实。《保险法》第 23 条规定，保险人收到被保险人或者受益人的赔偿或给付保险金的请求后，应当及时作出核定；情形复杂的，应当在 30 日内作出核定，但合同另有约定的除外。保险人应当将核定结果通知被保险人或者受益人；对属于保险责任的，在与被保险人或者受益人达成赔偿或者给付保险金的协议后 10 日内履行赔偿或者给付保险金的义务。保险合同对赔偿或者给付保险金的期限有约定的，保险人应当按照约定履行赔偿或者给付保险金义务。保险人未及时履行前款规定义务的，除支付保险金外，还应当赔偿被保险人或者受益人因此而遭受的损失。任何单位或个人不得非法干预保险人履行赔偿或者给付保险金的义务，也不得限制被保险人或者受益人取得保险金的权利。因此，根据该条款的规定，保险人应当积极履行承担保险风险的义务。

从范围来看，保险人承担的风险主要包括：

(1)保险标的损失或约定的条件满足时，给付赔偿金或者补偿金的责任。对于投保人、被保险人或受益人的合理理赔申请，保险人应当按照实际损失或者约定的给付条件给付，未遭受的损失或不符合给付条件的，一律不予给付；同时，给付的范围也仅限于所申请的保险金额以内或约定的金额以内。

(2)为查明和确定保险事故的性质、原因及标的损失程度而支付的费用。《保险法》第 64 条规定，保险人、被保险人为查明和确定保险事故的性质、原因和保险标的的损失程度所支付的必要的、合理的费用，由保险人承担。因此，保险事故发生后，保险人就条款规定方面所产生的费用由本身承担，但投保人、被保险人或受益人需要予以协助。

(3)必要的、合理的施救费用。在保险事故发生时，投保人、被保险人或受益人往往是保险标的的实际控制方，有能力也有义务在保险事故发生之初采取积极措施避免或减少损失。《保险法》第 57 条规定，保险事故发生后，被保险人为防止或者减少保险标的的损失所支付的必要的、合理的费用，由保险人承担；保险人所承担的费用数额在保险标的损失赔偿金额以外另行计算，最高不超过保险金额。

(4)仲裁或诉讼的费用。《保险法》第 66 条规定，责任保险的被保险人因给第三者造成损害的保险事故而被提起仲裁或者诉讼的，被保险人支付的仲裁或者诉讼费用以及其他必要的、合理的费用，除合同另有约定外，由保险人承担。该费用是针对责任保险的费用，以通过仲裁或诉讼减少保险人支付的赔偿款项。虽然未能得到诉讼或仲裁的支持，也未能减少保险赔偿金额，保险人依然必须承担被保险人、投保人支付的仲裁、诉讼及合理费用。

当然，为避免投保人、被保险人或受益人利用权利支付不必要、不合理的费用，加重保险人的负担，保险人有权对相关费用的合理性和必要性进行审查，对不合理、不必要的费用可以不予承担。为避免纠纷，投保人、被保险人和受益人在行使相关权利时，应事先征得保险人的同意。

六、保险信用法律行为的监督

保险信用法律行为的监督是指由有权国家机关依据国家的法律法规，明确双方的权利和义务，维护保险市场的稳定，对保险信用法律关系主体的行为予以监督管理的行为。保险业的监督管理是加强保险业的监督、保证保险市场活动稳定有序开展的基础，是保护保险信用当事人的权利、促进保险业健康发展的有效途径，是加强国际国内合作、实现保险业国际化的有力措施。从我国的实际情况来看，主要的保险监督管理机构为 1998 年 11 月 18 日经国务院批准设立的中国保险监督管理委员会，其内设 16 个职能机构和 3 个事业单位，并在全国各省、自治区、直辖市、计划单列市设有 36 个保监局，在苏州、烟台、汕头、温州、唐山设有 5 个保监分局。其主要目的是为了深化金融体制改革，进一步防范和化解金融风险，根据国务院的授权履行行政管理职能，依照法律法规统一监督和管理保险市场。其主要职责包括：

第一，拟定保险业发展的方针政策，制定行业发展战略和规划；起草保险业监管的法律法规；制定业内规章。

第二，审批保险公司及其分支机构、保险集团公司、保险控股公司的设立；会同有关部门审批保险资产管理公司的设立；审批境外保险机构代表处的设立；审批保险代理公司、保险经纪公司、保险公估公司等保险中介机构及其分支机构的设立；审批境内保险机构和非保险机构在境外设立保险机构；审批保险机构的合并、分立、变更、解散，决定接管和指定接受；参与、组织保险公司的破产和清算。

第三，审查、认定各类保险机构高级管理人员的任职资格；制定保险从业人员的基本资格标准。

第四，审批关系到社会公众利益的保险险种、依法实行强制保险的险种和新开发的人寿保险险种等的保险条款和保险费率，对其他保险险种的保险条款和保险费率实施备案管理。

第五，依法监管保险公司的偿付能力和市场行为；负责保险保障基金的管理，监管保险保证金；根据法律和国家对保险资金的运用政策制定有关规章制度，依法对保险公司的资金运用进行监管。

第六，对政策性保险和强制保险进行业务监管，对专属自保、相互保险等组织形式和业务活动进行监管；归口管理保险行业协会、保险学会等行业社团组织。

第七，依法对保险机构和保险从业人员的不正当竞争等违法、违规行为以及对非保险机构的经营或变相经营保险业务进行调查、处罚。

第八，依法对境内保险及非保险机构在境外设立的保险机构进行监管。

第九，制定保险行业信息化标准；建立保险风险评价、预警和监控体系，跟踪分析、监测、预测保险市场的运行状况，负责统一编制全国保险业的数据和报表，并按照国家的有关规定予以发布。

第十，承办国务院交办的其他事项。

就监督而言，公民、法人、其他社会组织、新闻舆论、行政机关、司法机关也会在保险信用法律主体的活动中实施监督。

七、保险公司的信用法律责任

保险公司的信用法律责任是指保险公司等相关机构在从事保险活动中违反诚信的合同义务，依据法律法规所应当承担的法律后果。保险公司的信用法律责任是以保险违法行为为基础的。保险公司的违法行为是指保险公司等相关机构在从事保险活动的过程中所实施的违反法律法规，依法应当承担法律责任的行为。从责任主体上来看，包括保险人、保险代理人、保险经纪人、保险公估人等所有涉及保险活动的主体；从责任内容上来看，既包括违反保险合同约定的违约行为，也包括违反保险行业监管的违法行为以及保险监管者的行政违规行为；从责任形式上来看，包括民事责任、刑事责任和行政责任。我国《保险法》所规定的法律责任主要为行政责任，对于民事责任和刑事责任则需要援引其他实体性法律予以规范，如《合同法》《刑法》《刑事诉讼法》和《民事诉讼法》等。

(一)保险人的法律责任

保险人与信用相关的行为主要是业务禁止行为，需要承担行政责任和刑事责任。

1. 行政责任

《保险法》第 116 条规定了 6 类与保险信用相关的禁止行为。保险公司及其工作人员在保险业务活动中不得有下列行为：(1)欺骗投保人、被保险人或者受益人；(2)对投保人隐瞒与保险合同有关的重要情况；(3)阻碍投保人履行本法规定的如实告知义务，或者诱导其不履行本法规定的如实告知义务；(4)给予或者承诺给予投保人、被保险人、受益人保险合同约定以外的保险费回扣或者其他利益；(5)拒不依法履行保险合同约定的赔偿或者给付保险金的义务；(6)故意编造未曾发生的保险事故、虚构保险合同或者故意夸大已经发生的保险事故的损失程度进行虚假理赔，骗取保险金或者谋取其他不正当利益等。《保险法》第 162 条规定，保险公司有本法第116条规定的行为之一的，由保险监督管理机构责令改正，处5万元以上30万元以下罚款；情节严重的，限制其业务范围、责令停止接受新业务或者吊销业务许可证。

2. 刑事责任

《刑法》第183条规定，保险公司的工作人员利用职务上的便利，故意编造未曾发生的保险事故进行虚假理赔，骗取保险金归自己所有的，依照本法第271条的规定定罪处罚，处5年以下有期徒刑或者拘役；数额巨大的，处5年以上有期徒刑，可以并处没收财产。国有保险公司的工作人员和国有保险公司委派到非国有保险公司从事公务的人员有欠款行为的，依照本法第382、383条的规定定罪处罚，按贪污罪论处。

3. 民事责任

虽然我国《保险法》并未对保险公司及其工作人员业务禁止行为的民事责任予以规定，但根据《民法通则》和《合同法》等法律的规定，合同相对方如果发生《保险法》第116条规定的情形，一方面需要对当事人因保险事故造成的损失予以赔偿，另一方面需要承担当事人因此而支付的额外费用。

（二）保险代理人、保险经纪人及其从业人员的法律责任

《保险法》第131条规定：(1)欺骗保险人、投保人、被保险人或者受益人；(2)隐瞒与保险合同有关的重要情况；(3)阻碍投保人履行本法规定的如实告知义务，或者诱导其不履行本法规定的如实告知义务；(4)给予或者承诺给予投保人、被保险人或者受益人保险合同约定以外的利益；(5)利用行政权力、职务或者职业便利以及其他不正当手段强迫、引诱或者限制投保人订立保险合同；(6)伪造、擅自变更保险合同，或者为保险合同当事人提供虚假证明材料；(7)挪用、截留、侵占保险费或者保险金；(8)利用业务便利为其他机构或者个人谋取不正当利益；(9)串通投保人、被保险人或者受益人骗取保险金；(10)泄露在业务活动中知悉的保险人、投保人、被保险人的商业秘密。《保险法》第166条规定，保险代理机构、保险经纪人有本法第131条规定的行为之一的，由保险监督管理机构责令改正，处5万元以上30万元以下罚款；情节严重的，吊销业务许可证。

第二节　证券公司信用法律制度

一、证券公司的定义及特征

（一）证券公司的定义

在我国现行的法律环境下，投资者不能直接进入证券交易所进行交易，而只能通过证券公司提供的相关证券经纪业务才能顺利完成证券交易。作为专门从事证券经营业务的公司法人，可以作为承销商，也可以从事证券自行买卖或者代理买卖证券。证券公司是指依照《公司法》和《证券法》等法律法规的规定设立，经国务院证券监督管理机构及公司登记机关批准专门经营证券业务，具有独立法人地位的有限责任公司或股份有限公司。从狭义上看，证券公司是指证券经营公司，是经主管机关批准专门经营证券业务的机构，具有证券交易所的会员资格，可以承销发行、自营买卖或自营兼代理买卖证券。

（二）证券公司的特征

证券公司作为专门从事证券经营业务的商业组织，属于特别法上的公司，除具有公司的一

般属性以外，还具有如下特点：

1. 证券经营业务的特殊性

证券公司作为专门从事证券经营业务的商业组织，根据《证券法》第 125 条的规定，经国务院证券监督管理机构批准，可以经营下列部分或者全部业务：(1)证券经纪；(2)证券投资咨询；(3)与证券交易和证券投资活动有关的财务顾问；(4)证券承销与保荐；(5)证券自营；(6)证券资产管理；(7)其他证券业务。这些业务有别于普通公司不受限制的经营活动范围。

2. 证券公司设立程序的法定性

证券公司的设立除了需要符合《公司法》的规定办理登记外，还应当按照《证券法》的规定办理前置审批和登记后的许可。没有完成前置审批的，任何人不得设立证券公司；没有履行登记后许可的，任何人不得经营证券业务。《证券法》第 122 条规定，设立证券公司，必须经国务院证券监督管理机构审查批准。未经国务院证券监督管理机构批准，任何单位和个人不得经营证券业务。

3. 设立条件的严格性

基于证券公司的特定性、其内在的风险性和义务的广泛性，对证券公司设立的要求更为严格。根据《证券法》第 124 条的规定，设立证券公司应当具备下列条件：(1)有符合法律、行政法规规定的公司章程；(2)主要股东具有持续盈利能力，信誉良好，最近 3 年无重大违法违规记录，净资产不低于人民币 2 亿元；(3)有符合本法规定的注册资本；(4)董事、监事、高级管理人员具备任职资格，从业人员具有证券从业资格；(5)有完善的风险管理与内部控制制度；(6)有合格的经营场所和业务措施；(7)法律、行政法规规定的，国务院批准的国务院证券监督管理机构规定的其他条件。这些严格的设立条件，一方面增强了证券公司的责任心、可信度和抗风险能力，另一方面也有利于保护投资者的利益。

4. 最低注册资本的法定性

根据《证券法》第 127 条的规定，证券公司经营本法第 125 条第(1)项至第(3)项业务的，注册资本的最低限额为人民币5 000万元；经营第(4)项至第(7)项业务之一的，注册资本最低限额为人民币 1 亿元；经营第(4)项至第(7)项业务中两项以上的，注册资本最低限额为人民币 5 亿元。证券公司的注册资本应当是实缴资本。

5. 公司管理人员任职资格的法定性

鉴于证券公司经营业务的专业性，对于证券公司管理人员的要求也颇为严格，需要同时满足《公司法》和《证券法》的资格要求。根据《证券法》第 131 条的规定，证券公司的董事、监事和高级管理人员应当正直诚实，品行良好，熟悉证券法律和行政法规，具有履行职责所需的经营管理能力，并在任职前取得国务院证券监督管理机构核准的任职资格。有《公司法》第 147 条规定的情形或者下列情形之一的，不得担任证券公司的董事、监事或高级管理人员：(1)因违法行为或者违纪行为被解除职务的证券交易所、证券登记结算机构的负责人或者证券公司的董事、监事、高级管理人员，自被解除职务之日起未逾 5 年；(2)因违法行为或者违纪行为被撤销资格的律师、注册会计师或者投资咨询机构、财务顾问机构、资信评级机构、资产评估机构、验证机构的专业人员，自被撤销资格之日起未逾 5 年。

此外，证券公司在从业人员管理、违法经营、重大风险、严重危害证券市场秩序、损害投资者利益等情况下，国务院证券监督管理机构可以依法采取责令停业整顿、指定经营、接管或者撤销等监管措施。

二、证券公司的种类

(一)有限责任公司和股份有限公司

依据公司组织形式的不同,可将证券公司分为有限责任公司和股份有限公司。《证券法》第123条规定,本法所称证券公司是指依照《公司法》和本法规定设立的经营证券业务的有限责任公司或者股份有限公司。有限责任公司是股东以其出资额为限对公司承担责任,公司以其全部资产对公司债务承担责任的公司。股份有限公司是将公司的全部资本分为等额股份,股东以其所持股份为限对公司债务承担责任,公司以其全部财产对公司债务承担责任的公司。这两类公司在法律适用、资本结构、法定义务、债务承担等方面有明显区别。

(二)经纪类证券公司和综合类证券公司

依据公司业务功能的不同,可将证券公司分为经纪类证券公司和综合类证券公司。经纪类证券公司是指经国务院证券监督管理机构批准,从事证券经纪业务的证券公司。其主要是根据证券交易规则,接受投资者的委托和授权,以作出委托指令的投资者的名义和账户进行的证券买卖或其他证券业务。法律规定,投资者进行证券业务必须通过证券公司进行。综合类证券公司是指经国务院证券监督管理机构批准,在核定范围内从事证券经纪业务、证券自营业务、证券承销业务或者其他证券业务的证券公司。这类公司除承担经纪类证券公司的职能外,还需要承担自营、承销等业务,在设立条件、法律适用、法定义务等方面具有较大差别。

三、我国证券公司信用法律的发展及信用法律原则

(一)证券公司信用法律的发展历程

我国证券公司法制化的过程是伴随着我国市场经济的发展与证券市场内在的发展需要进行的。1984年9月,我国成立了国内第一家从事证券发行和交易的专业机构并向社会公众发行了第一只规范化股票。1985年,我国开始发行金融债券;同年12月,国家经济体制改革委员会和中国人民银行提出开放证券市场并试点。1986年以后,国务院和地方政府开始制定并颁布股份制、证券发行与交易、证券管理等相关法律规范;同时,随着我国金融监管政策的放松,证券交易市场逐步形成。1990年11月26日,经中国人民银行的批准和国务院的同意,第一家证券交易所——上海证券交易所正式成立并于1990年12月19日正式营业。1991年7月,深圳证券交易所正式营业。经过多年证券市场的发展,我国的证券行业更加全面和专业化。截至2012年4月30日,我国共有证券公司111家,证券投资咨询机构88家。

1999年7月1日《证券法》正式实施。作为我国第一部专门调整证券市场法律关系的基本法律,其针对证券发行、交易、服务和监管等作出了具体规定。这一法律的出台加速了证券市场法制化、规范化的进程,促进了资本市场的发展和完善,为证券市场的长期稳定发展奠定了法律基础。在实施过程中,面对复杂的证券市场环境,针对产生的实际问题,2002年1月,最高人民法院颁布了《关于受理证券市场因虚假陈述引发的民事侵权纠纷案件的通知》,解决了证券民事侵权立案难的问题。2003年1月,最高人民法院又颁布了《关于审理证券市场因虚假陈述引发的民事赔偿案件的若干规定》。2004年8月28日,第十届全国人民代表大会常务委员会第一次会议对《证券法》中关于行政许可方面的个别条款予以修改。2005年10月27日,第十届全国人民代表大会常务委员会第十八次会议通过了对《证券法》的第二次修改,并于2006年1月1日起施行。新《证券法》共12章240条,在原《证券法》的基础上新增53条,删除27条,并对部分条款进行了文字修改,修改部分涉及原《证券法》中40%的条款。从2006年1

月至今，随着证券市场的变化，我国又颁布、修订、实施了证券相关法律 11 部，包括《证券投资基金法》、《银行业监督管理法》等；相关行政法规 18 部，包括《证券公司监督管理条例》《证券公司风险处置条例》《期货交易管理条例》等；相关司法解释 12 部，包括最高人民法院《关于审理期货纠纷案件若干问题的规定(二)》，最高人民法院、最高人民检察院、公安部、中国证监会《关于办理证券期货违法犯罪案件工作若干问题的意见》等；相关部门规章 59 部，包括《证券发行与承销管理办法》《证券交易所管理办法》《证券业从业人员资格管理办法》《证券投资基金信息披露管理办法》《期货公司管理办法》等，还包括各类规范性文件、通知和决定等，涉及证券市场的方方面面。此外，《合同法》《刑法》《物权法》《公司法》等法律制度中也规定了有关证券公司设立、交易行为、权利归属等方面的内容，对相关主体的权利予以保护。

(二)证券公司的信用法律原则

证券公司的信用法律原则是证券法律的基本精神所在，贯穿证券发行、交易、管理以及证券立法、执法和司法活动的始终。根据我国《证券法》及相关证券实践，证券公司的信用法律原则有：

1. 诚实信用原则

诚实信用原则是所有民商事法律主体均应遵守的基本原则，作为商事基本法的《证券法》也不例外。《证券法》第 4 条中规定，证券发行和交易活动的当事人具有平等的法律地位，应当遵循自愿、有偿、诚实信用的原则。这就要求证券市场参与者应以最大信用进行证券交易活动，任何人不得为获得非法利益而滥用证券权利，义务人也应该诚实履行义务，不应有损害他人利益的行为。第一，证券发行人应当平等对待各类中介机构，合理地提供相关信息，避免发行的形式化。第二，各中介机构应该公平参与证券发行竞争，不得采取非正常手段、诋毁他人形象或名誉等非法手段获得竞争机会。第三，证券发行人应诚信地进行信息披露，中介机构应该严格按照信用原则审慎调查，全面了解与投资相关的信息。第四，证券市场参与人应诚信地参与证券市场活动，不得采用欺诈、散布虚假信息、操纵证券市场等方式损害他人利益。通过强调诚实信用原则，有助于进一步规范证券市场参与者的市场行为，稳定和促进证券市场的长期发展，保护证券交易双方的合法权益。

2. 公开透明原则

公开原则又称信息披露原则，其核心是实现证券市场信息的公开化，要求证券发行人在证券发行、流通环节依法将与证券有关的，可能影响投资者作出理性投资决策的所有信息真实、准确、完整、及时地向社会公开，不得有虚假记载、误导性陈述或重大遗漏。其具体内容包括以下两个方面：

第一，证券发行人向公众披露有关信息资料，即证券发行人应及时、真实、充分、完整地向社会公开能够影响投资者决定的一切信息资料。既包括证券发行人、中介机构本身的情况，如财务情况、重大投资决定和重大经营管理决策等，也包括与证券发行人有关的信息，如市场变动和投资风险等。从《证券法》来看，包括证券发行前的信息公开和证券流通中的信息公开。从具体证券法制度来看，包括信息披露制度、证券违法行为法律责任制度等。信息公开既是证券发行人承担的法定义务，也是允许公开发行证券的基本前提，更是证券投资者得以进行投资决策的基础。如果证券发行人未能履行信息公开原则，则不能公开发行证券，违反信息公开原则应当追究相关机构或人员的法律责任。

第二，管理者的信息监管应该公开，包括信息公开和监管标准公开，这是促使证券市场主体明确监管要求，规范证券行为的基础。《证券法》第 23 条第 1 款规定，国务院证券监督管理机构依照法定条件负责核准股票发行的申请。核准程序应当公开，依法接受监督。《证券法》第 184 条第 1 款规定，国务院证券监督管理机构依法制定的规章、规则和监督管理工作制度应当公开。此外，管理者的信息监管公开还应包括处罚信息公开。《证券法》第 184 条第 2 款规定，国务院证券监督管理机构依据调查结果，对证券违法行为作出的处罚决定应当公开。处罚信息的公开能够对证券市场的交易行为予以警示，规范证券发行方的行为，也能使投资方及时了解发行方的行为规范与否，有助于他们合理投资、降低投资风险。

3. 公平原则

公平原则是指证券关系双方当事人的地位平等，双方平等、自愿、有偿地进行交易，无论是证券发行方还是证券投资方，均不得利用其优势地位限制对方。第一，证券市场应当为各类投资者创造平等的交易机会，不得随意限制公众参与证券投资的机会。第二，证券市场应该平等地提供与证券投资相关的信息，确保投资者可以通过合理、便捷的方式平等地掌握证券市场信息，化被动为主动，降低投资风险。第三，证券市场应当对不同的投资者适用相同的交易规则，避免一方利用掌握的信息影响证券市场的稳定以抑制过度投机行为。第四，证券监管尺度的平等性。证券监督管理机关应当平等地采用相同的尺度衡量监管范围内的证券交易行为。

4. 公正原则

在证券交易活动中，公正原则主要针对立法者、司法者和管理者的权利和义务以及证券行业协会的自律管理，确保证券市场整体秩序的公正性。《证券法》第 182 条规定，国务院证券监督管理机构的工作人员必须忠于职守、依法办事、公正廉洁，不得利用职务便利谋取不正当利益，不得泄露所知悉的有关单位和个人的商业秘密，禁止欺诈、内幕交易和操纵证券市场的违法行为。一方面，《证券法》所确立的标准和规则应当公正，同一规则适用于所有当事人的交易行为。在同一证券发行和交易行为中，所有人适用相同的标准和条件，机会均等。另一方面，《证券法》所确立的管理行为应当公正，证券监督管理机构对任何证券发行人、中介机构、投资者均应一视同仁，执行统一规则。立法者要在实际情况的基础上制定符合公平利益主体的法律规则，使市场主体公平参与竞争；监管主体要依法执权，不得有越权、干预、徇私枉法、贪污受贿等情况，公平处理证券主体的市场活动；行业组织应严格约束成员的行为，公正评价成员的正常经营行为。《证券法》第 180 条规定了证券监督管理机构依法行使职权可以有权独立采取的 7 种措施，主要涉及的就是证券监管的独立性、公正性与针对性。

5. 投资者合法权益的保护原则

投资者投资证券市场，一方面是希望通过自己的投资行为获得预期的利益；另一方面也需要承担投资行为所带来的风险。因此，在证券活动过程中，投资者需要理性地分析证券市场的稳定程度，了解作为相对方的证券发行人、中介机构等组织的相关信息，明确双方的权利和义务，从而做出是否投资证券市场、活跃程度如何的决定，这是投资者基于证券交易安全的考虑。由于证券发行人、中介机构在交易中处于相对优势地位，因此，《证券法》中对证券发行人、中介机构等组织的信息公开予以明确要求，规定了信息披露制度、资本资质审核制度、禁止交易行为制度等，使投资者能迅速、及时、准确地了解证券投资的相关信息，激发他们的投资热情，避免投资者利益的损失。例如，《证券法》第 77 条规定了 4 类禁止任何人操纵证券市场的行为；第 79 条规定了 7 类禁止证券公司及其从业人员从事的损害客户利益的欺诈行为。对于证券公司、中介机构、证券从业人员、证券监督机构及工作人员因违法行为造成投资者损失的，应当依法承担赔偿责任。

四、证券公司信用法律关系主体

在证券投资、交易和管理行为中存在多重法律关系，涉及各类法律关系主体，包括投资者与证券公司、投资者与证券中介机构、投资者与证券监督管理机构、证券公司与证券中介机构、证券公司与证券监督管理机构、证券中介机构与证券监督管理机构等的法律关系。从我国证券公司信用法律关系主体的角度看，主要包括三类：投资者、证券公司和证券中介机构、证券监管主体。

（一）证券投资者

证券投资者作为证券公司信用法律关系的一方主体，主要是指为取得利息、股息或资本收益而进行证券交易活动的机构和个人。证券投资者作为证券市场的资金供给者，其购买证券的主要目的就是为了获得预期的股息或利息，并期待证券增值，从而在购买证券后很长一段时间内持有证券。

1. 机构投资者

机构投资者主要是指证券公司、共同基金等政府机构、金融机构、企事业单位和社会团体等。

政府机构参与证券投资的主要目的是为了调节资金余缺和进行宏观调控。例如，中央银行以公开市场操作作为政策手段，通过买卖政府债券或者金融债券来影响货币供应量从而进行宏观调控。

金融机构主要包括证券经营公司、银行业金融机构、保险公司及其他金融机构。这类证券投资者是证券市场上最为主要和活跃的投资者，他们往往占有各类资源优势、信息优势、团队优势和组织优势等，在证券市场上占据主导地位。

企事业单位可以通过自己的积累资金或者闲置资金以股票投资控股或者自营、委托投资进行证券投资，获取收益。

基金投资者主要包括证券投资基金、社保基金、企业年金和社会公益基金。其中，证券投资基金是通过公开发售基金份额筹集资金，由基金管理人管理，基金托管人托管，为基金份额持有人的利益以资产组合方式进行证券投资活动的基金，是以营利为主要目标的；而社保基金、企业年金和社会公益基金是为增加特定领域的福利，注重资产的保值增值，是以非营利性为主要目标的。

2. 个人投资者

个人投资者是指以营利为目的从事证券投资活动，独立享有证券投资权利、承担证券投资风险的自然人，他们是证券市场最为广泛的投资者。一般来说，法律对个人投资者的资格不作强制要求，只要是具备一定经济实力的合法投资者都可以参与证券投资。但在特定条件下，国家法律法规对个人投资者予以限制。例如，中国证券业协会于 2012 年 7 月 6 日发布的《关于首次公开发行股票询价对象及配售对象备案工作有关事项的通知》规定，主承销商筛选个人投资者的条件应当包括但不限于投资资金规模、专业技能、投资经验、信用记录、投资偏好、抗风险能力等。被推荐的个人投资者应当具备 5 年以上投资经验，无违法违规记录，其用于投资的资金应确系自有资金，主承销商应对其投资资金来源的合法性进行核查。在选择个人投资者时，主承销商应当优先考虑具备较强研究能力和风险承受能力、其投资资金规模与新股申购业务的特性相适应、与本单位具有长期合作关系并相互了解的自有客户。

(二)证券交易所、证券公司及中介机构

证券公司及中介机构是证券信用法律关系的主要参与者,是证券市场活动的主导者,主要包括证券交易所、证券公司、证券登记结算机构和证券服务机构。

1. 证券交易所

根据我国《证券法》第102条的规定,证券交易所是指为证券集中交易提供场所和设施,组织和监督证券交易,实行自律管理的法人。《证券交易所管理办法》规定,证券交易所是依本法规定条件设立的,不以营利为目的,为证券的集中和有组织交易提供场所、设施,履行国家有关法律、法规、规章和政策规定的职责,实行自律性管理的法人。通过这两个概念,我们可以看出:

第一,证券交易所是具有法人资格的自律性组织。由于证券交易所接受投资者的委托,参与证券市场交易,因此,其必须具备法人资格。

第二,证券交易所是为证券交易提供固定设施、场所和规则的一类证券交易市场。证券交易所只是为买卖双方提供交易条件,需要有比较完备和固定的交易场所和设施、安全的交易网络、一定规模的管理和服务人员以及有适合大规模证券集中交易的管理、交易和组织规则。

第三,证券交易所以集中交易的方式为主。该方式促使买卖双方均为多数的情况下采用当事人公开报价的方式,按照时间优先、价格优先等原则,合理确定证券交易价格。《证券法》第40条规定,证券在证券交易所上市交易,应当采用公开的集中交易方式或者国务院证券监督管理机构批准的其他方式;此外,证券交易还可以采取如协议收购、大宗交易等国务院证券管理机构批准的其他方式。

第四,证券交易所设立的法定性。根据《证券法》的规定,证券交易所的设立和解散由国务院决定。申请设立证券交易所,首先由中国证监会进行审核,再报国务院批准。设立证券交易所必须制定章程,证券交易所章程的制定和修改必须经国务院证券监督管理机构批准。这些严格的法律规定要求证券交易所坚持规范性和合法性原则。

第五,证券交易所是证券交易组织者与监管者的结合。一方面,证券交易所需要为证券交易活动提供必备的条件和规则;另一方面,证券交易所要求参与的成员严格自律,具有较强的自我约束管理和调控监管能力。

从证券交易所的类型来看,主要分为公司制和会员制两种。公司制证券交易所是指以营利为目的,提供证券交易场所和服务人员,以便利券商和投资者交易的法人。该类证券交易所需要收取发行公司的上市费和证券成交佣金,但经营方不得参与证券买卖,以确保交易公平。会员制证券交易所是指不以营利为目的,由会员自律自治、相互约束,会员可以参与进行股票交易的法人。该类证券交易所的佣金和上市费用较低,灵活性较强,但会员本身就是证券交易活动的参与者,难免出现交易的不公平;同时,由于交易双方仅限证券交易所内部的会员,新会员的加入需要原会员的一致同意,在某种程度上限制了交易面和服务质量。我国现有的证券交易所主要有上海证券交易所、深圳证券交易所、香港证券交易所和台湾证券交易所,主要为会员制证券交易所。

从证券交易所的功能来看,主要为证券交易服务功能,此外才有监管功能。一般认为,证券交易所的主要服务功能包括:(1)协助企业筹集资金,吸引各类社会资金参与投资;(2)形成相对公平、合理的交易价格;(3)制定交易规则,维护稳定的交易秩序,创造连续型的证券交易市场;(4)产业结构调整,优化资源配置,引导资本的合理流向。证券交易所的主要监管功能包括:(1)相关证券交易信息公开监管;(2)证券交易活动过程监管;(3)证券交易规则的公平、公正性监管;(4)证券交易所内部制度与管理行为的监管。

2. 证券公司

证券公司是指依照《公司法》和《证券法》等法律法规的规定设立,经国务院证券监督管理机构及公司登记机关批准专门经营证券业务,具有独立法人地位的有限责任公司或股份有限公司。该部分在上文已有介绍,此处不再赘述。

3. 证券登记结算机构

《证券法》第155条规定,证券登记结算机构是为证券交易提供集中登记、存管与结算服务,不以营利为目的的法人。它是为证券交易双方履行责任提供服务的机构,本身并不参与交易,不属于交易的任何一方,而是为交易双方提供连续性、一贯式的服务,确保证券交易顺利、有序地完成的组织。证券登记结算机构的根本目的在于提高证券交易效率,消除证券市场风险。《证券法》第156条规定,设立证券登记结算机构,应当具备下列条件:(1)自有资金不少于人民币2亿元;(2)具有证券登记、存管和结算服务所必需的场所和设施;(3)主要管理人员和从业人员必须具有证券从业资格;(4)国务院证券监督管理机构规定的其他条件。此外,设立证券登记结算机构还需要具备《证券法》第161条规定的保证条件:(1)具有必备的服务设备和完善的数据安全保护措施;(2)建立完善的业务、财务和安全防范等管理制度;(3)建立完善的风险管理系统。

通过上述概念与条件,结合《证券法》第157条的相关规定,证券登记结算机构主要具有如下职能:(1)证券账户、结算账户的设立和管理;(2)证券的存管和过户;(3)证券持有人名册登记及权益登记;(4)证券交易所上市证券交易的清算和交收;(5)受发行人的委托派发证券权益;(6)依法提供与证券登记结算业务有关的查询、信息、咨询和培训服务;(7)国务院证券监督管理机构批准的其他业务,如股票锁定、上市证券质押登记、跨国结算等。

4. 证券服务机构

证券服务机构是指为证券的发行、交易及其他相关活动提供专门服务的社会中介机构,主要包括投资咨询机构、财务顾问机构、资信评级机构、资产评估机构、会计师事务所和律师事务所等。其主要服务内容包括:(1)证券投资咨询;(2)证券发行及交易咨询、策划、财务顾问、法律顾问及其他配套服务;(3)证券资信评估服务;(4)证券集中保管;(5)证券清算交割服务;(6)证券登记过户服务;(7)证券融资以及证券监督管理机构认定的其他业务。证券服务机构是证券市场专业化和社会分工的结果,也是证券参与者平等交易的需要。在证券发行市场上,证券服务机构能为投资者提供准确的投资信息,帮助投资者作出正确的投资决策,使得证券的发行工作得以顺利进行;能协助上市公司及时、准确地披露经营和财务信息,为政府的监督管理提供依据,切实保护投资者的合法权益。

从证券法和证券服务行为本身来看,证券服务机构具有如下特点:(1)证券服务机构是依法成立的专门从事证券服务的机构。从事证券服务的机构必须经国务院证券监督管理机构和有关主管部门的批准。(2)证券服务机构具有较强的专业性要求。《证券法》第170条规定,投资咨询机构、财务顾问机构、资信评级机构从事证券服务业务的人员必须具备证券专业知识和从事证券业务或者证券服务2年以上的经验。认定其证券从业资格的标准和管理办法由国务院证券监督管理机构制定。(3)证券服务机构以谋取自身商业利益为目的。《证券法》第172条规定,从事证券服务业务的投资咨询机构和资信评级机构,应当按照国务院有关主管部门规定的标准或者收费办法收取服务费用。

证券服务机构的业务仅限于证券服务,本身及其工作人员不得直接从事证券交易业务。

《证券法》第171条规定了有关投资咨询机构及其从业人员从事证券服务业务的5项禁止行为。由于证券投资咨询机构是中立性的专业证券咨询服务机构，其针对服务对象的信息收集和分析更为专业，如果从事上述法律禁止的行为，则必然造成证券市场的不公平，侵害其他投资者的合法权益。如果因为证券服务机构的违法行为造成投资者损失的，应当与发行人和上市公司承担连带赔偿责任，除非能够证明自己没有过错。

【案例5—2】

某投资咨询有限公司接受某上市公司委托，为该公司提供投资咨询意见。赵某是该投资咨询公司的从业咨询人员，在为该公司提供咨询服务的过程中，通过较长时间对该上市公司信息的跟踪分析，直接了解到一些内幕信息，认定其有较好的投资价值。于是，赵某授意其妻张某买入该公司股票。但之后该公司股票不升反降，赵某被套，造成大笔损失。为了将股价抬高从而抛售，赵某以该投资咨询公司的名义在媒体上发表评论，鼓吹该上市公司的投资回报，导致大批投资者纷纷买入该公司股票，股价在短时间内大幅上涨，张某的股票顺利解套。事后，由于没有真实利好消息支持，该公司股票的价格逐渐回落，在高位购买该股票的投资者损失惨重。赵某的计谋败露后，证券监管机关没收了其非法所得7万元，并处以15万元罚款。

［资料来源］肖江平：《经济法案例教程》，北京大学出版社2004年版。

分析：赵某的行为违反了我国《证券法》的哪些规定？

（三）证券监管主体

1. 证券业协会

参照《证券法》和国务院关于中国证券业协会的相关规定及中国证券业协会的章程，中国证券业协会是依据《证券法》和《社会团体登记管理条例》的有关规定设立的证券业自律性组织，属于非营利性社会团体法人，接受中国证券监督管理委员会和国家民政部门的业务指导和监督管理。中国证券业协会的目的在于加强行业内的联系、协调、合作和自我控制，约束其业务行为，维护其合法权益，促进证券市场健康、有序发展。中国证券业协会的宗旨是：在国家对证券业实行集中统一监督管理的前提下进行证券业自律管理；发挥其在政府与证券行业之间的桥梁和纽带作用；为会员服务，维护会员的合法权益；维持证券业的正当竞争秩序，促进证券市场的公开、公平、公正，推动证券市场的健康、稳定发展。证券公司应当加入证券业协会。证券业协会的权力机构为全体会员组成的会员大会。证券业协会的章程由会员大会制定，并报国务院证券监督管理机构备案。

证券业协会的会员分为团体会员和个人会员。团体会员是指依法批准设立的，在承认会员章程和遵守协会各项规则的条件下，可以申请加入证券业协会的证券交易所、专业证券公司和兼营证券业务的金融机构。个人会员是指根据需要吸收的证券市场管理部门的有关官员以及从事证券研究和业务工作的专家和学者。

根据《证券法》和中国证券业协会章程的规定，证券业协会主要有如下三个方面的职责：

第一，依据《证券法》的有关规定行使下列职责：(1)教育和组织会员遵守证券法律、行政法规；(2)依法维护会员的合法权益，向中国证监会反映会员的建议和要求；(3)收集、整理证券信息，为会员提供服务；(4)制定会员应遵守的规则，组织会员单位从业人员的业务培训，开展会员之间的业务交流；(5)对会员之间、会员与客户之间发生的证券业务纠纷进行调解；(6)组织会员就证券业的发展、运作及有关内容进行研究；(7)监督、检查会员行为，对违反法律、行政法规或者协会章程的，按照规定给予纪律处分。

第二，依据行政法规、中国证监会规范性文件的规定行使下列职责：(1)制定自律规则、执业标准和业务规范，对会员及其从业人员进行自律管理；(2)负责证券业从业人员资格考试、认定和执业注册管理；(3)负责组织证券公司高级管理人员资质测试和保荐代表人胜任能力考试，并对其进行继续教育和培训；(4)负责做好证券信息技术的交流和培训工作，组织、协调会员做好信息安全保障工作，对证券公司的重要信息系统进行信息安全风险评估，组织对交易系统事故的调查和鉴定；(5)行政法规、中国证监会规范性文件规定的其他职责。

第三，依据行业规范发展的需要，行使其他涉及自律、服务、传导的自律管理职责：(1)推动行业诚信建设，督促会员依法履行公告义务，对会员信息披露的诚信状况进行评估和检查；(2)制定证券从业人员职业标准，组织证券从业人员水平考试和水平认证；(3)组织开展证券业国际交流与合作，代表中国证券业加入相关国际组织，推动相关资质互认；(4)其他自律、服务、传导职责。

2. 国务院证券监督管理机构

《证券法》第 7 条规定，国务院证券监督管理机构依法对全国证券市场实行集中统一监督管理。国务院证券监督管理机构根据需要可以设立派出机构，按照授权履行监督管理职责。《证券法》第 178 条规定，国务院证券监督管理机构依法对证券市场实行监督管理，维护证券市场秩序，保障其合法运行。我国《证券法》所称的国务院证券监督管理机构即为中国证券监督管理委员会，简称“证监会”，为国务院直属正部级事业单位，其主要职责是依据法律法规和国务院授权，统一监督和管理全国证券期货市场，维护证券期货市场秩序，保障其合法运行。

五、证券公司的相关信用法律制度

作为证券市场的主导者，证券公司的行为关系到整个证券市场公平、公正、公开原则的实现，关系到证券行业的稳定、有序发展。为了更有效地保证证券公司行为的合法守信性，我国《证券法》《证券公司监督管理条例》《证券公司风险处置条例》等证券类法律法规以及《公司法》《合同法》等民商事法律法规均对证券公司的相关信用法律制度予以确定，主要包括市场准入制度、信息披露制度、内部控制制度、风险控制指标管理制度和信用评级制度等。

(一)市场准入制度

市场准入制度是指政府或者授权机构规定证券公司及相关机构进入证券市场，进行证券投资、组织管理、交易等活动所必须满足的条件和必须遵守的制度与规范的总称。它是国家对证券市场主体资格的确立、审核和确认的法律制度，包括市场主体资格的实体条件和取得主体资格的程序条件。鉴于证券公司重要的市场地位，我国《证券法》第 122 条规定，设立证券公司，必须经国务院证券监督管理机构审查批准。未经国务院证券监督管理机构批准，任何单位或个人不得经营证券业务。《证券法》第 124 条规定了设立证券公司所应具备的 7 个条件。《证券公司监督管理条例》第 8 条规定，设立证券公司，应当具备《公司法》《证券法》和本条例规定的条件，并经国务院证券监督管理机构批准。这是对于证券公司组织设立的基本原则。证券公司在进入市场的过程中，需要经过国务院证券监督管理机构和工商管理部门的双重审查。

从证券公司的股东组成规定来看，在出资方面，《证券公司监督管理条例》第 9 条规定，证券公司的股东应当用货币或者证券公司经营必需的非货币财产出资。证券公司股东的非货币财产出资总额不得超过证券公司注册资本的 30%。证券公司股东的出资，应当经具有证券、期货相关业务资格的会计师事务所验资并出具证明；出资中的非货币财产，应当经具有证券相关业务资格的资产评估机构评估。在股东资格限制方面，《证券公司监督管理条例》第 10 条规定，有下列情形之一的单位或者个人不得成为持有证券公司 5%以上股权的股东或实际控制人：(1)因故意犯罪被判处刑罚，执行完毕未逾 3 年；(2)净资产低于实收资本的 50%，或有负债达到净资产的 50%；(3)不能清偿到期债务；(4)国务院证券监督管理机构认定的其他情形。

证券公司的其他股东应当符合国务院证券监督管理机构的相关要求。同时，对于股东实际控股达 5%以上的，股权变动应当事先告知证券公司，并经国务院证券监督管理机构批准。股东不得有虚假出资或者抽逃资金等行为。

证券公司应当有 3 名以上在证券业担任高级管理职位满 2 年的高级管理人员。除《证券法》第 131 条第 2 款和《公司法》第 147 条规定的情形外，《证券公司监督管理条例》第 19～25 条规定了董事、监事、高级管理人员的任职与限制，包括但不限于董事会任职人员和高级管理人员的类别、离职审计等。《证券法》第 131 条第 1 款规定，证券公司的董事、监事和高级管理人员应当正直诚实，品行良好，熟悉证券法律、行政法规，具有履行职责所需的经营管理能力，并在任职前取得国务院证券监督管理机构核准的任职资格。

(二)信息披露制度

所谓证券市场的信息披露制度，是指证券公司为保障投资者利益、接受社会公众的监督，在证券发行、上市和流通各环节中，依照法律规定将与证券有关的一切重大信息予以真实、准确、完整、适当地公开，使投资者充分了解情况并作出投资判断的法律制度。其既包括证券发行前的信息披露，也包括证券上市、流通过程中的信息披露。这种信息披露制度具有法定性、强制性、公开性、效率性、权利义务的单向性等特点，有助于进一步保护投资者的合法权益，实现公平、公正、公开的原则。《证券法》第 63 条规定，发行人和上市公司依法披露的信息必须真实、准确、完整，不得有虚假记载、误导性陈述或者重大遗漏。《上市公司证券发行管理办法》第 4 条和《上市公司收购管理办法》第 3 条第 3 款也作了同样的规定。《证券法》第 68 条第 3 款规定，上市公司董事、监事、高级管理人员应当保证上市公司所披露的信息真实、准确、完整。因此，真实性、准确性、完整性、及时性是证券发行、流通过程中对信息披露的基本要求。

证券信息披露的主体是指根据《证券法》及相关法律法规规定承担信息披露义务的单位和个人，以证券发行人为主线，多方主体共同参加，主要包括以下 4 类：

第一类，信息披露的基本主体，主要是指股票或债券的发行公司。他们依法承担及时披露关于自己或与自己相关的、可能影响投资者决策的重要信息的义务。《证券法》第 63 条和第 68 条第 3 款规定了发行人、上市公司依法披露信息，上市公司董事、监事、高级管理人员保证信息披露的义务。

第二类，信息披露的监督主体，主要是指证券市场的监管机构和政府相关部门。例如，中国证券监督管理委员会，他们一方面审核证券公司的信息披露内容，另一方面监督证券公司的信息披露行为，确保其合法性。《证券法》第 70 条规定，依法必须披露的信息，应当在国务院证券监督管理机构指定的媒体发布，同时将其置备于公司住所和证券交易所，供社会公众查询。《证券法》第 71 条规定，国务院证券监督管理机构对上市公司年度报告、中期报告、临时报告以及公告的情况进行监督，对上市公司分派或配售新股的情况进行监督，对上市公司控股股东和信息披露义务人的行为进行监督。《上市公司证券发行管理办法》第 52 条第 1 款规定，上市公司应当保证投资者及时、充分、公平地获得法定披露的信息，信息披露文件使用的文字应当简洁、平实、易懂。

第三类，信息披露的特定主体，主要是指证券市场投资者。通常，证券投资者不作为信息披露的主体，但在特定的情况下，其需要公布自身的相关信息，如股权变动情况等。

第四类，其他相关主体，主要包括证券交易所等自律性组织、各类证券中介机构、会计师事务所和律师事务所等证券服务机构等。他们一方面制定部分证券市场交易规则，另一方面发布有关证券公司等机构的相关重要信息，同时履行相应职责。《证券法》第115条第2款规定，证券交易所应当对上市公司及相关信息披露义务人披露信息进行监督，督促其依法及时、准确地披露信息。《证券法》第171条第4款规定，证券投资机构及其从业人员不得有“利用传播媒介或者通过其他方式提供、传播虚假或者误导投资者的信息”的行为。《上市公司信息披露管理办法》第50～54条规定了有关保荐人、证券服务机构、律师事务所、会计师事务所、资产评估机构等的义务。

证券公司信息披露的内容主要包括两类：一类是证券公司的基本信息，这类信息是投资人对其增进了解、增加确定并进而作出投资决策的依据；另一类是发行人或上市公司的重要文件，包括招股说明书、募集说明书、上市公告书、定期报告和临时报告，在《上市公司信息披露管理办法》中予以明确规定。这类信息是对股票或债券的发行方而言的，是投资者具体选择投资方向的参考。

从信息披露制度本身来看，该制度是证券公司信用法律制度的基础，是保障整个证券市场信息沟通顺畅，防止证券欺诈，提高证券交易效率的根本，是督促企业改善经营管理，提高业务能力的重要手段。

（三）内部控制制度

证券交易行为是一项具有高风险的活动，证券公司作为证券市场的重要组成部分，其对风险控制能力的强弱将直接影响市场的整体风险水平。2001年2月6日，中国证监会颁布《证券公司内部控制指引》，首次提出内部控制机制的概念，并在2003年12月15日的修订版第2条中明确规定，本指引所指证券公司内部控制是指证券公司为实现经营目标，根据经营环境的变化，对证券公司经营与管理过程中的风险进行识别、评价和管理的制度安排、组织体系和控制措施。证券公司在实施内部控制的过程中，应当充分考虑控制环境、风险识别与评估、控制活动与措施、信息沟通与反馈、监督与评价等要素。2006年6月30日，证监会又专门针对融资融券业务发布了《证券公司融资融券业务试点内部控制指引》，进一步完善了融资融券业务试点内部控制规范体系。此外，《证券法》第136条明确规定，证券公司应当建立健全内部控制制度，采取有效隔离措施，防范公司与客户之间、不同客户之间的利益冲突。证券公司应当在健全、合理、制衡、独立的原则下，根据市场、技术、法律环境的变化适时调整和完善，以确保内部控制的有效性。

1. 内部控制机制的形成条件

（1）范围的全面性。证券公司的内部控制机制应涵盖公司的全部业务，涉及各个部门和各级人员；同时，在领导、决策、执行、反馈等各个环节均有渗透。

（2）职能的相对独立性。证券公司在满足公司正常运作的前提下，各个部门、机构、岗位相互之间应保持相互独立。

（3）权责的明确性。证券公司内部各部门、各机构、各岗位人员应权责明确、互相制约，形成权力制衡。

（4）效果的合理性。证券公司内部各机构、各部门、各人员应通力合作，控制运营成本，实现控制效果的最优化。

2. 内部控制的主要内容

(1)合理选择公司治理机制。《证券公司内部控制指引》第 11 条规定,证券公司应建立健全证券公司治理结构。证券公司治理结构包括科学的决策程序和议事规则,高效、严谨的业务运作系统,健全、有效的内部监督和反馈系统,以及有效的激励约束机制。证券公司监事会和独立董事应充分发挥监督职能,防范大股东操纵和内部人控制的风险。一方面,证券公司要注意强化信息披露,实现决策与经营行为的合理性;另一方面,证券公司要建立清晰、合理的组织机构。《证券公司内部控制指引》第 13 条从一线岗位、相关部门和岗位以及独立监督检查部门三个方面设立了三道业务监控防线。

(2)建立完善的财务和风险控制制度,包括风险控制指标制度、交易风险准备金制度以及证券投资者保护基金制度。关于风险控制指标制度,《证券法》第 130 条和第 150 条分别规定了证券公司必须保持较好的资产流动性和债务偿还能力及相关风险限制措施。《证券公司内部控制指引》从自有资金和客户资金、投资银行项目、风险监控、业务规模、咨询业务、创新业务等方面提出严格要求。交易风险准备金制度,是指依照经营风险程度和概率标准,由证券公司依照法定标准或者比例提取缴纳的,为维护证券市场正常运转提供财务担保和弥补因交易过程中不可预见的风险所带来的亏损的资金。《证券法》第 135 条规定,证券公司从每年的税后利润中提取交易风险准备金,用于弥补证券交易损失,其提取的具体比例由国务院证券监督管理机构规定。

(3)建立系统的证券公司业务控制制度。从证券公司经营的业务内容来看,其范围往往比较广泛,有必要予以深入协调、沟通和管理,避免出现相关利益冲突。一方面,建立证券公司内部隔离制度,这一制度又称"防火墙制度",是指从事多种经营活动的证券公司限制重大非公开信息在不同部门之间流动的制度和程序。《证券法》第 136 条第 1 款规定,证券公司应当建立健全内部控制制度,采取有效隔离措施,防范公司与客户之间、不同客户之间的利益冲突。另一方面,内部禁止混合操作,以避免加大运营风险,危及客户资金安全。《证券法》第 136 条第 2 款规定,证券公司必须将其证券经纪业务、证券承销业务、证券自营业务和证券资产管理业务分开办理,不得混合操作。《证券公司内部控制指引》第 51 条规定,证券公司应加强自营账户的集中管理和访问权限控制,自营账户应由独立于自营业务的部门统一管理,建立自营账户审批和稽核制度;采取措施防止变相自营、账外自营、出借账户等风险;防止自营业务与受托投资管理业务混合操作。

(四)风险控制指标管理制度

证券公司的风险控制指标是其信用保证、风险防范、交易成效等方面保障的重要措施之一,同时也是证券公司监管予以重点关注、评估、考察以及采取风险控制措施的依据。《证券法》第 130 条规定,国务院证券监督管理机构应当对证券公司的净资本,净资本与负债的比例,净资本与净资产的比例,净资本与自营、承销、资产管理等业务规模的比例,负债与净资产的比例,以及流动资产与流动负债的比例等风险控制指标作出规定。对于证券公司的净资本或者其他风险控制指标不符合规定的,《证券法》第 150 条规定了 7 项重要措施予以风险控制,待考核验收完毕才能予以解除。2008 年 12 月 1 日起施行的修改后的《证券公司风险控制指标管理办法》对证券公司的净资本、自营业务规模、各类风险准备、材料编制与披露、风险监管等方面作了详细规定。

证券公司风险控制指标管理制度极大地增强了证券公司的可信度和稳定性,加强了证券公司的风险监管,督促证券公司采取积极的措施加强内部控制,实现对投资者整体利益的保护。

(五)信用评级制度

所谓证券信用评级，是指信用评级机构依据科学的指标体系，采用科学、严谨的分析方法，对某种证券和证券发行人的信用、质量、风险等进行综合评价，并以约定的符号予以列示的评估活动。证券信用评级是一项由第三方社会中介服务机构为证券公司提供的资信评价活动，为证券公司以及证券投资人的证券交易行为提供决策依据。从狭义上看，信用评级是指独立的第三方信用评级中介机构对债务人如期足额偿还债务本息的能力和意愿进行评价，并用简单的评级符号表示其违约风险和损失的严重程度。从广义上看，信用评级是对评级对象履行合同及经济承诺的能力和意愿的总体评价。根据我国《证券法》《证券市场资信评级业务管理暂行办法》和《中国人民银行信用评级管理指导意见》等相关规定，证券信用评级是为了进一步促进证券市场资信评级业务的规范化、透明化、效率化，保护投资双方的合法权益而实施的。

《证券市场资信评级业务管理暂行办法》第 7 条规定了 7 种申请证券评级业务许可的必要条件；第 8 条规定了 6 类资信评级机构负责证券评级业务的高级管理人员的资格条件；第 9 条规定了申请证券评级业务许可所需要提交的材料。在具体的业务规则中，规定了证券评级行业机构的执业规范，包括防火墙制度、评级委员会制度、跟踪评级制度、回避制度、利益冲突防范制度、信息披露和保密制度、档案管理制度、评级结果公布制度等多种制度。这些制度的建立与实施有效地确保了信用评级的公正性、真实性、准确性和完整性，确保了证券评级机构及其相关人员行为的合法性。此外，通过国务院证券监督管理机构对证券信用评级机构、董事、监事、高级管理人员的监督与管理，一方面确保了证券信用评级机构的可靠性和稳定性以及行为的合法性；另一方面注重加强对证券信用评级机构的违法或不规范行为予以修正、发出警示并责令改正，确保证券信用评级机构行为的规范性；同时，进一步加强证券评级机构的自律，注重内部管理。《证券市场资信评级业务管理暂行办法》第 34 条规定，证券评级机构应当加入中国证券业协会。中国证券业协会应当制定证券评级机构的自律准则和执业规范，对违反自律准则和执业规范的行为给予纪律处分。中国证券业协会应当建立证券评级机构及其从业人员从事证券评级业务的资料库和诚信档案。对于证券信用评级过程中发生的违法违规行为，国务院证券监督管理机构有权采取罚款、限权等措施予以规范。

六、证券市场主体的信用违法责任

证券市场主体的信用违法责任是证券市场信用交易法律监管的最后也是最重要的一道防线，是各项证券公司信用规范制度的有力保证。根据我国《证券法》等相关证券法律法规的规定，证券市场主体信用违法责任的承担方式主要有如下几类：

(一)虚假陈述法律责任

1. 发行人与上市公司的责任

《证券法》第 193 条规定，发行人、上市公司或者其他信息披露义务人未按照规定披露信息，或者所披露的信息有虚假记载、误导性陈述或者重大遗漏的，责令改正，给予警告，并处以 30 万元以上 60 万元以下罚款；对直接负责的主管人员和其他直接责任人员给予警告，并处以 3 万元以上 30 万元以下罚款。发行人、上市公司或者其他信息披露义务人未按照规定报送有关报告，或者报送的报告有虚假记载、误导性陈述或者重大遗漏的，责令改正，给予警告，并处以 30 万元以上 60 万元以下罚款；对直接负责的主管人员和其他直接责任人员给予警告，并处以 3 万元以上 30 万元以下罚款。发行人、上市公司或者其他信息披露义务人的控股股东、实际控制人指使从事前两款违法行为的，依照前两款的规定处罚。

《上市公司收购办理办法》第 76 条规定，上市公司的收购及相关股权变动活动中的信息披露义务人在报告、公告等文件中有虚假记载、误导性陈述或者重大遗漏的，中国证监会责令其改正，采取监管谈话、出具警示函、责令暂停或者停止收购等监管措施。在改正前，收购人对其持有或者实际支配的股份不得行使表决权。

此外，《上市公司信息披露管理办法》明确规定了上市公司董事、监事、高级管理人员、股东、实际控制人等所应当承担的信息披露义务以及提供虚假信息的法律责任。

2. 证券公司的责任

《证券法》第 222 条规定，证券公司或者其股东、实际控制人违反规定，拒不向证券监督管理机构报送或者提供经营管理信息和资料，或者报送、提供的经营管理信息和资料有虚假记载、误导性陈述或者重大遗漏的，责令其改正，给予警告，并处以 3 万元以上 30 万元以下罚款，可以暂停或者撤销证券公司的相关业务许可；对直接负责的主管人员和其他直接责任人员给予警告，并处以 3 万元以下罚款，可以撤销其任职资格或者证券从业资格。证券公司为其股东或者股东的关联人提供融资或者担保的，责令其改正，给予警告，并处以 10 万元以上 30 万元以下罚款。对直接负责的主管人员和其他直接责任人员处以 3 万元以上 10 万元以下罚款。股东有过错的，在按照要求改正前，国务院证券监督管理机构可以限制其股东权利；拒不改正的，可以责令其转让所持证券公司的股权。

《证券公司监督管理条例》第 88 条规定，违反本条例的规定，有下列情形之一的，责令其改正，给予警告，并处以 3 万元以上 20 万元以下罚款；对直接负责的主管人员和其他直接责任人员给予警告，可以处以 3 万元以下罚款：(1)证券公司未按照本条例第 66 条的规定公开披露信息，或者公开披露的信息中有虚假记载、误导性陈述或者重大遗漏；(2)证券公司控股或者实际控制的企业、资产托管机构、证券服务机构未按照规定向国务院证券监督管理机构报送、提供有关信息、资料，或者报送、提供的信息、资料中有虚假记载、误导性陈述或者重大遗漏。

(二)内幕交易知情人的法律责任

内幕交易，是指上市公司高管人员、控股股东、实际控制人和行政审批部门等方面的知情人员利用工作之便，在公司并购、业绩增长等重大信息公布之前泄露信息或者利用内幕信息买卖证券谋取私利的行为。《证券法》第 73 条明确规定，禁止证券交易内幕信息的知情人和非法获取内幕信息的人利用内幕信息从事证券交易活动。《证券法》第 74、75 条分别就内幕信息知情人的范围和内幕信息的类别予以明确界定。《证券法》第 202 条规定，证券交易内幕信息的知情人或者非法获取内幕信息的人在涉及证券的发行、交易或者其他对证券的价格有重大影响的信息公开前，买卖该证券，或者泄露该信息，或者建议他人买卖该证券的，责令其依法处理非法持有的证券，没收违法所得，并处以违法所得 1 倍以上 5 倍以下罚款；没有违法所得或者违法所得不足 3 万元的，处以 3 万元以上 60 万元以下罚款。单位从事内幕交易的，还应当对直接负责的主管人员和其他直接责任人员给予警告，并处以 3 万元以上 30 万元以下罚款。证券监督管理机构的工作人员进行内幕交易的，从重处罚。

根据证监会、公安部、监察部、国资委和预防腐败局 5 个部门联合发布的《关于依法打击和防控资本市场内幕交易的意见》的规定，证券监督管理部门要切实负起监管责任，对涉嫌内幕交易的行为要及时立案稽查，快速作出行政处罚；对涉嫌犯罪的，要移送司法机关依法追究其刑事责任，做到有法必依、执法必严、违法必究；对已立案稽查的上市公司，要暂停对其的再融资、并购重组等行政许可；对负有直接责任的中介机构及相关人员，要依法依规采取行政措施，暂停或取消其业务资格。

最高人民法院和最高人民检察院《关于办理内幕交易、泄露内幕信息刑事案件具体应用法律若干问题的解释》和《刑法》第181、182条关于证券、期货交易内部信息犯罪的相关规定均对内幕信息知情人予以严肃处理，对内幕交易、利用信息优势操纵证券交易价格等行为的量刑和处罚作出了明确规定。

（三）操纵市场行为的法律责任

操纵市场的行为是指行为人违反国家证券管理法律法规的规定，人为地使证券价格偏离市场供求关系，扰乱证券市场秩序，并应承担相关法律责任的行为。根据《证券法》第77条的规定，禁止任何人以下列手段操纵证券市场：(1)单独或者通过合谋，集中资金优势、持股优势或者利用信息优势联合或者连续买卖，操纵证券交易价格或者证券交易量；(2)与他人串通，以事先约定的时间、价格和方式相互进行证券交易，影响证券交易价格或者证券交易量；(3)在自己实际控制的账户之间进行证券交易，影响证券交易价格或者证券交易量；(4)以其他手段操纵证券市场。操纵证券市场的行为给投资者造成损失的，行为人应当依法承担赔偿责任。《证券法》第203条规定，违反本法规定操纵证券市场的，责令依法处理非法持有的证券，没收违法所得，并处以违法所得1倍以上5倍以下罚款；没有违法所得或者违法所得不足30万元的，处以30万元以上300万元以下罚款。单位操纵证券市场的，还应当对直接负责的主管人员和其他直接责任人员给予警告，并处以10万元以上60万元以下罚款。

《刑法》第182条规定，操纵证券交易价格，获取不正当利益或者转嫁风险，情节严重的，处以5年以下有期徒刑或者拘役，并处或者单处违法所得1倍以上5倍以下罚金。单位犯前款罪的，对单位判处罚金，并对其直接负责的主管人员和其他直接责任人员处以5年以下有期徒刑或者拘役。

《禁止证券欺诈行为暂行办法》第15条规定，证券经营机构、证券交易场所以及其他从事证券业的机构有操纵市场行为的，根据不同情况，单处或者并处警告、没收非法所得、罚款、限制或者暂停其证券经营业务、撤销其证券经营业务许可或从事证券业务许可。《禁止证券欺诈行为暂行办法》第17条规定，个人有操纵市场行为的，根据不同情况，没收其非法获取的款项和其他非法所得，并处以5万元以上50万元以下罚款。

第三节　融资租赁公司信用法律制度

一、融资租赁及其法律特征

随着我国金融市场的开放，企业获得资本支持的方式越来越多，融资租赁的方式越来越占据重要地位。根据2014年3月13日中国银监会公布实施的《金融租赁公司管理办法》第3条的规定，本办法所称融资租赁，是指出租人根据承租人对租赁物和供货人的选择或认可，将其从供货人处取得的租赁物按合同的约定出租给承租人占有、使用，向承租人收取租金的交易活动。于2013年10月1日起实施的《融资租赁企业监督管理办法》第2条第2款规定，本办法所称融资租赁业务是指出租人根据承租人对出卖人、租赁物的选择，向出卖人购买租赁物，提供给承租人使用，承租人支付租金的交易活动。依据如上论述，本文认为，融资租赁是指出租人根据承租人对租赁物的特定要求和对供货人的选择，向供货人出资购买租赁物并按约定出租给承租人占有、使用、收益，承租人支付租金的行为。

(一)融资租赁的类型

根据租赁方式的差异，融资租赁可以分为以下五种方式：

1. 直接融资租赁

该方式由承租人指定设备及供货商，委托出租人融资购买并提供设备，由承租人使用并支付租金，租赁期满由出租人向承租人转移设备的所有权。这种租赁方式以出租人保留租赁物的所有权和收取租金为要件，实现承租人在租赁期内对租赁物占有、使用和收益的权利。这是一种最为典型的融资租赁方式。

2. 回租融资租赁

该方式由设备的所有者先将设备按市场价格出售给出租人，再以租赁的方式租回原来的设备。这种方式一方面满足了承租人对运营资本的需求，转移了租赁物的风险；另一方面使用权并未发生变化，承租人仍然占有、使用租赁物，并可以继续使用相关人员和技术。

3. 委托融资租赁

该方式由出租人接受委托人的资金或租赁标的物，根据委托人的书面要求，向委托人指定的承租人办理融资租赁业务。租赁期内，租赁物的所有权归委托人所有，出租人只收取手续费，不享有所有权，不承担风险。该方式便于没有租赁经营权的企业借权经营，如电子商务租赁等。

4. 融资租赁转租赁

该方式是以同一标的物进行多次融资的租赁行为。在转租赁过程中，上一租赁合同的承租人同时是下一租赁合同的出租人，即为转租人，转租人以收取差价为目的，第一出租人享有租赁物的完全所有权。这种方式多用于国际融资租赁。

5. 分成融资租赁

该方式是由出租人和承租人在确定租金水平时，以租赁设备的生产量及相关受益来确定租金，而不是以固定或者浮动利率来确定租金，租金的多少以设备生产量或设备的相关受益为依据。这种方式以投资型为主。

(二)融资租赁的法律特征

第一，融资租赁关系由三方主体构成，即承租人、出租人、供应商三方共同保障承租人的融资目的得以实现。

第二，融资租赁中存在两个合同关系，即出租人与供应商的买卖合同关系、出租人与承租人的租赁合同关系。两个合同互为衔接，三方应共同就买卖合同、租赁合同的条款予以确认，并由供应商直接向承租人发货。

第三，融资租赁关系中的任何一方在租赁期内均无单方撤销权。只有在租赁物毁损或者被证明丧失使用价值的情况下，方能终止合同；否则，应当承担违约责任。

第四，租赁物由特定承租人指定，出租人出资购买并租赁给该承租人使用，承租人负责检查和验收供应商交付的租赁物。对该租赁物的质量和技术条件，出租人不承担瑕疵担保责任。有关该租赁物的瑕疵担保责任由供应商承担。

第五，承租人对租赁物有占有、使用、收益的权利及支付租金的义务，出租人保留租赁物的所有权。即便租赁物的所有权没有发生转移，在承租人掌控租赁物期间，其还要额外承担约定的有关租赁物的保险费、维护费、保养费和折旧费等。

第六，融资租赁期满后，承租人对租赁物享有退租、续租、留购的选择权。若要留购，则需要由承租人和出租人双方根据合同约定或就租赁物的现存价值进行协商确定。

(三)融资租赁的功能

1. 促进投资

对于融资租赁而言,其是作为出租人的租赁公司进行业务投资的一种行为。一方面,出租人可以利用闲散资金和设备实现资本、资产再利用和再升值,避免出租人闲散资本的浪费;另一方面,出租人对融资项目具有自我选择权,对融资租赁风险较低、收益较高、政策支持力度大的项目可以优先投入,以确保盈利。

2. 融资管理

对于承租企业而言,其可以利用租赁方式,一方面确保所获得的设备、场地、设施等能够满足自身生产和发展的需要;另一方面缓解自身资本不足的压力,以较小的资本投入获得完整的企业生产条件而仅需以分期支付的方式解决资本和税赋问题;同时,承租人可以将额外的资本用于扩大投资、技术改造等急需项目。

3. 促销功能

基于融资租赁中出租人投资收回的全额清偿与非全额清偿方式以及租赁物所有权处置方式的多样性,承租人可以采用“以租代购”的方式,一方面,避免承租企业存有太多固定资产,影响流动资产的运行效率;另一方面,使企业加大产品投入,扩大产品销路,增强产品的市场竞争力。

4. 资产管理功能

融资租赁中租赁物所有权的不转移使得事实上出租人承担着租赁物毁损、灭失、贬值的风险。一方面,出租人需要对租赁物进行管理和监督,以便控制资产流向,同时在租赁期满后对租赁物的市场价值予以重新评估和确定,以便再次投资利用;另一方面,承租人在租赁期满后,可以选择多种处理租赁物的方式,以明确租赁物的资产地位。无论是出租人还是承租人,都能在融资租赁中对租赁物履行资产管理功能,实现利益的增加。

二、融资租赁的历史发展及其法律规制

我国的融资租赁是在改革开放之初,为解决资金不足和从国外引进先进技术、设备和管理的需求,以中国国际信托投资公司为主要股东,成立了中外合资的东方租赁有限公司和以国内金融机构为主体的中国租赁有限公司,以开展融资租赁业务。但由于体制的影响、观念的差异和固有的产权管理模式等方面的原因,融资租赁并未能得以蓬勃展开。随着融资租赁行业的发展,有关融资租赁业务的范围、融资租赁的方式、融资租赁的管理、融资租赁的规范等方面越来越得到政府、行业和企业的支持与认同,融资租赁领域在人才培养、观念更新、重组改革、业务拓展、法制规范等方面也更为成熟。

(一)融资租赁的历史发展

1. 迅速发展期(1981~1987 年)

随着融资租赁业务的初创,国内企业融资发展的需要与国内政策限制的压力使得较多企业纷纷采用融资租赁的方式从国外购买设备,一方面为企业解决了资金短缺需要融通的问题,另一方面也规避了政策,使企业可以较小的代价获得期望的设备。

2. 问题暴露期(1988~1998 年)

随着 1988 年融资租赁业务达到高峰,国家经济形势整体过热,融资租赁行业出现泡沫,国家采取宏观调控政策,紧缩银根,许多有关融资租赁的税收优惠政策被取消,导致融资租赁行

业出现较大萎缩。同时，由于融资租赁行业发展的不规范，法律配套规制的不健全，在融资租赁过程中，出租人与承租人由于租赁导致严重的欠租等纠纷引发的社会矛盾较多，引发诸多租赁公司的破产、清算或者业务停滞。

3. 恢复调整期(1999～2007年)

为了解决融资租赁行业发展中出现的问题，适应中国加入WTO的需要，中国人民银行和银监会纷纷就融资租赁行业的国际国内形势予以深入分析，有关融资租赁的相关法律、监管、会计制度等规范纷纷出台。此外，融资租赁行业也渐渐开始转型，在人才培养、创新实践、资产重组、功能转化等方面重新调整，行业发展呈现新气象。

4. 跨越式发展期(2008年至今)

从2008年开始，我国的融资租赁业务呈现蓬勃发展的趋势，尤其是自中国共产党第十七次全国代表大会以后，我国经济发展方式的转变、产业结构的优化升级、新兴行业的崛起以及基础设施的持续建设，都需要大量设备和固定资产的投入，融资租赁的方式为现行市场的需求提供了强有力的支撑。

根据中国租赁联盟网站2014年2月公布的《2013年中国融资租赁业发展报告》，截至2013年年底，全国在册运营的各类融资租赁公司(不含单一项目融资租赁公司)约1 026家，比2013年初的560家增加了466家，增长83.2%。其中，金融租赁23家，增加了3家；内资租赁123家，增加了43家；外商租赁增加较多，达到约880家，增加约420家。整个行业注册资金达3 060亿元，比2012年年底增加1 170亿元，增加61.9%；融资租赁合同余额约21 000亿元，比2012年年底增加约5 500亿元，增长幅度为35.5%。随着国家经济的发展，融资租赁行业呈现较大幅度的发展。

(二)融资租赁法律规制

为了有效保证我国融资租赁行业的规范化，相关法律逐步制定。有关融资租赁的法律包括《合同法》《民法通则》《物权法》《公司法》《刑法》《保险法》《房地产法》和《海商法》等，也包括相关法规、规章，如商务部《关于融资租赁企业监督管理办法》(2013年10月1日实施)、银监会《关于金融租赁公司管理办法》(2014年3月13日实施)和《非银行金融机构行政许可事项实施办法》，还有《外商投资租赁业管理办法》、最高人民法院《关于审理融资租赁合同纠纷案件适用法律问题的解释》、《企业会计准则——租赁》、商务部国家税务总局《关于从事融资租赁业务有关问题的通知》、中国人民银行《关于金融支持中国(上海)自由贸易试验区建设的意见》等。此外，各地方人民政府为促进本地区经济的发展，也纷纷制定了相关融资租赁政策，如天津市的《新技术产业园区鼓励投融资发展暂行办法》、浙江省的《浙江省融资租赁管理暂行规定》、海南省的《三亚市外海捕捞项目钢质渔船租赁管理办法》等。这些法律规范和政策的规定进一步确保了融资租赁行业的规范化、有序化，有助于企业缩减成本、扩大投资、满足市场需求。

三、融资租赁信用法律关系的主体

在融资租赁信用法律关系中，一般必须具备三类主体：出租人、承租人和供应商。在这三类主体中，出租人(融资租赁公司)往往发挥着上下衔接的作用，成为最主要的主体。

(一)供应商与承租人

供应商是根据承租人的要求提供相关产品和设备，并向出租人收取费用的主体。作为买卖合同法律关系的主体，其仅就买卖合同中的相关权利义务承担责任，与其他买卖合同并无差别。但从对象上来说，在融资租赁关系中，供应商承担责任的对象为承租人，需要负瑕疵担保和违约等方面的责任。有关权利义务内容需要遵循《合同法》的相关规定。

承租人是为了满足自身生产发展的需要，委托融资租赁公司代为购买相关设备和产品并支付租金的主体。作为租赁合同的主体，承租人是买卖合同的实际受益者，是租赁物的使用者，类似于金融合同中的借款人。承租人具有特定性，一般为法人性质，而且现行法律、政策的制定也是基于法人承租人的。由于规模大小、行业性质和机构性质等方面的原因，承租人也需要或者想要采用融资租赁的方式。有关承租人的责任与权利主要依据《合同法》等法律条款的相关规定。

（二）出租人（融资租赁公司）

出租人是融资租赁法律关系中最重要的主体，是连接融资租赁三方的枢纽。其既是买卖合同法律上的买受人，也是租赁合同形式上的出租人。因此，作为出租人，其必须是具有从事融资租赁业务资格的法人，而不能是自然人、一般法人或者其他组织。根据我国银监会《金融租赁公司管理办法》、商务部《融资租赁公司监督管理办法》以及《外商投资租赁业管理办法》等相关法律法规的规定，融资租赁公司是指依据《公司法》和《合同法》等相关法律法规，经有关主管部门批准成立的专门经营融资租赁业务的法人。综合我国现行法律的规定，融资租赁公司主要包括两大类：

第一，经中国银行业监督管理委员会审核批准专营融资租赁业务的金融租赁公司和兼营融资租赁业务的机构。

前者主要是指依据《金融租赁公司管理办法》成立的非银行金融机构性质的融资租赁公司，后者主要是指开展融资租赁业务的信托投资公司、财务公司和资产管理公司。《金融租赁公司管理办法》第 2 条规定，本办法所称金融租赁公司，是指经银监会批准，以经营融资租赁业务为主的非银行金融机构。金融租赁公司的名称中应当标明“金融租赁”字样，未经银监会批准，任何单位不得在其名称中使用“金融租赁”字样。该法第三章详细规定了金融租赁公司可以经营、开办的本外币业务，如融资租赁业务、转让和受让融资租赁资产、同业拆借、向金融机构借款等。

第二，经商务部审核批准成立的专门从事融资租赁业务的内外资融资租赁公司。这类公司主要依据《公司法》《融资租赁公司监督管理办法》《外商投资租赁业管理办法》和商务部、国家税务总局《关于从事融资租赁业务有关问题的通知》以及合资企业法律法规的规定成立。

外资融资租赁公司主要采用中外合资、中外合作和外商独资等方式成立。《外商投资租赁业管理办法》第 9 条规定了外商投资融资租赁公司应当符合的法定条件：(1)注册资本不低于1 000万美元；(2)有限责任公司形式的外商投资融资租赁公司的经营期限一般不超过 30 年；(3)拥有相应的专业人员，高级管理人员应具有相应的专业资质和不少于 3 年的从业经验。外商融资租赁公司的经营范围包括融资租赁业务、租赁业务、向国外购买租赁财产、租赁财产的残值处理及维修、租赁交易咨询和担保以及经审批部门批准的其他业务。

内资融资租赁公司主要依据《公司法》成立，分为有限责任公司和股份有限公司两种形式。商务部、国家税务总局《关于从事融资租赁业务有关问题的通知》对内资融资租赁公司的成立条件予以规定：(1)2001 年 8 月 31 日(含)前设立的内资租赁企业最低注册资本金应达到4 000万元，2001 年 9 月 1 日至 2003 年 12 月 31 日期间设立的内资租赁企业最低注册资本金应达到17 000万元；(2)具有健全的内部管理制度和风险控制制度；(3)拥有相应的金融、贸易、法律、会计等方面的专业人员，高级管理人员应具有不少于 3 年的租赁业从业经验；(4)近 2 年经营业绩良好，没有违法违规记录；(5)具有与所从事的融资租赁产品相关联的行业背景；(6)法律法规规定的其他条件。这些条款对内资融资租赁公司的注册资本、内部结构、内部管理、风险控制制度、人员水平及经营场所等予以了明确规定。

从经营范围来看，内资融资租赁公司可以开展下列业务：(1)融资租赁业务；(2)租赁业务；(3)向国内外购买租赁财产；(4)租赁财产的残值处理及维修；(5)租赁交易咨询；(6)接受承租人的租赁保证金；(7)向商业银行、商业保理公司转让应收租赁款；(8)符合法律规定的其他业务。

不管是外资融资租赁公司还是内资融资租赁公司，都不得从事下列业务：(1)吸收存款或变相吸收存款；(2)向承租人提供租赁项下的流动资金贷款和其他贷款；(3)有价证券投资、金融机构股权投资；(4)同业拆借业务；(5)未经中国人民银行业监督管理委员会批准的其他金融业务。

从融资租赁公司的经营内容来看，其主要是服务于金融、贸易、产业的资产管理机构，其虽然作为购买人出资购买融资租赁物，但从性质上来说，其并不是投资机构，也不是银行或贷款公司，而更类似于一种知识服务性的技术类公司。

四、融资租赁公司的相关信用法律制度

为了更好地实现融资租赁行为，确保融资租赁公司行为的规范性及利益的合理性，《合同法》《公司法》《金融租赁公司管理办法》等相关法律法规均对融资租赁公司的相关信用行为予以规定。

(一)市场准入制度

市场准入制度是融资租赁公司实施市场融资租赁行为的基础，也是保障融资租赁公司规范性和合法性的基础，是其对外承担信用责任的条件。根据银监会和商务部相关法律的规定，融资租赁公司的设立除了要符合《公司法》规定的基本条件以外，还需要根据公司性质、主管部门、业务范围等方面的不同，具备更为严格的条件。例如，设立内资融资租赁公司，根据《内资融资租赁企业管理办法(征求意见稿)》第 5 条第 2 款的规定，内资融资租赁企业应当具有符合《公司法》规定的章程，具有符合规定的注册资本金、良好的内部治理结构、健全的内部管理制度和风险控制制度，配备具有经济、金融、法律、会计等方面专业资格的人员，具有符合要求的营业场所。基于金融租赁公司的特定性，根据《金融租赁公司管理办法》第 7～15 条的相关规定，对金融租赁公司的设立条件、不同类型发起人的条件、发起人禁止等方面予以了详细规定。

(二)业务法定制度

针对不同性质、不同主管的融资租赁公司，《金融租赁公司管理办法》和《融资租赁企业监督管理办法》等分别从不同的方面予以了规定。《金融租赁公司管理办法》第 26、27 条从 15 个方面分别规定了一般融资租赁公司和特定融资租赁公司的经营范围，其中比较典型的包括同业拆借、吸收存款、证券投资等。而《融资租赁企业监督管理办法》《外商投资租赁业管理办法》等则是以企业融资租赁为主要业务，包括融资租赁业务、租赁业务、向国内外购买租赁财产、租赁财产的残值处理及维修等。例如，《内资融资租赁企业管理办法(征求意见稿)》第 11 条规定，内资融资租赁企业开展融资租赁业务应当以实际租赁物为载体，不得以融资租赁为名变相从事借贷业务。《融资租赁企业监督管理办法》第 10 条第 2 款规定，融资租赁企业不得从事吸收存款、发放贷款、受托发放贷款等金融业务。未经相关部门批准，融资租赁企业不得从事同业拆借等业务。严禁融资租赁企业借融资租赁的名义开展非法集资活动。这两种业务规定模

式是从融资租赁企业所服务的对象、性质，融资租赁财产的性质、租赁费用的使用等方面分别予以重点规定。

(三)内部控制制度

不管是银监会主管下的金融租赁公司还是商务部领导下的融资租赁公司，都必须制定严格的内部控制制度，以避免融资租赁风险。《金融租赁公司管理办法》第30条和《融资租赁企业监督管理办法》第13条分别就两类公司的内部控制制度予以了规定，要求在全面、审慎、有效、独立的原则下，全面建立风险资产分类管理制度、承租人信用评估制度、事后追偿和处置制度以及风险预警机制等。此外，在《内资融资租赁企业管理办法(征求意见稿)》中还就融资租赁企业的客户保密义务和突发事件应急机制等予以规定。内部控制制度是融资租赁公司进行内部管理、风险预估和规避、关系处理等方面必需的一项制度，融资租赁公司据此设立的管理制度、风险控制程序、处理流程等均能比较有效地处理其所遇到的问题，避免融资租赁环节存在的诸多风险。

(四)会计处理制度

根据《企业会计准则——租赁》的规定，结合银监会和商务部的部分条款，融资租赁公司的租赁会计处理和售后回租会计处理均应符合会计准则的要求。《金融租赁公司管理办法》第36条规定，金融租赁公司应当建立健全租赁物价值评估和定价体系，根据租赁物的价值、其他成本和合理利润等确定租金水平。在售后回租业务中，金融租赁公司对租赁物的买入价格应当有合理的、不违反会计准则的定价依据作为参考，不得低值高卖。《融资租赁企业监督管理办法》第12条规定，融资租赁企业应当按照相关规定，建立健全财务会计制度，真实记录和反映企业的财务状况、经营成果和现金流量。《企业会计准则——租赁》就承租人、出租人的会计处理内容予以了详细规定，涉及最低租赁收款额、租赁项目费用类型、租赁利率计算法、坏账准备和余值检查等。

(五)风险评估制度

作为融资租赁公司，在进行融资租赁业务活动的过程中，必须有效评估融资租赁风险，全面考察承租人、供应商、产品、信用、行业等综合情况，实时掌握有关租赁物的余值变动情况，从而合理、明确、规范三方的地位和利益。《金融租赁公司管理办法》第31条规定，金融租赁公司应当根据其组织架构、业务规模和复杂程度建立全面的风险管理体系，对信用风险、流动风险、市场风险、操作风险等各类风险进行有效的识别、计量、监测和控制，同时，还应当及时识别和管理与融资租赁业务相关的特定风险。《融资租赁企业监督管理办法》第14条规定，为控制和降低风险，融资租赁企业应当对融资租赁项目进行认真调查，充分评估承租人持续支付租金的能力，采取多种方式降低违约风险，并加强对融资租赁项目的检查及后期管理。《企业会计准则——租赁》第25条规定，出租人应当根据承租人的财务及经营管理情况，以及租金的逾期期限等因素，分析应收融资租赁款的风险程度和回收的可能性，对应收融资租赁款减去未实现融资收益的差额部分合理计提坏账准备。

(六)其他信用法律制度

1. 租赁物确权

根据《金融租赁公司管理办法》第32、33条的规定，金融租赁公司应当合法取得租赁物的所有权。租赁物属于国家法律法规规定所有权转移必须到登记部门进行登记的财产类别，金融租赁公司应当进行相关登记。租赁物不属于需要登记的财产类别，金融租赁公司应当采取有效措施保障对租赁物的合法权益。《融资租赁企业监督管理办法》第18条也作了租赁物所有权确认的规定。

2. 关联交易管理制度

《融资租赁企业监督管理办法》第 15 条规定，融资租赁企业应当建立关联交易管理制度。融资租赁企业在对承租人为关联企业的交易进行表决或决策时，与该关联交易有关联关系的人员应当回避。融资租赁企业在向关联生产企业采购设备时，有关设备的结算价格不得明显低于该生产企业向任何第三方销售的价格或同批量设备的价格。《金融租赁公司管理办法》第 43 条也规定了关联交易应当遵循商业原则，以不优于非关联方同类交易的条件进行。

3. 售后回租风险控制制度

《融资租赁企业监督管理办法》第 19、20 条规定，融资租赁企业开展售后回租业务时，应注意加强风险防控。融资租赁企业不应接受承租人无处分权的、已经设立抵押的、已经被司法机关查封扣押的或所有权存在其他瑕疵的财产作为售后回租业务的标的物。融资租赁企业在签订售后回租协议前，应当审查租赁物发票、采购合同、登记权证、付款凭证、产权转移凭证等证明材料，以确认标的物的权属关系。《金融租赁公司管理办法》第 34 条也有类似的规定。

五、融资租赁公司的信用法律责任

融资租赁公司在融资租赁活动过程中，需要根据《合同法》《民法通则》《物权法》和《保险法》等法律法规的规定承担相关的信用法律责任，以确保承租人可以完整、有效地实现其融资租赁目的。

（一）出资购买租赁物的法律责任

融资租赁公司应该依据承租人对租赁物的要求购买租赁物，以实现融资租赁行为。一般来说，在买卖合同中，融资租赁公司仅就出资行为承担相关法律责任。如果因融资租赁公司出资不能而造成承租人损失的，融资租赁公司应当依据合同承担违约责任。

（二）转移租赁物的占有使用的法律责任

虽然《合同法》第 242 条规定出租人享有租赁物的所有权，但基于融资租赁合同的特殊性，融资租赁公司需要转移对租赁物的占有。融资租赁公司的交付行为仅限观念上的租赁物交付，实际交付行为则由出卖人承担。一旦承租人作出受领表示，通知融资租赁公司，融资租赁公司即完成交付，即使租赁物并未实际交付，也不影响合同的效力。此外，融资租赁公司应当保证承租人对租赁物的占有和使用。《国际融资租赁公约》第 8 条第 2 款规定，出租人保证承租人的平静占有将不受享有优先所有权、权利或要求优先所有权、权利并根据法院受权行为的人的侵扰，除非这一所有权、权利或要求是由于承租人本身的原因所产生的。

（三）排除干扰的担保责任

为确保承租人顺利、有效、稳定地使用租赁物，融资租赁公司应确保承租人在租赁期间对租赁物享有独占使用和收益的权利。《合同法》第 245 条规定，出租人应当保证承租人对租赁物的占有和使用。未经承租人同意，融资租赁公司不得随意改变占有并确保不得有第三人对租赁物要求权利。如果在融资租赁期间租赁物的使用受到第三人的干扰或权利要求，出租人有义务排除干扰，保证承租人占有和使用租赁物的权利。如果因出租人的原因导致第三人对租赁物主张权利，影响承租人对租赁物的占有和使用的，出租人应当承担损失赔偿责任。

（四）协助索赔的法律责任

《合同法》第 240 条规定，出租人、出卖人、承租人可以约定，出卖人不履行买卖合同义务的，由承租人行使索赔权。承租人行使索赔权的，出租人应当协助。根据该条款的规定，融资租赁法律关系各方可以约定索赔权的行使主体；如果没有约定，则应根据合同的相对性，由出租人行使索赔权。最高人民法院《关于审理融资租赁合同纠纷案件适用法律问题的解释》第18条规定，出租人有下列情形之一，导致承租人对出卖人索赔逾期或者索赔失败，承租人要求出租人承担相应责任的，人民法院应予支持：(1)明知租赁物有质量瑕疵而不告知承租人的；(2)承租人行使索赔权时，未及时提供必要协助的；(3)怠于行使融资租赁合同中约定的只能由出租人行使的对出卖人的索赔权的；(4)怠于行使买卖合同中约定的只能由出租人行使的对出卖人的索赔权的。

因此，如果因融资租赁公司的不积极协助造成承租人损失的，融资租赁公司应当承担赔偿责任。

(五)特定瑕疵担保法律责任

一般来说，出租人并不承担租赁物的瑕疵担保责任，但依照《合同法》第244条的规定，租赁物不符合约定或者不符合使用目的的，出租人不承担责任，但承租人依赖出租人的技能确定租赁物或者出租人干预选择租赁物的除外。根据最高人民法院《关于审理融资租赁合同纠纷案件适用法律问题的解释》第19条的规定，租赁物不符合融资租赁合同的约定且出租人实施了下列行为之一的，承租人依照《合同法》第241、244条的规定，要求出租人承担相应责任的，人民法院应予支持：(1)出租人在承租人选择出卖人、租赁物时，对租赁物的选定起决定作用的；(2)出租人干预或者要求承租人按照出租人的意愿选择出卖人或者租赁物的；(3)出租人擅自变更承租人已经选定的出卖人或者租赁物的。但是，融资租赁公司仅是向承租人介绍、推荐出卖人和标的物而由承租人自己作出选择决定的，出租人不承担责任。

基本概念

保险　保险公司　最大诚信原则　合法性原则　缔约自由原则　保险利益原则　损害近因补偿原则　投保人　保险人　证券　证券公司　机构投资者　个人投资者　证券交易所　市场准入制度　信息披露制度　内部控制制度　信用评级制度　内幕交易　融资租赁　融资租赁公司　金融租赁公司

本章小结

1. 非银行金融机构主要包括信托、证券、保险、融资租赁等机构以及财务公司等。本章主要介绍保险公司、证券公司和融资租赁公司的信用法律制度。这些制度构成我国信用法律体系的重要组成部分。在这些非银行金融机构的业务中，信用风险是其主要风险。

2. 保险公司是重要的信用主体，其主要经营原则有保险利益原则、最大诚信原则、合法性原则、缔约自由原则、损害近因补偿原则等。

3. 保险合同是投保人与保险人约定保险权利和义务的协议，保险信用法律关系的主体一般包括两大类：一类是与保险合同相关的当事人或关系人；另一类是辅助保险合同实施的辅助人。

4. 证券市场主体由证券交易所、证券公司和证券中介机构、投资者、证券监管主体组成。证券公司应建立健全市场准入制度、信息披露制度、内部控制制度、风险控制指标管理制度和信用评级制度等。

5. 融资租赁公司和金融租赁公司的监管主体不同，前者是商务部，后者是银监会。在融资租赁法律关系中，一般必须具备三类主体，即出租人、承租人和供应商。其中，出租人（融资租赁公司）作为买方，供应商作为卖方，两者为买卖合同法律关系的主体；出租人与承租人构成租赁法律关系的主体。

6. 融资租赁公司应建立严格的市场准入制度、业务法定制度、内部控制制度、会计处理制度和风险评估制度以降低经营中出现的信用风险。

复习思考

1. 如何理解保险信用法律原则？
2. 如何理解证券公司的信用法律原则？
3. 融资租赁公司与金融租赁公司的区别有哪些？

案例分析

何某诉某保险公司人身保险合同纠纷案

2000年11月12日，何某的丈夫张某因患肝腹水等疾病住院治疗。2000年12月6日，张某与某保险公司签订福馨两全保险合同一份，保险金额为人民币30 000元；福馨两全附加定期保险（A型）合同一份，保险金额为人民币30 000元；附加医疗保险一份，指定何某为受益人。保险条款规定了投保人应如实告知被保险人的健康情况，投保人故意不履行如实告知义务的，被告对合同解除前发生的保险事故不承担给付保险金的责任。张某并未向保险公司告知其曾住院治疗的情况。2001年9月，张某又因患肝腹水等疾病住院，要求保险公司给付医疗费用保险金，保险公司拒绝给付。2002年1月，该保险公司继续向何某收取福馨两全保险和福馨两全附加定期保险（A型）的保险费，但拒绝承保附加医疗保险。2002年3月22日，张某病故。2002年11月27日，何某作为受益人，向保险公司索赔身故保险金。2002年11月29日，保险公司向何某发出拒赔通知书。何某诉至人民法院，请求判令该保险公司支付身故保险金60 000元。

该保险公司辩称，张某在投保前已经确诊为患有肝硬化等疾病，但在投保时故意隐瞒事实，属于保险合同规定的责任免除事项，要求法院依法驳回何某的诉讼请求。

［资料来源］http://www.baoxian028.com/news_items/88948。

分析：

1. 张某是否违反如实告知义务？为什么？
2. 保险公司是否应支付保险金？为什么？

第六章　市场中介组织信用法律制度

引　言

在政府与社会的传统分类中，社会中介组织是居于政府与市场之间的为其提供中介服务的一种特殊的社会组织，可分为营利性和非营利性两大类。市场中介组织是以营利为目的，具有服务性和中立性的经济组织。随着我国社会信用体系的建立，越来越多的信用中介组织将发挥积极作用，提高经济运行效率，成为市场经济的重要力量。本章主要介绍市场中介组织的概念及种类、信用中介组织法律制度、律师事务所信用法律制度、会计师事务所信用法律制度、评估类中介组织信用法律制度。

第一节　市场中介组织概述

从词义上来看，"中介"一般被解释为中间人或媒介。在哲学上，"中介"是指不同事物之间的间接联系或联系事物的间接性。无论是自然界还是人类社会，中介现象是普遍存在的。中介组织，是指具有居间性的一种特殊的社会组织。在政府与市场的传统分类中，社会中介组织也就是指居于政府与市场之间的，不同于政府组织和企业组织，为政府和市场提供中介服务的一种特殊的社会组织。概括而言，社会中介组织是一种非政府机构，有符合各自组织目标的规章、制度和运作要求，主要职责是承担一部分政府的社会性、公益性、事务性的社会职能以建立政府与社会之间的联系，为社会和经济生活提供内容广泛的服务，充分发挥桥梁和纽带作用。有的社会中介组织也接受政府的授权，配合政府做好某一方面的行政性事务，承担一定的公共服务职能。从社会中介组织的功能和行政管理实践看，社会中介组织一般可划分为六大类，即商务咨询类、社会公益类、鉴证监督类、行业协会类、准司法类和准行政类。其中，商务咨询类和鉴证监督类属于市场中介组织，在经济活动中发挥着举足轻重的作用。

一、市场中介组织的定义、属性和分类

(一)市场中介组织的定义

从词义上看，市场中介组织是指在市场经济活动中发挥中介作用的社会组织。在我国现有的管理体制中，市场中介组织有着较为明确的含义。结合当前各种学者提出的定义和管理实际中的使用情况，可以认为，市场中介组织是指按照一定的法律、法规、规章或根据政府委托建立的，遵循"独立、客观、公正"原则，在社会生活中发挥服务、沟通、监督等职能，实施具体的

服务性行为、执行性行为和部分监督性行为的社会组织。

（二）市场中介组织的基本属性

1. 居间性

居间性是市场中介组织的本质属性。市场中介组织应独立于政府和企业，按照市场经济的一般规律提供中介服务，起到沟通和协调的作用。中介组织与企业有着很大的不同。企业是直接从事商品或劳务的生产交易活动的，而市场中介组织则是以第三者的身份，在个人、企业与国家之间，企业与企业之间起沟通、协调、媒介和服务的作用；除此之外，市场中介组织追求的利益不同于企业的利润最大化目标。

2.服务性

市场中介组织的服务性表现在，其以向社会提供服务为宗旨，本身不从事商品生产和经营。市场中介组织的收入是提供服务的过程中消耗的劳动的报酬，是被服务者从因接受中介服务而增加的收入或减少的支出中转让过来的部分价值。

3.经济性

市场中介组织活动的目的在于提高市场运行效率，是经济活动的组成部分；同时，其本身也是市场主体，具有市场主体的逐利性。市场中介组织存在的宗旨主要是为社会一般主体提供服务，维护社会的公平、公正，使社会有良好的秩序，使经济稳定、健康地发展。其在维护广大公众利益的前提下通过服务取得酬劳。这样的服务不以获利的多少为唯一目标，不是唯利是图的。它的服务受社会伦理道德和价值观念的制约。市场中介组织不能去追求无限量扩张自身的经济利益，而应在追求社会效益和经济效益的过程中追求一种平衡。

（三）市场中介组织的分类

市场中介组织主要分为三大类：一是中介场所类，这类市场中介组织以交易场所的形态出现，为经济活动群体提供交易平台，必要时也提供交易规则、交易设备等软硬件设施，如证券交易所、职业介绍所、产权交易中心、技术成果交流中心等；二是咨询服务类，如法律、监理、培训、担保等服务机构，信息、信用、技术、工程、市场（商品）调查等咨询机构；三是代理经纪类，如工商登记、商标、专利、税务、房地产、因私出入境、招投标、政府采购、拍卖、广告等代理机构。

二、市场中介组织的法律地位和组织形式

（一）市场中介组织是独立的法律主体

独立的法律主体是指主体在组织上、财产上、活动上和责任上的独立。作为独立的法律主体，中介组织有独立、健全的组织机构，拥有独立享有所有权或经营权的财产，自主经营、自负盈亏、独立核算、独立承担民事责任。

从法律地位看，中介组织是一种独立的社会组织，独立于自然人而存在。中介组织成员在职责范围内的活动视为中介组织的行为，不能视为成员个人的行为。

中介组织具有民事权利能力和民事行为能力。中介组织的民事行为能力与它的民事权利能力在时间上、范围上是一致的。

（二）市场中介组织的权利和义务

依法注册登记、领取营业执照的中介组织是商事主体之一，与其他商业组织和个体工商户一样平等地享有权利、承担义务。中介组织享有财产所有权、经营管理权、债权、知识产权等财产权，同时还要遵守各种经济法律规定，履行合同义务。

(三)市场中介组织的组织形式

市场中介组织作为市场经济的主体,应该独立经营、自负盈亏,在组织形式上往往采用个人企业、合伙企业或有限责任公司的组织形式,有利于维护财产所有权人的利益和债权人的合法权益。

三、市场中介组织的发展与演变

我国市场中介组织的产生和发展大体经历了以下 4 个阶段:

(一)第一阶段(1949～1978 年)

1949～1956 年,新中国成立初期,国民经济处于恢复发展阶段,经济运行仍以市场经济为主,中介组织发挥着重要作用。1956 年以后,由于我国实行的是计划经济体制,无论生产、分配还是消费都按照高度集中的计划统一进行,因此,就经济领域而言,基本上没有中介组织生存的空间,甚至非经济领域也几乎没有专门的中介组织。

(二)第二阶段(1978～1992 年)

党的十一届三中全会以后,全党的工作重心转移到现代化建设上来,计划经济体制逐步向有计划的商品经济体制过渡,政府不断地减少和解除国家对社会经济生活的垄断和控制。一些协调企业利益关系,为企业提供服务的咨询机构、行业协会和律师事务所相继出现;与此同时,农村中出现了以家庭联产承包责任制为主的经营形式,一些服务于农业和农村经济发展需要的社会中介机构也相继崛起。但这时的中介组织规模小,数量少,社会影响不大。

(三)第三阶段(1992～2001 年)

党的"十四大"提出了建立社会主义市场经济体制的目标后,市场中介组织进入了一个大规模发展的时期,各类资产评估机构、会计师事务所、审计师事务所、律师事务所、商标事务所、广告事务所等中介组织大量涌现,其业务涉及生产、流通、消费和社会保障等各个领域。与此同时,市场外的社会中介组织也在我国政府的扶持下,在市场经济体制的建立和发展过程中逐步成长起来,如行业协会、民间非企业组织、公益性组织、各类专业性社会团体等,构成了我国第三部门的主要力量。

(四)第四阶段(2001 年至今)

中国加入 WTO 之后,市场经济的法制环境逐步健全,市场中介组织也逐渐成为重要的社会主体,在提高经济运行效率,实现社会公平和正义等方面发挥着积极而有效的作用。

四、市场中介组织在信用体系中的作用

所谓中介组织,就是介于政府、企业和居民三者之间的,为提高社会运行效率而从事沟通、协调、公正、评价、监督、咨询等活动的机构。其中,最大量和最主要的是市场中介组织,它们是为提高市场运行效率而活跃在市场各方当事人之间的机构,是企业和社会大众的桥梁与纽带,被认为是市场经济的润滑剂。它们的存在加深了社会大众尤其是投资者对企业各种信息的理解和认识,方便了投资者的投资活动,是一种以营利为目的的中介组织。

市场中介组织在信用机制建立过程中的作用不容忽视。市场中介组织的良好运营可以增强人们对中介组织的信任,树立人们对企业的信任,树立起投资者对经济增长的信心。但我国的市场中介组织却面临着严重的挑战,其中,道德困境也许是目前摆在市场中介组织面前的最为严峻的考验。信用的维系是整个社会的责任,虽然中介组织只是其中的一环,但这一环的缺失却可能严重破坏资本市场的稳定,从而带来整个社会信用体系的崩溃。在加入 WTO 之后,

我国的市场中介组织面对国际知名中介机构的强劲挑战，能否树立起良好的声誉和形象并立于不败之地至关重要。通过会计师事务所、审计师事务所、律师事务所等中介组织的制度化改革，推进整个社会信用体系的建立是目前对信用这种稀缺资源进行配置的一条重要途径。而从世界范围来看，美国安然公司的破产使人们重新对市场中介组织的信用制度保障进行思考。市场中介组织的信用问题已经成为一个国际化的课题。

第二节　我国信用中介组织法律制度

一、信用中介组织的定义

信用中介组织包括信用调查公司、信用征集公司、信用评级公司、信用担保公司、信用咨询公司等，是社会信用体系的主体。社会信用中介机构立业的根本是以自身的信用和必要的资本承担经营责任，独立、公正、客观、平等地以第三者的身份为社会各界提供信用产品或服务。目前，我国虽然也有一些为企业提供信用服务的市场运作机构（如征信公司、资信评级机构、信用调查机构等）和信用产品，如信用调查报告、资信评级报告等，但这类信用中介机构存在以下突出问题：一是不仅市场化、社会化程度低，而且市场规模很小，经营分散，行业整体水平不高；二是中介机构的经营管理与运作缺少相应的法规，市场竞争基本处于无序状态；三是缺乏一套科学、完整的信用调查和评价体系，导致企业的信用状况得不到科学、合理的评估，社会组织和个人的信用优劣没有一个正常的市场表达形式，市场不能发挥对信用状况的奖惩作用，企业也缺乏加强信用管理的动力；四是尚没有一部关于中介机构的法律法规，对中介机构的性质、职责、权利等没有严格的界定，在市场准入、市场环境、市场秩序、市场监督等方面也几乎无法可依；五是政府对中介机构疏于监管，以致中介机构缺乏公信力。

在我国，目前整个社会信用体系的发展刚刚起步，信用中介机构的发展还处于初始阶段。自 20 世纪 80 年代末 90 年代初起，市场上先后出现了一些民营征信公司，一些外资征信机构也在国内开展业务，许多会计师事务所和信息咨询公司等中介机构实际从事征信业务。目前，我国的征信机构大体可以分为三类：一是民营征信机构，如金诚国际信用管理公司、新华信公司、华夏国际信用咨询公司等；二是外资、合资征信机构，如邓白氏公司、TRANSUNION 公司等；三是国家有关部门和地方政府推动建立的有关中介机构，如上海资信有限公司。

二、各国征信机构的设立模式

各国征信机构的设立模式大致可以分为三种：一是由公共部门主导或参与建设的征信机构（或系统），一般由中央银行或金融监管当局推动建立并由中央银行直接控制和管理，主要服务于宏观金融决策和金融监管，也服务于商业银行。由公共部门主导或参与建设的征信机构（或系统）起源于欧洲，以法国为代表。二是私营征信机构，即由企业或个人投资组建而成，具有法人资格，以市场化方式运作，主要是为商业银行等商业化机构提供征信服务，立足于微观经济主体的需求，如美国和英国。三是混合性征信机构，一般由政府部门或行业协会参与运作，私营部门也参与到股权结构中来，如印度和新加坡等；或者由政府作为征信数据库的所有者，将征信数据库交给私营部门进行市场化运作，如香港金管局将企业征信库交给邓白氏公司代为管理。

我国自1997年开始建立企业和个人信用信息基础数据库。人民银行于1997年开始筹建银行信贷登记咨询系统，2002年建成地市、省市和总行三级数据库体系，实现以地市级数据库为基础的省内数据共享。该系统主要从商业银行等金融机构采集企业的基本信息，在金融机构的借款、担保等信贷信息，以及企业的主要财务指标。在该系统多年运行的基础上，2005年人民银行启动银行信贷登记咨询系统的升级工作，将原有的三级分布式数据库升级为全国集中统一的企业信用信息基础数据库，在信息采集范围和服务功能上大大提高。2006年6月末，企业征信系统实现所有中资、外资商业银行和有条件的农村信用社的全国联网运行，并于2006年7月末完成全国范围内与银行信贷登记咨询系统的切换工作。截至2013年11月底，企业征信系统收录企业及其他组织共计1 900多万户，其中400多万户有信贷记录。个人信用信息基础数据库建设最早是从1999年7月人民银行批准上海资信有限公司试点开始的。2004年底实现15家全国性商业银行和8家城市商业银行在全国7个城市的成功联网试运行。2005年8月底完成与全国所有商业银行和部分有条件的农村信用社的联网运行。经过一年的试运行，2006年1月个人信用信息基础数据库正式运行。截至2013年11月底，个人征信系统收录自然人约8.37亿人，其中，近3.17亿人有信贷记录。

三、我国信用征信机构的法律规定

我国《征信业管理条例》于2012年12月26日国务院第228次常务会议通过，自2013年3月15日起施行。该条例主要规范征信活动，保护当事人的合法权益，引导、促进征信业健康发展，推进社会信用体系建设。根据《中国人民银行法》、《征信业管理条例》等法律法规，中国人民银行制定了《征信机构管理办法》，于2013年9月18日通过，并自2013年12月20日起施行。

（一）征信

征信机构的征信业务是指依法收集、整理、保存、加工个人、法人及其他组织的信用信息，并对外提供信用报告、信用评分、信用评级等业务活动。行政机关、司法机关以及法律法规授权的具有管理公共事务职能的组织收集、整理、保存与履行职责相关的信用信息，或对外提供本单位在履行职责过程中形成的、依法应当公开的信息的活动除外。

（二）征信机构的定义及设立条件

1. 定义

征信机构是指依法设立，从事征信业务的法人。征信机构是独立于信用交易双方的第三方机构，专门从事收集、整理、加工和分析企业或个人信用信息资料的工作，包括信用历史、履约情况等，并出具信用报告，提供其他相关增值服务，帮助客户判断和控制信用风险等。

2.设立条件

设立经营个人征信业务的征信机构，应当符合我国《公司法》规定的公司设立条件和下列条件，并经国务院征信业监督管理部门批准：(1)主要股东信誉良好，最近3年无重大违法违规记录；(2)注册资本不少于人民币5 000万元；(3)有符合国务院征信业监督管理部门规定的保障信息安全的设施、设备和制度、措施；(4)拟任董事、监事和高级管理人员符合《征信业管理条例》第8条规定的任职条件；(5)国务院征信业监督管理部门规定的其他审慎性条件。

《征信机构管理办法》规定，个人征信机构还应具备以下条件：(1)有健全的组织机构；(2)有完善的业务操作、信息安全管理、合规性管理等内部控制制度；(3)个人信用信息系统符合国家信息安全保护等级二级或二级以上标准。

3. 高管的任职条件及限制

取得个人征信机构董事、监事和高级管理人员任职资格，应当具备以下条件：(1)正直诚实，品行良好；(2)具有大专以上学历；(3)从事征信工作 3 年以上或者从事金融、法律、会计、经济工作 5 年以上；(4)具有履行职责所需的管理能力；(5)熟悉与征信业务相关的法律法规和专业知识。

有下列情形之一的，不得担任个人征信机构董事、监事和高级管理人员：(1)因贪污、贿赂、侵占财产、挪用财产或者破坏社会主义市场经济秩序，被判处刑罚，或者因犯罪被剥夺政治权利，执行期满未逾 5 年的；(2)最近 3 年有重大违法违规记录的。这里所称重大违法违规记录，是指除前款第一项所列之外的犯罪记录或者重大行政处罚记录。

国务院征信业监督管理部门应当依法进行审查，自受理申请之日起 60 日内作出批准或者不予批准的决定。决定批准的，颁发个人征信业务经营许可证；不予批准的，应当书面说明理由。经批准设立的经营个人征信业务的征信机构，凭个人征信业务经营许可证向公司登记机关办理登记。未经国务院征信业监督管理部门批准，任何单位和个人均不得经营个人征信业务。设立企业征信机构，应当符合我国《公司法》规定的公司设立条件，自公司登记机关准予登记之日起 30 日内向所在地中国人民银行省会(首府)城市中心支行以上分支机构办理备案，并提交相应材料。

(三)征信产品

征信产品可以分为基础产品和增值产品。基础产品是指信用报告；增值产品是指基于信用报告的信息经过加工或进行纵向、横向等各种分析而生产的产品，经历了一系列加工过程，包含了大量智力资本，如个人信用评分、企业信用评级等。

1. 信用报告

信用报告是指征信机构以合法的方式从不同渠道收集信用信息，进行整理和加工后提供给经过授权的使用人的书面报告。信用报告包含了反映某个企业或个人的信用历史、信用能力和信用价值等信用状况的各类信息，包括信息主体的基本定位信息、信用交易信息、公共记录、信用查询记录和争议记录等；企业信用报告往往还包含财务信息。

2. 信用调查

信用调查是征信机构接受客户委托，依法通过信息查询、访谈和实地考察等方式，了解和评价被调查对象的信用状况并提供调查报告，为决策人授信或者处理逾期账款和经济纠纷、选择贸易伙伴、签约等决策提供参考的活动。

3. 信用评分

信用评分是运用统计方法，基于过去的经验，对消费者或中小企业未来信用风险的综合评估。

4. 信用评级

信用评级又称资信评级，是一种社会中介服务，为社会提供资信信息，或为单位自身提供决策参考，最初产生于 20 世纪初期的美国。1902 年，穆迪公司的创始人约翰·穆迪开始对当时发行的铁路债券进行评级，后来延伸到各种金融产品及各种评估对象。由于信用评级的对象和要求有所不同，因此，信用评级的内容和方法也有较大区别。信用评级有狭义和广义两种定义。狭义的信用评级是指独立的第三方信用评级中介机构对债权人如期足额偿还债务本息的能力和意愿进行评价，并用简单的评级符号表示其违约风险和损失的严重程度。广义的信用评级则是对评级对象履行相关合同及经济承诺的能力和意愿的总体评价。

在进行信用评级时，信用评级机构采用的评级方法很多，如 Z 计分模型、期望违约率模型、信用转移矩阵模型等。

四、我国信用评级评分机构的法律规定

(一)我国信用评级评分机构的经营原则

1. 独立性原则

信用评级评分机构及其信用评级分析师应本着认真和专业的精神，确保信用评级结果的独立性和客观性。征信机构收集客户的历史信用记录等信息，通过其在履约中的历史表现，判断该信息主体的信用状况。历史信用记录既包括正面信息，也包括负面信息。正面信息是指客户正常的基础信息、贷款、赊销、支付等信用信息；负面信息是指客户欠款、破产、诉讼等信息。负面信息可以帮助授信人快速甄别客户的信用状况，正面信息能够全面反映客户的信用状况。

2. 公正性原则

信用评级评分机构及其信用评级分析师在评级过程中应公平、公正。评级机构应采用科学的分析方法和手段，得出尽量客观的评级结果。征信机构应基于第三方的立场提供被征信人的历史信用记录，对信用报告的内容不妄下结论，在信用报告中要摒弃含有虚伪、偏袒的成分，以保持客观、中立的立场。基于此原则，征信机构应给予被征信人一定的知情权和申诉权，以便能够及时纠正错误的信用信息，确保信用信息的准确性。

3. 保密性原则

信用评级评分机构应严格保守其基于职务行为所获取的保密信息。在我国 2013 年生效的《征信业管理条例》中明确规定了信用中介机构的保密义务，要保守在职务活动中获得的国家秘密、商业秘密和消费者隐私。对被征信人的隐私或商业秘密进行保护是征信机构最基本的职业道德，也是征信立法的主要内容之一。征信机构应建立严格的业务规章和内部控制制度，谨慎处理信用信息，保障被征信人的信用信息安全。在征信过程中，征信机构应明确征信信息和个人隐私与企业商业秘密之间的界限，严格遵守隐私和商业秘密保护原则，才能保证征信活动的顺利开展。

(二)对我国信用评级评分机构发展的建议

1. 探索个人信用评分机构的中国模式

个人信用评分机构是社会信用体系的重要组成部分，在市场经济健康发展的进程中发挥着重要作用。但是，个人信用评分机构的发展不可能一蹴而就、一劳永逸。它的发展是一个渐进的过程，是一个不断完善的过程。个人信用评分的建设与信用信息资源、开发人才资源有关，也与社会对信用评分的认识有关。我国的信用文明和传统文化与西方不同，个人信用评分的开发和应用模式也不能完全照搬西方的模式，而是应当在借鉴国际先进经验的基础上，结合我国实际，探索个人信用评分机制的开发和应用模式，促进我国经济全面、协调、和谐发展。

2. 推动征信法律法规等制度建设

目前，我国与征信相关的法律制度并不完善。2005 年 8 月，中国人民银行颁布《个人信用信息基础数据库暂行管理办法》。2013 年 1 月，国务院公布了《征信业管理条例》。2013 年 9 月，中国人民银行制定了《征信机构管理办法》。而国外对评分机构、数据源、模型及应用都有相应的规范，既保证信用评分的健康发展，又保护消费者利益。因此，我们也应认真研究中国信用文化和经济体制下征信及评分的相关法律制度，创造法律条件，促进企业和个人征信业务

的健康发展，使信用评分评级在经济活动中发挥应有的作用。

3. 培育社会需求，创造应用环境

目前，我国一些商业银行的风险管理水平还处于初级阶段，一些商业银行的风险管理系统还只能发挥台账功能，只是起到记录账目、生成报表的作用，远远没有达到国外银行应用信贷风险管理系统进行用户的信用评估分析、信贷业务风险预警及贷前贷后的管理控制，并帮助科学决策的功能。创造条件使信用报告、信用评分评级进入实际应用，能够相对准确、客观地对消费者的信用状况进行评价，有助于商业银行对信贷风险进行识别、衡量、监控，可以帮助商业银行进行信贷流程优化，提升其科学决策的能力，防范金融风险。

4. 完善信用数据系统

信用评分的基础是完善的信用信息数据系统。信用数据的质量是信用局评分的生命线。目前，我国的征信数据系统建设初见成效，已经在经济生活中发挥着应有的作用。但是，我国征信系统的数据质量还有待进一步提高，尤其是在数据的全面性、完整性、准确性和一致性方面还有很多工作要做。因此，应加强信用数据系统建设，研究信用数据采集、处理、加工、保存的相关技术和模式，避免因数据缺失、错误和延误等造成的评分产品开发困难和评价失真。

5. 重视技术引进和人才培养

信用评分评级的开发技术不仅仅局限于数学模型，还与数据采集、存储、分析及报告密切相关。信用评分评级在国外已有上百年的发展历史，尤其在近几年得到快速发展。而我国的信用评分评级才刚刚起步，与国外还有较大差距。我们还需要通过不断地学习、引进人才、与相关机构合作等方式发展和引进相关技术。在国外技术的基础上，结合我国数据系统建设的特点及信用文化背景，进一步改进和发展与信用评分评级相关的各项技术。

第三节　我国律师事务所信用法律规制

律师制度的高度发展是现代法治得以产生与维持的重要基石，是司法民主化的重要标志。我国律师的本质属性是为社会提供法律服务的社会主义法律工作者。律师服务的特殊性表现为接受当事人委托，为当事人提供法律服务。为此，律师肩负着维护法律正确实施的重要职责，在依法维护市场信用秩序、促进社会信用建设的过程中起着重要作用。律师必须带头树立“讲信用”的基本社会公德，促进社会信用制度建设。律师的诚信不仅事关律师行业的兴衰存亡，还直接关系到全社会的诚信水准。为加快律师信用体系建设，促进律师行业快速、健康地发展，应在律师行业中开展“建信用律师所，做诚信律师”工作，以律师的诚信来影响和推进社会信用体系和社会信用道德规范，形成“诚信光荣、失信可耻”的浓厚氛围。

由于律师本身就是诚信制度的维护者，因此，律师的工作应以诚信为本；同时，诚信应该是对律师服务的基本内在要求。无论是律师的诉讼业务，还是非诉讼业务，其本质都是对信用制度的维护，诚信应贯穿于律师工作的始终。加强律师信用制度建设是加快社会信用制度建设的重要组成部分，也是社会信用制度在律师行业中的具体体现。诚信对于律师来说具有特别重要的意义：一方面，律师维护法律的正确实施，本身就是信用制度的维护者。律师起草合同、章程，参与诉讼、仲裁等执业活动，本质上都是对诚信的维护；另一方面，更为重要的是，律师必须是诚信的实践者，他们仗义执言、不畏权势、洁身自好、忠于法律，在维护诚信方面起表率作用。诚信是律师拓展服务领域的基础，是提升服务的根本，是提高律师队伍素质的关键，是完善律师形象的前提。中国律师只有具备良好的信誉品质，才能取得委托人的信任和社会的重视，才能成为公民、法人的保护者。

目前，规范律师执业行为的主要有《律师法》和中华全国律师协会制定的《律师职业道德和执业纪律规范》。

一、《律师法》中的律师信用法律规制

我国《律师法》于1996年5月15日第八届全国人民代表大会常务委员会第十九次会议通过，根据2001年12月29日第九届全国人民代表大会常务委员会第二十五次会议《关于修改〈中华人民共和国律师法〉的决定》第一次修订，于2007年10月28日第十届全国人民代表大会常务委员会第三十次会议第二次修订，并于2012年10月26日第十一届全国人民代表大会常务委员会第二十九次会议第三次修订。修订后的《律师法》更加注重对于律师及律师事务所的信用管理，从法律角度维护律师行业的健康、有序发展。

（一）通过严格的行业准入制度来提高人员素质

律师是指依法取得律师执业证书，接受委托或者指定，为当事人提供法律服务的执业人员。律师应当维护当事人的合法权益，维护法律的正确实施，维护社会的公平和正义。律师执业必须遵守宪法和法律，恪守律师职业道德和执业纪律。律师执业必须以事实为根据，以法律为准绳。律师执业应当接受国家、社会和当事人的监督。司法行政部门依法对律师、律师事务所和律师协会进行监督、指导。

《律师法》第5条规定，申请律师执业，应当具备下列条件：(1)拥护中华人民共和国宪法；(2)通过国家统一司法考试；(3)在律师事务所实习满1年；(4)品行良好。

（二）建立严格的律师事务所管理制度

律师事务所是律师的执业机构。设立律师事务所应当具备下列条件：(1)有自己的名称、住所和章程；(2)有符合《律师法》规定的律师；(3)设立人应当是具有一定执业经历且3年内未受过停止执业处罚的律师；(4)有符合国务院司法行政部门规定数额的资产。

律师事务所应当建立健全执业管理、利益冲突审查、收费与财务管理、投诉查处、年度考核、档案管理等制度，对律师在执业活动中遵守职业道德、执业纪律的情况进行监督。

（三）明确律师执业过程中的保密义务和禁止义务

律师应当保守在执业活动中知悉的国家秘密、商业秘密，不得泄露当事人的隐私。律师对在执业活动中知悉的委托人和其他人不愿泄露的情况和信息，应当予以保密。但是，委托人或其他人准备或者正在实施的危害国家安全、公共安全以及其他严重危害他人人身、财产安全的犯罪事实和信息除外。

律师在执业活动中不得有下列行为：(1)私自接受委托、收取费用，接受委托人的财物或者其他利益；(2)利用提供法律服务的便利谋取当事人争议的权益；(3)接受对方当事人的财物或者其他利益，与对方当事人或者第三人恶意串通，侵害委托人的权益；(4)违反规定会见法官、检察官、仲裁员以及其他有关工作人员；(5)向法官、检察官、仲裁员以及其他有关工作人员行贿，介绍贿赂或者指使、诱导当事人行贿，或者以其他不正当方式影响法官、检察官、仲裁员以及其他有关工作人员依法办理案件；(6)故意提供虚假证据或者威胁、利诱他人提供虚假证据，妨碍对方当事人合法取得证据；(7)煽动、教唆当事人采取扰乱公共秩序、危害公共安全等非法手段解决争议；(8)扰乱法庭、仲裁庭秩序，干扰诉讼、仲裁活动的正常进行。

二、《律师职业道德和执业纪律规范》中的律师信用法律规范

律师在执业中要遵守《律师法》和《律师职业道德和执业纪律规范》等相关规定，接受司法行政机关、律师协会和社会公众的监督。律师应当敬业勤业，努力钻研业务，掌握执业所应具备的法律知识和服务技能，不断提高执业水平。

律师在执业中应遵守的信用法律规范有：(1)律师应当忠于宪法和法律，坚持以事实为根据，以法律为准绳，严格依法执业；(2)律师应当忠于职守，坚持原则，维护国家法律与社会正义；(3)律师应当诚实守信，勤勉尽责，尽职尽责地维护委托人的合法利益；(4)律师应当珍视和维护律师的职业声誉，模范遵守社会公德，注重陶冶品行和职业道德修养；(5)律师应当严守国家机密，保守委托人的商业秘密及委托人的隐私；(6)律师应依法取证，不得伪造证据，不得怂恿委托人伪造证据、提供虚假证词，不得暗示、诱导、威胁他人提供虚假证据；(7)律师应当遵循诚实守信的原则，客观地告知委托人所委托事项可能出现的法律风险，不得故意对可能出现的风险做不恰当的表述或做虚假承诺；(8)律师不得与对方当事人或第三人恶意串通，侵害委托人的权益；(9)律师不得非法阻止和干预对方当事人及其代理人进行的活动；(10)律师对与委托事项有关的保密信息，委托代理关系结束后仍负有保密义务；(11)律师应当恪守独立履行职责的原则，不应迎合委托人或满足委托人的不当要求，丧失客观、公正的立场，不得协助委托人实施非法或具有欺诈性的行为。

三、健立诚信律师事务所

(一)加强以守信为核心内容的律师职业道德教育

只要在市场经济环境下执业，每一个律师的行为准则首先是讲信用，一定要塑造一种“守信光荣，失信可耻”的行为风尚。执业律师应接受诚信教育，对信用观念、信用意识、信用道德的教育应贯穿始终。

(二)制定律师事务所信用管理体制

律师信用的基础尽管要靠市场经济下的律师执业道德规范来维持，但在道德规范不足以调整律师的失信行为时，就要依靠一定的制度去约束律师的信用行为。应建立律师失信惩罚制度，对那些严重失信的律师及律师事务所要加大其失信的成本，使其不敢失信。在建立律师失信惩罚制度的同时，还应考虑建立律师守信激励机制，使那些信用好的律师和信用等级高的律师事务所因守信而获得更大的利益。

(三)建立律师信用信息数据库和信用评级制度

司法部门可以考虑建立一个律师信用网，利用该技术平台建立一个技术先进、功能完善、运用灵活的“执业律师信用网”。凡是涉及律师在执业过程中的信用数据，都可按照有关规定纳入“执业律师信用网”数据库，逐步建立“失信律师公示制度”。当然，建立律师失信公示制度一定要研究界定律师及律师事务所信用数据公开的范围、程序和时限等；同时，还要认真研究界定律师的个人隐私和律师事务所的商业秘密的范围，在公布信用数据的时候不能侵犯律师的个人隐私和律师事务所的商业秘密。除此之外，还应设置有关制度，严惩提供虚假信息和数据的行为人。

(四)规范律师收费标准

有些律师事务所漫天要价，在收取了当事人的代理费用后，仍向当事人提出种种所谓的“活动费”，严重损害了律师的声誉。当然，律师通过运用自己的专业知识和技能为社会提供法

律服务是有偿的，但费用如何收取，标准又如何确定，省、自治区、直辖市人民政府价格部门可根据本地区的实际情况，在国务院价格部门规定的价格幅度内确定本地区的收费标准，并报国务院价格部门备案。虽然 1997 年的《律师服务收费管理暂行办法》确定了“律师可以和当事人协商收费”的原则，但这一原则仅限于非诉讼业务。

第四节　我国会计师事务所信用法律规制

会计诚信体系建设是和谐社会的必然要求，保证会计信息真实、可靠是会计从业人员的基本职业道德和行为准则。但是，伴随“银广厦”事件、“蓝田股份”事件的出现，会计造假和会计信息失真的现象却愈演愈烈。党的十六届三中全会指出：以道德为支撑、产权为基础、法律为保障的社会信用制度是建设现代市场体系的必要条件。如果会计诚信问题得不到解决，其“不和谐”因素必然会阻碍和谐社会诚信体系的建设。

一、《会计法》中的会计信用法律制度

1985 年 1 月 21 日，第六届全国人民代表大会第九次会议通过《会计法》，1993 年 12 月 29 日由第八届全国人民代表大会第五次会议第一次修订后，于 1999 年 10 月 31 日由第九届全国人民代表大会第十二次会议修订通过，自 2000 年 7 月 1 日起施行。修订后的《会计法》更加注重对于会计及会计师事务所的信用管理，从法律角度维护会计师事务所的健康、有序发展。

（一）从会计核算角度规定了财务人员的从业规范

各单位必须依法设置会计账簿，并保证其真实、完整。单位负责人对本单位会计工作和会计资料的真实性、完整性负责。会计机构、会计人员依照《会计法》的规定进行会计核算，实行会计监督。任何单位或个人不得以任何方式授意、指使、强令会计机构、会计人员伪造、变造会计凭证、会计账簿或其他会计资料，提供虚假财务会计报告。会计机构、会计人员必须按照国家统一会计制度的规定对原始凭证进行审核，对不真实、不合法的原始凭证有权不予接受，并向单位负责人报告；对记载不准确、不完整的原始凭证予以退回，并要求按照国家统一会计制度的规定更正、补充。

（二）从会计监督角度规定了财务人员的行为守则

任何单位或者个人不得以任何方式要求或者示意注册会计师及其所在的会计师事务所出具不实或者不当的审计报告。财政部门有权对会计师事务所出具审计报告的程序和内容进行监督。

（三）从会计从业资格角度加强对财务人员的信用教育

从事会计工作的人员必须取得会计从业资格证书。担任单位会计机构负责人（会计主管人员）的，除取得会计从业资格证书外，还应当具备会计师以上专业技术职务资格或者从事会计工作 3 年以上。会计人员应当遵守职业道德，提高业务素质；应当加强对会计人员的教育和培训工作。因有提供虚假财务会计报告，做假账，隐匿或者故意销毁会计凭证、会计账簿、财务会计报告，贪污、挪用公款，职务侵占等与会计职务有关的违法行为被依法追究刑事责任的人员，不得取得或者重新取得会计从业资格证书。因违法违纪行为被吊销会计从业资格证书的人员，自被吊销会计从业资格证书之日起 5 年内不得重新取得会计从业资格证书。

二、《注册会计师法》中的会计信用法律制度

为了发挥注册会计师在社会经济活动中的鉴证和服务作用，加强对注册会计师的管理，维护社会公共利益和投资者的合法权益，促进社会主义市场经济的健康发展，1993年10月31日第八届全国人民代表大会第四次会议通过了《注册会计师法》，并于1994年1月1日起施行。

（一）明确建立注册会计师执业许可制度

注册会计师是依法取得注册会计师证书并接受委托从事审计.会计咨询和会计服务业务的执业人员。会计师事务所是依法设立并承办注册会计师业务的机构。注册会计师执行业务应当加入会计师事务所。会计师事务所可以采用合伙企业或公司的组织形式设立。注册会计师协会是注册会计师的自律性组织，应加强对注册会计师和会计师事务所的管理。

（二）从业务规则角度规范注册会计师的行为

注册会计师执行审计业务，必须按照执业准则、规则确定的工作程序出具报告。注册会计师对在执行业务过程中知悉的商业秘密负有保密义务。注册会计师执行审计业务出具报告时，不得有下列行为：(1)明知委托人对重要事项的财务会计处理与国家的有关规定相抵触而不予指明；(2)明知委托人的财务会计处理会直接损害报告使用人或者其他利害关系人的利益而予以隐瞒或者作不实报告；(3)明知委托人的财务会计处理会导致报告使用人或者其他利害关系人产生重大误解而不予指明；(4)明知委托人的会计报表的重要事项有其他不实内容而不予指明；(5)在执行审计业务期间，在法律、行政法规规定不得买卖被审计单位的股票、债券或者不得购买被审计单位或者个人的其他财产的期限内，买卖被审计单位的股票、债券或者购买被审计单位或者个人所拥有的其他财产；(6)索取、收受委托合同约定以外的酬金或者其他财物，或者利用执行业务之便谋取其他不正当利益；(7)接受委托催收债款；(8)允许他人以本人名义执行业务；(9)同时在两个或者两个以上会计师事务所执行业务；(10)对其能力进行广告宣传以招揽业务；(11)违反法律、行政法规规定的其他行为。

三、建立信用会计师事务所的法律对策

（一）加强对注册会计师的职业道德管理并建立诚信档案

注册会计师的信用体系应包括：以《注册会计师法》和《会计法》为指导，以独立审计准则和企业会计准则为核心的法律法规体系；以中华传统美德为基础，以注册会计师职业道德为中心的职业道德教育体系；内部行业自律与外部监管相结合的监管体系；检查指导与档案管理相结合的职业道德管理体系。为保证注册会计师职业道德准则的实施，应当设立专职机构或人员对执业机构和执业人员履行职业道德准则的情况进行检查，把优秀的和不良的都记入诚信档案，作为奖优罚劣的依据，提高注册会计师履行职业道德准则的自觉性，保证做好各项工作。

（二）强化行业自律和行业监管并建立严格的失信惩罚机制

行业自律是市场中介机构建立市场信誉，保持独立、客观、公正的基础。作为我国注册会计师行业性自律组织的中国注册会计师协会，应强化其自律性监管的职能，积极推进行业法规完善、自律性监管制度和行业执业标准体系的建设。在行业法规和执业标准体系的建设方面，中国注册会计师协会应根据我国市场经济发展的需要和注册会计师执业环境的变化，加紧对《注册会计师法》的修订；进一步完善注册会计师的注册管理制度，制定《中国注册会计师协会会费缴纳办法》；对现有的独立审计准则框架进行论证和修订，并对部分审计项目进行修正，防

范审计对象利用会计准则和审计准则的疏漏实施各种利润调节行为。在自律性监管方面，加强对上市公司年报审计报告的检查；严格对具有证券从业资格的会计师及事务所实施年检的检查制度；完善业务报备制度和谈话提醒制度；制定注册会计师职业道德规范指导意见；等等。行业自律固然重要，但外部强制和严厉的监管是保证行业自律的基础。从建立有效的事后监管机制的角度来看，应借鉴发达国家的监管经验，对现行的法律制度进行修改，进一步明确和划分注册会计师的法律责任，启动民事赔偿机制。对注册会计师和会计师事务所的造假和严重失职行为，除了进行行政和刑事处罚外，还要对其进行惩罚性赔偿，使受害的投资者和债权人能够获得经济补偿救济。当然，为推动注册会计师行业的顺利发展，在启动民事赔偿制度时，对负有一般过失责任的注册会计师和会计师事务所应严格限定其民事赔偿的范围和赔付的额度；同时，应发展注册会计师责任保险承保业务，为民事赔偿制度的实施提供条件。

(三)进一步完善证券市场秩序以健全上市公司的公司治理结构

首先，为注册会计师的审计提供良好的市场环境，以确保会计师事务所审计的独立性，必须从源头上遏制上市公司对虚假财务信息的需求。这就要加强证券市场的市场化进程，充分保护中小投资者的利益，平等对待所有投资者，确保证券市场公开、公平、公正的原则得到贯彻执行。

其次，完善上市公司的治理结构，建立有效防止上市公司财务造假的内部激励和约束机制。上市公司应通过股权结构的优化，逐步改变现有股权结构中国有股“一股独大”所带来的种种弊端。在此基础上，建立健全公司内部控制制度。上市公司的业务、资产、人员、机构、财务等应完全与大股东分离，使其具备完全的独立性，减少关联交易并对关联交易实施严格的程序控制。同时，上市公司在建立独立董事制度后，应在董事会下设由独立董事担任主席的审计委员会，由审计委员会推荐并聘任会计师事务所，并与会计师事务所通过审计程序进行交流。

总之，诚信是市场经济的基石，是会计执业机构和会计人员的立身之本，所有会计人员只要真正做到“诚信为本，操守为重，遵循准则，不做假账”，保证会计信息的真实、可靠，就一定能够建立一个信息和信用有机统一的会计诚信环境，摆脱目前所面临的会计诚信危机。

第五节 评估类中介组织信用法律规制

资产评估就是对资产重新估价的过程，是一种动态性、市场化活动，具有不确定性的特点，其评定价格也是一种模拟价格。因此，资产评估是指专门的机构或专门的评估人员，遵循法定或公允的标准和程序，运用科学的方法，以货币作为计算权益的统一尺度，对在一定时点上的资产进行评定和估算的行为。

一、资产评估机构的定义

资产评估机构是指依法设立，取得资产评估资格，从事资产评估业务的机构。资产评估机构的业务范围包括：单项资产评估、资产组合评估、企业价值评估、其他资产评估以及相关的咨询业务。资产评估机构采用普通合伙（含特殊的普通合伙，以下简称“合伙制”）的形式设立，或者采用有限责任公司（以下简称“公司制”）的形式设立。

根据 2011 年 8 月 11 日财政部颁发的《资产评估机构审批和监督管理办法》（以下简称“本办法”）的规定，财政部是资产评估行业的主管部门，制定资产评估机构管理制度，负责全国资产评估机构的审批和监督管理。省级财政部门批准设立资产评估机构的，应当将批准文件及申请材料报财政部备案，同时，将批准文件抄送资产评估机构所在地的资产评估协会和中国资产评估协会。

资产评估机构的名称应当包含“资产评估”字样。资产评估机构的字号不得与已经批准设立的资产评估机构的字号重复。

二、资产评估机构的设立条件

（一）合伙制资产评估机构的设立条件

设立合伙制资产评估机构，除符合国家有关法律法规的规定外，还应当具备下列条件：(1)有2名以上符合本办法规定的合伙人；(2)有5名以上注册资产评估师；(3)合伙人实际缴付的出资总额不低于人民币10万元，其中，以特殊的普通合伙形式设立的，合伙人实际缴付的出资总额不低于人民币30万元。

（二）公司制资产评估机构的设立条件

设立公司制资产评估机构，除符合国家有关法律法规的规定外，还应当具备下列条件：(1)有2名以上符合本办法规定的股东；(2)有8名以上注册资产评估师；(3)注册资本不低于人民币30万元。

（三）合伙人或股东应具备的条件

资产评估机构的合伙人或者股东应当具备下列条件：(1)持有注册资产评估师证书；(2)取得注册资产评估师证书后，近3年内连续专职从事资产评估业务；(3)成为合伙人或股东前3年内未因评估执业行为受到行业自律惩戒或者行政处罚。

三、对资产评估机构的监管及法律责任

资产评估机构的合伙人或者股东以及分支机构的负责人应当在本机构注册，并专职从事资产评估业务，由非资产评估师担任的合伙人或者股东除外。

（一）资产评估机构应建立完善的内部管理制度

资产评估机构应当建立完善的内部管理制度，其内容包括：(1)人事管理制度；(2)财务管理制度；(3)执业质量控制制度；(4)评估业务管理制度；(5)业务档案管理制度。

资产评估机构应当建立首席评估师制度。首席评估师由本机构持有注册资产评估师证书的合伙人或者股东担任，负责执业质量控制。资产评估机构应当按规定提取和使用职业风险基金，购买职业责任保险，建立职业责任保障机制。资产评估机构应当在人事、财务、执业规范、质量控制、客户服务、企业形象等方面对其设立的分支机构进行统一管理。除证券期货相关评估业务外，资产评估机构可以授权分支机构以分支机构的名义出具资产评估报告。

（二）建立严格的监管制度

省级以上财政部门依法对下列事项实施监督检查：(1)资产评估机构或者分支机构保持设立条件的情况；(2)资产评估机构向省级财政部门备案事项的报备情况；(3)资产评估机构或者分支机构的执业行为；(4)法律、行政法规规定的其他监督检查事项。

资产评估协会应当对资产评估机构及分支机构的执业质量进行检查，建立诚信档案制度。

（三）资产评估机构的法律责任

在申请设立资产评估机构或者分支机构时，申请人或者资产评估机构隐瞒有关情况或者提供虚假材料的，省级财政部门应当不予受理或者不予批准，并予以警告；资产评估机构或者

分支机构以欺骗、贿赂等不正当手段取得资产评估资格或者设立分支机构的，省级财政部门应当撤销其资产评估资格或者分支机构的设立许可，并予以公告。

资产评估机构或者分支机构有下列情形之一的，省级以上财政部门应当责令其限期改正，并予以警告；有违法所得的，没收违法所得，并处以不超过违法所得 3 倍、最高不超过 3 万元的罚款；没有违法所得的，可以处以 1 万元以下罚款：(1)冒用其他机构名义，允许其他机构或者个人以本机构名义执行评估业务的；(2)涂改、出租、出借资产评估资格证书的；(3)向委托人或者被评估单位索取、收受业务约定书约定以外的酬金或者其他财物，或者利用业务之便谋取其他不正当利益的；(4)采取强迫、欺诈、恶意降低收费标准等不正当方式招揽业务的；(5)泄露委托人或者被评估单位商业秘密的；(6)允许本机构注册资产评估师只挂名不执业，或者明知本机构注册资产评估师在其他机构执业而不制止的。

省级以上财政部门作出行政处罚决定之前，应当告知当事人作出行政处罚决定的事实、理由及依据，并告知当事人依法享有的权利。

基本概念

社会中介组织　市场中介组织　信用中介组织　征信机构　律师　律师执业条件　律师的禁止业务　注册会计师　资产评估机构

本章小结

1. 社会中介组织是指居于政府与市场之间的，不同于政府组织和企业组织，为政府和市场提供中介服务的一种特殊的社会组织。社会中介组织基本上是一种非政府机构，而市场中介组织是指在社会和经济活动中发挥服务、沟通、协调、鉴证、监督等功能的社会组织。

2. 信用中介组织包括信用调查公司、信用征集公司、信用评级公司、信用担保公司、信用咨询公司等，是社会信用体系的重要主体，依其产权属性可分为民营、外资和国有信用中介组织。

3. 征信业务是指依法收集、整理、保存、加工个人、法人及其他组织的信用信息，并对外提供信用报告、信用评分、信用评级等的业务活动。我国征信机构依其业务范围可分为个人征信机构和企业征信机构，其中，对个人征信机构采取了严格的准入制度。

4. 律师本身就是诚信制度的维护者，因此，律师工作应以诚信为本。无论是律师的诉讼业务，还是非诉讼业务，其本质都是对信用制度的维护，诚信应贯穿于律师工作的始终。加强律师信用制度建设是加快社会信用制度建设的重要组成部分，应从律师行业的准入机制、执业规范和职业道德、律师事务所的管理机制和律师的奖惩机制等方面加以规范。

5. 诚信是市场经济的基石，是会计执业机构和会计人员的立身之本。加强会计人员信用制度建设是加快社会信用制度建设的重要一环，应从会计从业资格角度、会计核算角度、会计监督角度加强对财务人员的信用规范。

6. 资产评估机构是指依法设立，取得资产评估资格，从事资产评估业务的机构。信用制度应从资产评估人员的准入机制、资产评估机构的内部管理制度和外部监督制度等方面加以规范。

复习思考

1. 各国征信机构的设立模式有哪几种?
2. 如何理解我国信用评级评分机构的经营原则?
3. 律师在执业中应遵守的信用法律规范有哪些?
4. 如何完善我国会计信用法律制度?
5. 如何完善我国资产评估机构的信用法律制度?

案例分析

银广夏虚假财务报告案

广夏(银川)实业股份有限公司(以下简称“银广夏”)的股票于1994年在深圳证券交易所上市交易。公司上市后相继3次配股,从证券市场共筹集5.74亿元资金。1995年和1998年,银广夏的每股收益分别为0.244元和0.405元。此后2年,银广夏从股价到业绩均创下了炫目纪录。自银广夏上市时起,深圳中天勤会计师事务所一直负责银广夏的审计工作,银广夏的审计每年均顺利过关。1998~2000年,该会计师事务所连续为银广夏出具无保留意见的审计报告。2001年8月3日,媒体披露,银广夏1999年度和2000年度的业绩大部分来自造假,证监会遂立案稽查银广夏。自2001年8月9日起,银广夏股票停牌30天。2001年9月1日,银广夏迟来的中报显示,公司每股收益为−0.039元。2001年9月10日,银广厦股票复牌,连续15个跌停,股价从30.97元跌至6.59元,持有银广夏股票的投资者遭受重创。证监会调查表明,银广夏存在年度财务报告披露虚假利润和隐瞒重大事项、披露虚假资讯的行为,具体事实如下:(1)年度财务报告披露虚假利润。1998~2001年,银广夏累计虚构销售收入104 962.60万元,少计费用4 845.34万元,导致虚增利润77 156.70万元。(2)隐瞒重大事项,披露虚假资讯。

2002年4月23日,证监会决定根据《证券法》第177条的规定,对银广夏处以罚款60万元,并责令其改正;同时,鉴于银广夏部分责任人员已移送司法机关追究刑事责任,待司法机关认定后予以行政处罚。2003年9月,银川市中级人民法院对银广夏刑事案作出一审判决,原天津广夏董事局副主席兼财务总监董博、原银广夏董事局副主席兼总裁李有强、原银广夏董事局兼财务总监、总会计师丁功民、原天津广夏副董事长兼总经理阎金岱等均因提供虚假财会报告而获罪,深圳中天勤会计师事务所注册会计师刘加荣、徐林文因出具证明文件重大失实罪而获刑。

[资料来源]http://www.3edu.net/lw/ming/lw_63529.html。

分析:本案中的注册会计师存在的主要问题是什么?应承担哪些法律责任?

第七章　消费者信用法律制度

引　言

消费者信用是进入20世纪以来最为活跃的信用形式之一。在英国、美国等发达国家，消费者信用法已经非常成熟，在这方面我国才刚刚起步。消费者信用法是社会信用体系建设的基础，有利于维护市场上信用交易的公平，推进信用经济的有序、健康发展。在征信国家，信用法律制度是由单行性的信用法律法规和一些综合性的法律所共同组成的，而我国目前在消费者信用法律制度方面并没有专门性的法律法规，只有一些相关的法律规定散见于综合性的法律中，如《民法通则》《合同法》和《消费者权益保护法》等；此外，一些部门规章有较为明确的规定。本章主要介绍消费者信用的定义及种类、分期付款法律制度、消费者信贷法律制度以及信用卡法律制度。

第一节　消费者信用概述

一、消费者的定义和特征

(一)消费者的定义

从法律意义上讲，消费者是为个人目的购买或使用商品和接受服务的社会成员。消费者与生产者及销售者不同，其必须是产品和服务的最终使用者而不是生产者、经营者。也就是说，其购买商品的目的主要是满足个人或家庭需要而不是经营或销售，这是消费者最本质的特点。作为消费者，其消费活动的内容不仅包括为个人和家庭生活需要而购买和使用产品，而且包括为个人和家庭生活需要而接受他人提供的服务。本书所讲的消费者是指为满足生活消费需要而购买商品或接受服务的个人。

(二)消费者的特征

我国《消费者权益保护法》第2条规定，消费者为生活需要而购买、使用商品或者接受服务，其权益受本法保护。据此，消费者这一身份具有以下特征：

1. 主观上消费者的行为目的是为了生活消费

消费者必须是出于生活消费的需要而购买商品或接受服务。消费是社会再生产的主要环节，正如马克思所说，没有消费也就没有生产。消费分为生活消费和生产消费。生活消费是指人们在日常生活中，为满足自身或家庭生活需要而消耗各种物质资料、精神产品及接受服务的一系列行为或过程，主要包括人们的衣、食、住、行等活动；生产消费是指物质资料生产过程中生产资料与劳动力的消费。两者的相同之处在于都要消耗物质资料和非物质资料，不同之处在于其购买动机。个人或家庭购买商品或接受服务不是为满足自己的消费而是转手谋利的，则应定义为生产消费。

2. 消费的客体包括商品和服务

消费的对象不仅包括有形的商品，而且包括无形的服务。在现代社会中，为满足自身生活所需，消费者会购买大量生活资料，接受各种各样的服务。在添置大宗生活资料和接受高额服务时，消费者往往会采取分期付款或信用卡消费的方式，这时，信用消费方式就被广泛采用了。促进信用消费有利于发展消费驱动型经济，有利于加速国民经济的运转和社会再生产的良性循环，但随之而来的是如何规范信用消费法律关系，寻求消费者、企业和金融机构三方的利益均衡。

3. 主体的种类一般为自然人

学界对于消费者的种类一直存在争议。有的观点认为只能是自然人，有的则认为可以是自然人或单位。1978 年 5 月 10 日，国际标准化组织消费政策委员会在日内瓦召开的第一届年会上，把消费者定义为“为个人目的购买或使用商品和服务的个体社会成员”。我国国家标准《消费者使用说明准则》规定，消费者是为满足个人或家庭的生活需要而购买、使用商品或服务的个体社会成员。我国《消费者权益保护法》中虽然没有明确规定消费者是个人或单位，但明确了消费者的消费是生活消费，而非生产消费。由此可知，消费主体的种类为自然人而非法人等社会组织，因为组织团体本身不能直接进行消费，最终接受服务或使用商品的还是某个具体而特定的自然人。

二、消费者信用的定义和特征

(一)消费者信用的定义

消费者信用是企业与金融机构以消费者为对象，通过买卖价款的延期支付和贷款来提供的信用。现代的消费者信用起源于 20 世纪初，当时主要西方资本主义国家的生产规模迅速扩大，买方市场条件全面形成。特别是经历了 1929 年至 1933 的经济危机后，以美国为首的西方国家在凯恩斯经济理论的指导下采取了一系列扩大消费的积极财政政策。通过使用消费者信用，使消费者能提前享受高品质的商品和服务。在现代经济生活中，消费者信用在一定条件下可以促进商品的生产和销售，从而促进经济的增长。据统计，若不采用分期付款这一消费信用的典型支付方式，西方汽车的销售数量将会减少 1/3 。此外，企业通过赊销向顾客提供信用等方式对于促进新技术的应用、新产品的推销以及产品的更新换代也有不可低估的作用。但是，若消费需求过高，生产扩张能力有限，消费信用则会加剧市场供求的紧张状态，促使物价上涨，产生虚假繁荣等消极影响。因此，消费信贷应控制在适度范围内。

(二)消费者信用的法律特征

第一，提供信用的主体是金融机构、企业或个体工商户，接受信用的主体为普通消费者。

第二，消费信用是消费者在未全额付款时就可以从银行或商家获取资金、物资或者服务的交易方式。

第三，消费信用的表现形式为分期付款买卖和消费信贷等。

三、消费者信用的功能

中国消费者的生活哲学是量入为出，积少成多。中国传统文化是以自给自足的农业经济为基础，以宗法家庭为背景，以儒家学说所倡导的伦理道德为核心的文化。受传统观念的影响，很多中国人是抵制消费的，更不敢举债消费。而信用经济是市场经济发展到一定阶段必然出现的产物，完善的市场经济离不开法治和信用两大支柱。在建立了完善的社会信用体系和信用法律制度后，发展消费者信用能给国家、企业和消费者各方都带来益处。

（一）提高消费者的生活质量

适度的消费者信用能提高消费者的生活质量，提前享受高品质的商品和服务。随着改革开放的深入，国内市场的产品和服务都极大地丰富起来，特别是中国自 2001 年 12 月加入 WTO 以来，国外商品纷纷涌入我国；我国的经济持续增长，消费者的购买力不断上升，提前消费已不是奢望。

（二）扩大商家的销售规模

商家提供消费信用可扩大销售规模，提高销售业绩，有利于产品的更新换代。在市场经济发展到一定阶段时，必然形成买方市场，产品和服务都极大地丰富，企业之间的竞争也日益白热化。商家在保证商品和服务质量的前提下给予消费者一定的授信额度，可以扩大销售量，满足消费者的需求。

（三）分散金融机构的风险

金融机构提供消费信用可以获得贷款利息，调整贷款结构，分散金融风险。自 1998 年起，为了刺激市场的有效需求，稳定经济发展速度，我国政府采用了积极的财政政策，进一步采取了扩大财政支出和一系列拉动内需的措施。中央银行有关支持信贷消费的新政策不断出台。1999 年 2 月，中央银行印发了《关于开展个人消费贷款的指导意见》，这是我国发展消费者信用的重要法律文件。随后，各大商业银行大幅放宽个人消费信贷的限制条件，有效刺激了社会需求，促进了国民经济的稳定增长。

（四）使国民经济的结构更加合理

对国家而言，通过发展适度均衡的消费信用可在一定程度上调整经济结构，使国民经济从投资驱动型转轨为消费驱动型。根据宏观经济学理论，消费、投资和出口是推动国民经济增长的“三驾马车”，而消费驱动更为持久。信用消费对国民经济的贡献主要表现在扩大内需市场，促进经济持续增长。在市场经济发展到一定阶段时，必然形成买方市场，从而推动消费升级。信用消费可以促进社会资源的合理利用，使生产结构的调整直接受市场的指导，从而形成更趋合理的经济结构。

第二节　我国消费者信用法律制度的现状

一、消费者信用法律制度的含义

消费者信用法律制度是指由国家制定并负责实施，用于管理、保障、监督公民个人信用活动的一系列具有法律效力的行为规范和规章制度。消费者信用法律制度直接关系到个人交易活动的基本内容和个人隐私的一系列法律问题，它的价值在于证明、解释、查验个人的资信情况，并通过法律来规范个人、个人与他人之间的信用行为，提高守约意识，从而建立良好的市场经济运行秩序。消费者信用法律制度的核心在于个人的信用权。个人的信用权是指民事主体对其所具有的履行契约、偿付债务的能力在社会公众中获得相应信赖和评价而享有的利用、保有和维护的权利。它的内容是依据权利所支配的客体即资信利益所决定的，在经济全球化的今天，信用已经是一个人立足经济社会的基石。

个人信用法律制度的建立和完善，从微观上可以提升消费者的消费水平、优化金融机构的资产结构；从宏观上可以促进消费需求增加和经济稳步增长，对整个社会的经济发展起到支撑和推动作用，是经济进入良性循环和自我发展的重要条件。基于我国已经进入市场经济时代和加入 WTO 的客观事实，如何保证建立健康、有效的信用经济环境，最大限度地与国际接轨，成为现阶段我国理论与实践所共同面临的重大问题之一。现在，我国在经济硬件方面的准备已日趋完备，但软件方面的建设却明显不足。相关法律制度的完善正是经济环境软件方面的重要体现。西方发达国家的个人信用体系由于有完善的法律制度规范，经过几十年的发展，已经较为成熟。但在我国，整个信用体系尚处于建立之中，对个人信用立法还处于认知阶段。相关信用法律的缺位使得当前因信用缺失而引发的信用危机不仅增加了市场交易成本，弱化了自由、公平、合理、诚信的市场经济理念，而且成为阻挡我国市场经济发展、阻碍我国经济与世界接轨的"绊脚石"。同时，个人信用法律制度兼有人格性、契约性和法制性的特点，是一项综合性极强的新兴法律制度，能够更好地满足我国向较为成熟的市场经济推进的现实需要，更有助于法治中国的建设。

消费者信用是推动市场经济发展的动力之一。为了保证消费者信用交易的有序进行，保护消费者的合法权益，维护社会主义经济秩序的健康发展，我国必须建立消费者信用法律制度。消费者信用法是社会信用体系建设的基础，有利于维护市场上信用交易的公平，推进信用经济的有序、健康发展。在征信国家中，信用法律制度是由单行性的信用法律法规和一些综合性的法律所共同组成的，而我国目前在消费者信用法律制度上并没有专门性的法律法规，只有一些相关的法律规定散见于综合性的法律中，如《民法通则》和《合同法》等；此外，一些部门规章有较为明确的规定。

二、建立消费者信用立法的迫切性

2002 年 2 月初召开的"中央金融工作会议"提出，要建立全国企业和个人的征信体系，使有良好信誉的企业和个人充分享有守信的益处和便利，使有不良记录的企业和个人声誉扫地，付出代价。在我国社会信用体系建设之际，为保证社会主义市场经济健康、有序地发展，我国需要建立消费者信用法律制度，使守信者得到激励，使失信者受到惩罚。

从个人信用风险管理的法律环境来看，我国现行的法律体系涉及个人信用方面的规定较少，没有一部专门的法律来调整个人信用活动中的各种利益关系，少数相关的法律，如《担保法》《贷款通则》和《合同法》等与个人信用衔接不够，针对性不强。目前，个人资信公司在征信业务的运作过程中，对个人合法权益的保护还没有引起重视。例如，上海资信公司采集个人可透支信用卡信息及贷款信息是直接从有关银行的信用部门登录的。此外，对于个人的失信行为也没有明确规定具体的惩罚力度和方式。在配套政策方面，我国的个人破产制度、个人财产申报制度、个人账户制度等尚未出台，导致个人及其家庭的收入状况不透明，不但隐藏着严重的法律与道德风险，同时也使个人的资信评估难以向国家机关、企事业单位推广。目前，我国经济领域中企业失信的情况较为普遍，根据中国企业联合会公布的《中国企业诚信状况调研报告》显示，五百多家被调查的企业中有八成企业表示都遇到过拖欠款难题。在我国的生产流通领域，假冒伪劣商品屡禁不止，制假售假行为屡见不鲜，"三角债"问题严重，这些不诚信的行为制约了经济的发展，也对个人的信用建设起到了阻碍作用。

(一)建立个人信用法律制度是扩大内需的迫切要求

要扩大市场消费需求、拉动经济增长,就需要更多地启动信用消费。特别是目前我国城市居民的消费结构出现明显的升级趋势,家庭消费逐步向住房、汽车、教育等消费转移,这种消费水平仅通过家庭的现金积累显然需要相当长的时间,在客观上要求信用消费的扩张。然而我国尚未建立起较为完善的个人信用法律体系,目前信用消费的规模还相当小,住房、汽车等长期消费信贷不仅起步较晚,而且还存在许多制约因素,在商业银行的信贷总规模中还只占很小的比例。在信用工具方面,信用卡恶意透支的比例有所上升,而商业机构向消费者提供消费者信贷的规模就更小了,这些因素都阻碍了扩大内需的程度和规模。因此,要扩大内需,拉动经济增长,实现现代化建设目标,就必须加快建立社会信用法律制度。

(二)建立个人信用法律制度是整顿和规范市场经济秩序的重要保障

在市场经济体制下,社会经济活动的正常运行有赖于规范的市场经济秩序。而我国目前的市场经济秩序显然不能适应市场经济发展的要求,需要进一步规范和完善。规范市场秩序不能简单地依靠一次又一次的突击大检查或"严打"等形式来解决问题,而必须依靠规范市场经济规则和相应的制度建设来实现。建立完善的个人信用法律制度,规范市场主体的交易行为,是维护市场经济秩序的治本之策。

(三)建立个人信用法律制度有利于提高政府执政能力

我国工商、人事、税务等政府部门和机构掌管着大量社会信息,其中很大一部分与个人信用行为有关,是个人信用信息的基本素材。但是,由于个人信用法律制度不健全,这些信息资源不能在全社会实现共享,没有得到充分利用。许多有价值、相互关联的信息在各部门之间相互分割的职能活动中被忽视乃至浪费掉了。如果把分散在政府各部门的个人信用信息交由信用中介机构进行专业分析和管理,并通过法律规定的正常渠道实行综合利用,将可以大大提高政府各部门的工作效率。例如,银行根据个人资信状况可以迅速决定是否贷款并自动监督贷款的使用和收回,法院可以全面检查涉案当事人的资产情况,人事部门可以据此选贤任能等。

三、建立和完善我国的消费者信用法律制度

目前,我国还没有关于个人信用方面的综合性立法,只是由金融管理机构出台了一些规章制度。中国人民银行于1999年3月颁布了《关于开展个人消费信贷指导意见》,其目的是促进消费,扩大内需,推动生产,支持国民经济的持续、稳定发展以及调整信贷结构,提高信贷资产质量。1999年下半年,建设银行济南市分行出台了《个人信用等级评定办法》,这是我国首部借款人个人信用等级评定办法,对促进我国个人信用法律制度的发展起到了先导作用。尤其值得一提的是,中国人民银行上海分行和上海市信息办于2000年2月联合印发了《上海市个人信用联合征信试点办法》,这是国内第一部联合征信的政策性管理办法,该办法由上海市国民经济和社会信息化领导小组办公室以及中国人民银行上海分行于2000年2月发布,并于当年3月1日生效。该办法的目的是为了规范个人信用联合征信经营活动,防范金融风险,维护个人信用当事人的合法权益。《上海市个人信用联合征信试点办法》于2004年废止,被《上海市个人信用征信管理试行办法》(2003年12月28日上海市政府第15号令)所取代。

《上海市个人信用联合征信试点办法》的建立为联合征信拟定了初步的法律框架。2001年12月18日深圳市人民政府发布了《深圳市个人信用征信及信用评级管理办法》,并于2002年1月1日起实施。《深圳市个人信用征信及信用评级管理办法》的立法目的是为了在深圳市建立个人信用法律制度,规范个人信用征信及评级活动,防范信用风险,保障有关当事人的合

法权益。这是国内第一部关于联合征信的法律性规定，为我国的个人信用法律制度立法做出了开创性的贡献。

中国人民银行在总结实践经验的基础上，从实际需要出发，以建立单项法规开始，逐步建立信用法制。中国人民银行颁布了《个人信用信息基础数据库管理暂行办法》，该办法于 2005 年 10 月 1 日起正式实施。经中国人民银行筹建，中国个人信用信息基础数据库于 2006 年 1 月正式运行。该办法规定，由中国人民银行负责组织商业银行建立个人信用信息基础数据库，并负责设立信用管理服务中心，承担个人信用数据库的日常运行和管理。其主要内容包括以下 4 个方面：一是明确个人信用数据库是中国人民银行组织商业银行建立的全国统一的个人信用信息共享平台，其目的是防范和降低商业银行的信用风险，维护金融稳定，促进个人消费信贷业务的发展；二是规定了个人信用信息保密原则，规定个人信用管理和商业银行等金融机构应当建立严格的内部控制制度和操作规程，保障个人信用信息的安全；三是规定了个人信用数据库征集个人信用信息的范围和方式、数据库的用途、个人获取本人信用报告的途径和异议处理方式；四是规定了个人信用信息的客观性原则，即个人信用数据库征集的信息是个人信用交易的原始记录，商业银行和征信服务中心不增加任何主观判断；等等。该办法的公布实施是对我国个人信用法律制度建立的有力推动。

我国《征信业管理条例》于 2012 年 12 月 26 日经国务院第 228 次常务会议通过，自 2013 年 3 月 15 日起施行。该条例主要规范征信活动，保护当事人的合法权益，引导、促进征信行业的健康发展，推进社会信用体系建设。这部法规的出台结束了以往征信行业无法可依的状况。

目前，我国对商业信用、银行信用、国家信用都有相应的法律加以调整，而在消费者信用立法方面还没有针对性的法律法规，只有一些立法层次较低的规范性文件，尚未形成系统的立法体系。法律的严重滞后不利于我国消费型经济的发展，不利于维护消费者的合法权益。建立健全消费者信用法制需从以下几个方面着手：

（一）建立综合性的消费者信用立法体例

在立法体例上，美国和英国采用的是综合性的立法体例，如美国《联邦消费者信用保护法》和统一州法律的《统一消费者信用保护法》；而日本和德国采用的是单独性的立法体例，如日本的《分期付款买卖法》和德国的《消费信贷法》。这两种立法体例各有利弊，但相比较而言，美国式的综合立法体例更加符合我国国情。消费者信用种类繁多，金融创新推陈出新，从长远来看，建立综合型的立法模式有利于法律的稳定。

（二）建立并完善我国消费者信用信息法律制度

与欧美国家相比，我国企业和个人信用信息体系以及法律制度都处在起步阶段，应由政府牵头，积极吸纳企业加入，综合运用行政和法律手段，依靠先进的信息技术，将分散在工商、税务、银行、司法机关等部门的企业和消费者信用信息运用科学的手段加以收集和加工，生成信用报告，做出科学的信用评分评级，建立健全企业和个人的信用信息制度。

（三）建立个人破产法律制度

我国目前只有针对企业破产的法律规定，而无个人破产法律制度。在消费者信用立法中，个人破产法律制度是重要的一环。在西方国家，最早建立个人破产法律制度的是 1898 年美国国会通过的《破产法》，其明确允许个人破产，个人破产可以免除部分债务。不破不立，对于丧失还款能力的信用消费者，宣告其个人破产虽然在一定时期内会产生信用缺失的法律后果，但可免除其部分债务，维持其基本生活费用，从长远来看，有利于社会的稳定和个人的发展。

第三节　分期付款买卖法律制度

一、分期付款买卖的定义和种类

(一)分期付款买卖的定义

分期付款买卖是指买受人将应付的总价款在一定期限内分若干次向出卖人支付的交易方式。分期付款买卖在古罗马就已出现,在第二次世界大战后迅速发展,在大宗耐用消费品领域被普遍使用,一方面有利于提高广大消费者的购买能力,有利于拉动内需;另一方面有利于商品的流通,促进生产企业的销售扩张。按照交易主体的数量以及有无金融机构的加入,可以将分期付款买卖分为一般分期付款买卖和融资分期付款买卖。前者是由企业或个体户作为授信主体,而后者则加入了金融机构作为授信主体。

(二)分期付款买卖的种类

1.一般分期付款买卖

一般分期付款买卖是卖方提供货物给买方,买方将货款分若干次交给卖方的行为。随着消费水平的提高,消费结构中满足生存需要的消费所占的比重逐渐降低,满足发展和享受需要的消费所占的比重逐渐提高,对耐用消费品的需求逐渐提高。高档耐用消费品通常价值较高、使用年限较长,完全依靠家庭和个人的资金来满足对这类消费品的需求,一般需要较长时间的积累,客观上要求通过消费信贷来提前满足其消费需要。这时,商家会提供分期付款的方式供消费者选择。这种赊销方式最早出现在1910年左右,早期最著名的应用是美国“蜜蜂牌”缝纫机的赊销。该制造商用这种方法促销,曾迅速地扩大了当时属于技术全新的产品的销售量,并成功地占领了当时的市场。

2.融资分期付款买卖

融资分期付款买卖是银行与卖方之间缔结保证合同,银行与消费者之间缔结信贷合同,卖方与消费者之间缔结买卖合同,银行基于与卖方的关系向消费者提供借贷资金的行为。在第二次世界大战结束后,随着商业银行大规模地介入,生产厂家和销售商认为使用金融机构的资金可以节约它们的自有资金,并借金融机构的资金实力迅速扩大市场占有率,因此,传统的分期付款买卖逐渐减少,依靠金融机构资金支持的融资分期付款买卖逐渐盛行。

二、分期付款买卖合同的定义和特征

(一)分期付款买卖合同的定义

分期付款买卖合同是指买受人将应付的总价款在一定期限内分次向出卖人支付的买卖合同。分期付款是一种特殊的买卖形式,在我国常常用在汽车等高档耐用消费品的买卖中。

(二)分期付款买卖合同的法律特征

1. 物的先予给付性

物的先予给付性主要表现为消费者在不付款或支付少数首付款的情况下可以占有卖方的商品或接受商家的服务。采用这种履行方式对商家较为不利,商家要承担货款不能回收的风险,所以,对消费者的信用风险评估就非常重要。

2. 价款的延期交付性

使用零售分期付款信用方式赊购大件耐用消费品的消费者，在签订赊购合同以后，只需按照要求付少许的首期付款，就可以将所购商品拿走使用。在零售商与消费者签署的零售分期付款信用销售合同中，必然有一个清偿货款的付款安排条款和付款计划，一般由消费者按月逐渐偿还。根据消费者赊购商品种类的不同，常见的还款期限被安排在1～5年。虽然购买个人住房的消费信贷还款期可长至30年，但房地产信用从一开始就有金融机构介入，一般不属于零售分期付款信用销售方式的范围。而汽车是能够以零售分期付款信用方式赊购的价值最高的"大件耐用消费品"。买方分期支付的款项可分为首付款和余款。余款可一次或多次交付。买方必须按照合同约定的时间和金额将各期货款支付给卖方，如果拖延付款将会产生解除合同或期限利益丧失的后果。

3. 卖方通常保留分期付款商品的所有权

采用分期付款方式销售商品，卖方的风险大于买方，其要承担余款不能归还的风险，并且货物有可能损坏。为了防止买方在未付清余款的情况下擅自处分商品及保护卖方利益的需要，在分期付款买卖合同中一般约定在买方未全额支付余款前，卖方保留商品的所有权。所有权保留是指当事人在买卖合同中约定，在出卖人交货后，只有当买受人充分履行付款义务时，标的物的所有权才转移到买受人手中；在此之前，出卖人将一直保留对标的物的所有权，并在买受人不履行付款义务时，出卖人有追索标的物的权利。

(三)分期付款买卖合同的特殊法律规定

1. 标的物的交付时间

从我国《合同法》第167条的规定来看，分期付款买卖合同的标的物既包括动产，也包括不动产。对于分期付款买卖合同标的物的交付形式，与一般买卖合同的确定方式相同。而对于分期付款买卖合同标的物的交付时间，《合同法》没有作出明确规定，在通常情况下，出卖人应于买受人交付第一笔价款的同时将标的物交付给买受人。对此，结合我国《合同法》关于分期付款买卖合同规定的精神来看，出卖人也应于买受人交付第一笔价款的同时交付标的物；除非当事人有特别约定。

2. 标的物所有权的转移

依《民法通则》第72条的规定，按照合同或者其他合法方式取得财产的，财产所有权自财产交付时起转移，法律另有规定或者当事人另有约定的除外。《合同法》第133条规定，标的物的所有权自标的物交付时起转移，但法律另有规定或者当事人另有约定的除外。

结合我国《合同法》《民法通则》以及其他法律、行政法规的规定，对分期付款买卖合同标的物所有权转移时间的确定，可按以下原则处理：

(1)法律对所有权的转移有明确规定的，应当按法律的规定认定标的物所有权的转移时间。法律规定不动产的所有权自登记之日起转移，所以，商品房分期付款买卖合同中的标的物，即房产的所有权应自办理房产所有权登记之时转移。部分动产如机动车、船舶等交通工具的所有权也自登记过户之日起转移。

(2)法律对标的物所有权的转移没有规定的，可以由双方当事人对所有权的转移时间自行约定。若当事人约定标的物并不在交付之时转移的，则依其约定，如所有权保留的买卖合同。所有权保留是指当事人在买卖合同中约定，在出卖人交货后，只有当买受人充分履行付款义务时，标的物的所有权才转移到买受人手中；在此之前，出卖人将一直保留对标的物的所有权，并在买受人不履行付款义务时，出卖人有追索标的物的权利。

(3)法律没有对标的物所有权的保留作出明确规定，当事人也没有作出特别约定的，标的物的所有权自出卖人交付给买受人之时转移给买受人。

在分期付款买卖合同中，由于买受人采用分期付款方式，因此，出卖人难免有收不回买卖合同价款的可能，而且因买受人的不同，这种风险的出现几率也会有所不同。所以，对于买受人的这种违约危险，出卖人会想尽办法予以避免。其中，约定期限利益的丧失条款或者合同解除条款是出卖人在买受人违约时所采取的救济方法，也是分期付款买卖合同中买受人违约时责任承担的特殊形式。

3. 期限利益丧失条款的适用规范

所谓期限利益丧失条款，是指买受人迟延支付分期付款买卖合同价款达到法律规定的限度时，出卖人有权要求买受人支付剩余的全部价款，买受人将丧失其在分期付款买卖中的期限利益。期限利益丧失条款是为了保障出卖人能够收回全部价款而设的防范性质的条款，也是买受人违约时出卖人所采取的救济手段。但该种措施如果被出卖人滥用，则会损害买受人的利益。因此，各国法律对期限利益丧失条款均加以限制。我国《合同法》第 167 条第 1 款规定，分期付款买卖合同的买受人未支付到期价款的金额达到全部价款的 1/5 的，出卖人可以要求买受人支付全部价款。对出卖人请求提前支付全部价款的特别约定的上述限制，属于法律的强行性规定，当事人在合同中不得限制、排除或者违反这些限制，否则，可以认定其为无效条款。

4. 合同解除条款的适用规范

分期付款买卖合同的解除条款又称失权条款，是指在买受人违约时，出卖人可以解除分期付款买卖合同并取回标的物的条款。我国《合同法》第 167 条第 1 款规定，分期付款的买受人未支付到期价款的金额达到全部价款的 1/5 的，出卖人可以解除合同。对于出卖人解除权的行使，应按《合同法》此条规定的限制条件认定，即买受人未支付的到期价款达到价款总金额的 1/5 时，出卖人可以解除合同；当事人虽然可以在合同中约定解除合同的条件，但该约定的条件不应低于法律规定的标准，否则，不利于对买受人利益的保护。另外，不论分期付款买卖合同是否约定了所有权保留条款，出卖人均在法律规定的情形出现时有权解除合同，否则不利于保护出卖人的利益。我国《合同法》并未要求出卖人在解除合同前对买受人先实施付款催告程序，这是对出卖人权利的保护，即买受人未支付到期价款的金额已经达到全部价款的 1/5，则构成了对出卖人权利的极大侵害，法律允许出卖人不经催告而直接解除合同完全是合情合理的。

在因买受人未支付到期价款达到法律规定的数额时，出卖人可以解除合同。合同被解除，买受人因合同而取得的标的物应当返还出卖人，即产生恢复原状的效果。出卖人也应当将已经收取的价款返还买受人。但是，出于对出卖人利益保护的需要，我国《合同法》第 167 条第 2 款规定，出卖人解除合同的，可以向买受人要求支付该标的物的使用费。也就是说，在一般情况下，因买受人的原因而由出卖人解除合同时，出卖人可以向买受人请求从应当返还的价款中支付或者抵扣一定的金额作为该标的物的使用费。而对于该标的物使用费的具体金额如何确定，《合同法》并未作出明确的规定。结合审判实践，对此种“使用费”的计算，可以比照租金来确定，即按买受人使用标的物的期限及单位时间同类标的物的租金来计算。在使用费确定后，使用费低于买受人已交付的价款的，出卖人应依“扣减法”即扣除已经交付的价款中的使用费，将剩余的部分返还买受人；如果使用费高于已经支付的价款的，则出卖人还可以请求买受人补足使用费。

另外，在出卖人因买受人违约而解除合同的情况下，出卖人除了可以要求买受人支付标的物的使用费外，还可以要求买受人给付赔偿金或者违约金。其中，违约金应以双方在合同中明确约定为承担的原则。对于出卖人的损失，既包括直接损失，也包括可得利益的损失。

三、分期付款买卖双方的权利义务

（一）卖方的义务

1. 卖方负有如期交付标的物的义务

卖方按照合同约定的履行期限交付标的物给买方，一般在收到买方首付款之后即履行交付义务。买方在收货的同时应验收，如有质量问题应及时提出异议。

2. 卖方对商品的瑕疵承担担保责任

与一般买卖合同一样，卖方应保证商品的质量符合合同的约定，特别是有的商品有法定检验标准的，应达到国家强制性标准，如"CCC"标准。卖方的约定标准高于法定标准的，应按照约定标准履行。

（二）买方的义务

买方的主要义务是按时、足额付款。当分期付款的买受人未支付的到期价款达到总价款的 1/5 时，出卖人可以要求买受人支付全部价款或解除合同。出卖人要求解除合同的，可以要求买受人支付该标的物的使用费。

【案例 7—1】

2004 年 10 月，张某与 A 汽车销售有限公司（以下简称 A 公司）签订了购买一辆轿车的分期付款买卖合同。合同约定：轿车的总价款为 18 万元，首付 6 万元，余下的 12 万元分 4 次支付，每次支付 3 万元，每 6 个月支付一次。2005 年 4 月，按照合同，张某应向 A 公司支付 3 万元，但张某称自己目前失业在家，只能支付 2 万元，余款下次补清。由于张某未按期支付合同价款，A 公司对张某失去信任，为避免损失，A 公司要求解除与张某的分期付款购车合同。

［资料来源］http://www.ppkao.com/shiti/3539539/。

分析：A 公司的要求是否合法？

四、主要发达国家分期付款买卖合同的法律规制

（一）美国分期付款买卖法

美国的分期付款买卖方式最早出现在 1910 年前后，早期最著名的应用是美国"蜜蜂牌"缝纫机的赊销，其有力地推进了新技术和新产品的运用。一直到现在，美国家庭已经习惯了采用分期付款方式购买大宗日用消费品。目前，美国是世界上分期付款买卖最普遍的国家，消费者总体中约 43％是以分期付款方式购物的。美国金融公司和汽车工业的发达，客观上对美国分期付款买卖的繁荣起到了重要的推动作用。

美国分期付款买卖法始于 1935 年印第安纳州及威斯康星州的州立法，在 1957 年以后，各州均制定了各自的分期付款买卖法。但总体来讲，美国采用了综合性的立法体例来规制分期付款买卖。

1. 美国《联邦消费者信用保护法》和《统一商法典》对于分期付款买卖的规制

美国《联邦消费者信用保护法》是美国联邦保护消费者的重要法律，该法规定了分期付款买卖合同应明确付款的余额、时间和年利率，并采用标准格式合同。该法还规定消费者在其利

益受到侵害时，有权解除合同。

(1)冷却期[①]制度。冷却期制度是指在分期付款买卖中，消费者可以在一定期限内取消合同的制度。《联邦消费者信用保护法》第125条明确规定消费者享有合同解除权，债权人必须给予债务人停止继续交易的机会与权利。自交易成立之日起，债权人即授信人要明确告知消费者拥有取消交易的权利，期限从交易这天起算到第三天的午夜。

(2)对分期付款买卖合同及违约行为的规制。美国《统一商法典》对于分期付款买卖合同及违约行为有所规定。分期付款买卖合同是指依照缔结合同法则，双方自愿进行分期付款的合同。买方一次或数次无故不支付，应视为对合同的违约，如果卖方不服，不能当时就解除合同，而必须通过提起诉讼来解决。

2. 各州分期付款买卖法的规定

在《统一消费者信用法典》生效之前，各州都有自己的关于消费者信用的法律。各州通常规定在卖方向买方出售信用商品时，作为合同条件，对于出卖的商品允许卖方保留所有权的场合较多；此外，债权人在债务人不履行支付价款义务时，在取回商品前，要书面通知债务人。

(二)德国分期付款买卖法

德国的分期付款法律制度主要由《分期付款买卖法》和《消费信贷法》两部法律构成。《分期付款买卖法》于1894年4月通过，于5月16日公布，于6月4日开始施行，由9个条文组成。该法实施后曾经多次修改但最后都未公布。随着工业化进程的加快，消费信贷的需求不断增加，1969年9月议会第一次修改了《分期付款买卖法》，在原有条文外增列了第1条a及第6条a。该法体现的是保护买受人的利益，使其不至于因为延迟付款而面临商品被出卖人收回的危险。

第二次世界大战后，随着德国信用经济的发展，早年制定的《分期付款买卖法》已经落后于形势。因此，1969年德国国会对该法进行了全面修改，在原有条文之外又增添了部分内容。现行《分期付款买卖法》规定了分期付款销售的概念、特征、解除及返还等法律关系；规定在不动产销售中，销售价款以分期付款方式给付时，授信人对赊销商品保留所有权；合同解除时，各方当事人负有将收受的给付返还对方的义务；有相反约定的，其约定无效。1969年修改后的《分期付款销售法》中增加的条款规定，分期付款信用销售合同的法定形式是书面形式，合同条款要清楚地描述赊销商品全额付款的价格、分期付款的价格、每次分期付款的额度、分期数和截止日期等事项，而且授信人应将合同副本交给受信人。修改后的法律对分期付款赊销商品的受信人给予更多保护。

(三)日本分期付款买卖法

日本对于分期付款买卖的法律规制主要集中于《割赋贩卖法》。该法于1961年制定，1972年、1984年、1999年、2001年多次修改，主要增加了保护消费者的内容和扩大了交易的范围。

1. 日本分期付款买卖法的主要内容

日本《割赋贩卖法》第1条第1款规定，本法的制定是为了使分期付款买卖交易趋于公正，保证其健康发展，使商品流通顺利进行，促进国民经济的发展。

该法第2条规定，分期付款买卖是指经营者从买方处在2个月以上的期间取得货款，买方分三次以上分期支付的买卖行为。

---

① 冷却期：我国称为冷静期，是指消费者享有合同解除权的期限。我国《消费者权益保护法》第25条规定，经营者采用网络、电视、电话、邮购等方式销售商品，消费者有权自收到商品之日起7日内退货，且无需说明理由，但部分商品除外。

2. 日本分期付款买卖法的主要特色

日本分期付款买卖法汲取了英美法中有益的内容，以保护分期付款的信用消费者为目的，同时具有自身的特色：

(1)对分期付款买卖的商品和期限的限制较严，必须是指定商品，包括生活日用品等，但不能是土地和建筑物。这是与其他国家的不同之处。一般房产都可以作为分期付款对象，但日本有所限制。

对首付款的限制较严，一般为总价款的15%～35%。例如，新汽车的买卖，规定首付款为35%，给付期为20个月；空调及彩电的首付款为15%，给付期为20个月。

(2)关于披露义务。该法第3条规定，分期付款买卖者在订立合同前，要将商品的现金买卖价格、分期买卖价格、分期偿还价款、支付期间及次数等以书面方式向消费者明示。商业广告中也要明示交易的基本条件。

(3)冷却期的规定。日本分期付款买卖法规定，消费者在2个月以上的期间分三次付款购买某种商品，在货款未支付完毕前，该商品推定为卖方所有。由于分期付款购买的标的物一般为大宗商品，如消费者买后反悔，可以享有为期4天的冷却期。消费者在缔结分期付款合同的4天内可以解除该合同而无需承担违约责任。

第四节 消费者信用贷款法律制度

消费者信用贷款是在零售信用的基础上发展起来的，特别是在第二次世界大战后，随着信用管理行业，特别是美国个人信用局业务的成熟，商业银行等金融机构普遍意识到发展消费者信用的风险已经降低，贷款结构有所调整，开始进入消费者信用领域。到20世纪70年代，在多数发达国家，商业银行的贷款结构发生巨大变化，面对消费者的个人信贷的平均比例已经超过30%。

我国商业银行消费信贷业务始于20世纪90年代。中国人民银行于1999年3月颁布了《关于开展个人消费信贷指导意见》，目的是促进消费，扩大内需，推动生产，支持国民经济持续、稳定发展以及调整信贷结构，提高信贷资产的质量。目前，我国消费信贷的品种日益丰富，在整个信贷规模中所占的比例日益上升。经验数据表明，消费信贷具有资产质量好、不良贷款低的特点，可以为银行提供稳定、安全和低成本的收入，所以，各家商业银行纷纷把消费信贷作为贷款结构调整的重点领域，消费信贷已经步入快速发展阶段。

一、消费者信用贷款的定义和特征

(一)消费者信用贷款的定义

消费者信用贷款又称消费信贷或个人贷款，是指商业银行等金融机构贷款人与自然人签订贷款合同，按照约定提供贷款，借款人按期还本付息的一种融资方式。在银行内部，一般将消费者信用贷款简称为"个贷"，以区别于企业信贷。消费信贷和个人信贷这两种称谓所反映的是不同的分类方法，消费信贷更多强调此类贷款的经济用途，从而与生产性贷款加以区分；而个人信贷反映的是借款人主体种类的不同，与之相对应的是企业信贷。

(二)消费者信用贷款的法律特征

1. 主体身份的特定性

贷款人为商业银行等金融机构，而借款人为有履约能力的消费者。

2. 贷款目的为生活消费而非生产性消费

个人向商业银行获取贷款的主要目的是购房、购车、出国留学或旅游等。

3. 由于消费者的身份使其得到法律的特殊保护

由于金融产品的复杂性和创新性，使普通消费者在面临银行专业人员的推销时处于不利地位，法律应给予其特殊保护。消费者信用贷款法律关系适用于《消费者权益保护法》的规定，商业银行作为经营者应承担提供真实信息的义务，不得做出对消费者不公平、不合理的规定，不得侵犯消费者的人格权。

二、消费者信用贷款合同

(一)消费者信用贷款合同的定义和法律特征

1. 消费者信用贷款合同的定义

消费者信贷合同，是指消费者为了个人消费目的与银行、金融机构或特定的专门机构就一定时间内有偿使用对方提供的货币资金或迟延付款而达成的协议。由于消费信贷交易的过程往往通过合同的形式体现出来，当事人通过消费信贷合同明确各自的权利义务关系，因此，对消费信贷合同的研究变得至关重要。消费信贷合同作为一种新兴的合同，无论是在主体、目的还是用途的特定性上都有其自身鲜明的特点。

2. 消费者信用贷款合同的法律特征

(1)消费者信贷合同为要式合同。所谓要式合同，是指依据法律规定的方式成立的合同。各国法律一般都规定消费者信贷合同必须以书面形式出现，即订立消费者信贷合同必须采用书面形式，采用口头形式的无效。这是因为，消费者信贷合同是消费信息的载体，也是消费者行使撤销权的依据，所以，对合同缔结的表示规定了非常严格的限制，即合同必须是书面形式的，而且在合同缔结后要求交付书面文件(一般合同只要合意成立，不论书面或口头形式都可以订立合同，以强调合同意思的自由和交易的迅速)。

(2)消费者信贷合同为诺成合同。所谓诺成合同，是指当事人一方的意思表示一旦为对方同意，即能产生法律效果的合同；而实践合同是指除当事人双方意思表示一致外，尚需交付标的才能成立的合同。在商业社会，贷款人一旦决定放贷并订立书面合同，就应该履行承诺，不得无故毁约。

(3)消费者信贷合同为有偿合同。所谓有偿合同，是指一方通过履行合同规定的义务而给对方的某种利益，对方要得到该利益，必须为此支付相应代价的合同。消费者信贷合同是以偿还本金和支付利息为前提的有偿合同，不同于无偿拨款，也不同于民间借贷中的无偿借贷。消费者信贷合同的有偿性决定了当事人所承担的注意义务较无偿合同中的注意义务要重。

(4)消费者信贷合同为双务合同。所谓双务合同，是指当事人双方互负对等给付义务的合同，即一方当事人愿意负担履行义务，旨在使对方当事人因此而负有对等履行的义务；或者说，一方当事人所享有的权利即为对方当事人所负担的义务。在消费者信贷合同中，消费者享有使用贷款或延迟付款的权利，同时负有偿还贷款本金和支付利息的义务；信贷提供者享有收回贷款和获取利息的权利，同时负有交付贷款或迟延收款的义务。如果其中一方不履行其义务，另一方的权利就无法实现。当事人之间的权利义务关系是相互关联和相互依赖的。

(5)消费者信贷合同为格式合同。所谓格式合同，是指由格式条款组成的合同。《合同法》第39条规定，格式条款是当事人为重复使用而预先拟订并在订立合同时未与对方协商的条款。对于此类合同，消费者要么接受，要么拒绝，并无权利讨价还价。当前普遍认为，消费者信贷合同的内容由信贷提供者事先拟好，而信贷提供者制定的消费信贷合同的内容往往完全从其本身利益出发，各条款均偏重消费者的义务，自身所负的义务却极少。而且这些条款一般并不以免责条款的形式出现，内容大致合法却不合理，且内容繁复，专业性较强，非一般消费者所能理解，消费者只能决定是否缔结合同而无商讨的余地，即消费者仅有缔结与否的自由而无决定内容的自由。因此，对消费者信贷合同的条款应本着诚实信用的原则，进行客观和合理的解释，在对合同条款有争议时采取对消费者有利的解释。

（二）消费者信用贷款合同的法律效力

消费者信贷合同应采用书面形式订立，这是《商业银行法》和《贷款通则》的要求。因此，消费者信贷合同是要式合同，在办理消费信贷时应严格按照合同要求订立。双方当事人都要遵循诚实信用和平等自愿原则进行合同的订立和履行等程序。

消费者贷款合同基本都是由商业银行预先拟订，未与消费者事先协商的格式合同。如果商业银行在提供格式条款时免除自身责任、加重消费者责任、排除消费者主要权利的，该条款无效。

（三）订立格式合同应防范的风险

1. 商业银行应尽到提请注意的义务

按照《合同法》第 39 条的规定，提供格式条款的银行一方必须采取合理的方式，提请消费者注意免除或者限制银行责任的条款，并且要按照消费者的要求，对这些条款进行说明。也就是说，如果提供格式条款的银行没有提醒消费者注意这些不平等格式条款，那么，这些条款根本就不能算作合同的一部分，也就对消费者没有约束力。

2. 条款有效性的限制

《合同法》第 40 条还专门规定了格式条款无效的其他几种情况。该条规定，提供格式条款的一方免除其责任、加重对方责任、排除对方主要权利的，该条款无效。

《消费者权益保护法》第 26 条规定，经营者在经营活动中使用格式条款的，应当以显著方式提请消费者注意商品或者服务的数量和质量、价款或者费用、履行期限和方式、安全注意事项和风险警示、售后服务、民事责任等与消费者有重大利害关系的内容，并按照消费者的要求予以说明。经营者不得以格式条款、通知、声明、店堂告示等方式作出排除或者限制消费者权利、减轻或者免除经营者责任、加重消费者责任等对消费者不公平、不合理的规定，不得利用格式条款并借助技术手段强制交易。格式条款、通知、声明、店堂告示等含有前款所列内容的，其内容无效。

3. 对格式条款的解释

有的银行对不平等的格式条款往往会有意识地含糊其辞，使消费者在模棱两可中签字盖章。如果将来合同发生纠纷，那么合同双方当然会对不平等格式条款的含义产生分歧，这就存在如何对这些条款进行解释的问题。我国《合同法》采纳的是对条款制作人作不利解释的原则。《合同法》第 41 条规定，对格式条款有两种以上解释的，应当作出不利于提供格式条款一方的解释。所以，当消费者与银行对如何理解这些格式条款产生分歧时，为维护消费者的利益，应当作出对银行不利的解释。

三、主要发达国家的消费者信用贷款法律制度

（一）美国的消费者信贷法律制度

美国是较早建立消费者信贷法律制度的国家之一。1968 年，美国统一州法委员会全国会

议颁布了《统一消费者信用法典》，于 1969 年 7 月 1 日生效。该法从消费者的立场对消费者信贷法律进行重新建构。该法于 1974 年修订，增加了对显失公平和欺诈行为的规制。

1. 明确了专业术语的含义

消费者信贷是指向自然人提供并由自然人承担手续费和利息的信贷。消费者信用贷款应满足以下条件：(1)贷款由专门从事放贷业务的贷款人提供；(2)借款人是个人而非单位；(3)借款是用于满足个人和家庭的需要；(4)债务采用分期付款方式偿还或者存在融资费用；(5)融资金额不超过25 000美元。

融资金额是指消费者实际得到的信贷数额，年利率是指成文法条款规定的关于融资费用的年百分比。信贷销售是指由卖方安排的与消费者信贷有关的任何销售。

2. 关于披露义务

《诚实贷款法》规定，卖方或安排信贷交易的人在实际提供信贷之前，应披露以下相关信息：(1)所购买商品或劳务的现金价；(2)首次付款额；(3)现金价与首次付款额之间的差额；(4)融资费用；(5)计划偿还债务的付款次数、数额和付款期间；(6)如果有违约费用，也必须披露。

3. 关于撤销交易

《诚实贷款法》规定，某些交易可撤销，消费者可在声明的期间内选择终止交易。

4. 禁止不当债务催收行为

美国的《公平债务催收作业法》主要是规制进行追债活动的第三方的行为。债务人为自然人的，在向其进行追账时，贷方或催收方应尊重被催收方(消费者)的人格。

该法规对被催收人的范围和催收方式都作了比较详细的规定，如该法第 805 条关于与被催收方联系的相关问题规定如下：

(1)与被催收方联系时，通常情况下，没有其事前同意或有管辖权的法院的明示允许，催收方不得在不正常的或应该知道是不方便的时间或地点与被催收方联系，而应以被催收方当地时间早 8 点后晚 9 点前联系为宜。

(2)如果催收方得知消费者将此案件委托律师，并知道律师的名字和地址，除非在有效时间内与律师联系，或律师同意直接与被催收方联系，否则不得直接与被催收方联系。

(3)如果催收方知道或有理由知道被催收方的雇主禁止其在工作地点进行这样的联系的，则不得在工作地点联系被催收方。

(4)除非被催收方事前授意催收方或有管辖权的法院明示允许或执行生效判决的必要，催收方不得与被催收方及其律师、法律允许的情况下的征信机构、债权人、债权人的律师联系。

(5)如果催收方以书面形式对债务人进行催收，当付账要求被债务人拒绝后，催收方不得再给债务人寄相同内容的信或打电话，除非通知债务人催收方将采取新的合法措施。催收方在催账时，必须给予债务人书面通知。

(二)德国的消费者信贷法律制度

第二次世界大战以后，特别是 20 世纪 50～60 年代初，传统的分期付款买卖逐渐被信贷买卖所取代，越来越多的消费信贷是由买卖合同当事人之外的第三方即金融机构所提供的。商品经营者没有足够的财力为消费者提供从货物售出到分期收回价款这段时间内所需的资金，因此，在购买消费品和进行小规模创业活动的过程中就出现了由独立于买卖合同之外的金融机构向消费者提供贷款的买卖方式。商品经营者仅与消费者签订商品买卖合同，同时经营者通常向消费者提供预先准备好的信贷申请表，由消费者向贷款人提出贷款申请。必要时，经营者应帮助消费者填写该申请表，并将申请表与买卖合同一起递交给贷款人。贷款人审查申请表无异议后，即与消费者签订借贷合同。依借贷合同的约定，贷款人应将买卖合同的未付款直接汇给经营者。经营者与贷款人签订的框架协议约定，贷款人向消费者提供数额为买卖合同未付款的贷款(即原买卖价金减去消费者的首付款)。

第五节 信用卡法律制度

信用卡兴起于美国并逐步发展成熟，最终传播到世界各地。1910 年，美国的一些商店、饮食店为扩大营业额，向顾客发放特制的卡片，作为赊销商品的记账凭证，顾客可凭卡赊购物品或享受服务，定期付款。随着美国经济的发展，这种赊销方式逐渐从商店、饮食店扩展至其他消费领域。1924 年，美国美孚石油公司发行了可供先加油后付款的加油卡。一些大型旅馆、百货商店、娱乐机构也发行"信用硬币"或"代金券"。第二次世界大战结束以后，美国经济快速增长，社会购买力迅速回升，消费信用需求增加，美国银行业的介入促成了"信用凭证"向"信用卡"这一质的转变。目前，信用卡业务已经成为商业银行最为盈利的业务之一。在西方发达国家，信用卡业务是许多国际大银行的主要业务和主要利润来源，如花旗银行的信用卡业务收益就占其利润总额的 1/3，美国运通公司的运通卡业务利润更占了其公司全部利润的 7 成。

信用卡这个概念在我国金融界经历了一个由广义到狭义的过程。1992 年 12 月 29 日中国人民银行发布的《信用卡业务管理暂行办法》并没有给予信用卡明确的定义，而是简单地规定了信用卡的业务。1996 年 4 月 1 日中国人民银行发布的《信用卡业务管理办法》对信用卡的具体含义进行了明确规定。该法第 3 条规定，本办法所称的信用卡，是指中国境内各商业银行(含外资银行、中外合资银行，以下简称"商业银行")向个人和单位发行的信用支付工具。信用卡具有转账结算、存取现金、消费信用等功能。此种信用卡的定义为广义上的信用卡，相当于如今包括借记卡在内的银行卡。随着金融业的发展，银行卡、信用卡、借记卡这 3 个概念也逐渐被使用。1999 年 1 月 27 日中国人民银行又颁布了《银行卡业务管理办法》，信用卡的含义发生了变化。按照该文件的规定，银行卡包括信用卡和借记卡。信用卡与借记卡的主要区别是，信用卡可在信用额度内透支，而借记卡不具有透支功能。在《银行卡业务管理办法》中，信用卡包括贷记卡及准贷记卡。

我国信用卡起步较晚，在 20 世纪 80 年代，中国银行珠海分行发行了第一张信用卡——中银卡，之后，中国银行的长城卡、工商银行的牡丹卡、建设银行的龙卡、农业银行的金穗卡、交通银行的太平洋卡、上海银行的明珠卡、招商银行的招商卡等先后发行，有力地丰富了我国的金融市场，推进了商业银行国际化和规范化的进程。1993 年，我国"金卡工程"启动，各发卡机构抓住政策的有利时机，加大信用卡营销力度，发卡量迅猛增长。2002 年 3 月，中国银联股份有限公司正式成立，是中国"金卡工程"的一个重要里程碑。目前，我国已经成为全球信用卡业务增长速度最快、发展潜力最大的国家之一。

一、信用卡的法律规制

(一)法律

我国调整信用卡的相关法律主要有《民法通则》《合同法》和《刑法》，使对信用卡纠纷和信用卡犯罪有了原则性的规制。

1986 年 4 月 12 日，第六届全国人民代表大会第四次会议通过的《民法通则》是关于民事法律关系的基本法，其中的代理制度、合同制度、时效制度等规定对于信用卡法律关系有着规制作用。

1997 年 3 月，由第八届全国人民代表大会第五次会议修订的《刑法》依法公布，自 1997 年 10 月 1 日起施行，其中专门规定了信用卡诈骗罪等金融犯罪行为。

1999 年 3 月 15 日，第九届全国人民代表大会第二次会议通过的《合同法》是调整平等主体之间的交易关系的法律，对于信用卡合同起着调整作用。

（二）法律规范性文件

部门规章和司法解释的出台使信用卡法律规范进一步健全：

1999 年 1 月 27 日，中国人民银行制定的《银行卡业务管理办法》规定，信用卡透支利率为日息 0.5‰（年利率 18%），月透支额为5 000～50 000元，单笔不超过20 000元。

2009 年 7 月 16 日中国银行业监督管理委员会发布的《关于进一步规范信用卡业务的通知》进一步规范了信用卡业务。涉及发卡行行为的是第 3 条，该条规定银行不得以赠送礼品、换取积分、提高授信额度等为条件强制或诱导客户注销他行信用卡。

2009 年 12 月 15 日，最高人民法院、最高人民检察院公布《关于办理妨害信用卡管理刑事案件具体应用法律若干应用问题的解释》，对于伪造金融票证罪，妨害信用卡管理罪，窃取、收买、非法提供信用卡信息罪，信用卡诈骗罪，非法经营罪等信用卡相关犯罪作了明确界定。

二、信用卡的定义、种类和功能

（一）信用卡的定义

信用卡是商业银行向个人和单位发行的一种信用凭证。按照国际通行惯例的解释，信用卡是指具有循环信贷、转账结算、存取现金等功能和先消费、后还款、无需担保人和保证金、可按最低还款额分期还款等特点的个人信用和支付工具。

信用卡交易主要涉及三方当事人，即发卡银行、持卡人和特约商户。其流程主要包括以下几个阶段：首先，发卡银行对申请人的必要信息进行审核后向其寄发信用卡，此后持卡人在发卡银行授予的信用额度内凭信用卡在特约商户处消费并签单确认，特约商户在审核密码、签购单与预留信息一致的情况下确认消费，完成交易。交易完成后，特约商户将相关单据送交收单银行请求付款，收单银行在审核无误的情况下将签账款支付给特约商户，而后向发卡银行请款。发卡银行经审核，在没有扣款原因的情况下将垫付款项支付给收单银行。最后一个阶段是发卡银行向持卡人寄发消费对账单，在持卡人按期支付欠款后将其账户的信用额度补足。

（二）信用卡的种类

1. 按照是否向银行交纳备用金分为贷记卡和准贷记卡

贷记卡是指发卡行给予持卡人一定的信用额度，持卡人可在信用额度内先消费、后还款，信用额度内消费者有一定免息期的信用卡。贷记卡的授信额度由各发卡机构报主管部门审批后确定。

准贷记卡是指持卡人须按照发卡行的要求交存一定数额的备用金，当备用金余额不足以支付时，可在发卡行规定的信用额度内透支的信用卡。授信额度介于借记卡和贷记卡之间。

2. 按照使用对象分为单位卡和个人卡

单位卡又称商务卡，是发卡行向企事业单位、机关团体发行的信用卡。单位卡一般在卡的正下方凸印“DWK”字样。单位卡只能消费，不能提现。

个人卡是发卡行向公民个人发放的信用卡，一般具有提现和透支功能。凡具有完全民事行为能力且有稳定收入来源的公民都可以申请个人卡。

3. 按照卡相互之间的附属关系分为主卡和附属卡

主卡是指由发卡机构发行的、持卡人自身对所持信用卡的各款项承担清偿责任的信用卡。

附属卡是指由发卡机构发行的、附属于主卡的信用卡。它以主卡为前提才能办理。主卡持有人可为自己的家人或朋友申领若干附属卡，主卡和附属卡的持有人共用一个信用额度。附属卡的持卡人一般不对自己所持信用卡的各款项承担清偿责任，而由主卡的持卡人承担，但主卡的持卡人有权终止附属卡的使用权。

4. 按照持卡人的信用等级分为金卡和普通卡

金卡是指发卡机构对信用等级高的持卡人发放的信用卡，其特点是授信额度高、资信要求高。

普通卡是指发卡机构对经济实力和资信状况一般的持卡人发放的信用卡，其特点是资信要求低、授信额度低。

5. 按照透支币种分为人民币卡、外币卡和双币卡

人民币卡是指发卡机构发行的以人民币作为清算货币的信用卡。

外币卡是指发卡机构发行的以除人民币以外的货币作为清算货币的信用卡，可国际通用，常见的有美元卡和欧元卡。持卡人在用外币对外支付结算时，发卡机构根据国家规定的外汇当天牌价换算成人民币。

双币卡是指持卡人可以两种货币币种进行支付清算的信用卡。

(三)信用卡的功能

信用卡作为大众支付工具，种类繁多、名称各异，但基本功能有以下几个方面：

1. 交易媒介

信用卡作为大众支付手段，支付的功能是其最为基本和主要的功能。信用卡作为交易的媒介，对广大特约商户和消费者而言已经成为转账结算的重要工具。持卡人和特约商户乐于接受和使用信用卡，因为其比使用现金更加安全、便利。

2. 赊账工具

贷记卡和准贷记卡均有一定的信用贷款功能，发卡银行可以根据持卡人的信用等级、还款情况等指标，允许持卡人在一定额度内透支消费，实现了消费者先消费、后付款的目的。

3. 方便消费者调动资金

持卡人既可以在特约商户处持卡消费，也可以提取现金。持卡人可在发卡机构指定的营业网点及各种电子设备上提现，在提取时间和地点上非常灵活、方便，满足了消费者的日常生活所需。

4. 理财功能

发卡银行每月会寄送信用卡对账单给持卡人，通过核对对账单，持卡人可以对自己的资产进行规划，学会合理消费，并充分利用好免息的信用额度。

5. 代表消费者个人信誉的作用

发卡银行为了降低信用风险，对持卡人的资信要进行严格审查。发卡银行一般根据申请者的社会地位、经济实力、信用记录、消费能力等标准来核准信用卡，由此，信用卡也按照持卡人的信用等级被划分为不同的等级，所以，在某种程度上，信用卡代表着持卡人的经济实力和个人信用。

三、信用卡法律关系

信用卡法律关系是指信用卡交易过程中各方当事人之间围绕资金流转而产生的权利义务关系。信用卡交易的流程为:申请人向发卡行申请核发信用卡,发卡行经过资信调查,给予申请人一定额度的信用卡,双方签订信用卡领用合同。持卡人开通信用卡后,持卡到特约商户处消费。特约商户经过严格审查信用卡,确认是本人持卡消费后,接受持卡人刷卡消费,持卡人签署信用卡签购单以确认刷卡金额。特约商户凭签购单要求发卡行支付约定款项。发卡行收单后确认无误即扣除手续费后付款给特约商户,并定期寄出明细对账单,要求持卡人偿还透支款项。

由信用卡交易流程可知,信用卡法律关系的基本当事人有三方,即发卡机构、特约商户和信用卡持有人,三方会产生如下三种法律关系:

(一)发卡机构与持卡人的法律关系

1. 发卡机构的条件

我国发卡机构主要是兼营信用卡业务的商业银行且需要满足一定的条件。在国外,发卡机构还可以是财务公司或消费信贷公司,如美国的通用汽车承兑公司、日本的三井住友卡公司等。由《银行卡业务管理办法》可知,我国目前只允许具备一定条件的商业银行发行信用卡。《银行卡业务管理办法》第 13 条规定,商业银行开办银行卡业务应当具备下列条件:(1)开业 3 年以上,具有办理零售业务的良好业务基础;(2)符合中国人民银行颁布的资产负债比例管理监控指标,经营状况良好;(3)已就该项业务建立了科学、完善的内部控制制度,有明确的内部授权审批程序;(4)有合格的管理人员和技术人员,以及相应的管理机构;(5)安全、高效的计算机处理系统;(6)发行外币卡还须具备经营外汇业务的资格和相应的外汇业务经营管理水平;(7)中国人民银行规定的其他条件。

现在,不仅国有商业银行可以发行信用卡,一些外资银行除了与国内商业银行联手发行人民币信用卡外,还可以独立发行人民币信用卡,如东亚(中国)银行、花旗(中国)银行等。

2. 持卡人的条件

具有完全民事行为能力并有稳定收入来源的公民都可以申请个人信用卡。根据持卡人的年龄、还款能力、信用水平等综合因素,金融机构应遵循审慎原则向学生发放信用卡。不得向未满 18 周岁的学生发放信用卡(附属卡除外)。向经查已满 18 周岁、无固定工作、无稳定收入来源的学生发放信用卡时,须落实第二还款来源,第二还款来源方应具备相应的偿还能力。银行业金融机构发放信用卡前必须确认第二还款来源方已书面同意承担相应还款责任,否则不得发卡。银行业金融机构应积极向学生家长或其他有关管理人告知学生申请领用信用卡的相关信息。增加还款来源可以提高欠款还款的可能性,降低信用卡业务的风险。

3. 法律关系

发卡机构与持卡人之间的法律关系是基于信用卡领用合同而产生的,发卡机构与持卡人订立了信用卡消费贷款合同,基于该合同,持卡人从发卡行获得一定期限的循环信贷,贷款周期短、额度少,但基本能满足持卡人的日常生活所需。该消费贷款是一种开放型的信用贷款,即不限定贷款的用途,只要是在特约商户处,持卡人均可进行购物或服务性消费。

在信用卡消费贷款合同中,发卡机构是债权人,持卡人是债务人,发卡机构有权要求持卡人按照约定的利息和期限还本付息。

(二)持卡人与特约商户的法律关系

持卡人与特约商户之间是商品买卖关系或服务关系。持卡人到特约商户处购物或接受服务时,与特约商户之间产生了商品买卖合同关系或服务合同关系,与一般交易的不同之处在于消费者的支付方式是信用卡转账结算而非现金结算。持卡人享有基于买卖合同或服务合同的抗辩权。

(三)特约商户与发卡机构的法律关系

发卡机构与特约商户之间是一种委托代理关系,即发卡机构是代理人,特约商户是委托人。当持卡人凭卡购物消费时,发卡机构接受特约商户的委托,代理持卡人与特约商户之间的交易结算,并从中按照刷卡消费金额的一定比例收取手续费。

四、发卡机构的权利义务

(一)发卡机构所享有的权利

1. 向特约商户收取手续费

按照持卡人的刷卡金额每笔收取0.5%～1.5%的手续费。

2. 向持卡人收取透支金额及利息的权利

发卡机构基于与持卡人之间的消费信贷合同,有权要求持卡人按时支付透支本金,如果持卡人逾期还款,还要支付逾期还款的利息。

(二)发卡机构的义务

1. 向持卡人提供一定金额的循环信贷

所谓循环信贷,是指持卡人无需在收到信用卡账单时一次性还清所有款项,而只需每月交付一个最低还款数额,这样做的好处在于很大程度上缓解了客户的还款压力,而对于未还金额,银行可收取利息。

2. 对特约商户承担支付使用信用卡金额的义务

在持卡人善意透支的额度内,发卡机构承担支付持卡人使用信用卡消费的金额给特约商户的义务。

五、特约商户的权利义务

(一)特约商户的权利

要求发卡机构在扣除约定的手续费后支付信用卡消费金额的权利。

(二)特约商户的义务

1. 支付一定手续费给银行

基于特约商户与银行之间的委托合同,每完成一笔信用卡消费,特约商户都要将交易金额的一定比例作为手续费支付给银行。

2. 不得拒收信用卡

一旦特约商户加入了信用卡支付系统,就不得无故拒收信用卡。而且特约商户对持卡人所提供的商品或服务的价格不得高于该商品或服务的正常价格。

3. 仔细审查信用卡

特约商户的工作人员应经过严格培训,对持卡人的身份负有严格的审查义务,如审查签购单的签名与卡背后预留的签名是否一致、信用卡是否列入止付名单等。

六、持卡人的权利义务

(一)持卡人的权利

1. 取消或停用信用卡的权利

持卡人可以基于自身原因随时提出取消或停用信用卡,银行应积极配合,不得无故推诿。持卡人在拿到新卡后可以选择不开通信用卡,银行不得收取年费等相关费用。

2. 善意透支权

基于与发卡机构的信用卡合同,持卡人享有一定额度的信用贷款,即先消费、后还款。正是基于信用卡有小额贷款的功能,可以方便持卡人在现金短缺时使用信用卡在约定的金额内进行消费或提现而无需支付透支利息。如果持卡人在指定的还款期后还款的,则要支付0.5‰的日息。

3. 挂失止付申请权

一旦持卡人发现自己的信用卡被盗用或遗失,应立即向发卡机构申请挂失,并要求发卡机构将该卡列入止付名单。挂失分为电话和书面两种挂失方式,书面挂失为正式挂失。发卡银行应当在有关卡的章程或使用说明中向持卡人说明密码的重要性及丢失的责任。

(二)持卡人的义务

1. 支付年费

就国内的各商业银行来说,根据卡的种类的不同,年费从几十元到几百元不等,并且每个银行都根据实际情况规定了刷卡免年费或首年免年费。

2. 提供本人真实信息的义务

在办卡时,申请人应提供本人真实的身份证件、收入证明等材料。一般发卡机构会给持卡人月薪3倍左右的透支额度,该额度会随着持卡人信用等级的提高而增加。

3. 按期偿还借款的义务

信用卡允许善意透支,使持卡人可以获得一种开放性的消费贷款,但持卡人在规定的还款期来临前要将透支的本金归还银行。如果一次性偿还有困难,持卡人可以选择分期还款,但要支付利息和手续费。

4. 妥善保管信用卡和交易密码的义务

持卡人在使用信用卡的过程中要防范信用卡被盗用的风险,应尽到一个善意管理人的义务,妥善保管信用卡、交易密码和身份证件,以便有效地降低用卡风险。

七、国际五大信用卡公司介绍

目前,国际上著名的信用卡组织有维萨国际组织、万事达卡国际组织、美国运通公司、大来国际信用卡公司和JCB公司。

(一)维萨国际组织

维萨国际组织成立于1977年,是世界上最大的信用卡和旅行支票服务专业组织。维萨国际组织是在美国美洲银行信用卡公司的基础上发展起来的。早在1959年,美洲银行就开始在美国加利福尼亚州发行“美洲银行卡”。随着业务的扩大,它专门成立了美洲银行信用卡公司,专营信用卡业务。同一时期,该公司还吸收了许多中小型银行参加联营。到20世纪70年代,美洲银行信用卡公司与西欧国家的一些商业银行合作更加密切,并于1974年联合成立了国际信用卡服务公司。1977年,公司正式确定“VISA”为该组织的标志,对外称呼也随之改为“维萨国际组织”。维萨国际组织依靠一种协议将世界各国的商业银行和商业服务企业联合起来。

维萨国际组织的总部设在美国洛杉矶，总处理中心建立在洛杉矶地区的圣曼托市。为适合世界上不同地区的具体情况，以制订相适应的市场发展战略，维萨国际组织曾将全球划分为五个大区，即美国区、加拿大区、亚太区、拉美区、欧洲中东和非洲区。维萨国际组织经过几十年的发展，已成为世界上最大的信用卡集团，无论是发行信用卡的数量还是信用交易额都居世界首位。在国内，中国银行率先开办了“维萨卡”代理业务。早在1981年，中国银行就分别与香港东亚银行和香港汇丰银行签订了办理“维萨卡”提现和直接购贷业务。1987年，中国银行加入维萨国际组织，成为该组织的重要会员，并于1989年开始发行人民币长城维萨卡。继中国银行之后，其他三大中资商业银行也陆续加入维萨国际组织。

（二）万事达卡国际组织

1966年，美国同业银行卡协会宣告成立，它是早期的万事达组织。此后不久，各会员银行开始发行带有同业银行标志的信用卡。但是，各发卡机构所设计的信用卡样式多种多样，许多特约商户因此抱怨很难分清众多类型的信用卡。于是，在1969年3月，同业银行卡协会宣布更名为万事达国际组织，并统一信用卡标志为“万能支付卡”。1979年，“万能支付卡”正式更名为万事达卡。万事达国际组织的总部设在美国纽约，总处理中心设在圣路易斯。

中国银行于1981年开始在国内办理万事达卡的提现和直接购贷业务。1987年，中国银行加入万事达国际组织，成为该组织的重要会员，并于同年发行了人民币长城万事达卡。自1988年起，中国银行又推出了国内第一种外汇卡，即长城万事达国际卡。1989年，中国建设银行、中国工商银行和中国农业银行相继加入万事达国际组织，并开始发行万事达卡。万事达卡业务在中国的发展引起了万事达国际组织的高度重视，中国被该组织列为世界最大的信用卡业务潜在市场，该组织重点支持中国银行等万事达组织成员，大力开拓中国市场，发展万事达卡业务。

（三）美国运通公司

美国运通公司创立于1850年，总部设在美国纽约，其总处理中心设在犹他州的首府盐湖城，在信用卡、旅行支票、旅游、财务计划及国际银行业占领先地位。早在20世纪50年代，美国运通公司就开始开办信用卡业务。在1958年，美国运通公司开始向客户发行美国运通信用卡的普通卡。1966年，美国运通公司开始向信誉良好且消费水平较高的客户发行运通金卡，成为首家向客户发行金卡的信用卡公司。1970年，美国运通公司推出了公司信用卡，使信用卡客户从消费者个人扩大到企业法人。1984年，美国运通公司又推出了运通白金卡，发行对象比金卡发行对象又高了一个层次，合格持卡人为信用更佳和消费能力更强的大客户。

据统计，在信用卡交易额度方面，运通卡的全球交易额仅次于维萨卡和万事达卡，在全球居第三位。

（四）大来国际信用卡公司

1950年，美国商人麦克纳马拉和施奈德联合投资1万美元成立了“大来俱乐部”，即大来信用卡公司的前身。此后，公司的经营范围逐渐扩大到世界各地，公司也更名为“大来国际信用卡公司”。1982年，美国花旗银行收购了大来信用卡公司的大部分股份，大来信用卡公司成为花旗银行的子公司，公司将总部设在美国中西部地区重镇芝加哥市。根据业务发展的需要，大来信用卡公司将全球划分为五大业务区，即亚太区、北美区、南美区、欧洲区和非洲区，各区实行独立核算、自负盈亏。

在中国境内开办大来信用卡业务始于1983年。1983年3月，中国银行与美国花旗银行签订了“中国银行代理大来卡提现和直接购贷协议书”，此后，大来信用卡的持卡人可在中国凭卡享受有限的提现和直接购贷服务。

（五）JCB公司

JCB公司是日本最大的信用卡公司，也是全球五大信用卡公司之一。JCB公司由日本几十家商业银行筹资建立，以日本著名的三和银行为主要后盾。JCB公司的总部及总处理中心都设在日本东京。自1982年起，JCB公司的信用卡业务开始推向海外，在全球的特约商户网扩展到130多个国家。JCB公司在全球许多国家设立了服务站，提供更全面和优质的服务。JCB卡自1982年起进入我国，可在我国100多个城市使用。

八、信用卡法律风险的防范

随着信用卡业务的进一步发展，信用卡风险的发生也越来越频繁。在信用卡的发行、使用、结算等诸多环节都可能存在风险。而且，随着发卡行、特约商户和持卡人的增多，信用卡的风险体现出涉及面广、风险种类多、危害性大的特点，发卡行的利润逐渐减少。在大多数情况下，这些损失都是用银行的利润来弥补的，因此，信用卡风险的若干法律问题日益突出。信用卡风险发生的一个主要原因是发卡行自身造成的。例如，我国商业银行一般对信用卡消费使用的是密码和签名两种确认关系的方式，但还有一部分商业银行仍采用签名确认，持卡人持卡消费不需要输入密码。这些都是发卡行自身操作上的漏洞，也为信用卡违法人员提供了许多机会，从而导致了风险的发生。加强信用卡风险管理也是维护特约商户和持卡人利益的需要。信用卡风险发生的另一个原因是由于特约商户的违章操作、疏忽大意以及持卡人没有按规定使用信用卡等。发卡机构在加强风险管理的过程中应重视对特约商户的培训，向广大民众宣传信用卡的用卡意识，这对减少风险的发生以及维护特约商户和持卡人的利益有很大益处。

（一）持卡人对信用卡风险的防范

第一，一拿到信用卡应马上在卡片背面签名栏上签名。因为在国际上，有凭密码交易和签名交易两种，商家在接受信用卡时会仔细核对持卡人签购单上的签名与卡片反面预留的姓名是否一致。

第二，保护好个人身份信息，不由他人代办信用卡业务，不向他人出借身份证件及信用卡。为了防止他人冒用身份信息办卡，消费者要妥善保管好身份证。

第三，妥善保管交易密码。我国国内凭密码消费的较多，一般情况下，只要持卡人输入正确的密码，就视为本人消费，银行据此可减免自己的责任。

第四，在签购单上签名前，持卡人应认真核对刷卡金额。

第五，持卡人不得出租、出借本人信用卡，持卡人对信用卡负有妥善保管的义务，要尽量防止信用卡遗失或被盗。

第六，持卡人应警惕电话、手机短信及网络诈骗。

第七，持卡人切勿使用信用卡进行套现等交易。

（二）商业银行对信用卡风险的防范

1. 对持卡人的风险防范

预防策略是在信用卡风险尚未发生时，发卡机构事先采取一定的防备性措施以减少或降低信用卡风险发生的可能性。预防策略与回避策略的最大不同在于它是一种主动、积极的策略，由银行主动通过采取措施减少风险发生的次数和损失规模。当前风险防范的手段大体有对持卡人的风险防范、对特约商户的风险防范、对发卡机构内部的风险防范以及对利用信用卡诈骗的风险防范等。

与应对信用卡风险的其他策略相比，预防具有安全可靠、成本低廉、社会效果良好等优点。尤其值得肯定的是它能有效地防患于未然，真正达到“防治结合、预防为主”的目的。预防措施做得好，信用卡违法行为发生的机会就会大大减少，就能从源头上消除风险的发生，降低风险发生的概率。当然，我们也应注意如何正确面对风险。因为风险并不等于损失，有些风险未必会真正发生。

在实践中，银行可采取的预防措施有很多，如加强对特约商户的培训、加强对持卡人用卡知识的指导、加强对透支和挂失止付工作的管理等。这里仅对透支和挂失止付管理进行分析。

2. 发卡机构内部风险防范

(1)透支风险管理。信用卡透支实质上是发卡行发放的一种贷款，但与其他贷款不同，它一般是在支付结算与授权过程中形成的。信用卡透支可分为善意透支与恶意透支。善意透支是正常透支，一般不会有太大的风险。恶意透支是指持卡人以非法占有为目的，超过规定限额或规定期限，并经发卡行催收无效的透支行为。恶意透支造成的损失直接构成信用卡业务的成本。特别是我国电子化手段发展比较滞后，止付名单传递速度慢，自动授权设备不完善，加上业务管理部门管理中的漏洞、特约商户审单不严等原因，恶意透支发生的频率越来越高，造成的损失也越来越大。《银行卡业务管理办法》第 23 条规定，贷记卡透支按月计收复利，准贷记卡透支按月计收单利，透支利率为日利率的 0.5‰，并根据中国人民银行的此项利率调整而调整。可见，信用卡透支利率非常高。信用卡业务的收益主要有持卡人年费、交换收入、利息收入及其他手续费和所得等，其中，占最大比例的就是利息收入。

(2)挂失止付的风险管理。信用卡止付是在信用卡业务中因持卡人信用卡遗失、被盗、恶意透支以及违反信用卡章程等，由发卡行实施的，保护持卡人及发卡行自身利益的行为。止付可以提高发卡行和持卡人的资金安全，有效降低信用卡风险。实践中容易出现纠纷的是挂失时间的确定以及挂失止付后风险责任的承担问题。

挂失止付时间的确定对风险责任的承担具有重要意义。《银行卡业务管理办法》第 52 条第 5 款规定，发卡行应当向持卡人提供银行卡挂失服务，应当设立 24 小时挂失服务电话，提供电话和书面两种挂失方式，书面挂失为正式挂失方式，并在章程或有关协议中明确发卡行与持卡人之间的挂失责任。由于没有统一的规定，各发卡机构都有自己的挂失止付时间及责任承担规定。对于挂失止付前的损失，各发卡行章程都规定损失由持卡人承担。但对于挂失后的风险，规定却不一。根据国内银行颁布的信用卡章程，主要有以挂失当时、挂失后 24 小时、挂失的次日 24 小时、挂失后 36 小时等为时间点确定风险责任的承担。那么，银行规定挂失后一段时间内风险责任由持卡人承担是否就一定有利于银行呢？诚然，发卡行这样规定能减少由此带来的风险损失，降低运营成本，但是，从经济学角度来说，这是不符合效益最大化的目的的。根据法律的实证性经济分析，“要把损失分配给能以最低成本承担这种损失风险的一方”，也即先要判断双方各自预测和防范这一风险的成本的高低，然后决定由花费较少的一方承担这一风险。从持卡人和发卡行两者来看，无疑发卡行最容易预测和防范这种风险。发卡行在开办此项业务时就应该预见到信用卡容易丢失以及容易被冒用的风险，而且也只有发卡行才能有效地预防信用卡被冒用。再者，即使损失真的发生了，发卡行也可通过向保险公司投保等措施来转移风险，从而有效地避免由此带来的损失，而对此，持卡人是很难做到的。

(三)特约商户的风险防范

特约商户在受理信用卡时，要严格审查下列事项：(1)确为本单位可以受理的信用卡；

(2)信用卡在有效期内,未列入"止付名单";(3)信用卡无打孔、剪角、毁坏或涂改的痕迹;(4)持卡人通过身份验证,如密码验证、照片验证或身份证验证;(5)卡片正面的拼音姓名与卡片背面的签名一致;(6)持卡人在签购单上的签名与卡片背后预留的签名一致。

九、信用卡相关犯罪

我国《刑法》和最高人民法院、最高人民检察院公布的《关于办理妨害信用卡管理刑事案件具体应用法律若干应用问题的解释》中规定的与信用卡相关的罪名主要有信用卡诈骗罪,伪造金融票证罪,妨害信用卡管理罪,窃取、收买、非法提供信用卡信息罪,非法经营罪等。

(一)信用卡诈骗罪

1. 信用卡诈骗罪的定义

信用卡诈骗罪是指用虚构事实和隐瞒真相的方法,利用信用卡诈骗公私财物,数额较大的行为。

2. 信用卡诈骗罪的法定构成要件

构成信用卡诈骗罪的法定要件为:(1)本罪的犯罪主体为一般主体,年满 16 周岁以上的自然人均可成为犯罪主体;(2)本罪的主观方面由故意构成,过失不构成本罪,且有非法占有的目的;(3)本罪侵犯的客体是国家的金融管理制度;(4)本罪的客观方面表现为用虚构事实和隐瞒真相的方法,利用信用卡进行诈骗,骗取财物数额较大的行为。

《刑法》第 196 条规定了本罪的 4 种行为:第一,使用伪造的信用卡;第二,使用作废的信用卡;第三,冒用他人的信用卡;第四,恶意透支。持卡人以非法占有为目的,超过规定限额或者规定期限透支,并且经发卡银行两次催收后超过 3 个月仍不归还的,应当认定为《刑法》第 196 条规定的"恶意透支"。

使用伪造的信用卡、以虚假的身份证明骗领的信用卡、作废的信用卡或者冒用他人的信用卡进行信用卡诈骗活动,数额在5 000元以上不满 5 万元的,应当认定为《刑法》第 196 条规定的"数额较大";数额在 5 万元以上不满 50 万元的,应当认定为《刑法》第 196 条规定的"数额巨大";数额在 50 万元以上的,应当认定为《刑法》第 196 条规定的"数额特别巨大"。恶意透支,数额在 1 万元以上不满 10 万元的,应当认定为《刑法》第 196 条规定的"数额较大";数额在 10 万元以上不满 100 万元的,应当认定为《刑法》第 196 条规定的"数额巨大";数额在 100 万元以上的,应当认定为《刑法》第 196 条规定的"数额特别巨大"。

3. 信用卡诈骗罪的刑事责任

根据《刑法》第 196 条及《关于办理妨害信用卡管理刑事案件具体应用法律若干问题的解释》的规定,使用伪造的信用卡、以虚假的身份证明骗领的信用卡、作废的信用卡、冒用他人信用卡或者恶意透支进行信用卡诈骗活动,数额较大的,处 5 年以下有期徒刑或者拘役,并处 2 万元以上 20 万元以下罚金;数额巨大或者有其他严重情节的,处 5 年以上 10 年以下有期徒刑,并处 5 万元以上 50 万元以下罚金;数额特别巨大或者有其他特别严重情节的,处 10 年以上有期徒刑或者无期徒刑,并处 5 万元以上 50 万元以下罚金或者没收财产。

4. 信用卡诈骗罪的认定

冒用他人信用卡的行为是指下列行为:(1)拾得他人信用卡并使用;(2)骗取他人信用卡并使用;(3)窃取、收买、骗取或者以其他非法方式获取他人信用卡的信息资料,并通过互联网、通讯终端等使用;(4)其他冒用他人信用卡的情形。

有以下情形之一的,应当认定为《刑法》第 196 条第 2 款规定的"以非法占有为目的":

(1)明知没有还款能力而大量透支,无法归还的;(2)肆意挥霍透支的资金,无法归还的;(3)透支后逃匿、改变联系方式,逃避银行催收的;(4)抽逃、转移资金,隐匿财产,逃避还款的;(5)使用透支的资金进行违法犯罪活动的;(6)其他非法占有资金,拒不归还的行为。

恶意透支的数额,是指持卡人拒不归还的透支数额或者尚未归还的透支数额,不包括复利、滞纳金、手续费等发卡行收取的费用。恶意透支应当追究刑事责任,但在公安机关立案后人民法院判决宣告前已偿还全部透支款息的,可以从轻处罚;情节轻微的,可以免除处罚。恶意透支数额较大,在公安机关立案前已偿还全部透支款息,情节显著轻微的,可以依法不追究刑事责任。

【案例 7—2】

2005 年 5 月 23 日,沙其拉特和莫尼持伪造的某外资银行信用卡至上海某百货公司欲骗购价值共计 10 470 元的两部移动电话,后因被商场工作人员察觉而逃离。同年 5 月 27 日,两名被告人又持上述伪造的信用卡至上海某商厦骗购得价值 18 189 元的女式皮包一只、诺基亚移动电话两部和摩托罗拉移动电话一部。当两名被告人欲再次骗购一部移动电话时被商场工作人员识破,沙其拉特被当场抓获,莫尼逃离后于同年 5 月 31 日在北京首都机场被抓获。

[资料来源]李睿:《中国信用卡产业研究与犯罪规制》,上海交通大学出版社 2013 年版。

分析:沙其拉特和莫尼的行为构成何种罪名?为什么?

(二)伪造金融票证罪

复制他人信用卡,将他人信用卡信息资料写入磁条介质、芯片或者以其他方法伪造信用卡 1 张以上的,应当认定为《刑法》第 177 条第 1 款第(4)项规定的"伪造信用卡",以伪造金融票证罪定罪处罚。伪造空白信用卡 10 张以上的,应当认定为《刑法》第 177 条第 1 款第(4)项规定的"伪造信用卡",以伪造金融票证罪定罪处罚。

伪造信用卡,有下列情形之一的,应当认定为《刑法》第 177 条规定的"情节严重":(1)伪造信用卡 5 张以上不满 25 张的;(2)伪造的信用卡内存款余额、透支额度单独或者合计数额在 20 万元以上不满 100 万元的;(3)伪造空白信用卡 50 张以上不满 250 张的;(4)其他情节严重的情形。

伪造信用卡,有下列情形之一的,应当认定为《刑法》第 177 条规定的"情节特别严重":(1)伪造信用卡 25 张以上的;(2)伪造的信用卡内存款余额、透支额度单独或者合计数额在 100 万元以上的;(3)伪造空白信用卡 250 张以上的;(4)其他情节特别严重的情形。

伪造、变造金融票证的,处 5 年以下有期徒刑或者拘役,并处或者单处 2 万元以上 20 万元以下罚金;情节严重的,处 5 年以上 10 年以下有期徒刑,并处 5 万元以上 50 万元以下罚金;情节特别严重的,处 10 年以上有期徒刑或者无期徒刑,并处 5 万元以上 50 万元以下罚金或者没收财产。

(三)妨害信用卡管理罪

有下列情形之一,妨害信用卡管理的,处 3 年以下有期徒刑或者拘役,并处或单处 1 万元以上 10 万元以下罚金;数量巨大或有其他严重情节的,处 3 年以上 10 年以下有期徒刑,并处 2 万元以上 20 万元以下罚金:(1)明知是伪造的信用卡(5 张以上)而持有、运输的,或者明知是伪造的空白信用卡(10 张以上)而持有、运输的;(2)非法持有他人信用卡(5 张以上)的;(3)使用虚假的身份证明骗领信用卡的;(4)出售、购买、为他人提供伪造的信用卡或者以虚假的身份证明骗领信用卡的。

（四）窃取、收买、非法提供信用卡信息罪

窃取、收买、非法提供他人信用卡信息资料，足以伪造可进行交易的信用卡，或者足以使他人以信用卡持卡人名义进行交易，涉及信用卡 1 张以上不满 5 张的，依照《刑法》第 177 条第 2 款的规定，以窃取、收买、非法提供信用卡信息罪定罪处罚；涉及信用卡 5 张以上的，应当认定为《刑法》第 177 条第 1 款规定的“数量巨大”。

有上述情形的，处 3 年以下有期徒刑或者拘役，并处或单处 1 万元以上 10 万元以下罚金；数量巨大或有其他严重情节的，处 3 年以上 10 年以下有期徒刑，并处 2 万元以上 20 万元以下罚金。

（五）非法经营罪

行为人违反国家规定，使用销售点终端机具（POS 机）等，以虚构交易、虚开价格、现金退款等方式向信用卡持卡人直接支付现金，情节严重的，应当依据《刑法》第 225 条的规定，以非法经营罪定罪处罚。非法经营罪是指自然人或单位故意从事非法经营活动，扰乱市场秩序，情节严重的行为。故意从事非法经营活动是构成非法经营罪的基本构成要件。

实施上述行为，数额在 100 万元以上的，或者造成金融机构资金 20 万元以上逾期未还的，或者造成金融机构经济损失 10 万元以上的，应当认定为《刑法》第 225 条规定的“情节严重”；数额在 500 万元以上的，或者造成金融机构资金 100 万元以上逾期未还的，或者造成金融机构经济损失 50 万元以上的，应当认定为《刑法》第 225 条规定的“情节特别严重”。违反国家规定，有非法经营行为，扰乱市场秩序，情节严重的，处 5 年以下有期徒刑或者拘役，并处或者单处违法所得 1 倍以上 5 倍以下罚金；情节特别严重的，处 5 年以上有期徒刑，并处违法所得 1 倍以上 5 倍以下罚金或者没收财产。

基本概念

消费者信用　消费者信用法律制度　分期付款买卖　一般分期付款买卖
融资分期付款买卖　期限利益丧失条款　冷却期　消费信贷　消费信贷合同　信用卡
信用卡法律关系　善意透支　恶意透支　信用卡诈骗罪

本章小结

1. 消费者信用是企业与金融机构以消费者为对象，通过买卖价款的延期支付和贷款提供的信用，分为消费贷款、分期付款买卖和融资性分期付款买卖三种。

2. 分期付款买卖合同是指买受人将应付的总价款在一定期限内分次向出卖人支付的买卖合同。其主要特征为物的先予给付性，价款的延期交付性，一般情况下卖方保留分期付款商品的所有权。融资分期付款买卖是银行与卖方之间缔结保证合同，银行与消费者之间缔结信贷合同，卖方与消费者之间缔结买卖合同，银行基于与卖方的关系，向消费者提供借贷资金的行为，在第二次世界大战后逐渐兴盛起来。

3. 信用卡是商业银行向个人和单位发行的一种信用凭证。信用卡法律关系是指信用卡交易过程中各方当事人之间围绕资金的流转而产生的权利义务关系。信用卡交易主要涉及三方当事人，即发卡行、持卡人和特约商户。

4. 与信用卡相关的罪名有信用卡诈骗罪，伪造金融票证罪，妨害信用卡管理罪，窃取、收买、非法提供信用卡信息罪，非法经营罪等。信用卡诈骗罪是指用虚构事实和隐瞒真相的方法，利用信用卡诈骗公私财物，数额较大的行为，其客观表现有4种。

复习思考

1.如何建立和完善我国的消费者信用法律制度？
2.一般分期付款买卖与融资分期付款买卖有何不同？
3.如何理解期限利益丧失条款？
4.如何理解冷静期规定？
5.如何防范信用卡法律风险？
6.信用卡善意透支与恶意透支的区别有哪些？

案例分析

余铜某信用卡纠纷案

2004年12月，原告余铜某向招商银行申请办理一张信用卡。该卡正面除印有卡号及招商银行、银联、VISA等标记外，尚印有与持卡人姓名发音相同的汉语拼音凸字，背面有持卡人签名栏，信用额度为人民币20 000元。在填写“国航知音信用卡申请表”时，原告预留了“余铜某”签名样式。2005年11月26日晚20时许，原告遗失该卡。当晚20时58分，原告向招商银行挂失该卡。经查询，该卡已被他人冒用，于当晚20时24分、20时31分在被告城隍珠宝总汇POS终端上先后刷卡消费两次，金额分别为人民币6 382.50元和人民币6 596.40元，在签购单签名栏处留有“余钢某”、“余铜×(该字迹不清)”等字样的签名。被告城隍珠宝总汇出售千足金摆件两件，以接受上述信用卡刷卡的方式收取了该两件商品的相应价款，总计为人民币12 978.90元。原告起诉要求被告赔偿12 978.90元。

一审法院认为：本案被告城隍珠宝总汇作为接受银行卡联网业务的特约商户，对所有进入银行卡联网业务的各方均负有审核签购单签字与银行卡所留签字是否一致的义务。但被告城隍珠宝总汇未适当履行审核义务，存有过错；且被告城隍珠宝总汇在签购单签名与持卡人余铜某姓名明显不符的情况下，未拒绝冒用人持卡消费，与原告最终负担该不当债务之间具有因果关系，故原告有权依据法律的规定直接向被告提起财产损害赔偿之诉。被告城隍珠宝总汇因过错侵害了余铜某的财产利益，应当就此承担民事责任。原告遗失信用卡，本身有保管不当之处，也应承担相应责任。被告城隍珠宝总汇在履行了民事赔偿责任后，也同时获得了追偿权，一旦公安部门侦破此案，被告城隍珠宝总汇可直接就相应款项向冒用人主张清偿的权利，遂判决如下：被告城隍珠宝总汇应赔偿原告余铜某财产损失人民币6 800元。

一审宣判后，当事人均未上诉，一审判决已发生法律效力。

［资料来源］http://www.fsou.com/html/text/fnl/1175618/117561802_4.html。

分析：法院为何作出如上判决？

第八章　信用信息法律制度

引　言

现代社会经济活动中，对于交易双方的信用状况越来越重视，政府机关、工商企业、金融机构、行业协会等组织和个人对信用信息的需求也越来越强烈、要求越来越严格。只有掌握了详细、准确、完整的企业、个人信用信息，信用交易活动才能更加健康、有序，我国的市场经济才能发挥作用，社会的诚信激励机制才能建立。通过市场化的征信活动，充分发挥政府机关及其职权部门和社会主体的积极性，开展广泛的企业、个人信用信息征信，带动市场和社会的诚信氛围。本章主要讨论有关信用信息及征信的相关概念、组成，企业征信的内涵、历史、征信产品等，个人征信的内涵、特征、信用信息构成等，比较全面地讨论了相关法律规定。

第一节　信用信息法律制度概述

一、信用信息的内涵

现代社会正在逐渐成为一个信息社会，而信用在现代社会中除了具有人身性和财产性外，在经济生活中还具有强烈的信息性。商业交往的过程不再仅仅是实物与货币的交换，更多的是信用信息的交换。从法律上说，信用信息是指符合法律规定，由民事主体提供或者征信机构收集的反映民事主体履约能力和履约意愿的一系列数据和符号。从社会学角度来说，信用信息是指企业和消费者个人在社会生活中产生的，有关其信用行为、信用能力等方面的记录以及信用价值评价的各类信息。从信息来源上看，信用信息来源于金融、商业、贸易、供销、零售以及公用事业领域等社会生活的各个方面；从范围上看，信用信息不仅仅是指与价值交换相关的债权债务变动关系，还包括社会主体的诚实守信行为，如质量诚信、价格诚信、缴费诚信、纳税诚信、行为诚信等。从性质上来说，信用信息反映的是社会主体的信用能力和信用历史，是据以衡量和预测社会主体在未来交易过程中的守信程度及守信能力的重要指标。从内容上看，社会主体的信用主要包括两个方面：一是主观方面，主要是指社会主体的信用观念、守信意愿、守信习惯等意识、内在方面的因素；二是客观方面，主要是指社会主体恪守信用的能力，表现在主体的履约能力、经营能力、资产情况、交易情况、行业情况等客观条件。

对社会主体的信用评价是通过其既往的信用信息记录予以确定的，这些信用信息包括：(1)基本信息，主要是指企业、个人以及其他组织的身份、职业、行业、居住地址等的初步信息；

(2)交易信息,主要是指企业、个人以及其他组织在金融信贷、市场交换、社会生活等社会经济生活领域形成的与信用有关的交易记录;(3)其他信息,主要是指与企业、个人以及其他组织的信用状况密切相关的行政处罚信息、法院强制执行信息、环境保护信息、刑事犯罪信息等社会公共信息。

二、信用信息的类型

(一)企业信用信息和个人信用信息

从民事主体的类别来看,信用信息主要分为企业信用信息和个人信用信息。企业信用信息主要是指在市场经营过程中,反映企业履约能力和守信意愿的相关信息,主要包括企业的资产以及扩张速度情况、资产的负债率和偿付能力情况、盈利情况、既往的履约情况等。个人信用信息主要是指对评估个人当前的信用情况、反映个人守信程度有利的各类信息,主要包括基本的身份识别信息、商业信用信息、社会公共信息记录、法律责任承担信息等。

(二)正面信用信息和负面信用信息

从信用信息的后果来看,信用信息可分为正面信用信息和负面信用信息。正面信用信息主要是指对信用方予以肯定、认可、支持,反映信用方积极履约、守信担责态度的相关信息。负面信用信息主要是指对责任方予以否定、产生不利影响的信用信息,包括破产信息、拖欠债务信息、偷漏税信息、受处罚信息等。根据《征信业管理条例》第 44 条第 3 款的规定,不良信息是指对信息主体的信用状况构成负面影响的下列信息:信息主体在借贷、赊购、担保、租赁、保险、使用信用卡等活动中未按照合同履行义务的信息,对信息主体的行政处罚信息,人民法院判决或者裁定信息主体履行义务并强制执行的信息,以及国务院征信业监督管理部门规定的其他不良信息。

三、信用信息的特点

随着现代经济生活的发展,社会交往、市场运营、金融交易等越来越复杂,这就使信用信息具备其他信息所不具有的公共性、垄断性等特点。

(一)公共性

所谓公共性,是指信用信息在市场活动中对所有市场主体予以公开,便于他们随时了解相关主体的信用情况,做出针对性决策。随着市场规模的扩大和经济活动的复杂化,交易主体的信用信息范围也越来越宽泛,单一的信用处理主体已不能涵盖交易主体的所有信用范围。为了能够有效地获得交易主体的信用信息、降低成本、控制风险,各方均要求信用信息掌控者及时公布相关信用信息,通过公共信用信息平台来满足市场交易主体的信用信息需求。

(二)垄断性

所谓垄断性,是指银行等金融机构作为市场信用信息的主要掌控者,为避免自身利益受损而限制、避免、阻止信用信息的传播和共享。从目前市场上的情况来看,社会主要的信用信息均掌握在银行等金融机构手中,金融机构在公开信用信息的同时也暴露出自身的优质客户资源。出于垄断客户资源、遏制竞争对手的考虑,金融机构往往不愿意公示市场交易主体的信用信息或者提供的信用信息欠缺完整性,这些垄断行为会导致市场主体整体信用信息有效性的缺失。

(三)政府主导性

所谓政府主导性,是指在我国社会信用信息收集的过程中,由政府直接介入主导信用信息体系建设，规范信用信息风险治理机制。从信用信息本身来看，其是市场交易主体在市场活动中自行产生的信息内容；但从信用信息的规范性、来源途径、管理模式、主导机构等来看，主要还是依据政府的直接领导和推动得以实现。

（四）行为规范性

所谓行为规范性，是指信用信息使用主体在收集、加工、整理、处理、传播信用信息的过程中，必须遵循法律法规的要求，不得违反市场公平秩序、侵害他人的合法权益。信用信息的内容涉及面广、来源复杂，还会涉及个人隐私、商业秘密、国家机密等，如果对征信机构的行为没有明确的法律法规规定，征信机构就会在信用信息收集的过程中遇到很多障碍甚至无法收集到有效的信用信息。此外，如果对征信机构的信用信息使用不进行限制，就有可能产生滥用信用信息，影响社会的公平竞争秩序。因此，我国及其他国家均对征信机构的信用信息收集、使用予以明确规定，以满足社会主体对信用信息的合理需求。

四、我国信用信息法律制度的发展情况

自改革开放以来，随着社会主义市场经济的发展，社会经济形势、经济结构、资本来源等呈现多样化趋势，市场在资源配置中日益发挥基础性作用。伴随着国内信用交易规模的不断扩大、金融体制改革的深化发展、对外经济交往的日益增加、社会主义市场经济信用体系建设的深入推进，信用信息制度迅速发展。2003 年 9 月，国务院明确赋予中国人民银行“管理信贷征信业，推动社会信用体系建设”的职责，人民银行设立了征信管理局。2003 年 10 月，党的十六届三中全会在《中共中央关于完善社会主义市场经济体制若干问题的决定》中明确要求“加快建设企业和个人信用服务体系”。2004 年，全国银行、证券、保险工作会议强调要“加快全国统一的企业和个人信用信息基础数据库建设，形成覆盖全国的基础信用信息服务网络”。2007 年国务院办公厅《关于社会信用体系建设的若干意见》也对社会信用体系建设若干重要问题作了部署。2011 年 10 月，《中共中央关于深化文化体制改革推动社会主义文化大发展大繁荣若干重大问题的决定》指出，“要把诚信建设摆在突出位置，大力推进政务诚信、商务诚信、社会诚信和司法公信建设，抓紧建立健全覆盖全社会的征信系统”。党的十八届三中全会提出，要建立健全社会征信体系，褒扬诚信，惩戒失信。这些决议和政策丰富了信用信息的内容，完善了信用信息的制度建设模式，推动了信用信息的发展。

除了信用信息制度建设的稳步推进，我国在信用信息法律制度建设和完善方面也取得了重大进展，如 1998 年颁布实施了《银行信贷登记咨询管理办法》、2005 年颁布实施了《个人信用信息基础数据库管理暂行办法》、2007 年颁布实施了《应收账款质押登记办法》、2013 年颁布实施了《征信业管理条例》、2013 年颁布实施了《征信机构管理办法》。我国《中国人民银行法》《公司法》《物权法》《合同法》和《担保法》等法律法规中亦有信用信息建设方面的相关规定。此外，各级地方政府也纷纷出台相关政策、法规，如《湖南省信用信息管理办法》《辽宁省企业信用信息征集发布使用办法》《浙江省企业信用信息征集和发布管理办法》《上海市个人信用征信管理试行办法》《上海市企业信用征信管理试行办法》和《北京市行政机关归集和公布企业信用信息管理办法》等。在最高人民法院发布的司法解释中，亦有与信用相关的内容，如最高人民法院《关于审理融资租赁合同纠纷案件适用法律问题的解释》、最高人民法院《关于公布失信被执行人名单信息的若干规定》等。

五、社会信用信息体系建设的重要性

信用信息是市场交易主体生产、经营、决策的重要依据，也是良好社会诚信氛围的有力促进因素，有必要进一步完善信用信息制度体系，建立健全信用信息归集、公示、查询机制，从而带动整体诚信经济运行环境的发展。

（一）信用信息体系建设是构建社会诚信氛围，提高主体诚信意识的重要途径

从我国当前的社会信用状况来看，存在着比较严重的信用缺失、信用虚无等情况，市场主体的诚信意识不强，交易的规范性和合理性有所欠缺。在法治完善的征信国家，市场主体的各项经济活动均应处于信用监督的范围之内，将其经济行为纳入信用审核的范围有助于交易相对方及时了解情况，采取应对措施。通过对信用信息体系的建设，使市场主体认识到诚信在其市场活动中的重要性，主动树立“我要诚信”而不是“要我诚信”的意识，将诚信的效果与其交易行为的结果紧密联系，从而以利益促使诚信意识和诚信氛围的形成。

（二）信用信息体系建设有助于推动信用法律法规体系的完善

从我国信用法律制度的建设方面来看，在信用信息征集、公开、使用和实施的过程中，必然会产生相关潜在的问题，如个人隐私、国家机密、利益交换等，是有待进一步完善法律法规才能得以解决的。从信用信息体系建设的过程来看，其对法律体系的推动并不在于一次性制定一部法律法规，而是一个逐步推进的过程，是一个不断修正、完善的过程。从信用信息体系的完整性来看，单独的法律法规并不能完全解决所涉及的问题，法律的价值实现就在于它是一个体系化运作模式，通过多部法律法规的协同合作以实现互为补充，整体解决问题。

（三）信用信息体系建设有助于推动市场经济活动的有序、规范进行

市场经济活动的有序运行有赖于市场参与各方的自我约束、自我规范、自我意识。而当前市场活动中主体不诚信、不规范、约束不强的情况时有发生，欺骗、拖延等情况给市场稳定、有序的局面造成了严重的负面影响。通过信用信息体系建设，将市场主体的信用信息及时公布在公共平台上，方便相对方及时了解、分析市场主体的信用情况，从而准确判断、制定对策或做出决策。对于市场主体本身而言，信用信息体系也督促其注意自身的信用情况，积极履约、诚信活动，从而以更积极、正面的形象参与市场活动。

（四）信用信息体系建设有助于增进政府行为的规范性和公信力

在市场经济活动中，政府承担着重要角色，政府的公信力和行为的规范性如何将在很大程度上决定着市场行为的效果。从我国信用信息体系建设的实际来看，一方面，政府承担着信用信息体系建设的主导职责，需要领导各级部门、协调相关组织共同建设、完善信用信息体系，负责信用信息平台建设等各项事宜。在这个过程中，政府行为必须体现出规范性和有效性，必须能首先做好自身信用建设。另一方面，政府作为直接的市场活动参与者，其本身的行政和民事行为要符合信用原则，主动履行信用信息体系建设的相关要求，做好整个社会信用体系的表率。

六、社会信用信息体系建设的实现途径——征信

信用信息体系的建设过程是一个政府、市场、社会、个人、企业共同参与、合作、协调的过程。要建立完善、系统的信用信息体系，就必须要搭建一个公共信用信息平台，采用征信的方式汇集各类信用信息，满足市场活动主体对相对方信用状况的需求。

(一)征信的含义与分类

1. 征信的含义

征信又称资信调查,主要是指以了解企业和个人信用为目的的调查活动,具体是通过专业化、独立的第三方机构依法采集、核实、保存、处理企业或者个人的信用信息,并依法对外提供信用信息服务的活动。

2. 征信的分类

(1)根据被调查对象的不同,征信可以分为企业征信和个人征信。企业征信是指以企业为调查对象,征信机构按照一定的标准合法收集企业的信用信息、生产信息、产品信息、资产信息等加工整理形成信用报告等征信产品,有偿提供给经济活动中的贷款方、赊销方、招标方、出租方、保险方等有合法需求的信息使用者,为其了解交易对方的信用状况提供便利。个人征信是指以个人为调查对象,由依法成立的征信机构对个人的信用信息进行采集、加工、处理并根据信息需求方的要求提供个人信用信息查询和评估服务的活动。

(2)根据服务对象的不同,征信可以分为信贷征信、商业征信、雇佣征信和其他征信。信贷征信主要是银行等金融机构在从事信贷服务的过程中,为避免风险而预先了解相对方的信用情况,以便于做出信贷决策的行为。商业征信则是在商业交易过程中,为确保交易的安全性和可靠性而自行或委托第三方了解相对方信用状况的行为。雇佣征信是雇主在人事聘用过程中,为及时了解雇员的信用状况、做出雇佣决策而实施的征信活动。此外,在其他活动中也存在相关征信服务活动,如债权债务关系、鉴定关系、市场调查等。

(3)根据征信区域的不同,征信可以分为区域征信、国内征信和跨国征信。区域征信是指根据征信机构的服务能力在某一特定区域内提供征信服务的活动。国内征信是指针对国内的被调查对象而采取的信用调查,这是近几年征信机构的主要形式。跨国征信是指根据委托人的委托调查位于其他国家被调查人的信用情况的活动,这种形式是随着国际交流的日益频繁而逐渐兴起的。

(4)根据征信方式的不同,征信可以分为同业征信和联合征信。同业征信又称行业征信、会员制征信,是指征信机构在一个独立或封闭的系统内进行征信和提供征信服务的工作方式。这个独立或封闭的系统可以是金融业、汽车业、建筑业、房地产业等,如日本的全国消费信贷征信联合会(JICC)、中国的小额信贷行业信用信息共享服务平台(MSP)。联合征信是指征信机构根据协议,将第三方中介机构分散在各个相关征信数据源单位的个人信用信息汇集起来进行加工和储存,形成个人信用档案信息数据库,为银行、社会、企业系统了解个人信用状况提供服务。对于联合征信而言,其主要是一个联合汇总信用信息的过程,可以通过直接从数据源提供单位采集获得,也可以通过相关的信息服务机构再次获得。

(二)征信的内容

征信主要是对市场主体的基本信息及与交易相关的信息和数据进行采集、核实、加工和合法传播的一系列过程。根据《征信业管理条例》第2条的规定,征信业务是指对企业、事业单位等组织的信用信息和个人的信用信息进行采集、整理、保存、加工并向信息使用者提供的活动。征信涉及的内容比较广泛,包括如下几个方面:

1. 征信对象

征信对象是指信用调查的客体,包括企业和个人的信用信息。根据《民法通则》的规定,企业和个人作为平等的民事主体参与经济生活,但基于双方在经济实力、收入水平、资产来源、债权债务关系、身份特征等方面的差异,征信的流程、数据内容、方式、手段、传播和管理等也不尽相同，可分为企业信用征信和个人信用征信。

2. 征信数据

征信数据又称信用信息，是指经征信机构调查并分类、加工、整理后的有效信用信息，也是制作信用报告等产品的基础。征信数据可分为企业征信数据和个人征信数据。企业征信数据主要用于形成各类企业资信调查报告，包括制作行业调查报告和国家风险调查报告等；个人征信数据主要用于形成各类消费者信用调查报告。

征信数据分为量化数据和非量化数据。量化数据是那些可以直接采用，不需要额外处理就可以进行定量分析的数据。非量化数据是对事实情况用语言形式予以描述的内容，不能直接用于定量分析而只能先经过一个量化的过程才能予以进一步分析。

征信数据还可以分为原始数据和经技术处理的数据。原始数据是指在数据采集过程中可以直接调查获取或者从数据供应商处采购或者用其他交换方式获得的数据内容。经技术处理的数据主要是依据原始数据，根据信息需求者的实际情况再次技术整合处理而获得的数据形式。原始数据不能被直接用于征信产品的生产而必须经过技术处理转化为新的数据模型，将数据与模型相结合，成为可以用于征信产品的数据内容。

对于征信所获得的数据，根据《征信业管理条例》第 3 条的规定，从事征信业务及相关活动，应当遵守法律法规、诚实守信，不得危害国家秘密，不得侵犯商业秘密和个人隐私。这些数据具有较强的保密性和限定性。

3. 征信产品和服务

征信产品是指征信机构将征信数据进行加工处理而成的具有格式化、技术性标准的信用报告等文本材料，包括各类资信调查报告、信用调查报告、信用评分报告和信用管理软件。征信产品的形式主要有信用记录、信用评级、企业资信报告和个人资信调查报告等。根据征信服务的深度，征信产品可分为普通、深度和专项三个层次。专项征信服务是指信用管理咨询服务，即征信机构在对企业进行诊断的基础上，提出规避客户风险的解决方案和预算，帮助企业建立或改进信用功能的服务。这类专项征信服务是完善企业内部信用管理制度和信用管理技术手段，改进日常信用管理工作的有效途径。

征信服务是指征信机构取得被调查对象的信用信息后，经过核实、加工、处理形成标准文本的信用报告提交给委托人的过程。征信服务最主要的目的是降低信用交易过程中交易双方信息不对称的程度，提高信用交易的成功率。该服务分为企业征信服务、个人征信服务和财产征信服务，主要使用者是授信方以及相关的政府部门和企业人力资源部门。征信服务主要为企业信用管理和个人信用管理提供基础性外部支持服务，包括信用记录、信用调查、信用评分、信用评级、信用管理咨询和商账催收等。

4. 征信行业

征信行业主要是以企业征信、个人征信、应收账款管理、信用管理培训和咨询服务等业务为主要内容的行业，它是信用管理行业中专门从事征信数据处理和使用的部门。传统征信行业主要包括企业征信、个人征信、资信评级和商账催收；但是，随着企业信用工作的开展、新的信用风险控制和转移工具的出现，征信行业涉及的领域也越来越广，在信用管理中提供风险管理服务的行业包括信用保险、信用管理咨询、国际保理、电话查询和信用担保等。

5. 征信市场

征信市场是征信机构依据征信业务的内容提供征信服务的目标市场。这类目标市场是以被调查对象所处的市场来确定分类的，每一种征信业务都对应着特定的征信市场。根据调查对象的不同，征信市场主要分为四类：资本市场、商业市场、个人市场和商品市场，对应的征信机构种类有资信评级、企业征信、个人征信和市场调查。在不同的征信市场上，不同的征信机构所提供的征信服务和业务操作模式等各不相同。例如，在资本市场上，征信机构为金融机构、上市公司、企业债券等提供资信评级；在商业市场上，征信机构为中小型企业提供企业资信调查；在个人市场上，征信机构为个人提供个人信用调查（个人征信和财产征信）；在商品市场上，征信机构为各类产品和实验品提供市场调查；等等。

6. 征信机构

征信机构是指依法设立的、独立于信用交易双方的第三方机构，专门从事收集、整理、加工、分析企业和个人的信用信息资料，出具信用报告，提供多样化征信服务，帮助客户判断和控制信用风险等事宜。狭义而论，征信机构是指专门从事信用信息采集、处理、评价、传播业务的以营利为目的的信息服务专业机构。根据《征信业管理条例》第 5 条和《征信机构管理办法》第 2 条的规定，征信机构是指依法设立，主要经营征信业务的机构。征信机构的主要类型包括个人业务征信机构、企业业务征信机构和财产类征信机构。各类征信机构还可以根据其所经营的业务种类细分为若干种特定的业务类型。

征信机构的设立必须符合《公司法》《征信机构管理办法》和《征信业管理条例》等相关规定，具备法定的注册资本、股东条件、设施设备、高级管理人员条件以及其他标准。

随着征信行业的发展，技术创新能力日益增强。在金融市场自由化趋势的激励下，征信机构也不断发展、转型，呈现如下趋势：

第一，征信行业的集中度迅速提高。征信机构所从事的专业化领域日益具有针对性，行业领域的特质越来越明显，征信机构的专业化、专项化、集中化日趋增强。

第二，征信产品的种类日益多元化。随着征信市场的扩大，信用产品的需求者对信用产品的需求不断提高，征信机构所采集、加工、处理后得出的征信产品日益丰富，涉及的领域、层次和人群也不断扩展。

第三，商业化合作模式的适应性更强。征信机构在征信过程中的行为并不是一个单独的、自行的模式，而是与其他征信机构、企业、组织、个人处于积极交换、信息共享、合作推进、商业互惠的过程中。通过这种模式，一方面确保信用信息的全面性和完整性，以及信用产品的准确性；另一方面实现资源共享，互惠互利。

第四，对征信立法的重视程度不断提高。为避免征信机构违法利用合法获得的企业、组织、个人等的相关信用信息，有必要通过立法对征信机构的行为合法性予以明确规定，确保征信机构能够合理、合法、规范地使用信用信息。

第二节 企业征信法律制度

一、企业征信的概念和特点

（一）企业征信的概念

企业征信是征信的一种，正式的名称是企业资信调查，它是通过对企事业法人的资信情况进行专项调查分析，以满足市场需求的调查服务。《上海市企业信用征信管理试行办法》第 2 条规定，本办法所称的企业信用征信，是指受公民、法人或者其他组织委托，通过采集、加工企业信用信息，提供关于企业信用状况的调查、评估或者评级报告等征信产品的经营性活动。《温州市企业信用工程建设管理暂行办法》第 3 条第 2 项规定，企业信用征信是指征信机构经过与各信用信息提供单位的约定，对分散在各商业银行、工商、税务、质监、社保、公安、海关及社会有关方面的企业信用信息进行采集、储存，形成企业信用信息数据库的活动。根据 2013 年 3 月 15 日施行的《征信业管理条例》第 2 条第 2 款的规定，征信业务是指对企事业单位等组织（以下统称企业）的信用信息进行采集、整理、保存、加工，并向信息使用者提供的活动。

通过上述规定可以看出，企业征信是以企事业单位为调查对象，由依法设立的特定征信机构根据一定的标准合法收集企业的商业信用记录、经营财务状况、生产产品信息、资产处理等对判断企业信用状况有影响的信息，通过加工、整理形成企业信用报告、调查评估报告等征信产品，有偿提供给经济生活中的贷款方、赊销方、招标方、出租方、保险方等有合法需求的信用信息使用者，以满足其对交易相对方信用状况的需求。在企业征信业务中，企业资信调查、财产调查和评估、市场调查、资信评级等是典型的业务范畴。

（二）企业征信的特点

1. 独立性

企业征信是由依法成立的第三方中介机构实施的，独立于信用交易相对方。征信机构在采集、整理、加工、分析企业信用信息资料的过程中，不受交易相对方的干扰，独立进行信用信息咨询、调查、评估、评级等信用征信服务。这种独立性有效地保障了征信产品的公平、公正和公开。

2. 信息性

对于企业的征信活动，主要在于集中采集与交易相关的信用信息，并进行分析、处理，从而便于信息需求方作出交易决策。这类征信活动并不直接参与交易双方的经济活动。

3. 标准性

作为征信机构的第三方，在征信活动中，对信用信息的采集、加工、处理等过程具有规范、明确、合理的标准，能全面满足相对方的需求。

4. 公正客观性

征信机构所作出的信用评估必须依据真实的材料，按照既有的评估流程和方法，在客观、中立的立场上，提供规范的征信产品和服务；同时，征信机构作为信用中介机构，应在征信活动中保证征信产品的真实性和客观性。

5. 时效性

关于征信机构所获得的征信结论，一方面，由于交易相对方需要内容的不同，仅就当前状况、当前交易范围、当前领域等方面适用，待交易结束后再次利用的几率和针对性都不高；另一方面，由于企业征信对象的信用状况处于不断变化之中，企业在发展趋势、状况、规划等方面的不同导致企业的信用状况随时发生着变化，所得出的征信结论也只能适用于某一时段。因此，企业的征信数据必须时刻更新，以确保征信数据的时效性。

企业征信是企业信用管理工作中最常用的外部技术支持手段，其主要目的是为了避免交易双方在交易过程中的信息不对称、信息滞后等现象，解决交易双方互不了解的障碍，从而为双方正常、合法、顺利地交易提供保障。在市场经济活动中，交易双方是否进行交易、在多大程度上开展交易、交易的范围和价格、赊销的优惠程度和优惠条款的制定都依赖于从征信机构获得的企业信用信息。准确、真实、客观的企业信用信息保证了交易双方决策的准确性，降低了交易风险，提高了交易的成功率。

（三）企业征信的作用

作为一种社会中介服务活动，企业信用征信是市场经济发展到一定阶段和社会分工细化的产物，越来越成为市场经济发展的重要组成部分，具体表现在：

1. 企业征信能有效消除交易各方的信息不对称，保障信用交易的安全

在市场活动中，由于信息缺乏、不对称而导致各种问题发生在交易前和交易后两个阶段。在交易之前，信息不对称容易导致逆向选择；在交易后，信息不对称则容易导致道德风险。无论是逆向选择还是道德风险，都会阻碍市场正常功能的发挥。而企业征信最基本的功能就是了解、调查、验证企业的信用状况，使信贷、赊销活动中的授信方能够比较充分、详细、准确地获悉信用申请人的真实信息，提高信息传播的效率，降低授信方的信用风险，约束各方的行为，确保交易双方的利益。

2. 企业征信有助于实现信用信息共享，促进资源的整合

在企业征信活动中，征信机构能够掌握全面、详细、广泛的信用数据，从而能够全面整合有关企业的信用状况，制定出针对性的信用产品。不管该信用产品是以有偿还是无偿的方式提供给相对方，都是对信用资源的共享，避免了因重复征信、数据分析、产品归类等情况而造成的资源浪费，也便于市场经济活动的顺利开展。

3. 企业征信能够促进守信激励和失信惩戒机制的有效运行

在市场经济活动中，一方当事人为了确保交易活动朝有利于自身利益的方向发展，有可能隐瞒或者虚构自身的经营状况、财务状况、组织架构等情况，从而在交易之后发生不尽力、不履行、拖延等失信行为，损害相对方的利益。企业征信能使一方在交易之前及时了解交易相对方的实际信用状况，扫除双方的信息不对称。通过建立联合征信制度，使企业主动树立信用意识，使信用真正成为市场经济的润滑剂，为建立社会信用体系提供制度性保障。

4. 企业征信能促使市场主体树立正确、合法的信用观，传递良好的社会导向

企业征信使企业信用成为一种潜在的经济资源，征信机构出具的征信产品——企业信用报告成为评价企业信用状况的资质证明，也是企业进入信用市场参与信用交易活动的通行证，对市场主体具有较强的规范和制约作用。基于企业征信的这种作用，市场主体深刻理解企业信用正、反两方面的价值，衡量守信与失信之间的利弊得失，为了维护自身的利益、避免遭受失信损失，能够自觉地做好自我监督，从而影响社会整体的信用氛围。

二、我国企业征信的发展历程及相关法律制度

我国征信业的发展可以追溯到20世纪30年代初，当时上海就已经有5家外资企业信用调查机构，包括美资的商务征信所和中国商务信托总局，日资的上海兴信所、帝国兴信所和东京兴信所。1932年6月，由著名的民主人士和银行家章乃器先生牵头、多家中资金融机构共同发起的专职征信机构——中国征信所在上海圆明园路1号正式成立。到1936年7月，中国征信所在4年的时间里共发出调查报告3万余份。后因抗日战争和解放战争，商品经济萧条，国民经济陷入全面瘫痪，征信业因找不到生存的土壤而夭折。

现代企业征信业源于20世纪80年代末，经过10余年的改革开放，我国的对外贸易在取得长足发展的过程中也在诚信方面暴露出较多问题。由于征信机制的缺失，一些外资企业利用我国引资的迫切心理损害我国外贸企业的利益，导致应收账款拖延不还。国内企业与外资企业之间存在着信用信息掌握不足的情况。为了进一步促进国际贸易、引进外资和规避信用风险，对外贸易经济合作部通过外经贸部计算机中心与国内外著名企业资信调查公司合作（如

邓白氏公司、香港日新公司、台湾中华征信所等），开展各类企业资信调查服务。由外经贸部下属计算机中心成立的“中贸远大信用调查机构”标志着我国现代征信业的产生。1992 年 11 月，我国第一家专门从事企业征信的公司“北京新华信商业风险管理有限责任公司”成立，并于 1993 年 2 月正式对外营业，企业征信行业开始进入市场化运作阶段。

随着我国市场经济的快速发展和市场经济体系的日益完善，银行信用和商业信用的规模不断扩大，企业信用调查的市场需求逐渐增加。尤其是大型外资企业在进入中国市场的过程中引入了成熟的企业信用风险管理机制，增加了大量新的企业征信服务公司。除上海中商商业征信有限公司、北京中征征信咨询服务有限公司等以外，美国邓白氏公司于 1995 年开始拓展中国市场，带来国际先进的企业信用管理和营销理念。各类企业信用信息渠道不断拓宽，工商行政管理部门、统计部门、行业主管部门等政府渠道也开始对外提供各种企业信息查询，企业信用报告的内容也越来越丰富和详细。

步入 21 世纪，企业征信业进入全面发展阶段。一方面，随着我国市场经济的高速发展，尤其是加入 WTO 后，我国居民的消费结构升级、信贷消费增加，信用需求的规模进一步扩大。信用问题与政治、经济、文化、社会等各方面的发展问题越来越得到重视，中央和各级地方政府也将信用体系的建设纳入日程。党的“十六大”报告中第一次明确提出“建立现代市场经济的社会信用体系”的战略任务。党的十六届三中全会又提出“建立健全社会信用体系”。征信行业开始受到广泛关注，中国人民银行、国家经贸委、国家计委等十几个相关部门和商业银行开始着手起草征信管理的行政法规，编制征信行业标准和提出全国企业征信体系的总体方案。党的“十七大”和“十八大”报告中也多处强调“诚信”在社会经济生活等方面的重要性。国务院各部门也围绕社会信用体系建设制定相关工作方案，逐步形成包括银行、证券、保险及外汇管理信息的金融业统一征信平台，注重征信的行业性和适用性，实现企业征信管理的系统化和规范化，成立了 11315 全国企业征信系统、中国人民银行征信中心和工商行政管理总局的全国企业信用信息公示系统等。

经过 20 余年的稳步发展，我国企业征信行业日益成熟、市场运作模式基本形成、规模不断扩大；企业征信机构的业务集中度和门槛越来越高；企业征信环境明显改善、市场开放度提高；企业征信政策法规建设逐步完善，中央和地方政府的调整力度增强。这些改变都有效地促使我国征信市场的健康发展和社会信用意识的树立，加强了征信行业的规范化、市场化、标准化。当然，我们也应该看到，我国的征信业发展还不健全，如征信数据的开放程度，信用信息的使用与商业秘密的保护问题，征信方式、采集程序、数据分析处理等方面不规范导致的信用侵害问题，征信行业自律不严、法律法规政策不健全、激励惩罚机制缺乏等问题。这些都导致我国在实施企业征信业务的过程中难以有效实现企业征信目标，阻碍了信用交易的有序开展。

目前，我国有多部法律涉及信用方面的内容，如《民法通则》《公司法》《合同法》《刑法》《商业银行法》和《反不正当竞争法》等，政府相关部门也出台了一些法规和规章，如中国人民银行制定的《征信机构管理办法》《银行信贷登记咨询管理办法》《个人信用信息基础数据库管理暂行办法》和《信用评级管理指导意见》等，国务院发布的《征信业管理条例》《社会信用体系建设规划纲要（2014－2020 年）》《关于社会信用体系建设的若干意见》《关于社会信用体系建设规划的部署》《关于在行政管理事项中使用信用记录和信用报告的若干意见的通知》（发改财金〔2013〕920 号）等，最高人民法院《关于公布失信被执行人名单信息的若干规定》。此外，各省、自治区、直辖市也先后制定了若干地方性法规和规章以规范企业的信用征信行为，如 2002 年 11 月 19 日颁布的《深圳市企业信用征信和评估管理办法》、2005 年 5 月 1 日颁布的《上海市企业信用征信管理试行办法》、2005 年 10 月 12 日颁布的《汕头市企业信用信息采集管理办法(修正)》、2008 年 12 月 4 日颁布的《成都市企业信用信息征集和使用管理办法》、2005 年 11 月 24 日颁布的《湖南省信用信息管理办法》、2005 年 9 月 1 日颁布的《浙江省企业信用信息征集和发布管理办法》等。这些地方性法律规范较好地结合了本地区的实际,开展了有效的企业信用征信规范活动,补充了国家法律在某些方面的缺失。

三、我国关于企业征信机构的管理规定

(一)企业征信机构的设立条件

企业信用征信机构是企业征信的主体,也是依法设立,以企业为主要经营征信对象开展征信业务的机构。根据《征信业管理条例》第 10 条的规定,设立经营性企业征信业务的征信机构,应当符合《公司法》规定的设立条件,并自公司登记机关准予登记之日起 30 日内向所在地的国务院征信业监督管理部门派出机构办理备案,同时提供下列材料:(1)营业执照;(2)股权结构、组织机构说明;(3)业务范围、业务规则、业务系统的基本情况;(4)信息安全和风险防范措施。备案事项发生变更的,应当自变更之日起 30 日内向原备案机构办理变更。

根据中国人民银行《征信机构管理办法》第 19 条的规定,设立企业征信机构,应当符合《公司法》规定的公司设立条件,自公司登记机关准予登记之日起 30 日内向所在地的中国人民银行省会(首府)城市中心支行以上分支机构办理备案,并提交下列材料:(1)企业征信机构备案表;(2)营业执照复印件;(3)股权结构说明,包括资本、股东名单及其出资额或者所持股份;(4)组织机构设置以及人员基本构成说明;(5)业务范围和业务规则基本情况报告;(6)业务系统的基本情况,包括企业信用信息系统情况报告和具有国家信息安全等级保护测评资质的机构出具的企业信用信息系统安全测评报告;(7)信息安全和风险防范措施,包括已经建立的内部控制制度和安全管理制度。企业征信机构备案事项发生变更的,应当自变更之日起 30 日内向备案机构办理变更备案。

各地方政府也根据本地区的实际情况,对企业征信机构的设立予以严格限制。例如,上海市设立征信管理办公室统一负责企业信用征信行业的推进、指导和监管,征信机构需向其备案。又如,《深圳市企业信用征信和评估管理办法》第 3 条规定设立以政府为主的企业信用信息中心和以市场化的评估机构为主的征信机构体系,并在第 10 条规定,设立评估机构应当采取有限责任公司或者股份有限责任公司的形式,并经工商行政管理部门依法核准登记。设立评估机构应当具备下列条件:(1)符合公司法人的一般条件;(2)有与信用评估业务相适应的具有档案管理、数据处理、数量分析能力的专业人员;(3)有严格的信息档案管理制度、保密措施和安全防范措施。这些地方性规定一方面细化了国务院行政法规、规章的规定,另一方面也出现了地区性规定之间的不一致,不利于法律的普适性。

根据《征信机构管理办法》第 27 条的规定,企业征信机构的董事、监事、高级管理人员,应当由任职的征信机构自任命之日起 20 日内向所在地的中国人民银行省会(首府)城市中心支行以上分支机构备案,并提交下列材料:(1)董事、监事、高级管理人员备案表;(2)董事、监事、高级管理人员的个人履历材料;(3)董事、监事、高级管理人员的学历证书复印件;(4)董事、监事、高级管理人员的备案材料真实性声明。企业征信机构的董事、监事、高级管理人员发生变更的,应当自变更之日起 20 日内向备案机构办理变更备案。有关董事、监事、高级管理人员的任职资格也应当符合《公司法》的相关规定。《征信机构管理办法》第 36 条第 2 款规定,企业征信机构任命董事、监事、高级管理人员未及时备案或者变更备案,以及在备案中提供虚假材料

的，由中国人民银行分支机构责令改正并给予警告；情节严重的，处1万元以上3万元以下罚款。

（二）企业征信的信用信息

企业征信是通过对企业信用信息的调查、分析、处理，从而实现对被征信企业信用状况的调查，因此，对哪些信用信息进行征信就成为征信行业的核心内容。

1. 企业信用信息的特点

企业信用信息主要是指企业在正常的信用交易活动中履行义务的完成记录和相关数据，具有如下特点：

（1）时效性。企业信用信息是企业状况的晴雨表，反映企业即时的信用状况，不超前也不落后，对于企业的信用状况应当及时反映在商业信用数据库中，使银行、商业公司、信用交易相对方能针对企业的失信状况及时预警，避免或者降低因为失信交易所带来的风险和损失；或者及时提高对企业的信用评价，增加其社会信誉。

（2）广泛性。企业征信报告可信的基础在于企业征信活动通过广泛的征信调查掌握了丰富、翔实的企业信用数据，建立了针对性强、能处理、完整的企业信用数据库，便于相对方或第三方全面掌握企业的信用状况。

（3）保密性。企业的信用信息对企业来说是核心利益，很多内容会涉及商业秘密的保护，因此，如何做好安全、保密工作是企业征信活动中特别需要注意的。随着现代网络技术的日益发达，来自计算机网络的威胁日益增加，征信机构需要采用严格、规范、细致的方式确保企业信用信息的安全。

2. 企业信用信息的类别

从征信数据的采集范围来看，结合各地方政府的相关规定，主要有如下类别：

（1）基本信息：包括企业名称、企业机构代码、机构性质、注册地址、注册资本、经营地址、经营范围、税务登记和验证情况、年检情况、历史沿革记录、专项或周期性检验检疫检测情况等。

（2）所有人和经营者信息：包括企业法人代表记录、股东名册记录、股权分配记录、组织机构记录等。

（3）企业资质信息：包括企业的资质等级、专项行政许可、注册商标记录等。

（4）企业经营和财务信息：包括主要产品业务、年销售（营业）收入、年纳税总额、资产负债记录、利润分配记录、现金流量记录、财务警示记录、财务审计记录、职工工资支付及社会保险缴纳情况等。

（5）企业资信信息：包括贷款记录、还款记录、担保记录、抵押记录、质押记录等金融机构信用记录以及“重合同、守信用”资料、资质认证、资格认定等。

（6）商业信用记录：包括赊销信用额度、商账还款记录、合同履约记录等。

（7）企业荣誉记录：包括重大奖励，驰名、著名和重点保护商标资料，企业及其法定代表人荣誉记录，产品获得国家证书或称号等。

（8）企业不良记录：包括走私、逃骗套税、制假贩假、出具虚假资信证明材料、合同诈骗、恶意拖欠债务等违法情况，重大质量、安全事故及诉讼记录，危害交易安全的严重违法失信行为记录，行政、刑事处罚情况等。

（9）其他信用信息：包括信用信息披露时间、披露内容、披露人等方面的记录。

上述信用信息是征信机构在征信活动中应当采集的范围。根据企业和信息性质的不同，这些信息又可以分为两类：第一类是应当主动公开的信息，包括企业的自然状况，如企业名称、注册资本、经营范围等工商信息；第二类是依请求予以公开的信息，这类信息必须经相对方、企业本身或者第三方征信机构的申请才能予以公开或者共享，如企业的财务状况、纳税状况、商业信用状况和不良记录等。

（三）企业征信信息的采集渠道

在企业征信过程中，采集数据信息是企业资信调查的基础。征信机构需要通过各种渠道主动在较大范围内大批量地收集信用信息。这些渠道通常分为宏观信用信息来源和微观信用信息来源，微观信用信息来源又分为直接来源和间接来源。

1. 宏观信用信息来源

宏观信用信息来源包括宏观经济状况和行业经济状况，具体有国家各个职能部门、各级政府定期发布的宏观经济政策、研究报告、产业研究报告等，统计部门和海关等定期形成的各类统计报表，以及各类行业协会公布的资料。这类信息在相关的网站、期刊等平台能够及时获得。此外，有关国内外经济形势分析、企业信用状况、行业动态等也能通过类似途径及时获得。

2. 微观信用信息来源

（1）直接来源，即直接向被征信企业索取，可以要求受信者提供企业营业执照，税务登记，股东名册，组织机构，最近 3 年的负债表、利润表和现金流量表等。这些可以通过采用面谈访问、实地调查、电话调研等方式实现。

（2）间接来源，主要是指行政和司法机关、社会组织、媒体传播机构、合作企业、金融机构、其他征信机构和附属机构等。

政府公共征信机构：依法向政府公共征信机构查询法院、工商、税务、质监、海关、物价、环保、人力资源与社会保障等部门掌握的企业信用记录。

金融机构：银行、证券公司、保险公司、资产管理公司、金融租赁公司、财务公司、应收账款代理商或其他金融代理商由于掌握全面或某一方面的账务信息、资金信息，便于及时反馈详细数据。

第三方信息资料服务机构：包括行业协会、社会团体、商业协会、相关企业和竞争对手、债权人、国内外供应商等。

直接购买第三方征信机构的征信报告：通过了解近期对相关领域进行调查的第三方征信机构，购买并分析他们的征信报告，可以及时了解详细的企业组织背景、经营者能力、设备情况、经营业绩、财务状况及偿债能力等内容。

公共媒介信息平台：通过与相关行业的公共媒体相衔接，及时了解有关领域、企业的信用信息情况。

（四）企业征信模式及流程

1. 企业征信模式

对于企业而言，采取何种模式开展征信服务将决定企业信用管理的成本和工作的效率性、协调性。从目前大多数情况来看，主要有如下几种企业征信模式：第一，主动征信，针对目标客户，有选择性地提供相关征信服务，以争取优质客户；第二，事先征信，通过对近期往来客户的筛选，做出科学的授信决策；第三，定期征信，在提供征信服务的过程中，及时掌握长期往来的老客户的信用状况，以备及时提出建议；第四，临时征信，在遇到不寻常、异变状况时，果断采取措施了解交易相对方的信用状况，避免交易风险；第五，事后征信，针对交易后期双方的账务问题，及时确定并处理，寻求合理、合法的解决途径。

对于各级政府而言，我国在征信模式的确定上形成了上海模式、深圳模式和浙江模式，但均为政府驱动、部门协作、商业推动，形成市场化的长效机制，有效避免了单纯市场力量的薄弱与驱动力的不足，规范了征信市场的行为准则。

2. 企业征信流程

在具体的企业征信服务过程中，面对大量的征信调查服务工作，在保证征信产品质量的前提下，企业征信机构必须遵循严格的工作流程，包括：

(1)接受委托。由销售或者客服部门接受相对方的委托，通过规定的渠道下订单给生产部门。

(2)采集数据。从信用信息数据库中检索被调查对象的档案或者历史记录，或者从第三方企事业单位、政府部门那里进行调查，或者由调查人员直接采取电话、现场、面谈等调查方式，全面采集被调查企业生产、经营、资金、人员等各方面的信用数据。

(3)核实数据。由调查人员针对所获得的各项信用数据采用电话、面谈、问卷、现场核实等方式核实，剔除部分逻辑不合理的信用数据。

(4)整理数据。将核实完毕的数据进行归类处理，通过数据比对排除材料中的虚假成分。

(5)报表量化分析。通过对财务报表的数据比对、分析、归纳，作出相应的评价。根据数理模型，做好被调查企业的资信评级和风险指数。

(6)组装报告。由征信机构根据既定的标准和格式，将基于事实的记录、量化分析结果、财务报表分析结论、信用评级结论等内容组织完善，形成一份内容真实、丰富，形式规范、合理的征信报告。

(7)产品质量检验及出库。由专门的部门和人员对最终形成的征信产品根据公司和客户的需求、法律规定的标准进行检验，在确保合格的情况下发送给客户。

通过上述流程，企业征信机构可以为委托方提供翔实的交易相对方的信用状况记录，无论被调查方知道与否、主动配合与否、信用准备状况如何，都无法避免征信机构客观、真实地反映其信用状况；唯一的不同可能就在于根据交易性质、客户需求等方面的不同，征信机构所提供的征信产品的侧重略有不同。

(五)企业征信产品的种类

对于征信机构而言，其应该能够根据不同客户的需要提供不同的征信产品。这一方面取决于客户的行业性质，另一方面取决于客户的使用目的。因此，征信机构应该能够采用相关技术手段，针对不同的客户提供一种或多种征信产品。

1. 普通版企业资信调查报告

这是一种主流的征信产品，被广泛应用于各类企业，以作为客户档案资料，分为国内企业资信调查报告和国外企业资信调查报告两种。这类报告的主要内容包括企业发展简史、业务范围、组织架构、机构规模、财务状况、金融信贷记录、商业履约记录等信用状况记录以及征信机构出具的资信级别和风险指数。

2. 后续报告

该类报告是普通企业资信调查报告的延续版，又称客户信用跟踪报告。该类报告主要是征信机构在初始合同中约定在特定的时间范围内对特定客户原先的交易方出现的信用状况变化定期给予反馈的产品。

3. 企业资信深度调查报告

该报告在普通版企业资信调查报告的基础上，对企业资产、土地使用权、经济纠纷、人事变动、财务分析、供应商调查等方面予以详细调查。这类调查在涉及企业并购、法律诉讼、拍卖、重大项目合作中使用得较多。

4. 专项问题调查报告

该报告主要是针对客户在某一方面或某几个方面的特定需求而定向进行的调查，具有效率高、针对性强的特点。

5. 风险指数报告

该报告主要针对企业在过去一定周期内（一般为12个月）的付款记录、财务信息、诉讼信息、现金流量等信息进行量化分析处理，根据特定的风险评估模型确定该企业的风险等级，以便于委托方及时采取措施应对。

6. 企业家族调查报告

该报告主要针对被调查企业的母公司、子公司或总公司、分公司在公司投资结构、股权分配、利润分配以及关联公司关系等方面的情况予以调查分析。一方面可以增强对被调查方的了解，衡量对相对方的信任度；另一方面也可以利用连带销售，挖掘销售潜力。

7. 国际供应商评价报告

该报告主要适用于对国际市场上供应商的风险能力进行评估，以便国内企业改进采购程序，及时筛选合适的供应商。报告内容主要包括供应商的财务实力、财务状况的稳定性、国际融资能力和经营状况等。

8. 付款分析报告

该报告主要针对付款方的支付能力予以评价。通过对被调查企业日常业务中支付行为的调查分析，确定选择支付能力强、诚信度高、评价好的企业作为交易对象，从而排除那些有拖延付款等情况的企业。

9. 行业状况调查报告

该报告主要通过对本行业主要企业之间进行比较分析以获得企业计划、信用管理、市场销售和供销等部门的相关平均数值，以便于本企业同类部门及时了解行业状况，制定竞争措施，为本企业的未来发展提供导向。该报告的主要内容包括行业新政策、行业发展趋势、企业竞争对手的财务和经营状况、同类产品的生产和市场销售状况等。

10. 国家风险调查报告

该报告主要针对被调查国家的政治、经济、贸易、投资、文化、社会、环境等中的风险因素进行深入分析，通过大量商业数据和被调查国家的经济数据，为海外投资和国际贸易行为等提供参考。

（六）企业征信机构的法律责任

虽然我国的民法、刑法、行政法等法律、部门规章、地方性法规、相关政策均对企业征信有相关规定，但具体到征信业的规定比较少。我国《征信业管理条例》等法规规定，中国人民银行及其派出机构依法对征信业进行监督管理。在征信业管理中，与信用信息相关的多是与企业商业秘密保护的冲突。

根据《征信业管理条例》第38条的规定，征信机构、金融信用信息基础数据库运行机构违反本条例规定，有下列行为之一的，由国务院征信业监督管理部门或者其派出机构责令限期改正，对单位处5万元以上50万元以下罚款；对直接负责的主管人员和其他直接责任人员处1万元以上10万元以下罚款；有违法所得的，没收违法所得；给信息主体造成损失的，依法承担民事责任；构成犯罪的，依法追究刑事责任：(1)窃取或者以其他方式非法获取信息；(2)采集禁止采集的个人信息或者未经同意采集个人信息；(3)违法提供或者出售信息；(4)因过失泄露信息;(5)逾期不删除个人不良信息;(6)未按照规定对异议信息进行核查和处理;(7)拒绝、阻碍国务院征信业监督管理部门或者其派出机构的检查、调查或者不如实提供有关文件、资料;(8)违反征信业务规则,侵害信息主体合法权益的其他行为。经营个人征信业务的征信机构有前款所列行为之一,情节严重或者造成严重后果的,由国务院征信业监督管理部门吊销其个人征信业务经营许可证。

《征信业管理条例》第43条规定,国务院征信业监督管理部门及其派出机构的工作人员滥用职权、玩忽职守、徇私舞弊,不依法履行监督管理职责,或者泄露国家秘密、信息主体信息的,依法给予处分;给信息主体造成损失的,依法承担民事责任;构成犯罪的,依法追究刑事责任。

《上海市企业信用征信暂行办法》第12条规定,征信机构对涉及商业秘密的企业信用信息负有保密义务,不得向任何单位或者个人提供;但法律、法规另有规定或者被征信企业同意提供的除外。

《深圳市企业信用征信和评估管理办法》第39条规定,评估机构违反本办法的规定,有下列行为之一的,由工商行政管理部门责令改正,并依法予以处罚;给当事人造成损失的,应当依法承担民事责任:(1)未经工商行政管理部门核准登记,擅自从事企业信用评估业务的;(2)未经企业同意征集企业非法定公开信用信息的;(3)擅自对提供信息的单位提供的企业信用信息进行修改的;(4)未经企业同意披露企业非法定公开信用信息或信用评估报告的;(5)披露未经证实或虚假的企业信用信息的;(6)违反评估办法,改变企业信用等级的;(7)拒绝被征信企业查询本企业信用信息或拒绝向被评估企业提供评估报告的。

四、全国企业征信系统

(一)系统简介

全国统一的企业征信系统是国家引导,通过搭建平台、引入机制、市场化运作等方式建设我国社会信用体系的重要内容。2002年在国家工商行政管理机关和电信部门的监管下,设立了11315全国企业征信系统作为第三方公众征信平台。该系统为全国各级政府职能部门提供企业监管信息发布端口,通过将不同区域、不同部门、不同类别、不同格式的信息类型汇聚、分类,按照统一的标准、规定、流程建立不同企业的信用档案以提供给第三方查询、参考。该征信系统包括消费者投诉维权平台、企业信用查询平台、政府职能部门监管信息发布平台,其中,消费者投诉维权平台和企业信用查询平台是主要的对外信息公示、沟通平台。

(二)系统特点

1. 信息全面性

企业信用档案涵盖所有政府职能部门的监管信息(包括企业基本信息、行政许可、认定信息、行政奖罚信息、产品质量监测信息、法院判决信息和知识产权信息),银行信贷信用信息(包括中国人民银行信贷信用评价信息、各级商业银行信贷评价信息、小额贷款公司信贷评价信息、民间借贷信用评价信息),行业协会评价信息(包括行业协会评价信息、水电气通讯交通等社会公共事业单位评价信息),媒体评价信息,企业运营管理信息和市场反馈信息(包括消费者、交易对方、合作伙伴、员工等提供的信息)。

2. 跨区域、跨行业性

该征信系统涵盖国内各个领域、各个行业的企业,制定统一的征信标准,内容全面,涉及广泛。

3. 标准统一、征信规范化

该系统采用统一的征信标准、数学模型下的信用分值(信用评级)计算方法、数据库和查询平台,保证了企业信用档案分值的可比性、实用性和通用性。

4. 客观真实性

该系统独立于第三方,在信息采集渠道的源头设立了严格把关机制和纠错反馈机制,增强了企业调查和反馈的交互性。

(三)系统优势

第一,该系统是国内较大的企业信用信息数据库,十余年间已经通过政府支持、企业投资建立起大数据第三方社会征信平台。

第二,该系统涵盖了六大类企业信用信息数据:政府监管信息、银行信贷信息、行业评价信息、媒体评价信息、企业运营信息、市场反馈信息。

第三,该系统拥有千万级企业数据库及毫秒级关键词检索,数据内容丰富,涵盖国内3 000余万家企业,检索技术先进。

第四,该系统的信息采集渠道畅通,能够追根溯源,便于核实。

第五,该系统建立了纠错机制,企业信用信息接受社会和企业的监督,针对不实档案可以及时处理。

第六,关于产品、供求、招聘、咨询等均有发布企业的信用档案作为参考,有助于企业及时评价和选择交易相对方。

第七,在信用维权方面,一方面该系统支持企业对自身信用状况及时更新、丰富,另一方面便于消费者与企业一对一地实现交流、沟通。

第八,关于识别、停滞、吊销、注销企业,可以根据实际情况经核实后对企业的信用信息进行筛选、检查、监督。

第九,该系统有助于守信企业与失信企业的明显区分,智能设立自动识别系统,分析企业信用档案,及时挑选出失信企业。

第十,该系统有助于实时评论和事后监督,各类主体可以根据系统选项有针对性地对企业的经营行为予以评价,并能及时反馈和沟通。

除了 11315 全国企业征信系统以外,中国人民银行征信中心和国家工商行政管理总局的全国企业信用信息公示系统也在某些方面负责相关的企业征信活动。

第三节 个人征信法律制度

一、个人征信的概念和特点

(一)个人征信的概念

个人征信是社会信用体系建设的一个重要组成部分。从构成元素来看,国家与社会是单个个体的结合,离不开个体作用的发挥。在征信活动中,作为个体的公民个人的信用状况如何,将在很大程度上决定着整个社会的信用状况。根据《征信业管理条例》第 2 条第 2 款的规定,个人征信是指对个人的信用信息进行采集、整理、保存、加工,并向信息使用者提供的活动。《上海市个人信用征信管理试行办法》第 2 条规定,本办法所称的个人信用征信,是指依法设立的个人信用征信机构(以下简称“征信机构”)对个人信用信息进行采集、加工并根据用户的要求提供个人信用信息查询和评估服务的活动。《深圳市个人信用征信及信用评级管理办法》第3条第2款规定，个人信用征信，是指征信机构经过与商业银行及其他提供信息的单位的约定，把分散在各商业银行和社会有关方面的个人信用信息进行采集、储存后形成个人信用信息数据库的活动。《江苏省个人信用征信管理暂行办法》第2条也规定，个人信用征信，是指个人信用征信机构对个人信用信息进行采集、储存、加工、使用等活动。通过上述法律规定，我们可以看出，个人征信是指依法设立的个人信用征信机构对个人信用信息进行采集、整理、保存、加工，并根据要求提供个人信用信息查询和评估服务的活动。

个人征信服务活动包括个人信用信息的采集和处理、信用档案的建立和维护、信用价值的评价、信用记录的传播等，它服务于零售信用、现金信用和服务信用领域的授信人，主要目的在于通过对申请信贷、信用支付、赊销商品的个体的调查，衡量他们的信用价值，帮助授信人做出正确的授信和赊销决策或者调查岗位申请者的信用状况，帮助雇主根据所在行业行规的要求和岗位的性质作出正确的聘任决定。因此，个人征信法律制度不仅仅是为征信服务方及关联方提供一整套行为规范，而且涉及授信机构信息处理模式的改变——从依靠自己收集信息到从信息库获取信息，同时又有赖于社会信息结构的改变——由封闭信息、分散信息到透明信息、自由流通和利用信息。

(二)个人征信的特点

个人征信既有征信本身所具有的特性，又有其自身的特征。

1. 独立性

征信机构作为第三方中介机构，应该独立于信用交易的相对方。个人征信机构在采集、整理、加工个人信用信息资料的过程中，应该不受其他方面的影响独立从事个人信用报告的编制和信用评估等活动。

2. 客观公正性

在个人征信活动中，应当根据真实的信用信息资料，按照法定或者既定的程序与方法，立足于客观、公正的立场，提供公平、公正的个人信用产品。任何对个人信用的猜测、胁迫、中伤都必须依法追究责任。

3. 时效性

征信个体随着时间的变迁、内外环境的变化等因素，其个人信用状况处于时刻变化的过程中，因此，一定时期的征信产品只能反映特定时期特定主体的信用状况，信用数据必须及时更新，以确保征信内容的有效性。

4. 有偿性

征信机构在征信过程中为交易双方提供征信服务，以减少信用交易风险。这种征信服务行为作为一种独立的市场行为，其本身也应该是一种有偿的商业行为。虽然我国的征信信息系统带有一定的公益性，但不可否认，征信机构的设立本身就是一种市场行为，需要经历市场竞争的考验。

5. 保密性

征信活动涉及国家安全、商业秘密和个人因素，因此，必须强调征信机构保护好客户的征信资料，避免个人隐私的泄露。对于违反保密义务的征信机构及相关人员必须依法惩处。

二、个人征信的现实价值

个人征信是社会征信体系不可或缺的一部分，也是我国社会信用体系建设中的重要一环。

无论是从经济效益还是从社会效益来考虑，个人征信都是市场经济活动过程中开展信用交易的基本保障。

(一)个人征信的经济价值

1. 个人征信有助于形成稳定的市场秩序

建立个人征信制度可以使交易双方预先了解对方的个人信息，及早发现并预防信用风险，避免在交易开始后遭受损失。对于在交易中不诚信的人，应将其不良信用行为记入信用档案，及时披露，避免潜在交易客户的损失。这样，使守信者得益，使失信者受惩，促使在市场交易活动中，将交易信用作为市场经济行为的必要条件。

2. 个人征信有助于促进市场经济的健康、快速发展，有利于我国经济政策的实现

在市场交易中，个人信用的缺失将引发多种经济、社会问题。通过个人征信，可以使交易主体迅速获得对方的资信状况，消除信息不对称的影响。对金融机构而言，可以扩张授信业务，增加资金流通量加快资金流通速度，刺激经济发展；对企业而言，可以缓解资金紧张，扩大交易规模和市场规模；对个体而言，可以增强购买能力，提高生活水平。

3. 个人征信有助于促进我国金融业的健康发展

我国金融业尚处于发展提升阶段，与国外发达国家相比还有较大差距。金融业本身又是与信用息息相关的，我国银行的主要利润是存贷款利率差，而个人信贷业务由于缺乏个人征信服务的支撑，覆盖面较窄，需辅之以各种担保方式，个体才能得到贷款。这一方面限制了金融业拓展的深度与广度，导致业务量减少；另一方面也限制了诚信个体的信贷行为，阻碍了其信贷规模的扩大。

(二)个人征信的社会价值

1. 个人征信的建立有助于提高社会整体道德水平，建立诚信社会

我国当前社会主体诚信意识缺失，失信行为比比皆是，直接影响整体社会道德的提升。虽然我国自古以来就强调以诚为本、诚信交易，但市场经济的逐利性和制度建设不完善导致诚信观念淡薄。现行民法、经济法、商法等法律中虽然均规定了诚实信用原则，但对于失信行为的惩罚缺乏强有力的法律约束力，尚需要配套制度的协同规范。个人征信将个体的信用状况披露出来，减少了失信主体的不诚信行为，引导社会主体对诚信意识的重视，从而形成良好的诚信氛围，服务我国整体社会信用体系建设。

2. 个人征信可以提高市场运行和政府工作的效率

从我国目前对社会信用信息掌握的情况来看，呈现各部门、各行业、各主体信息独立、标准不一、规范不严、资源浪费等现象，严重阻碍了信用信息的交流与沟通、信息资源的整合与利用，降低了市场信用调查和政府信息处理的效率。个人征信机制的建立可以通过征信机构依法对个人信用信息进行分析、整合、管理，提高信息资源的利用效率，满足不同主体对信用产品的需求。

3. 个人征信可以提高个人的信用意识，营造社会信用氛围

个人征信活动通过对个人信用状况的收集，将个人信用与社会、经济、文化、政治活动相结合，使守信者在社会活动中获得各方面的支持，使失信者在社会活动中寸步难行。这样既对守信者予以鼓励，又对失信者予以警示，带动社会整体信用氛围的改善。

三、我国个人征信相关法律制度

(一)我国个人征信机构的设立条件

个人征信机构是指经征信业监督管理部门批准，依法征集、分析、加工个人信用信息，向商

业银行及其他个人信用信息使用者提供个人信用信息咨询及评估服务的法人单位。根据《征信业管理条例》第6条的规定，设立经营个人征信业务的征信机构，应当符合《公司法》规定的公司设立条件和下列条件，并经国务院征信业监督管理部门批准：(1)主要股东信誉良好，最近3年无重大违法违纪记录；(2)注册资本不少于人民币5 000万元；(3)有符合国务院征信业监督管理部门规定的保障信息安全的设施、设备和制度、措施；(4)拟任董事、监事和高级管理人员符合本条例第8条规定的任职条件；(5)国务院征信业监督管理部门规定的其他审慎性条件。

《征信机构管理办法》第6条规定，设立个人征信机构，除应当符合《征信业管理条例》第6条的规定外，还应当具备以下条件：(1)有健全的组织机构；(2)有完善的业务操作、信息安全管理、合规性管理等内部控制制度；(3)个人信用信息系统符合国家信息安全保护等级二级或二级以上标准。该办法第7条详细列举了11项申请设立个人征信机构应当向中国人民银行提交的材料。

对于公司的董事、监事、高级管理人员的要求，《征信业管理条例》第8条规定，经营个人征信业务的征信机构的董事、监事和高级管理人员，应当熟悉与征信业务相关的法律法规，具有履行职责所需的征信业从业经验和管理能力，最近3年无重大违法违规记录，并取得国务院征信业监督管理部门核准的任职资格。《征信机构管理办法》第22～25条规定了董事、监事、高级管理人员所需具备的五类基本条件、两类限制情形和五类基本申请资料。

(二)个人征信信息的种类

个人征信信息是征信活动中掌握的个人信用信息，也是征信机关对个人信用进行评价的基础。根据中国人民银行《个人信用信息基础数据库管理暂行办法》第4条的规定，本办法所称个人信用信息包括个人基本信息、个人信贷交易信息以及反映个人信用状况的其他信息。前款所称个人基本信息是指自然人身份识别信息、职业和居住地址等信息；个人信贷交易信息是指商业银行提供的自然人在个人贷款、贷记卡、准贷记卡、担保等信用活动中形成的交易记录；反映个人信用状况的其他信息是指除信贷交易信息之外的反映个人信用状况的相关信息。

国务院《征信业管理条例》第4款规定，本条例所称信用信息是指能够反映个人、法人或者其他组织信用状况的信息，包括：(1)基本信息，即个人、法人或者其他组织的身份、职业和居住地等信息；(2)信用交易信息，即个人、法人或其他组织在贷款、使用贷记卡或准贷记卡、赊销、担保、合同履行等社会经济活动中形成的与信用有关的交易记录；(3)其他信息，即与个人、法人或其他组织的信用状况密切相关的行政处罚信息、法院强制执行信息、企业环境保护信息等社会公共信息。此外，江苏、深圳、上海等地制定的个人信用征信管理办法中也分别列举了详细的信用信息内容。综合各项规定，本文认为个人信用征信信息包括如下方面：

1. 基本信息

这包括个人身份信息和个人职业信息。个人身份信息包括身份证号、姓名、性别、住址、出生年月、教育、婚姻、社会保险等信息。职业信息包括个人执业、职业技能、个体工商户、股东、合伙人、法人代表等信息。

2. 金融信息

这主要是指银行、证券公司、保险公司等金融部门掌握的个人金融方面的信用信息，是衡量个人信用状况的主要信息。这些信息包括个人信贷信息、账户信息、资金流转信息等。

3. 缴税费信息

这主要是指个人在助学信贷、公积金信贷、水电气等公用事业缴费、个人纳税、社会保险等方面的支付记录及失信或欠缴费信息。

4. 公共信息

这主要是指政府行政部门、管理部门等掌握的个人处罚信息，行业掌握的执业人员惩戒信息，法院、检察院等司法机关掌握的个人诉讼案件信息。

5. 第三方媒体或征信机构信息

这主要是指作为第三方的媒体或者征信机构在日常工作或者业务开展过程中所掌握的客户个人信息，包括基本信息、行业信息、专业领域、日常生活等多方面信息。这些信息在使用过程中需要有严格限制，避免因发生泄露而侵害他人利益。

当然，我们也应该看到，上述五类信息在获得过程中容易侵害到个人隐私部分，因此，《征信业管理条例》第 13 条规定，采集个人信息应当经信息主体本人的同意，未经本人同意不得采集；但是，依照法律、行政法规规定公开的信息除外。《征信业管理条例》第 16 条规定，除下列信息外，征信机构收集、保存、加工个人信息应当直接取得信息主体的同意：(1)行政机关、司法机关以及法律、法规授权的具有管理公共事务职能的组织已经依法公开的信息；(2)其他已经依法公开的个人信息。

《上海市个人信用征信管理试行办法》第 7 条和《江苏省个人信用征信管理暂行办法》第 10 条均规定下述非经被征信人同意可以采集的信用信息：(1)在信用交易活动中受伤害一方当事人提供且属实的对方不良信用信息；(2)鉴证、评估、经纪、咨询等中介服务行业的执业人员，因违反诚实信用原则而受到行业组织惩戒的记录；(3)行政机关、司法机关、行使公共管理职能的组织等在行使职权过程中形成的与个人信用相关的信息；(4)其他已经依法公开的个人信用信息。

此外，《征信业管理条例》第 14 条规定，禁止征信机构采集个人的宗教信仰、基因、指纹、血型、疾病和病史信息以及法律、行政法规规定禁止采集的其他个人信息。征信机构不得采集个人的收入、存款、有价证券、商业保险、不动产的信息和纳税数额信息；但是，征信机构明确告知信息主体提供该信息可能产生的不利后果，并取得其书面同意的除外。

(三)个人征信的业务模式

对于个人征信业务而言，不同的对象、不同的业务内容、不同的需求，在业务模式的选择上也是不同的。从被调查对象的角度来看，个人征信分为主动征信和被动征信。就个人征信数据的公开方面，对于征信机构获得的数据而言，分为强制公开部分和自愿公开部分，而各类征信机构发出的经个人签字的固定格式合同、申请表、应聘表等都属于自愿公开的个人信用信息。对于征信机构而言，常见的征信方式主要有同业征信、联合征信和金融联合征信。

1. 同业征信

同业征信又称行业征信、会员制征信，是指由征信机构在一个独立或封闭的系统内部进行征信和提供征信服务的信息采集方式。同业征信可以是同业个人征信，也可以是同业企业征信。采用同业征信方法，征信机构主要从同属于一个行业的企业采集征信数据，信息资源仅在行业内共享，所产生的征信产品也只在行业内应用。由于同业征信的信息数据采集主要来源于同行业的企业，因此，征信机构不会向行业以外的社会和公众提供其征信产品和服务。同业征信的目的在于实现一个系统内部的信息资源共享和会员式服务。

采用同业征信一般应具备如下条件：(1)行业内多数企业都开办消费者授信业务，需要使用个人征信产品和服务；(2)行业内面临着因授信所产生的客户风险；(3)行业内部具备丰富、详细的信用数据资源；(4)该行业属于敏感行业，受到严格的法律法规和保密规章的限制。因此，在采用同业征信的行业中，其会员会将征集的信用信息数据贡献出来，交给同业征信机构加工处理，形成若干统一、规范的征信产品。目前，我国采用同业征信方式的行业主要集中在银行业和移动通信等行业。

2. 联合征信

联合征信是指征信机构根据法律法规或相关协议，从一个以上征信数据源采集征信数据的形式。这里的征信数据源主要是指任何掌握征信数据的政府和非政府单位，特别是商业银行、公用事业单位、保险公司、邮政公司、移动通信公司等，他们作为信用征信信息的间接提供者，有偿或者无偿地向征信机构提供征信数据。

联合征信具有如下特征：(1)允许向所有拥有征信数据的单位采集征信数据，这些征信数据源单位有义务和责任提供相关的信用信息；(2)征信数据源单位有权对征信机构获得、加工、分析、处理的信用信息数据进行共享，以满足其对特定领域信用状况的把握。因此，在联合征信中存在着信用信息的提供与处理数据的反馈两个正、反流程。

从我国的实际来看，需要各政府部门向征信机构提供所掌握的信用征信数据，并实时更新，这样，征信机构才能扩大其征信数据的范围和数量，改善征信产品的质量。对于征信机构根据上述信用数据分析得出的征信产品，如果属于企业征信性质的联合征信，社会上任何人都可以使用，是纯商业化、无障碍传播的；如果属于个人征信性质的联合征信，其使用受到法律法规的严格限制，信用交易的授信方、雇主、个别政府部门和当事人本人可以查询、获取。上述两类性质的征信产品，对征信数据源单位而言，都可以在本单位范围内使用。

3. 金融联合征信

金融联合征信从性质上看属于联合征信的一种，但其又具有特定性。金融联合征信机构需要广泛征集个人征信数据，通过对个人信用状况的把握来做出针对性的授信决策。因此，金融联合征信是一种特殊的个人征信业务形式，其实质是采用联合征信的信息采集方式制作“全面信息”消费者信用调查报告，但仅针对金融机构提供征信产品和服务，并不支持其他信用领域的授信工作。从各国的金融联合征信实际来看，在其制度安排、收集数据的类型及向参加的金融机构分配信用数据的政策方面均有一致的基本框架。一般来说，金融联合征信系统由中央银行或者银行监管者经营，根据法律法规及行业需要，其所监管的金融机构必须参加该系统，由商业银行作为主要的数据源定期报送信用信息。这些报送的信用信息包括商业借款人和消费者借款人的名称、金额、类型等情况，既有良好或正常条件下的信贷个体、总体情况，也有逾期付款或违约的负面数据。

通过上述三种业务模式的选择，目前征信市场上的各种个人征信产品和服务主要包括：

(1)个人征信数据，主要包括个人的背景资料(包括姓名、身份证号、出生年月、地址、学历、婚姻、职业等)和日常信用记录(包括日常交易、信贷状况、水电气等公用事业及纳税等信用记录)。

(2)个人征信数据整合/增值产品，主要是将来自不同信用征信数据源的信用数据结合个人准确、实时的信用状况进行深入、细致地分析，形成既定的信用评价报告。

(3)数据库服务与技术服务。这类产品主要是通过计算机与数据库应用处理等手段，将大量个人信用数据存于大型征信数据库，搭配高效的搜索引擎，及时提取与个体相关的信用信息。

(4)决策支持及策略分析。该产品是对上述产品的升级，也是最为完善的一类。它可以针对客户的具体情况和具体要求建立有效的信用风险分析机制，做好分析、处理、整合及策略支持，帮助客户在市场活动中制定合理、高效的商业策略。

(四)个人征信异议投诉制度

异议投诉制度是指信息主体对征信机构依法征集到的信用数据，认为存在错误、遗漏的，有权要求征信机构或者信息提供者予以改正；或认为侵害其合法权益的，有权向所在地国务院征信业监督管理部门派出机构投诉的制度。这项制度是对信息主体合法权益的保护，对于信息提供者向征信机构提供的个人不良信息，信息提供者和征信机构在使用、处理时应该事先告知信息主体本人；但是，依照法律、行政法规规定公开的不良信息除外。《征信业管理条例》第44条第3款明确规定，不良信息是指对信息主体的信用状况构成负面影响的下列信息：(1)信息主体在借贷、赊购、担保、租赁、保险、使用信用卡等活动中未按照合同履行义务的信息；(2)对信息主体的行政处罚信息；(3)人民法院判决或者裁定信息主体履行义务并强制执行的信息；(4)国务院征信业监督管理部门规定的其他不良信息。

《征信业管理条例》第25条规定，信息主体认为征信机构采集、保存、提供的信息存在错误、遗漏的，有权向征信机构或者信息提供者提出异议，要求更正。征信机构或者信息提供者收到异议，应当按照国务院征信业监督管理部门的规定对相关信息作出存在异议的标注，自收到异议之日起20日内进行核查和处理，并将结果书面答复异议人。经核查，确认相关信息确有错误、遗漏的，信息提供者、征信机构应当予以更正；确认不存在错误、遗漏的，应当取消异议标注；经核查仍不能确认的，对核查情况和异议内容应当予以记载。

《征信业管理条例》第26条规定，信息主体认为征信机构或者信息提供者、信息使用者侵害其合法权益的，可以向所在地国务院征信业监督管理部门派出机构投诉。受理投诉的机构应当及时进行核查和处理，自受理之日起30日内书面答复投诉人。信息主体认为征信机构或者信息提供者、信息使用者侵害其合法权益的，可以直接向人民法院起诉。

此外，在上海、江苏、深圳等地方政府制定的个人信用征信办法中也有相关异议信息的处理规定。例如，《上海市个人信用征信管理试行办法》第20条第1款规定，被征信个人认为征信机构披露的个人信用信息不准确、不完整、不相关或者已经过时的，可以向征信机构提出异议，要求予以更正。对被征信个人提出的异议，该办法第21条规定征信机构应该分别处理。被征信个人对其个人的基本信息提出异议的，征信机构可以根据被征信个人提供的相关材料，及时对其个人的基本信息予以更正。被征信个人对其个人基本信息以外的个人信用信息提出异议的，征信机构应当按照下列规定处理：(1)异议信息经核实确有必要更正的，征信机构应当及时予以更正；(2)异议信息经核实无需更正而被征信个人仍持有异议的，征信机构可以对异议信息不作修改，但应当标明被征信个人的异议及相应理由；(3)异议信息无法核实的，征信机构可以根据被征信个人的要求对异议信息进行更正。

(五)个人征信违法惩处机制

为了更好地保护信息主体的合法权益，维护其个人隐私，避免因征信机构、信息提供者、信息使用者的不合法行为造成信息主体的损失，《征信业管理条例》明确规定了对征信机构、直接主管人员和其他责任人员等的违法行为进行处罚。

《征信业管理条例》第40条规定，向金融信用信息基础数据库提供或者查询信息的机构违反本条例规定，有下列行为之一的，由国务院征信业监督管理部门或者其派出机构责令限期改正，对单位处5万元以上50万元以下罚款，对直接负责的主管人员和其他直接责任人员处1万元以上10万元以下罚款；有违法所得的，没收违法所得；给信息主体造成损失的，依法承担民事责任；构成犯罪的，依法追究刑事责任：(1)违法提供或者出售信息；(2)因过失泄露信息；

(3)未经同意查询个人信息或者企业的信贷信息;(4)未按照规定处理异议或者对确有错误、遗漏的信息不予更正;(5)拒绝、阻碍国务院征信业监督管理部门或者其派出机构检查、调查或者不如实提供有关文件、资料。

《征信业管理条例》第41条规定,信息提供者违反本条例规定,向征信机构、金融信用信息基础数据库提供非依法公开的个人不良信息,未事先告知信息主体本人,情节严重或者造成严重后果的,由国务院征信业监督管理部门或者其派出机构对单位处2万元以上20万元以下罚款,对个人处1万元以上5万元以下罚款。

《征信业管理条例》第42条规定,信息使用者违反本条例规定,未按照与个人信息主体约定的用途使用个人信息或者未经个人信息主体同意向第三方提供个人信息,情节严重或者造成严重后果的,由国务院征信业监督管理部门或者其派出机构对单位处2万元以上20万元以下罚款,对个人处1万元以上5万元以下罚款;有违法所得的,没收违法所得;给信息主体造成损失的,依法承担民事责任;构成犯罪的,依法追究刑事责任。

此外,地方性法律规范中对于征信机构、信息使用者的违法行为也有相关规定。例如,《上海市个人信用征信管理试行办法》第32条规定,征信机构因过错侵犯被征信个人或者他人的民事权利,造成被征信个人或者他人损害的,依照《民法通则》以及其他有关法律法规的规定承担民事责任。征信机构工作人员的行为构成犯罪的,依法追究刑事责任。

《江苏省个人信用征信管理暂行办法》第40条规定,行政机关、行使公共管理职能的组织及其工作人员,违反本办法规定,不提供个人信用信息、提供虚假信息或者不及时处理异议信息的,由其所在单位或者上级机关予以通报;对直接负责的主管人员和其他直接责任人员,视情节轻重,给予警告、记过、记大过的处分。

《深圳市个人信用征信及信用评级管理办法》第22条就相关人员的民事责任予以规定,有下列行为之一的,有关责任单位或个人应当依法承担民事责任:(1)征信机构及其工作人员违反保密义务,向当事人以外的第三人泄露个人信用信息的;(2)个人信用信息使用人或其工作人员,泄露个人信息或超越使用范围使用个人信用信息的;(3)征信机构擅自对提供信息的单位提供的个人信用信息进行修改,改变个人信用等级的。

基本概念

信用信息　征信　企业征信　个人征信　个人征信机构　同业征信　联合征信
征信产品　异议投诉制度　禁止收集的个人信息

本章小结

1. 信用信息是指能够反映个人、法人或者其他组织信用状况的信息,主要包括三类:一是基本信息,即个人、法人或者其他组织的身份、职业和居住地等信息;二是信用交易信息;三是其他信用信息。

2. 征信业务是指征信机构对企事业单位等组织的信用信息和个人的信用信息进行采集、整理、保存、加工并向信息使用者提供的活动,可分为企业征信和个人征信。

3. 企业征信是指征信机构对企业的信用信息进行采集、整理、保存、加工并向信息使用者提供的活动。在企业征信业务中,企业资信调查、财产调查和评估、市场调查、资信评级等是典型的业务范畴。

4. 个人征信是指依法设立的个人信用征信机构对个人信用信息进行采集、整理、保存、加工并根据要求提供个人信用信息查询和评估服务的活动。我国对个人征信机构的设立有严格的条件限制。

5. 采集个人信用信息应当经信息主体本人的同意,未经本人同意不得采集;但是,依照法律、行政法规规定公开的信息除外。禁止征信机构采集个人的宗教信仰、基因、指纹、血型、疾病和病史信息以及法律、行政法规规定禁止采集的其他个人信息。

复习思考

1. 企业征信与个人征信的区别有哪些?
2. 我国《征信业管理条例》是如何对个人征信和企业征信区别管理的?
3. 我国信用信息主体在征信过程中享有哪些权利?承担哪些义务?

案例分析

沈某诉工行侵害其信用赔偿案

2003 年 9 月 24 日,沈某按照银行的催款单,提前一天归还了其在工行国际牡丹卡(Visa 国际组织成员卡)上的透支款 14 美分。但 1 个月后,工行杭州市羊坝头支行(以下简称"工行")给沈某寄送的对账单表明,其是在银行规定的欠款归还日期 9 月 25 日之后的 26 日方才归还其透支款的,并因此认定其恶意透支,扣罚沈某滞纳金 1 美元。沈某事后与工行联系,工行承认是自身记账工作存在错误,并退还了误扣的 1 美元。但沈某认为,工行的这一行为已经给自身造成了错误的不良信用记录。作为补救措施,沈某要求工行向 Visa 国际组织总部及 Visa 组织各中国区域会员银行(包括广东发展银行等 6 家银行)做出书面的更正、道歉启示。除此之外,沈某还依据《浙江省实施〈消费者权益保护法〉办法》第 52 条的规定,要求工行另行支付 1 美元以作为侵害其信用的赔偿。经审理,一审(2005 年 4 月)、二审(2005 年 7 月)法院均以工行已经更正错误信息并已退还多收的 1 美元,而沈某未能证明此项错误记录给其造成了实际损害,且其要求工行赔礼道歉的诉讼请求缺少可操作性为由,驳回了沈某的诉讼请求。

[资料来源]http://www.110.com/ziliao/article—200924.html。

分析:

1. 工行是否存在过错行为?该行为是否给沈某造成了损失?

2. 如果工行已经将此项错误不良信用信息提供给个人信用信息征信机构,并经相关单位查询、使用,给沈某造成了实际损失,工行是否一定要承担赔偿责任?

参考文献

图书类:

[1]李凌燕:《信用经济法律精论》,北京大学出版社 2007 年版。

[2]林钧跃:《消费者信用管理》,中国方正出版社 2002 年版。

[3]吴晶妹:《信用管理概论》,上海财经大学出版社 2011 年版。

[4]夏善晨:《企业信用管理与法律规制》,海洋出版社 2010 年版。

[5]刘瑛:《企业信用法律规制》,中国政法大学出版社 2011 年版。

[6]强力:《金融法通论》,高等教育出版社 2010 年版。

[7]朱崇实:《金融法教程》,法律出版社 2011 年版。

[8]宋羽:《商业银行教程》,复旦大学出版社 2008 年版。

[9]贾灿宇:《社会信用体系建设概要》,河南人民出版社 2007 年版。

[10]夏善晨:《信用法律与制度建设》,中国言实出版社 2007 年版。

[11]丁邦开、洪庚明等:《金融信用法律环境论》,东南大学出版社 2006 年版。

[12]徐宪平:《社会信用体系知识读本》,湖南人民出版社 2006 年版。

[13]龙西安:《个人信用、征信和法》,中国金融出版社 2004 年版。

[14]马占芳:《现代信用简论》,中国社会科学出版社 2004 年版。

[15]林均跃:《社会信用体系原理》,中国方正出版社 2003 年版。

[16]杨忠孝:《票据法》,立信会计出版社 2009 年版。

[17]丁邦开、何俊坤:《社会信用法律制度》,东南大学出版社 2006 年版。

[18]徐东根:《信用证法律与实务研究》,北京大学出版社 2005 年版。

[19]何显明:《信用政府的逻辑:转型期地方政府信用缺失现象的制度分析》,学林出版社 2007 年版。

[20]龙游宇:《信用的博弈演化研究》,西南财经大学出版社 2008 年版。

[21]林钧跃:《企业与消费者信用管理》,上海财经大学出版社 2005 年版。

[22]邢海宝:《证券法学原理与案例教程》,中国人民大学出版社 2007 年版。

[23]张稚萍:《融资租赁法律手册》,当代中国出版社 2010 年版。

[24]王进:《信用管理基础教程》,中国金融出版社 2008 年版。

[25]朱荣恩、丁豪樑:《企业信用管理》,中国时代经济出版社 2005 年版。

[26]谭中明、张静、文学舟:《信用管理学》,江苏大学出版社 2012 年版。

[27]刘红霞:《信用管理概论》,北京大学出版社 2012 年版。

[28]彭冰:《中国证券法学》(第二版),高等教育出版社 2007 年版。

[29]朱锦清:《证券法学》(第三版),北京大学出版社 2011 年版。

[30]陈晴:《保险法学》,武汉大学出版社 2010 年版。

[31]陈欣、王国军:《保险法原理》,北京大学出版社 2007 年版。

[32]邱波:《保险经典案例教程》,浙江大学出版社 2012 年版。

[33]高圣平、钱晓晨:《中国融资租赁现状与发展战略》,中信出版社 2012 年版。

[34](美)阿诺·德·瑟维吉尼、(美)奥利维尔·雷劳特,潘永泉译:《信用风险度量与管理》,机械工业出版社 2012 年版。

[35]中国合作贸易企业协会、中国企业改革与发展研究会:《中国企业信用发展报告 2011》,中国经济出版社 2012 年版。

[36]李晓安:《社会信用法律制度体系研究》,社会科学文献出版社 2013 年版。

[37]李晓红:《中国转型期社会信用环境研究》,经济科学出版社 2008 年版。

[38]梁鸿力:《企业融资与信用能力》,清华大学出版社 2007 年版。

[39]陈毅:《企业信用制度论》,中国财政经济出版社 2006 年版。

[40](美)道格拉斯·C.诺斯著,陈郁、罗华平等译:《经济史中的结构与变迁》,三联书店、上海人民出版社 1994 年版。

[41](美)道格拉斯·C.诺斯:《制度、制度变迁与经济绩效》,上海三联书店 1994 年版。

[42]胡代光:《西方经济学说的演变及其影响》,北京大学出版社 1998 年版。

[43]李中华:《融资租赁运作实务与法律风险防范》,法律出版社 2012 年版。

[44]杨海田:《中国融资租赁业年鉴(2013 年卷)》,中国社会科学出版社 2013 年版。

[45]叶世清:《征信的法理与实践研究》,法律出版社 2010 年版。

[46]胡大武、杜军:《征信法律制度研究》,法律出版社 2012 年版。

[47]艾茜:《个人征信法律制度研究》,法律出版社 2008 年版。

期刊论文类:

[1]秦琳:《我国中小企业信用担保体系的法律研究》,哈尔滨工业大学,2007 年 6 月。

[2]王雄飞:《信用中介机构法律问题研究》,华东政法大学,2005 年 4 月。

[3]李科峰:《消费者信用卡合同的权利义务研究》,对外经济贸易大学,2010 年 4 月。

[4]迟颖:《德国消费信贷法规中的关联合同制度》,《比较法研究》2006 年第 3 期。

[5]赵江勇:《分期付款买卖中买受人利益的保护》,《武汉理工大学学报(社会科学版)》2003 年 2 月。

[6]钟明霞:《信用法律制度研究》,《当代法学》2002 年第 7 期。

[7]于晶:《论个人信用法律制度》,辽宁师范大学,2004 年 4 月。

[8]崔维:《论信用权的内涵及其法律保护》,山东大学,2005 年 4 月。

[9]汤擎:《论我国个人信用体系建设及其法律保障》,同济大学,2004 年 2 月。

[10]刘琳:《我国信用卡法律制度研究》,南开大学,2007 年 5 月。

[11]高成华:《论信用危机的法律对策》,山东大学,2005 年 3 月。

[12]安龙:《论我国个人信用法律制度的构建》,哈尔滨工程大学,2008 年 6 月。

[13]李燕妮:《我国信用消费者保护立法研究》,中国海洋大学,2008 年 8 月。

[14]林钧跃:《社会信用体系:中国高效建立征信系统的模式》,《征信》2011 年第 2 期。

[15]范柏乃、张鸣:《政府信用的影响因素与管理机制研究》,《浙江大学学报(人文社会科学版)》2009 年第 3 期。

[16]苏均和:《信用的经济价值与我国失信惩罚机制的构建》,《探索与争鸣》2009 年第 10 期。

[17]于新循、付贤禹:《从自律走向他律:我国政府信用的法制化探径》,《社会科学研究》2011 年第 2 期。

[18]方然:《公共治理改革与政府信用建设研究》,《中国行政管理》2012 年第 12 期。

[19]范柏乃、张鸣:《国内外政府信用研究述评与展望》,《软科学》2011 年 3 月。

[20]刘丁蓉:《和谐社会构建中的政府信用构建路径探讨》,《四川警察学院学报》2012 年 6 月。

[21]王新红:《论政府信用的构成要素》,《中共南京市委党校学报》2012 年第 1 期。

[22]于新循、刘琳:《我国政府信用建设研究:基于法制视角》,《四川师范大学学报:社会科学版》2013 年 3 月。

[23]李新庚:《政府信用与政府信用建设》,《中共福建省委党校学报》2009 年第 1 期。

[24]王军、户海印、董方军:《我国保险业发展中存在的问题、发展重点及若干建议》,《生产力研究》2009 年第 21 期。

[25]李慎恒:《我国保险业信用体系建设的障碍及解决措施》,《潍坊学院学报》2009 年 10 月。
[26]徐显明、张炳生:《融资租赁合同法律性质探究》,《宁波大学学报》2007 年 3 月。
[27]沙泉:《融资租赁在中国》,《印刷杂志》2010 年 3 月。
[28]周琳、赵丽、乔广芹:《对征信信用信息应用过程中存在问题的思考》,《征信》2010 年第 4 期。
[29]周琳:《关于央行采集企业、个人信用信息法律缺失的思考》,《征信》2010 年第 1 期。
[30]刘晓明、丁忠明:《后危机时代中国企业征信业的新发展》,《征信》2012 年第 5 期。
[31]安瑞萍:《美国征信业发展和管理经验对我国的启示》,《征信》2011 年第 1 期。
[32]白云:《信息社会中个人信用信息的财产法保护》,《未来与发展》2012 年 10 月。
[33]杨晖、卢昊:《中国特色征信体系模式研究》,《金融与法》2011 年第 8 期。